COLLECTION

DES

CLASSIQUES LATINS

AVEC LA TRADUCTION EN REGARD

PUBLIÉE

PAR JULES PIERROT.

IMPRIMERIE DE C. L. F. PANCKOUCKE,
RUE DES POITEVINS, N°. 14.

SATIRES
DE JUVÉNAL

TRADUITES

PAR J. DUSAULX

NOUVELLE ÉDITION REVUE ET CORRIGÉE

PAR JULES PIERROT

PROFESSEUR DE RHÉTORIQUE AU COLLÉGE ROYAL DE CHARLEMAGNE
ET PROFESSEUR SUPPLÉANT D'ÉLOQUENCE FRANÇAISE
A LA FACULTÉ DES LETTRES DE L'ACADÉMIE DE PARIS.

TOME PREMIER.

PARIS

C. L. F. PANCKOUCKE

CHEVALIER DE L'ORDRE ROYAL DE LA LÉGION D'HONNEUR
ÉDITEUR, RUE DES POITEVINS, N° 14.

M DCCC XXV.

AVIS ESSENTIEL.

Nous avons annoncé dans le prospectus que des traductions anciennes feraient partie de notre Collection : l'éditeur doit déclarer ici que la plupart des versions seront nouvelles. On n'aura recours qu'aux traductions justement accréditées, et encore y fera-t-on de nombreux changemens. Nous en offrons ici la preuve : les souscripteurs s'assureront, en jetant les yeux sur le tableau qui suit, que le travail des corrections a été exécuté avec le plus grand soin et comme on devait l'attendre de M. Jules Pierrot et des professeurs distingués de l'Université, ses collaborateurs.

Nous indiquons seulement ici les paginations et les PREMIERS MOTS de la phrase corrigée dans les Satires de Juvénal : les notes à la fin de chaque satire indiquent les motifs des plus importantes corrections.

Ces simples indications suffiront pour convaincre le lecteur que plus de la moitié de la traduction de Juvénal a été entièrement refaite par M. Pierrot ; ce nouveau travail doit sans doute donner un grand prix à cette traduction, qui était déjà justement estimée.

Indications des premiers mots des nouvelles corrections dans chaque satire :

SATIRE I.

P. 3. et ne répliquerai-je jamais.... Non personne.... je n'entends plus.... les jardins de Fronton.... Et nous aussi.... Et nous aussi.... Lorsque les poètes fourmillent.... p. 5. homme de la plus vile.... de sa rotondité.... Quand on se voit, légitime héritier.... jusqu'au faîte.... p. 7. puissent-ils devenir.... dirai-je quelle indignation.... du poète de Venusium !.... obtient dans le testament.... p. 9. osez quelque forfait.... dont un chevreau.... non ; et si la nature.... toutes les actions des hommes.... p. 11. venir avec sa bourse.... Vous ne recevrez rien.... Mais cet affranchi.... La pourpre des sénateurs.... les tribuns attendront.... p. 13. que les richesses l'emportent.... son stratagème.... p. 15. trompé dans son espoir.... de cent tables qu'il possède.... p. 17. n'attend pour t'accuser.... comme d'un glaive....

SATIRE II.

P. 37. gens pleins d'ignorance.... ils affectent l'amour.... ses goûts déréglés.... les imputé-je..... p. 39. Verrès condamnait.... qui eussent effrayé.... mais où achetez-vous.... si vous prétendez.... p. 41. et faire retentir.... paieront votre silence.... p. 43. mais que ne se permettront pas.... Il eût fallu qu'un magistrat.... Nous te verrons.... p. 45. bleue brochée.... tandis que son esclave.... N'est-ce pas d'ailleurs un exploit.... p. 47. Pourquoi s'arrêter là.... p. 49. prend demain.... ne donne point aux esprits.... tant de milliers d'hommes.... p. 51. de l'un de ces impies.... admirable effet de ce genre de commerce.

SATIRE III.

P. 69. C'est à la porte de Baies..... le vallon d'Égérie..... p. 71. Semblerait plus auguste..... de vendre les esclaves..... p. 73. demander à en prendre copie..... tourmenté par le secret..... Quand l'on t'offrirait..... lie Achéenne.... p. 75. accourez à elles.... leur génie est ardent.... p. 77. à qui peut nuit et jour..... p. 79. A défaut de ceux-ci..... ne nous flattons pas..... p. 81. Produis un témoin.... plus on a d'argent.... et que les dieux.... p. 83. Nos ancêtres plébéiens auraient dû jadis.... à se faire jour.... Dans une grande partie de l'Italie.... Sans distinction d'habits.... sans daigner.... p. 85. Craint-on, dans les frais asiles.... décoraient son buffet.... p. 87. l'un vient offrir le marbre.... Là, il aurait un petit jardin.... C'est quelque chose.... p. 89. et tout en dormant.... p. 91. d'une longue poutre.... tandis qu'assis déjà.... on est exposé.... accuser d'imprévoyance.... p. 93. Que d'autres risques à courir.... p. 95. déjà à plusieurs reprises....

SATIRE IV.

P. 119. prêtresse de Vesta.... Mais aujourd'hui.... p. 121. au même prix.... p. 123. pour ne pas le perdre..... avec son souffle..... les vents d'hiver..... S'il avait à craindre.... que nous honorons à Rome.... p. 125. Il s'est jeté de lui-même..... Depuis peu, et au grand étonnement.... de blâmer la cruauté.... au milieu de cette cour.... p. 127. il avait l'effronterie.... p. 129. au milieu des marbres.... Catulus, monstre d'infamie.... ne parut plus émerveillé.... l'admire à gauche.... que des potiers suivent.... p. 131. est fini.... les derniers des citoyens....

SATIRE V.

P. 145. où tu puisses mendier..... et s'élance..... p. 147. et, grâces aux vapeurs..... mis en réserve..... il n'en sacrifierait pas..... p. 149. que Didon préféra.... tout ce que les autres rois.... est-il jamais venu..... p. 151. C'est elle qui fait déserter.... p. 155. C'est qu'il importe beaucoup.... Et garde-toi bien de risquer.... p. 157. comme en produisait.... En effet, à quelle extrémité..... p. 159. Et vous attendez en silence.....

SATIRE VI.

P. 171. D'un aspect souvent plus sauvage.... p. 173. du moins ne vaut-il pas mieux..... aux grands tourtereaux..... Ce n'est pas tout..... p. 175. se contenter..... Seulement dans Fidène..... Est-ce sous nos portiques..... Apulla soupire.... pendant le long intervalle.... quoique ce ne soit qu'à grands frais.... p. 177. le joueur de harpe.... le joueur de flûte.... jusqu'au Nil.... Elle affronte avec intrépidité..... p. 179. mais celle qui suit son amant.... Mais pourquoi s'occuper..... p. 181. couchée sur le dos.... elle se retire à regret.... et répondre..... p. 185. Si vous m'apportez l'orgueil.... délogez au plus tôt.... et cette mère insensée.... p. 187. elles expriment.... C'est en grec.... ne répugne-t-il pas.... pourquoi ces massepains..... Si, au contraire, trop débonnaire mari.... p. 189. Il est vrai qu'elle ne tarderait pas.... p. 191. pût inspirer la vertu.... elle entend trop bien.... elle se livrait.... dont le corps délicat.... qui courbe leurs têtes.... p. 193. sous l'épaisse cuirasse.... et quand tourmente-t-elle.... rien n'égale l'audace.... p. 195. le luxe nous accable.... et de la licence effrénée.... Après cela doute encore.... p. 197. autres Ménades.... Laufella, pour obtenir la couronne..... p. 199. Oui, mais qui gardera..... foule le pavé..... qu'elle s'est elle-même prescrites.... p. 201. Il en est qui trouvent.... bien développés, se sont ombragés.... L'esclave ainsi traité.... mais garde-toi bien de lui confier.... p. 203. condamné par la tristesse.... et tout cela pour un joueur de cithare.... Mais qu'elle soit plutôt possédée.... La première, elle aperçoit la comète.... elle en forge.... p. 205. Mais est-elle moins insupportable.... C'est la nuit.... Lorsqu'elle a fatigué.... le visage enflammé.... qui rejetés bientôt.... d'où s'exhale l'odeur.... p. 207. d'un côté l'Énéide.... l'élégance du style.... p. 209. Elles se croient tout permis.... couverte de tant de préparations.... tournant le dos.... il lui faudra dépouiller.... p. 211. les forces manquent.... d'une voix de tonnerre.... lui tarde-t-il de se montrer.... rouler les cheveux.... on dirait qu'il s'agit.... tant les femmes sont tourmentées.... p. 213. ni à son ménage.... toute son intimité avec lui.... vois-tu cet eunuque à la taille gigantesque..... et se plonger superstitieusement..... puiser dans l'île de Méroé.....

C'est par de tels prestiges.... p. 215. en violant cette loi.... Mais le ministre.... qui vient de quitter.... on la paie, mais peu généreusement.... et il sera ensuite le délateur.... Les Chaldéens leur inspirent encore.... p. 217. désigna à la vengeance d'Othon.... S'il a obtenu comme une faveur.... l'avoir toutefois interrogé.... dans les camps.... son livre fixe l'instant du départ.... consultent l'avenir en parcourant le cirque.... aux pénibles fonctions de nourrices.... car si ton épouse.... malgré sa couleur.... Passons sous silence.... p. 221. Une femme veut-elle troubler la tête.... Ton délire n'égale pas la fureur.... puisqu'il ne fit que précipiter.... une salive continuelle.... Elles détestent les enfans d'une concubine.... p. 223. J'invente peut-être ces atrocités.... tes deux enfans, détestable vipère.... et encore leurs crimes.... quand elles y sont poussées.... Celle-là m'inspire bien plus d'horreur.... Toute la différence.... agitait des deux mains....

L'éditeur poursuivra comme contrefaçon toute réimpression de cette traduction avec ces nombreuses corrections.

Depuis la publication du premier prospectus, où nous avons exposé, d'une manière générale, le but et l'utilité de cette vaste entreprise, nous nous sommes occupés de rassembler les moyens propres à en assurer l'exécution et le succès. Nous pouvons aujourd'hui répondre avec exactitude aux questions qui nous ont été faites par divers souscripteurs, et donner une idée précise de notre plan et de nos ressources.

L'éditeur publiera les auteurs suivans :

Catulle.	Lucain.	Pline le jeune.	Suétone.
César.	Lucrèce.	Properce.	Tacite.
Cicéron.	Manilius.	Quint-Curce.	Térence.
Claudien.	Martial.	Quintilien.	Tibulle.
Cornelius Nepos.	Ovide.	Salluste.	Tite-Live.
Florus.	Perse.	Sénèque le philos.	Valère-Maxime.
Horace.	Phèdre.	Sénèque le tragiq.	Valerius Flaccus.
Justin.	Plaute.	Silius Italicus.	Velleius Paterculus
Juvénal.	Pline l'ancien.	Stace.	Virgile.

Ces auteurs seront publiés en entier, sans lacune ou suppression quelconque, et sur le modèle, quant à l'intégrité des ouvrages, de l'édition dédiée au roi, et destinée aux études des enfans de France.

La pureté des textes sera l'objet d'un soin particulier : nous ferons en sorte que, sous le double rapport de la révision critique et de la correction typographique, nos éditions ne restent au dessous d'aucune autre.

La plupart des auteurs seront traduits de nouveau : l'on ne conservera, parmi les traductions anciennes, que celles dont le mérite est généralement reconnu. Les excellentes versions de M. Gueroult seront religieusement recueillies dans notre collection. Les morceaux de Cicéron, récemment traduits par M. Burnouf, en feront aussi partie. Les traductions estimées de Dusaulx, de Lagrange, de De Sacy, seront revues et entièrement corrigées par M. Jules Pierrot.

Chaque ouvrage sera accompagné de notices sur l'auteur latin, et, s'il y a lieu, sur le traducteur. On éclaircira, par des notes, les difficultés qui pourraient naître, dans la traduction elle-même, ou de la nature des idées, ou des détails relatifs aux mœurs et aux coutumes anciennes.

M. Jules Pierrot s'est associé, pour le travail des traductions nouvelles, plusieurs professeurs de rhétorique et d'humanités, dont le talent connu ne peut qu'ajouter à la confiance des souscripteurs.

M. Gaillard, professeur de rhétorique au collége royal de Bourbon; MM. Perreau et Alexandre, professeurs de rhétorique au collége royal de Saint-Louis; M. Gobert, professeur de rhétorique au collége royal d'Henri IV, et

M. de Calonne, professeur d'humanités au même collége; M. Rinn, professeur de rhétorique au collége de Sainte-Barbe; M. Artaud, professeur au collége royal de Louis-le-Grand; MM. Frémion et Beljame, professeurs au collége royal de Charlemagne, et d'autres professeurs distingués de l'Université, s'occupent de traductions nouvelles qui appartiendront exclusivement à notre collection.

M. Després, ancien conseiller de l'Université, et traducteur d'Horace avec M. Campenon, nous donne une traduction de *Velleius Paterculus*; elle formera la seconde livraison.

Enfin, MM. Villemain et Le Clerc, professeurs d'éloquence à la Faculté des lettres de l'Académie de Paris, MM. Burnouf et Naudet, professeurs d'éloquence et de poésie latines au Collége royal de France, ont bien voulu concourir au succès de l'entreprise, soit par la traduction de morceaux importans, soit par des notices critiques et littéraires sur les auteurs les plus illustres.

Ce concours de talens, le dévouement du professeur chargé de la direction de cet immense ouvrage, et la réputation de l'éditeur, qui a créé et achevé les plus grandes entreprises du dix-neuvième siècle, garantissent assez le mérite et la rapidité de l'exécution.

Voyez sur la couverture les conditions de la souscription.

INTRODUCTION.

Cette traduction de Juvénal, corrigée et refaite en partie, a déjà paru sous le format in-32 (1). Le plan adopté d'abord par l'éditeur ne m'avait permis de donner ni toutes les notes du traducteur ni le discours entier sur les satiriques latins. Je me félicite de pouvoir rétablir aujourd'hui les développemens que j'avais supprimés. Le double rapprochement d'Horace et de Juvénal, de Juvénal et de Perse, répand une utile lumière sur le génie de notre poète; et le contraste, en marquant plus fortement les traits qui lui sont propres, rend plus vif le sentiment de ses beautés.

J'ajoute peu de notes à celles de Dusaulx : les observations qui m'ont semblé indispensables, ou pour motiver un changement dans le texte, ou pour justifier un sens nouveau, sont aussi courtes qu'elles pouvaient

---

(1) *Satires de Juvénal*, traduites par J. Dusaulx; nouvelle édition, revue et corrigée par M. J. Pierrot, 3 vol. in-32, chez Panckoucke, éditeur, rue des Poitevins, n°. 14.

l'être ; j'ai senti le besoin d'épargner les réflexions dans un ouvrage où elles sont déjà prodiguées.

Le traducteur a presque tout dit sur Juvénal : il me restait à parler du traducteur lui-même. Une notice sur sa vie et ses ouvrages présente, avec les détails déjà recueillis par les biographes, un rapide examen de ses productions littéraires. Au jugement qu'il porte de Juvénal, j'oppose l'opinion plus sévère de La Harpe : on prononcera entre l'interprète et le critique.

J'ai fait de nouveaux changemens à la traduction, toujours dans le double but de la conformer au sens du texte et de donner au style une plus grande précision. Je ne cacherai pas que ce système de corrections partielles a trouvé des censeurs : j'ai entendu regretter qu'en associant un style tout moderne au langage d'un autre siècle, on détruisît l'unité et la couleur originale de la diction. Une version ancienne, mais faite par un homme de talent, a, dit-on, dans l'ensemble de ses qualités et de ses défauts, un caractère individuel, qu'il ne convient pas d'effacer : il faut la respecter, au moins comme un monument. Ceci est-il vrai des bonnes traductions du dernier siècle? je ne le pense pas. Qu'on ne corrige point Amyot traduisant Plutarque dans un langage dont la naïveté piquante est, par une heureuse rencontre, la juste expression de l'esprit du modèle; je le conçois. A peine serait-il sage d'essayer, après Amyot, une traduction nouvelle du même auteur : mais il y aurait certainement peu de goût à retoucher celle qu'il nous a laissée; il a dans sa bonhomie surannée une grâce particulière, que le plus léger changement de diction pourrait détruire. Il en est autrement des traductions du dix-huitième siècle, et même du siècle précédent, depuis le temps où la langue française reçut du génie de Pascal le caractère qu'elle n'a plus perdu depuis. Ce ne sont point des monumens de l'époque littéraire qui les a vues naître : elles rappelleraient plutôt, par leur style, l'époque où notre langue, méconnaissant sa nature et ses ressources, affectait la marche solennelle des langues anciennes. De Sacy, Lagrange, Dusaulx, et la plupart des traducteurs estimés du dernier siècle, semblent appartenir à l'école des d'Ablancourt et des Vaugelas : c'est le même système de diction périodique, la même attention à grouper les phrases incidentes autour des phrases principales, et à lier les idées par les mots. D'ailleurs, quand elles offriraient l'exacte empreinte de leur temps, la littérature contemporaine n'est-elle pas représentée avec plus de fidélité et de magnificence par les illustres prosateurs, qui honorèrent à cette époque les lettres françaises ? Faut-il craindre, en touchant à Lagrange et à Dusaulx, qu'il ne reste plus que Montesquieu et

Rousseau, que Buffon et Voltaire, pour immortaliser la langue du dix-huitième siècle?

Quant au mélange des styles, le scrupule n'est pas plus fondé. Le langage n'a pas sensiblement changé depuis cent ans. Les défauts des traducteurs ne tiennent en rien à la manière d'écrire usitée de leur temps; ce sont les torts particuliers de leur génie. Ce qui est bon dans leurs ouvrages, est bon selon notre règle actuelle de jugement : où ils nous paraissent faibles et languissans, ils étaient faibles et languissans aux yeux de leurs contemporains. Ainsi, en effaçant ces taches dans leurs écrits, bien loin d'y introduire la bigarrure de locutions mal assorties, on y rétablit l'harmonie du ton et l'égalité du style.

Au reste, nous devons le dire relativement à Juvénal, s'il y a quelque avantage à ce qu'une traduction soit tout entière de la même main, c'est lorsqu'on peut se flatter de reproduire, avec les pensées, la verve originale de l'écrivain : or, parlons sincèrement, cette prétention serait-elle raisonnable dans la traduction d'un poète latin en prose française? Pour copier un poète sans désavantage, il faudrait avant tout employer la poésie; et on éprouverait encore qu'il est des beautés que l'art le plus ingénieux ne saurait transporter d'une langue dans une autre. Ce que l'on peut essayer en prose, c'est de faire comprendre l'idée de l'auteur étranger, de l'offrir à l'intelligence du lecteur, claire, facile, dégagée des obscurités de la diction poétique. Quand vous parviendriez même à donner du mouvement aux détails, la vie manquerait toujours à l'ensemble. L'exactitude du sens et l'élégante correction de la phrase, voilà où peut atteindre une traduction en prose; et ceci n'est pas indispensablement l'ouvrage d'une seule main : disons même qu'une seule main ne suffirait pas. Il faut le secours des années pour éclaircir le texte d'un poète : les travaux des commentateurs révèlent chaque jour des fautes échappées à la sagacité des premiers interprètes : chaque jour aussi, pour rendre un vers énergique ou gracieux, l'imagination peut fournir un tour plus précis ou une expression plus riante. Tant qu'il ne s'agira pas de la reproduction vivante d'un modèle, les soins unis de plusieurs hommes seront plus heureux que l'effort d'un seul.

En justifiant ce mode de corrections successives, je ne prétends point me donner le droit d'en abuser dans la collection que je publie : il est très-peu d'anciennes traductions qui méritent d'être retouchées; la plupart n'offriraient aucune garantie par le nom des auteurs, en même temps qu'elles ne m'épargneraient aucune peine par le mérite du travail.

Le texte de cette nouvelle édition de Juvénal a été revu avec l'attention la plus scrupuleuse. J'ai adopté pour base l'édition de Ruperti, publiée à Leipsick, en 1819. J'y ai fait plusieurs changemens d'après d'autres textes estimés, et spécialement d'après l'excellente édition critique, publiée à Paris en 1810, par M. Achaintre. Je me plais à déclarer que ce dernier ouvrage m'a été d'un grand secours, et par les notes explicatives qu'il renferme, et par l'extrait des principales leçons des manuscrits, et par les commentaires des deux Valois et de l'ancien scoliaste, dont j'ai profité plus d'une fois. J'ai fait en sorte que la correction typographique ne laissât rien à désirer, particulièrement dans le texte de Juvénal : c'est un genre de mérite dont on devient chaque jour plus curieux, et je ne négligerai aucun moyen de l'assurer à toutes les éditions dont le soin m'est commis.

Parmi les versions françaises de Juvénal, on n'a distingué, avec celle de Dusaulx, que la traduction en vers, par L.-V. Raoul, dont la première édition parut à Meaux en 1811, celle de M. le baron Méchin, également en vers français, donnée à Paris en 1817, et celle de M. B*** (Baillot), en prose, qui a paru il y a deux ans. Cette dernière m'a été utile : que les traducteurs futurs de Juvénal en puissent dire autant de celle que je publie aujourd'hui, c'est le terme de mon ambition et de mes vœux.

Jules PIERROT.

NOTICE

SUR

LA VIE ET LES OUVRAGES

DE J. DUSAULX.

L'HOMME dont nous allons parler a figuré dans la littérature du dernier siècle et dans les événemens politiques qui en ont marqué la fin; mais son rôle n'a été très-important, ni comme écrivain, ni comme personnage public : le meilleur de ses ouvrages est une traduction; et dans les corps législatifs dont il fut membre, il n'exerça pas une de ces grandes influences qui naissent au milieu des révolutions et se conservent avec elles dans l'histoire. Ce qui l'a distingué, ce qui doit surtout recommander son souvenir, c'est son équité, sa droiture, sa bienfaisance : dans ses actions comme dans ses écrits, il se proposa toujours pour objet l'utilité publique; doué d'une âme élevée, d'un cœur loyal, sensible et généreux, l'amour de l'humanité fut sa passion la plus constante. Il posséda cette douceur de mœurs, ces qualités de tous les jours, fondement du bonheur domestique : dans toutes les places, dans tous les détails de la vie civile ou privée, il fit preuve d'un désintéressement honorable et d'une probité rigide : philosophe religieux et sincère, il suivit constamment les lois de sa conscience, n'eut de haine que pour les vices, resta fidèle jusqu'à sa mort aux principes de la justice et de l'honneur, et sut déployer dans l'occasion l'énergie que donne le sentiment du devoir. Il éprouva, comme tous les nobles cœurs, l'enthousiasme de la liberté : excellent citoyen, il pleura sur les maux de son pays. Enfin, il vécut bon, simple, irréprochable, et ne conçut la célébrité qu'inséparable de la vertu. Tel est l'hommage que lui rendent tous ceux qui ont eu à retracer son caractère; et moi-même, j'ai entendu plus d'une fois un de ses anciens collègues, qui est aussi resté constamment attaché au parti de la modération, parler de lui avec cette estime et ce respect que les cœurs vertueux s'inspirent mutuellement, et que les années n'affaiblissent pas.

Jean Dusaulx naquit à Chartres, le 28 décembre 1728. Il commença ses études au collége de la Flèche, et les acheva au collége de Louis-le-Grand. Il y annonça des dispositions heureuses, et surtout beaucoup d'ardeur pour le travail; il dut à la persévérance de son application et de ses efforts d'être distingué par ses maîtres. Il était né d'une famille de robe, et sa mère désirait qu'il embrassât aussi la carrière de la magistrature; mais les goûts du jeune Dusaulx ne furent pas d'accord, à ce qu'il paraît, avec les intentions de ses parens. Lorsqu'il eut terminé son cours d'études, il acheta une charge de commissaire de la gendarmerie royale, ce qui ne l'empêcha

pas de se livrer à son penchant pour les lettres et pour
l'antiquité. Il commença dès lors sa traduction de Juvénal. Sa famille ne manquait pas de fortune, et cette circonstance lui permit de s'adonner tranquillement et sans
inquiétude à des travaux de son choix. Il employa son
temps à faire des recherches d'érudition, à recueillir des
lumières pour éclaircir le sens de son auteur, à rassembler des matériaux pour composer son Discours sur les
satiriques latins, qu'il méditait déjà et qu'il ne tarda pas
à ébaucher. Cet amour de l'étude, si louable dans un
jeune homme qui n'y était pas animé par la nécessité ou
la prévoyance, lui concilia l'estime de tous ceux qui le
connaissaient. Il fut reçu à l'Académie de Nancy, en
1749, à l'âge de vingt-un ans. On peut dire que ces
premiers temps de sa vie furent heureux. Le duché de
Lorraine et de Bar appartenait alors à Stanislas le bienfaisant; il lui avait été cédé par le traité de Vienne, en
1736, lorsque ce prince renonça au trône de Pologne,
en conservant cependant le titre de roi. Stanislas, ami
des sciences et des arts, et écrivain lui-même, accueillait
et protégeait les hommes de talent. Dusaulx, à titre de
littérateur, fut reçu dans sa cour avec distinction : une
âme naturellement noble et franche, un esprit sain et
cultivé, des manières heureuses, une conversation agréable, voilà ce qui ne pouvait manquer de mériter au jeune
militaire la bienveillance de ce monarque si aimable et
si éclairé, qui faisait par ses vertus le bonheur de la province soumise à son gouvernement, et qui trouvait le
sien dans le commerce des gens de lettres, des philosophes et des artistes instruits.

Nous avons dit que Dusaulx avait acheté une charge de commissaire de la gendarmerie; c'était à l'époque de la fameuse guerre de sept ans, commencée dans l'Amérique septentrionale, et continuée en Europe avec tant d'acharnement. Le duc de Richelieu fut choisi pour remplacer, en Allemagne, le maréchal d'Estrées, victorieux à la bataille de Hastenbeck; le nouveau général envahit l'électorat d'Hanovre, et força l'armée ennemie, commandée par le duc de Cumberland, de capituler à Closter-Seven, près de l'Elbe. Dusaulx avait suivi son corps dans cette campagne : il s'y montra, dit M. Villeterque, l'ennemi implacable des dilapidateurs, le réparateur des maux faits aux malheureux villageois, foulés par le passage des troupes; il fut toujours juste, ferme, sévère; il châtia des insolens en homme de courage, et ruina des fripons. De retour dans sa patrie, le jeune officier, qui avait honoré son grade par cette conduite, se livra plus ardemment que jamais à son goût pour Juvénal. Il se lia à Paris avec Guérin (Nicolas-François), recteur de l'Université. Guérin était franc et ouvert; sa gaîté donnait des charmes à sa conversation, animée d'ailleurs par tous les agrémens de l'esprit et du savoir. Dusaulx, qui trouvait dans cet homme estimable l'aménité du caractère jointe à une grande connaissance de la littérature classique, s'attacha étroitement à lui. Ce nouvel ami devint son guide et son conseiller : notre traducteur dut aux soins et aux entretiens du latiniste les secours qui lui manquaient encore, et retouchant, d'après ses avis, un ouvrage dont les difficultés exigeaint tant d'efforts, il se prépara lentement à le livrer au public. Quelques éditeurs, en parlant de cette liaison de Dusaulx, désignent un autre membre de l'ancienne université, savoir, François Guérin, professeur au collége de Beauvais à Paris, et traducteur de Tacite et de Tite-Live; mais ce n'est certainement pas lui qui donnait des conseils à Dusaulx, puisqu'il était mort dès l'année 1751. Le recteur, au contraire, vécut jusqu'en 1782. Ajoutons que ce dernier était de Nancy, et que Dusaulx, académicien de cette même ville, avait un motif tout naturel de faire connaissance avec lui.

La première édition de la Traduction de Juvénal et du Discours sur les satiriques latins parut en 1770. Je reviendrai plus tard sur le mérite de ces deux ouvrages. Dès qu'ils furent publiés, ils eurent un débit rapide et un succès brillant; l'auteur s'assura un nom dans la république des lettres, et six ans après, c'est-à-dire, en 1776, il fut reçu membre de l'Académie des Inscriptions. Il devint ensuite secrétaire ordinaire du duc d'Orléans; et on lit dans la Biographie universelle, tome XII, qu'il sollicita la place de précepteur des enfans de France. Voici l'anecdote qui s'y trouve rapportée à cette occasion : « Il se rend un jour à Versailles, dit son historien, sur l'invitation du père Menou, jésuite. Une affaire importante l'y appelait : on devait lui confier l'éducation de quelques enfans qu'un trône attendait. Le jésuite lui fait part des intentions de leur père, et ajoute : Quels sont vos principes? — Ceux de la justice. — Qu'enseignerez-vous ? — Le respect des lois et l'amour de l'humanité. Le père Menou avait un tact sûr; il réfléchit et reprend la parole : Quelle est votre demeure? — Rue du Dauphin. — Eh bien! regagnez votre rue du Dauphin, l'air de ce pays ne vous convient pas du tout.» Je ne sais si la cour eût ratifié le mot du jésuite; mais il se peut en effet que Dusaulx n'eût pas ce qu'il fallait pour y réussir. Depuis, il ne paraît point qu'il ait tenté aucune autre démarche du même genre : il était naturellement peu ambitieux; et, s'il a été un moment séduit par l'espoir de contribuer au bonheur futur de son pays en inspirant la vertu à ceux qui devaient régner un jour, d'un autre côté, les occupations qu'il s'était créées, l'habitude et le besoin de cultiver les connaissances qu'il aimait, lui faisaient sentir le prix de l'indépendance et de la tranquillité. En 1782, parut la seconde édition de son Juvénal. Le succès réel et soutenu de ce livre, avait acquis au traducteur une considération générale : chéri et honoré des savans et des gens de lettres ses confrères, il consacrait son temps à la composition et à la lecture. L'année 1788, il fit à Barrèges et dans les Hautes-Pyrénées, un voyage dont il a depuis fait imprimer la relation. Revenu à Paris, il comptait sans doute achever paisiblement sa carrière au sein des lettres et de l'amitié; mais de grandes agitations se préparaient, qui allaient, à plus de soixante ans, le transporter sur un nouveau théâtre.

La révolution commence en 1789. Dusaulx est nommé d'abord électeur, et ensuite officier municipal. Le 14 juillet, il se présente à la Bastille, pour engager le gouverneur à ne point tenter une résistance inutile. L'assemblée législative succède à l'assemblée constituante en 1791, et Dusaulx est appelé à en faire partie, le 6 juin de l'année suivante, en qualité de député suppléant de Paris. Quelques jours après, il propose de décréter que le ministre Servan, renvoyé par le roi, emporte les regrets de la nation. Le 10 août, il est un des députés qui se dirigent vers le palais des Tuileries pour couvrir de leurs corps la personne de Louis XVI : le 22 du même mois, il s'élève avec force contre le projet d'abattre les monumens des arts, et en particulier l'arc de triomphe de la porte Saint-Denis. Le 2 septembre, le président de l'assemblée nomme six commissaires pour aller parler au peuple et prévenir les massacres de l'Abbaye : Dusaulx est du nombre, et avant de sortir de la salle, il remet à un jeune volontaire, qui partait pour la frontière, un fusil qu'il regrette de ne pouvoir porter lui-même à cause de sa vieillesse. Arrivé à la prison, il veut arrêter les horreurs qui s'y commettent ; mais il court le danger d'être massacré lui-même, et il ne doit son salut qu'à deux gendarmes qui le protégent. (*Voyez* la note de la préface de 1796.) Le lendemain, il est encore un des six membres nommés par l'assemblée pour calmer la multitude, qui se disposait à forcer la prison du Temple, où la famille royale était enfermée. A cette époque, l'assemblée législative fut remplacée par la Convention nationale; et Dusaulx en fit encore partie. Le 5 janvier 1793, le département de la Haute-Loire étant violemment attaqué, à cause d'un arrêté qui ordonnait la formation d'une garde départementale pour protéger la Convention contre l'influence des sections de Paris, il défend cet arrêté de tout son pouvoir, et l'on passe outre. A la séance du 15, il s'exprime ainsi : « Du fond de ma conscience, je vote l'appel au peuple; je crois qu'on peut être très-bon patriote sans tuer son ennemi par terre. Je demande que le ci-devant roi soit détenu pendant la guerre et banni à la paix.» Le jour suivant, son vote fut encore pour le sursis.

Après le 31 mai, Billaud-Varennes demanda la mise en accusation de Dusaulx; la motion fut rejetée cette fois : mais le 3 octobre, il est arrêté et mis en prison, comme étant du nombre des soixante-treize opposans au 31 mai. Peu s'en fallut que le comité de salut public ne l'envoyât à l'échafaud : ce fut Marat qui le sauva, en le représentant comme un vieillard qui radotait et dont on ne pouvait concevoir aucune inquiétude. Dusaulx avait alors soixante-cinq ans. La liberté lui fut rendue vers la fin de 1794. Il reparut dans la Convention; et le lendemain de sa rentrée, il protesta au nom de ses collègues, qu'ils avaient tous laissé dans leur prison le souvenir du passé. On peut voir dans sa propre préface quelles furent les autres circonstances où il monta encore à la tribune. Le discours qu'il prononça le 6 avril 1795, pour demander l'érection d'un autel expiatoire, a été imprimé par ordre de la Convention, et inséré dans l'édition de 1796, page 35 et suivantes.

La Convention ayant fait place au conseil des Anciens et à celui des Cinq-Cents, Dusaulx fit partie du premier; il en était président au mois de juillet 1796. En janvier 1797, il proposa de modifier le serment de haine à la royauté, en y ajoutant les mots, *en France*. La même année on proposa le rétablissement des loteries abolies par la Convention : Dusaulx, qui regardait cette institution comme profondément immorale, combattit le projet avec force, mais inutilement. Ainsi, toujours invariable dans ses principes, il montra jusqu'au bout un zèle pour le bien, que la vieillesse et les chagrins ne purent décourager. Le 27 avril 1798, il prit congé de l'assemblée par un discours dont on ordonna l'impression, et dans lequel on remarque les traits suivans : « Depuis neuf ans que je suis dans les fonctions publiques, ennemi des factieux, étranger à tous les partis, je n'ai plaidé qu'en faveur de la justice et des mœurs..... J'ai la douce satisfaction de pouvoir dire que mes mains sont aussi pures que mon cœur, etc. » Le mois d'après, il sortit du conseil; et c'est là que se termina sa vie politique.

A l'époque de la formation de l'Institut national, Dusaulx y fut appelé dans la section des langues anciennes. Il ouvrit la première séance, en qualité de président. Mais bientôt après il fut attaqué d'une longue et douloureuse maladie, à laquelle il succomba le 16 mars 1799, à soixante-onze ans. Il avait supporté ses souffrances avec courage, et il s'éteignit avec la pensée consolante de l'immortalité de l'âme et d'un meilleur avenir.

Telles sont les principales circonstances que nous avons pu recueillir sur la vie de ce littérateur estimable et de cet homme de bien. On a vu par ce précis que sa carrière fut long-temps paisible et fortunée. Lorsque des événemens tout nouveaux l'appelèrent à faire partie de la représentation nationale, il fut du très-petit nombre des citoyens honorables qui se trouvèrent mêlés dans la députation de Paris aux plus infâmes scélérats. Parlerai-je ici de sa douleur, à l'aspect des scènes sanglantes qui souillèrent la révolution? Il a peint lui-même ses sentimens dans la préface qui va suivre. Ne jugeons pas ce morceau comme œuvre littéraire; cherchons-y seulement l'expression de ce que Dusaulx éprouvait dans le fond de son âme, et nous y trouverons ce qui vaut mieux sans doute qu'un auteur élégant, je veux dire un homme vertueux navré des maux de sa patrie et inconsolable des crimes commis au nom de la liberté publique. Dusaulx, naturellement ami de toutes les idées généreuses, et se conduisant d'après les maximes d'une philanthropie éclairée, ne pouvait qu'embrasser avec ardeur des projets de réforme devenus inévitables : l'image de l'émancipation d'un grand peuple, l'espoir de contribuer à l'établissement d'une constitution en harmonie avec les progrès de la raison humaine, toutes ces hautes pensées devaient enflammer son cœur. Mais ses regrets n'en furent que plus vifs et plus déchirans, lorsque, pour fruit d'une si noble entreprise, il vit traîner ses amis à la mort; et cette existence qu'on lui laissa s'écoula depuis dans le deuil de l'âme et dans l'amertume des souvenirs. La bonté fut toujours le fond de son caractère; et ce n'était pas un de ces faux bienfaiteurs de l'humanité, qui ne parlent jamais que d'améliorer la condition du peuple, pour qu'on les dispense de tendre la main au malheureux qui est à leurs pieds. Dusaulx était compatissant dans les rencontres ordinaires de la vie; ses vertus étaient habituelles, et il savait s'intéresser obscurément à ceux qu'il pouvait servir. J'en vais citer un trait pour exemple; je l'ai tiré du discours consacré à sa mémoire, par M. Villeterque : Il se promenait aux Tuileries avec un de ces hommes qui, n'ayant jamais connu le malheur, semblent en redouter l'approche. Au détour d'une allée, Dusaulx aperçoit un infortuné dont la physionomie, la démarche, l'embarras même, lui rappellent le souvenir confus de quelqu'un qu'il croit reconnaître. Il le voit s'échapper au milieu des arbres et fuir ses regards. Je veux, s'écrie-t-il alors, parler à cet homme que vous voyez là-bas, couvert des vêtemens de l'indigence. — Eh! mon cher Dusaulx, laissez là cet homme; on nous regarde; l'allée est remplie de gens de notre connaissance; que dira-t-on de nous? Dusaulx ne pouvait lui répondre; il était déjà auprès de l'infortuné; il l'embrassait; il avait reconnu un ancien ami de collége. Déjà il savait tous ses malheurs, les besoins de sa nombreuse famille, la perte de sa place par une injustice; il lui inspirait du courage par sa confiance : dès le lendemain il réalisa toutes ses espérances, et M. de Breteuil lui rendit sa place.

Dusaulx s'était marié jeune; il épousa Marie-Jeanne Lieutau, après avoir refusé une alliance plus avantageuse sous le rapport de la fortune. Cette union, qui dura plus de cinquante ans, fit constamment son bonheur. Sa veuve a publié des Mémoires sur sa vie, Paris, Didot jeune, an IX (1800). L'ouvrage est assez considérable; mais il n'a pas été mis dans le commerce. Il offre, dit M. Villeterque, une foule de traits qui disent combien Dusaulx était bon; il faudrait les citer tous pour montrer qu'il le fut toujours, toujours plus, toujours mieux; car si la bonté ne s'acquiert pas, elle s'achève, elle se perfectionne, elle ne s'arrête jamais.

Voici maintenant la liste des écrits de Dusaulx. *Mémoire sur Horace*, lu à l'Académie des Inscriptions, le 11 avril 1777. Il a été inséré dans le tome XLIIIe des travaux de cette compagnie. La traduction de la première épître d'Horace, qui forme une suite de ce travail, et qu'il avait lue dans les séances suivantes, n'a pas été comprise dans le recueil. — *Lettres et Réflexions sur la fureur du jeu*, auxquelles on a joint une autre Lettre morale, Paris, Lecomte, 1775, in-8° de 172 pages. Cet ouvrage a été traduit en Hollandais, 1791, in-8°.

— *Discours sur la passion du jeu*, lu à l'Académie, à la séance publique de Pâques, 1775. On y trouve un curieux fragment d'un édit de l'empereur de la Chine (Yong-Tching) contre les jeux de hasard. — *De la passion du jeu depuis les temps anciens jusqu'à nos jours*, 1779, in-8°; traduit en Hollandais, 1791, in-8°. L'auteur y a refondu dans un ordre différent, et avec de plus grands développemens, le sujet des deux ouvrages précédens. Un style haché, inégal, tendant souvent à la prétention, une division en une multitude de chapitres tantôt longs, tantôt fort courts, ont nui au succès de cet ouvrage, qu'on s'accorde à trouver bon, mais que personne ne lit. (*Biographie universelle*, tome XII.) Nous joindrons à ce jugement celui qu'en a porté La Harpe dans sa Correspondance littéraire, lettre CXIII : Il y a dans cet ouvrage de bonnes intentions, de bons principes et beaucoup d'anecdotes sur les joueurs. L'auteur s'élève surtout contre cette espèce de jeu d'état qu'on nomme loterie : peut-être a-t-il raison; mais il a tort d'avoir fait un très-gros livre sur un sujet qui pouvait tout au plus fournir quelques chapitres, d'y avoir mis un étalage d'érudition pédantesque qui sent trop l'académicien des inscriptions, et d'avoir écrit d'un style déclamatoire qui ne sent pas assez l'homme de goût. — Dusaulx s'était laissé entraîner dans sa jeunesse par cette passion du jeu, dont il a décrit les excès et les dangers pour en préserver les autres. (*Voyez* l'Épître dédicatoire.) Le même esprit l'animait, lorsqu'il combattait dans le conseil des Anciens le projet de rétablir les loteries. — *Vie de l'abbé Blanchet*, en tête des apologues et contes orientaux, œuvres posthumes de cet écrivain, que Dusaulx, son parent et son ami, publia dans les années 1784 et 1785. — *De l'insurrection parisienne et de la prise de la Bastille; discours historique prononcé par extrait dans l'assemblée nationale*, Paris, Debure, 1790, in-8° de 285 pages. — *Lettre au citoyen Fréron*, 1796, in-8°. — *Voyage à Barréges et dans les Hautes-Pyrénées*, Paris, 1796, 2 vol. in-8°. L'auteur a trop affecté la manière de Sterne, et quoiqu'il n'ait pas entièrement négligé de décrire les phénomènes de la nature qu'il avait sous les yeux, l'enthousiasme, qui perce d'un bout à l'autre de son ouvrage, en a empêché le succès. (*Biographie universelle.*) — *De mes rapports avec Jean-Jacques Rousseau, et de notre correspondance, suivie d'une notice très-essentielle*, Paris, an VI (1798), in-8°. En offrant au conseil des Anciens cet ouvrage, où l'on trouve des anecdotes assez piquantes, l'auteur dit : « J'ai lieu de croire qu'on y verra que je n'ai cherché qu'à expliquer Rousseau, et non à l'inculper ; que je n'ai pas manqué la moindre occasion de célébrer ce grand homme, à qui je dois la plus belle partie de mon existence morale; je n'ai guère montré l'infortuné Jean-Jacques qu'aux prises avec lui-même....... ne cessant de lutter contre un caractère de plus en plus exaspéré par une méfiance aussi active qu'involontaire. » On peut voir ce qui est dit de ce même livre dans l'édition de Rousseau de M. Lefèvre, tome III, Appendice aux Confessions, page 162 et suiv., et dans l'Histoire de la vie et des ouvrages de Jean-Jacques Rousseau, par M. Musset-Pathay, tome 1er, page 184. — Enfin, je lis dans une des dernières éditions du Juvénal, que Dusaulx a écrit aussi sur la religion quelques morceaux pleins de chaleur, que les Allemands firent passer dans leur langue, et que ces différens opuscules furent imprimés à Leipsick, en 1796.

Je reviens à présent à la traduction et au discours sur les satiriques latins, afin de terminer cette notice par ce qui fait le meilleur titre littéraire de Dusaulx. L'édition de 1796 était la troisième; il en a paru une quatrième en 1803, une cinquième en 1816, une sixième enfin en 1821. Dusaulx avait une prédilection toute particulière pour Juvénal. Il n'avait pas l'humeur satirique, dit l'éditeur de 1816; mais son amour passionné pour la vertu, une sainte indignation contre les vices de son siècle, lui donnaient quelque conformité avec le poète qu'il étudiait sans cesse. C'est là en effet l'idée qu'il faut avoir de Dusaulx, et une pareille disposition est la première qualité d'un traducteur : car plus il sympathisera avec un écrivain original, plus il pourra espérer d'en reproduire le génie. Toutefois, le travail de Dusaulx ne me paraît pas avoir été apprécié avec une critique assez attentive : il a été vanté dans des préfaces d'éditeurs comme un chef-d'œuvre continuel de force, de correction, d'intelligence et de noblesse; c'est prodiguer l'éloge avec bien de l'indulgence, on pourrait même dire, avec bien de la légèreté. Il eût été plus juste et plus vrai d'avouer que la précision y manque souvent, et la pureté plus souvent encore; que la phrase est quelquefois pénible, embarrassée; qu'avec un peu d'habitude et de goût, on se sent trop fréquemment offensé par des vices de construction, par la pesanteur du langage, par un style dénué d'élégance et qui laisse apercevoir l'effort de l'interprète, toutes choses qui forment de véritables infidélités. On va m'opposer ici le long et brillant succès qu'a obtenu cette traduction où je rencontre tant de défauts. Mais considérons seulement l'ouvrage de Dusaulx relativement au temps où il parut, à la faiblesse des traductions antérieures, aux immenses difficultés de l'entreprise; et alors nous lui accorderons avec ses contemporains les éloges que nous ne lui refusions tout à l'heure, que parce qu'on nous le donnait sans restriction pour un modèle inimitable et parfait de l'art de reproduire les anciens. Voilà donc la question résolue : si l'on nous dit, Dusaulx a consacré une grande partie de sa vie à retoucher son ouvrage, il a fait des recherches consciencieuses, il a joint à chaque satire d'excellentes notes explicatives, il a donné à ses compatriotes une plus haute opinion de ce Juvénal, que des écrivains maladroits avaient défiguré dans leurs versions ridicules, nous louerons le courage qu'il a fallu pour aborder une tâche si difficile, et pour l'achever ; nous reconnaîtrons que le traducteur, sans exprimer toujours assez heureusement les pensées du poète latin, a pourtant senti ses beautés et conçu son génie. Mais si l'on soutient qu'il a atteint le dernier degré de perfection, que sous sa plume Juvénal est passé dans notre langue avec toute sa vigueur, toute son éloquence, toute sa majesté, nous ne pourrons jamais adopter cet éloge absolu, quelque plaisir que nous eussions à le faire, si la vérité nous le permettait : nous en appellerons au jugement des hommes instruits, qui peuvent comparer le mérite de l'original à celui de la version de Dusaulx, et nous leur soumettrons cette nouvelle édition qu'on a essayé de rendre plus digne de leur suffrage.

Si la traduction de Dusaulx est d'un style souvent peu correct et trop pénible, il n'en est pas de même du discours qui la précède : c'est un excellent morceau sur la satire romaine ; il y a de l'érudition, de la vigueur, de la solidité. Cette différence entre la traduction et le discours préliminaire n'échappa point, à ce qu'il paraît, aux critiques de l'époque. J'en trouve la preuve dans la lettre CXIII de la Correspondance littéraire de La Harpe; il dit en parlant de la traduction : « C'est la meilleure qu'on ait, sans en être moins médiocre; mais, ajoute-t-il, on trouve à la tête une préface fort bien écrite, et qu'on a cru même n'être pas de celui qui a fait la traduction. » Dans son Cours de littérature, tome II, page 181, La Harpe a donné de nouveaux éloges au discours sur les satiriques latins, et, après en avoir cité en entier le parallèle d'Horace et de Juvénal, il a combattu quelques-uns

des jugemens de Dusaulx touchant ces deux poètes. Nous allons extraire ce qui a rapport à Juvénal. Ce n'est pas que Dusaulx soit trop prévenu en faveur de l'écrivain qu'il traduit : on lui doit au contraire la justice d'avouer qu'il a su se garantir de ce ridicule des traducteurs, toujours disposés à donner le premier rang à l'auteur qu'ils ont choisi. Mais comme en fait de critique la discussion n'est jamais inutile, et qu'elle montre une question sous toutes ses faces, nous croyons faire plaisir à nos lecteurs en les mettant à même de prononcer entre La Harpe et Dusaulx. « Est-il vrai, dit le professeur du Lycée, que
« Juvénal *n'ait saisi que la gravité* du genre satirique ?
« Il en a sans doute ; mais si j'osais hasarder mon opinion
« contre celle de son élégant traducteur, qui doit, je
« l'avoue, être d'un grand poids, je croirais que les ca-
« ractères dominans de ce poète sont plutôt l'humeur, la
« colère et l'indignation. Ce sont là du moins les mouve-
« mens qui se manifestent le plus souvent dans ses écrits.
« Il dit lui-même que *l'indignation a fait ses vers*, et
« l'on n'en peut douter en le lisant. Cette disposition na-
« turelle s'était encore fortifiée par l'habitude de ces dé-
« clamations scolastiques qui avaient occupé sa jeunesse,
« et qui ont fait dire à Boileau avec tant de vérité :

> Juvénal, élevé dans les cris de l'école,
> Poussa jusqu'à l'excès sa mordante hyperbole.

« C'est là qu'il s'était accoutumé à ce style violent et em-
« porté, qui nuit très-certainement à la meilleure cause,
« en conduisant à l'exagération. Son traducteur en est
« convenu : il reconnaît que son *zèle est quelquefois ex-*

« *cessif.* Il n'en faudrait pas d'autre témoignage que son
« épouvantable satire contre les femmes, que Boileau
« n'aurait pas dû imiter, d'abord parce qu'un grand écri-
« vain doit se garder d'un sujet qui, comme tous les lieux
« communs, en prouvant trop, ne prouve rien ; ensuite,
« parce qu'en attaquant une des deux moitiés du genre
« humain, il faudrait songer combien la récrimination
« serait facile, et si une femme, qui aurait le talent des
« vers, ne ferait pas tout aussi aisément contre les hommes
« une satire qui ne prouverait pas plus que celle qu'on a
« faite contre les femmes ; enfin, parce que la justice, qui
« est de règle en toute occasion, exigerait qu'en disant
« le mal on dît aussi le bien qui le balance, et qu'on n'al-
« lât pas envelopper ridiculement tout un sexe dans la
« même condamnation. Boileau, du moins, pousse la
« complaisance jusqu'à dire qu'*il en est jusqu'à trois* qu'il
« pourrait exempter. Juvénal n'est pas si modéré : il n'en
« excepte aucune. Il en suppose une qui ait toutes les
« qualités : — Eh bien ! dit-il, elle sera insupportable par
« son orgueil, et mettra son mari au désespoir sept fois
« par jour. — Quoi donc ! est-ce ainsi que l'on instruit,
« que l'on reprend, que l'on corrige ? Est-ce là *la gravité*
« de la satire, dont le but doit être si moral ? et doit-elle
« n'être qu'un jeu d'esprit et une déclamation de rhéteur ?
« Je me rappelle à ce propos un mot très-sensé d'une
« femme, devant qui un jeune homme parlait de tout le
« sexe avec un ton de dénigrement qu'il croyait très-phi-
« losophique : — Ce jeune homme, dit-elle, ne se souvient-
« il pas qu'au moins il a eu une mère ? » Ici La Harpe
entre, sur Horace, dans des détails qu'il n'est pas de

notre sujet de rapporter; puis il reprend : « Après avoir
« refusé beaucoup à Horace, M. Dusaulx n'accorde-t-il
« pas un peu trop à Juvénal? *Il ne cessa de réclamer*
« *contre un pouvoir usurpé, de rappeler aux Romains les*
« *beaux jours de leur indépendance.* Je viens de relire
« toutes ses satires : j'avoue que je n'ai vu nulle part qu'il
« réclamât contre le pouvoir arbitraire, ni qu'il revendi-
« quât les droits de la liberté républicaine. Je sais qu'il fit
« une satire contre Domitien, et qu'il peint en traits éner-
« giques l'effroi qu'inspirait ce monstre et la lâcheté de
« ses courtisans. Mais Domitien n'était plus; mais tout
« ce qu'il dit est personnel au tyran; mais il n'y a pas un
« mot qui tende à combattre en aucune manière le pou-
« voir impérial; et, puisqu'il faut tout dire, ce même Do-
« mitien qu'il déchire après sa mort, il l'avait loué pen-
« dant sa vie. Il l'appelle le seul protecteur, le seul guide
« qui reste aux arts et aux lettres. Je veux qu'il ait été
« trompé par cette apparence de faveur accordée aux
« gens de lettres, qui fut un des premiers traits de l'hy-
« pocrisie particulière à Domitien, comme Lucain fut sé-
« duit par les trompeuses prémices du règne de Néron;
« mais Lucain, dans sa *Pharsale*, n'en élève pas moins
« un cri continuel et terrible contre la tyrannie. C'est lui
« qui *réclame* bien fortement *contre le pouvoir usurpé*,
« qui s'indigne que les Romains portent un joug que la
« lâcheté de leurs ancêtres a forgé, qui répète sans cesse
« le mot de liberté, qui crie aux armes contre les tyrans,
« qui implore la guerre civile, comme préférable cent
« fois à la servitude. Voilà parler en républicain, en Ro-
« main. Aussi Lucain fut conséquent : sa conduite et sa

« destinée furent telles qu'on devait l'attendre d'un homme
« qui écrit de ce style sous Néron. Il conspira contre lui
« avec Pison, et finit, à vingt-sept ans, par s'ouvrir les
« veines. Je ne reproche point à Juvénal d'avoir eu moins
« de courage et d'être mort dans son lit; mais je ne lui
« donnerai pas non plus des louanges qu'il ne mérite
« point. Je ne trouve chez lui qu'un seul endroit qui ex-
« prime quelque regret pour la liberté; c'est dans sa pre-
« mière satire, lorsqu'il se fait dire : As-tu un génie égal
« à ta matière? Es-tu, comme tes devanciers, prêt à tout
« écrire avec cette franchise animée dont je n'ose dire le
« nom? Ce nom, qu'il n'ose prononcer, est évidemment
« celui de liberté. Mais ce regret, comme on voit, est en-
« veloppé et timide; il semble même ne porter que sur la
« liberté des écrits; enfin, c'est le seul de cette espèce
« qu'on remarque chez lui. Cette satire fut écrite, comme
« presque toutes les autres, sous Trajan; plusieurs le
« furent sous Adrien; une seule fut composée sous Do-
« mitien, celle où il eut le malheur de le louer. La date
« de ses écrits peut donc infirmer à un certain point ce
« que dit son traducteur des temps où il écrivait, pour
« justifier l'excès d'amertume et d'emportement, qui est
« le même dans toutes ses satires. Quoi! Juvénal, après
« avoir vécu sous Domitien, a vu tout le règne de Tra-
« jan, l'un des plus beaux que l'histoire ait tracés; il a vu
« tour à tour régner un monstre et un grand homme, et
« ce contraste si frappant, ce contraste que Tacite nous
« a si bien fait sentir, Juvénal ne l'a pas senti! C'est après
« Domitien et sous Trajan qu'il n'a que des satires à faire,
« qu'il ne trouve pas une vertu à louer, pas un mot d'éloge

« pour le modèle des princes, lui qui avait loué Domitien !
« Il ne profite pas de cette réunion de circonstances, si
« heureuse pour un écrivain sensible, qui sait combien
« les tableaux de la vertu font ressortir ceux du vice ;
« combien ces peintures contrastées se prêtent l'une à
« l'autre de force et de pouvoir ; combien ces différentes
« nuances donnent au style d'intérêt, de charme et de
« variété ! Et c'est là, pour conclure, un des vices essen-
« tiels de ses ouvrages, une monotonie qui fatigue et qui
« révolte. La satire même ne doit pas être une invective
« continuelle, et l'on ne peut nous faire croire, ni que
« l'homme sage doive être toujours en colère, ni que la
« colère ait toujours raison. Qu'est-ce qu'un écrivain qui
« ne sort pas de fureur, qui ne voit dans la nature que
« des monstres, qui ne peint que des objets hideux, qui
« semble s'appesantir avec complaisance sur les peintures
« les plus dégoûtantes, qui m'épouvante toujours et ne
« me console jamais, qui ne me permet pas de me repo-
« ser un moment sur un sentiment doux ? Joignez à ce
« défaut capital la dureté pénible de sa diction, son lan-
« gage étrange, ses métaphores accumulées et bizarres,
« ses vers gonflés d'épithètes scientifiques, hérissés de
« mots grecs ; et lorsque tant de causes se réunissent pour
« en rendre la lecture si difficile, faut-il donc chercher
« dans la corruption humaine et dans la dépravation de
« notre siècle les motifs de la préférence que l'on donne
« à un poëte tel qu'Horace, dont la lecture est si agréa-
« ble ? Est-il bien sûr que Juvénal soit parmi nous si
« formidable pour la conscience des méchans ? Les mœurs
« qu'il attaque sont en grande partie si différentes des

« nôtres, il peint le plus souvent des excès si monstrueux,
« et qui, par notre constitution sociale, nous sont si
« étrangers, qu'un homme très-vicieux parmi nous pour-
« rait, en lisant Juvénal, se croire un fort honnête homme.
« N'est-il donc pas plus simple de penser que, s'il est peu
« lu, c'est qu'il a peu d'attraits pour le lecteur; c'est qu'il
« a peint beaucoup moins les travers, les faiblesses, les
« défauts et les vices communs à l'humanité en général,
« qu'un genre de perversité particulier à un peuple par-
« venu au dernier degré d'avilissement, de crapule et de
« dépravation, dans un climat corrupteur, sous un gou-
« vernement détestable, et avec la dangereuse facilité
« d'abuser en tous sens de tout ce que mettaient à sa dis-
« crétion les trois parties du monde connu? Il faut se
« souvenir que tous les degrés de corruption tiennent
« non-seulement à l'immoralité, mais aux moyens : si
« nous ne sommes ni ne pouvons être aussi dépravés que
« les Romains, c'est que nous ne sommes pas les maîtres
« du monde........ Je conclus que les beautés semées dans
« les écrits de Juvénal, et qui, malgré tous ses défauts,
« lui ont fait une juste réputation, sont de nature à être
« goûtées surtout par les gens de lettres, seuls capables
« de dévorer les difficultés de cette lecture. Il a des mor-
« ceaux d'une grande énergie : il est souvent déclama-
« teur, mais quelquefois éloquent; il est souvent outré,
« mais quelquefois peintre. Les vers sur la Pitié, juste-
« ment loués par M. Dusaulx, sont d'autant plus remar-
« quables, que ce sont les seuls où il ait employé des
« teintes douces. La satire sur la Noblesse est fort belle :
« c'est à mon gré la mieux faite, et Boileau en a beau-

« coup profité. Celle du Turbot, fameuse par la peinture
« admirable des courtisans de Domitien, a un mérite
« particulier : c'est la seule où l'auteur se soit déridé.
« Celle qui roule sur les Vœux offre des endroits frap-
« pans ; mais en total c'est un lieu commun appuyé sur
« un sophisme. Il n'est pas vrai qu'on ne doive pas dési-
« rer une longue vie, ni de grands talens, ni de grandes
« places, parce que toutes ces choses ont fini quelquefois
« par être funestes à ceux qui les ont obtenues. Il n'y a
« qu'à répondre que beaucoup d'hommes ont eu les
« mêmes avantages, sans éprouver les mêmes malheurs,
« et l'argument tombe de lui-même........ De plus, il est
« faux qu'un père ne doive pas souhaiter à son fils les
« talens de Cicéron, parce qu'il a péri sous le glaive des
« proscriptions ; et quel homme, pour peu qu'il ait quel-
« que amour de la vertu et de la véritable gloire, croira
« qu'une aussi belle carrière que celle de Cicéron soit
« payée trop cher par une mort violente, arrivée à l'âge
« de soixante-cinq ans ? Qui refuserait à ce prix d'être
« l'homme le plus éloquent de son siècle, et peut-être de
« tous les siècles ; d'être élevé par son seul mérite à la
« première place du premier empire du monde ; d'être
« trente ans l'oracle de Rome ; enfin, d'être le sauveur
« et le père de sa patrie? S'il était vrai que le fer d'un
« assassin qui frappe une tête blanchie par les années pût
« en effet ôter le prix à de si hautes destinées, il fau-
« drait croire que tout ce qu'il y a parmi les hommes de
« vraiment grand, de vraiment désirable, n'est qu'une
« chimère et une illusion. Au fond, cette satire si vantée
« se réduit donc à prouver que les plus précieux avan-

« tages que l'homme puisse désirer sont mêlés d'incon-
« véniens et de dangers; et c'est une vérité si triviale,
« qu'il ne fallait pas en faire la base d'un ouvrage sé-
« rieux. Horace ne tombe pas dans ce défaut, qui n'est
« jamais celui des bons esprits; et sans vouloir revenir
« sur l'énumération de ses différentes qualités, je crois,
« à ne le considérer même que comme satirique, lui
« rendre, ainsi qu'à Juvénal, une exacte justice, en di-
« sant que l'un est fait pour être admiré quelquefois, et
« l'autre pour être toujours relu. »

Ce morceau de critique donnerait matière à bien des observations : mais le lecteur, en étudiant lui-même Juvénal, pourra rectifier ce qui s'y trouve peut-être avancé légèrement. Nous nous bornerons à dire que le mérite de notre satirique a été en général trop peu senti, surtout au dernier siècle : dans les endroits où il est beau, c'est un poète du premier ordre : il a des mouvemens sublimes, un génie mâle, une sève abondante, des traits larges, des expressions profondes, qui en font un digne contemporain de Tacite. On a souvent critiqué sa manière d'écrire: mais qu'on ouvre son livre, qu'on dise s'il est beaucoup de poètes qui aient frappé le vers avec autant de vigueur, et qu'on pardonne à cet athlète robuste de manquer un peu de légèreté et de grâce : « Son style rapide, harmonieux, plein de chaleur et de force, dit l'auteur de l'Année littéraire, est d'une monotonie assommante. » Convenons que lorsqu'on trouve dans un poète la rapidité, l'harmonie, la chaleur et la force, on peut bien à la rigueur le dispenser de mettre dans ses ouvrages l'admirable variété que Fréron répandait dans les siens.

A MON AMI

BERTRAND DE CŒUVRES.

Je vous dédie cette Traduction comme à celui qui a sur mon cœur les droits les plus anciens. Élevés ensemble, vous m'avez appris à chérir la vertu dans un âge où l'on n'en connaît guère que le nom; et depuis cette heureuse époque notre amitié n'a fait que s'augmenter de jour en jour, malgré la distance des lieux que nous habitons.

Il est certain, mon ami, mais vous n'en conviendrez pas, que je dois mes mœurs à vos exemples, mon bonheur à vos conseils. N'est-ce pas vous qui, dès votre plus tendre jeunesse, preniez sur vos plaisirs de quoi soulager secrètement les malheureux? N'est-ce pas vous, car j'aime à le publier, qui, de concert avec une autre moi-même, m'avez retenu sur le bord du précipice, lorsqu'une passion furieuse égarait mon esprit?

Il est temps de le déclarer : c'est vous qui, déposant votre fortune entre mes mains..... entre les mains d'un joueur (1)!

---

(1) Je n'ai pas joué long-temps : j'ai tâché d'expier ce vice anti-social d'une manière utile à mes semblables. *Voyez* mon livre *De la Passion du jeu depuis les temps anciens jusqu'à nos jours.*

m'écriviez : « Maintenant ruinez-moi, si vous l'osez ; allez, je
« serais moins à plaindre que vous. Mais tout me rassure ; je ne
« vous regarde plus désormais que comme un dépositaire. »

Ceux qui nous connaissent l'un et l'autre ne seront pas surpris du faible hommage que je vous rends : ils diront que je tâche, autant qu'il est en moi, d'acquitter une dette sacrée ; et, s'ils ont un reproche à me faire, ce sera, n'en doutez point, de m'être privé, par égard pour vous, du plaisir de célébrer tant d'autres vertus, d'autant plus estimables que vous les pratiquez en silence.

Je suis et m'honore d'être votre ami.

DUSAULX.

PRÉFACE.

Mes premiers travaux sur Juvénal datent de loin, et par un attrait irrésistible j'y suis souvent revenu. La seule inspection des diverses époques où j'ai publié la Traduction de ses Satires, suffira pour montrer quelle dut être et quelle fut en effet l'influence de ce principal instituteur de ma jeunesse sur les deux tiers de ma trop longue vie; car il n'y a pas long-temps encore que je me plaignais d'avoir trop vécu. On n'en sera pas surpris, si l'on se rappelle qu'au lieu du bonheur que promettait la liberté récemment conquise, nous avons vu notre chère patrie affligée de malheurs tels, que la postérité refusera de les croire. Que n'est-il aussi facile de les oublier que de se taire! Pour moi, je ne me tairai pas. Cependant ne désespérons de rien, puisque le patriotisme, le courage et la vertu ont enfin triomphé du crime (1).

La première édition, annoncée à l'Académie de Nancy dès 1757, ne fut publiée que treize ans après. Quelques soins qu'elle m'eût déjà coûtés, je ne la regardais que comme un simple essai; et ce n'était rien de plus. Cet essai néanmoins fut si favorablement accueilli, que plusieurs sociétés littéraires me firent l'honneur de m'adopter; que des savans, même étrangers, me donnèrent des encouragemens; enfin, qu'un ami d'enfance, le favori des Muses grecques et latines, l'illustre Brunck, m'ouvrit le trésor de son immense érudition.

Après avoir puisé dans les sources antiques tout ce qui pouvait contribuer à l'intelligence de mon auteur; après avoir

---

(1) M. Dusaulx écrivait cette préface dans les premiers jours de la législature qui a succédé à la Convention.

étudié la politique, les mœurs, le costume, le goût de son siècle, et collationné son texte sur de bons manuscrits, je préparai la seconde édition pour acquitter la dette que j'avais contractée: elle parut en 1782. On approuva les corrections du texte, les notes, et surtout le discours sur les satiriques latins, dont je n'avais d'abord présenté que l'esquisse.

Je me reposais de mes travaux au sein des lettres et de l'amitié, lorsqu'à mon retour des Pyrénées, dont j'ai tenté la description, le tocsin de 1789 se fait entendre. Il sonnait, disait-on, l'heure de la réforme et de la liberté. Je n'étais pas homme à rester en arrière, et je l'ai prouvé.

Nommé successivement électeur, officier municipal, enfin trois fois législateur, je me livre tout entier à ce qui pouvait affermir la liberté naissante. Mais après de funestes dissensions, le jour fatal arrive, le 2 septembre 1792, jour d'exécrable mémoire, où je la crus perdue sans ressource, cette précieuse liberté. Des tyrans qui n'avaient que l'audace et la soif du crime, mettent la république aux fers. Ils ne durent, ces tyrans subalternes, eux et leurs complices, ce détestable succès qu'à des forfaits si monstrueux, qu'il n'était pas donné à la prudence humaine de savoir s'en garantir. Et moi aussi j'eus l'honneur, dans cette affreuse catastrophe, d'être traîné de cachots en cachots avec soixante-douze de mes collègues, et n'en sortis que vers la fin de 1794, après y avoir tous langui pendant plus d'une année.

C'est en rentrant dans mes foyers dévastés que l'on vient me demander cette troisième édition. Presque usé par quarante ans de travaux, et surtout par le malheur, je m'y refusai d'abord. Un ardent ami des lettres et de ceux qui les cultivent, relève mes esprits abattus. Éclairé, soutenu par ce savant modeste, d'ailleurs plein de goût et de sagacité, je recommence une lutte inégale, mais attrayante, contre un texte qui a toujours été le désespoir des plus habiles interprètes.

Combien de fois ce travail consolateur n'a-t-il pas été interrompu, troublé par la rage des factions renaissantes? combien de fois la plume ne m'est-elle pas tombée des mains? M'essayant autrefois, dans le tumulte des camps, à traduire Juvénal, je n'en avais que plus de ressort et d'énergie; c'est qu'il ne s'agissait alors que de combattre les ennemis de l'état, et non d'exterminer des concitoyens.

Dans le cours de nos calamités et de mes propres malheurs, on m'a supposé une âme plus stoïque peut-être que je ne l'avais en effet. Quoique résigné, je pleurais, et sur la révolution souillée, et sur le sort de tant de victimes innocentes. Mais où m'emportent ces tristes souvenirs?.... Jamais ils ne s'effaceront de ma mémoire :

quelque chose que je fasse, que je dise, j'y reviendrai toujours. O vous qui me lirez, ayez de l'indulgence et de la pitié pour un cœur brisé par la douleur! Pardonnez le désordre de cet écrit à celui qui le traçait d'une main tremblante au sortir des prisons, où il n'attendait que la mort, moins rigoureuse sans doute que le spectacle déchirant de ceux que, d'heure en heure, on appelait au supplice, et dont la plupart le conjuraient de recevoir leurs derniers embrassemens.

Et c'est, je le répète, dans ces funèbres conjonctures que l'on me demandait de revoir le travail de mes années les plus heureuses, que l'on exigeait de moi ce qu'il n'est guère possible d'exécuter qu'au sein du repos, du bonheur et de la paix. Mais, j'en conjure, qu'on se représente, s'il est possible, quel dut être mon retour dans une société récemment dissoute et ravagée; quel fut l'état d'un homme qui, dans la plupart des maisons où il allait chercher, et porter peut-être des consolations, n'y trouvait que des scellés, et des orphelins manquant de tout! Ajoutez que le silence de la nuit, plus affligeant encore, ne me rappelait que des idées sinistres qui, se combinant entre elles, m'offraient le possible en fait de maux, et nul remède.

Delà le retour involontaire et continuel sur nos désastres antérieurs. Que dirai-je? les tourmens de ma captivité, adoucie cependant par la présence momentanée et le dévouement héroïque d'un homme vertueux; le fer si long-temps suspendu sur ma tête et sur celle de mes collègues; la fleur des représentans traînée à l'échafaud; l'honneur de la nation proscrit de jour en jour, les Bailly, la Rochefoucauld, Malesherbes, Angran, Freteau, et des milliers d'autres victimes non moins recommandables; en un mot, le sang des citoyens de toutes les classes, sans égard à l'âge, au sexe, aux vertus, aux talens, mêlé et confondu par les bourreaux fatigués d'exécutions, par des bourreaux aussi prompts que dociles, et dont les tigres qui les faisaient mouvoir accusèrent souvent la lenteur; cette fureur, ces massacres répétés d'un bout de la France à l'autre, et jusque dans nos îles, par des cannibales gorgés d'or et de sang; la guerre au dehors; au dedans le brigandage, la famine, l'incendie, le désespoir, et tant de suicides! les temples profanés, les tombeaux violés, toutes les lois naturelles et sociales enfreintes; les monumens des arts, tant anciens que modernes, détruits, et la barbarie levant sa tête hideuse au milieu des ruines ensanglantées; ce sujet de tous les entretiens, ces horreurs toujours présentes à mon esprit, et d'autres encore que le temps révélera, m'avaient, de secousses en secousses, tellement affecté, tellement anéanti, que malgré mon retour à ce que les dilapidateurs et les anarchistes appelaient la liberté, je ne vivais plus qu'à mon insu.

Cependant on imprimait cette troisième édition. Les premières épreuves à corriger me sont apportées. Le croira-t-on? le texte de Juvénal, reproduit sous mes yeux après six années d'anxiétés, ce texte brûlant m'électrise tout à coup. Le cœur me bat; les sensations et les idées renaissent. Sorti de ma profonde léthargie, je m'élance à la tribune nationale, veuve hélas! de ses plus grands orateurs, pour y abjurer la vengeance, adoucir les esprits, ramener l'espérance et la concorde au sein de la Convention si long-temps divisée. J'y remontai bientôt pour jeter quelques fleurs et sur la tombe du généreux Ferraud, assassiné près de moi dans le Sénat Français; et sur celle de l'auteur du *Voyage d'Anacharsis*, qu'une mort, avancée par des traitemens indignes, venait de ravir aux lettres désolées; enfin, pour demander que les honneurs du Panthéon fussent accordés à l'illustre Mably. Je propose ensuite un monument impérissable: il s'agissait d'un autel expiatoire sur lequel on aurait lu, d'un côté : Regrets de la Nation : de l'autre, Miséricorde aux Citoyens égarés. O Juvénal! ton ombre m'en a su plus de gré que de mon enthousiasme pour tes vers immortels.

A cette époque, des sentimens plus humains renaissaient avec la sécurité. Les fauteurs de l'anarchie faisaient place aux vrais républicains. La constitution, après quelques orages, acceptée aux acclamations de la nation entière, promettait enfin le retour de l'ordre et le règne des lois. Profitant des premiers momens de calme, j'achève ma tâche commencée, comme on l'a vu, dans des conjonctures telles, qu'il importait peut-être que j'en fisse mention, ne fût-ce que pour éterniser la honte de nos cruels oppresseurs.

Que dirai-je maintenant de ce nouveau travail ? Qu'il suffise que j'ai eu l'ambition cette fois, après avoir, autant qu'il était en moi, rendu le sens de mon auteur, de faire passer dans notre langue son âme tout entière, sa véhémence, ses mouvemens, et même sa couleur. Fidèle jusqu'au scrupule, je n'en ai pas moins tâché de donner à mon style le feu, le naturel et l'originalité de la composition. Je ne parlerai point de mes nombreuses corrections ; ce qui peut m'arriver de plus heureux, c'est qu'on ne s'en aperçoive pas. Quant au Discours préliminaire, je n'y ai rien changé, du moins d'essentiel, de crainte d'altérer mon titre primordial, celui sur lequel je veux être jugé, si par hasard on cherchait un jour quels furent, avant la révolution française, mes véritables sentimens sur les mœurs et la liberté.

N'abusons pas plus long-temps de la patience de nos lecteurs; ne les fatiguons pas gratuitement de nos efforts réitérés. Au reste, dans quelque genre que ce soit, ces efforts ont un terme, passé lequel il est plus facile de faire autrement que de faire mieux. D'ailleurs, il est souvent arrivé qu'en voulant se surpasser soi-même, on a gâté son propre ouvrage.

Je fais donc ici mes adieux à Juvénal, à ce digne professeur de la morale universelle et de la vraie liberté, de celle qui produit toutes les vertus et les suppose.

Vixi, et, quem dederat cursum fortuna, peregi.
VIRGIL.

DISCOURS

SUR

LES SATIRIQUES LATINS.*

PREMIÈRE PARTIE.

C'est dans le cœur humain, beaucoup moins reconnaissant de ce qui le flatte que révolté de ce qui le blesse, qu'il faut chercher le véritable esprit de la satire antique, et telle que nous allons la considérer; esprit qui d'ailleurs est répandu, depuis les temps les plus reculés jusqu'à nos jours, dans toutes les productions littéraires faites pour instruire les hommes ou pour les amuser. Homère n'est-il pas de temps en temps satirique [1]? Le début de Salluste, dans sa *Guerre de Jugurtha*, ne forme-t-il pas, jusqu'au moment où Juvénal prit la plume, la satire la plus véhémente que l'on eût encore faite des progrès de la corruption des Romains? Et le seul nom de Tacite ne

---

* Les chiffres entre parenthèses renvoient aux notes qui sont au bas des pages; les chiffres plus petits et sans parenthèses, à celles qui se trouvent à la suite du Discours.

sera-t-il pas toujours plus formidable pour les tyrans, que celui de la plupart des satiriques de profession? Mais entrons en matière.

La satire romaine, grossière et licencieuse dans son origine, subit différentes formes successives [2]. Après avoir été épurée par Ennius, Pacuvius, et surtout par le redoutable Lucilius (1); après avoir été ensuite perfectionnée par des hommes transcendans, elle devint enfin une école de mœurs et de goût : cependant elle enseignait moins qu'elle n'encourageait. Vous avez fait un poëme, disait Cicéron à Varron, dont l'objet est plutôt d'exciter que d'instruire (2).

Afin d'inspirer aux citoyens des goûts et des penchans qui les fissent commercer entre eux de la manière la plus agréable et la plus sûre, elle reprenait les défauts et les vices, c'est-à-dire, ce qui importune et ce qui nuit : ainsi,

L'ardeur de se montrer, et non pas de médire,
Arma la vérité du vers de la satire (3).

Dans le premier cas elle était enjouée et badine; dans le second elle était grave et sentencieuse : mais quand

---

(1) Lorsque l'ardent Lucilius, frémissant d'une généreuse indignation, s'arme de sa plume, comme d'un glaive menaçant, le criminel rougit et sent son cœur se glacer : la sueur des remords se répand dans son sein :

Ense velut stricto quoties Lucilius ardens
Infremuit, rubet auditor cui frigida mens est
Criminibus, tacita sudant præcordia culpa.
JUVÉNAL., sat. 1, vers. 165.

(2) *Fecisti poema ad impellendum satis, ad docendum parum.*
(3) BOILEAU, *Art poétique*, chant 2, vers 145.

DISCOURS.

les droits de l'humanité étaient violés, quand la nature était publiquement outragée par des alliances monstrueuses (1), ne pouvant plus se contenir, elle méconnaissait les bienséances et les égards. Quelles que fussent néanmoins son indignation et sa colère, elle aimait mieux offenser que de haïr.

Observons que par le mot *satire* on n'entendait pas alors, comme aujourd'hui, le honteux effort de la haine ou de l'envie, qui ne cherche qu'à déprécier le mérite, à ternir les vertus. Il en était de la satire comme de l'histoire : le premier devoir de celle-ci, dit Tacite, est de ne pas laisser languir la vertu dans l'oubli, de faire redouter au vice l'infamie et la postérité (2). La louange,

---

(1) « O Mars, protecteur de nos murs! quel funeste génie alluma ces feux criminels dans le cœur des pasteurs latins? Qui donc souffla ces ardeurs détestables au sein de tes enfans? Un homme, illustre par sa naissance et par ses richesses, épouser un autre homme! Dieu de la guerre, tu restes immobile? tu ne frappes pas de ta lance cette indigne contrée? tu n'implores pas la foudre de ton père? etc. » Juvénal ajoute : « Vivons seulement, nous verrons former en public ces exécrables nœuds, nous les verrons légitimer. »

> . . . . O pater urbis!
> Unde nefas tantum latiis pastoribus? unde
> Hæc tetigit, Gradive, tuos urtica nepotes?
> Traditur ecce viro clarus genere atque opibus vir!
> Nec galeam quassas! nec terram cuspide pulsas!
> Nec quereris patri! . . . .
> . . . . Liceat modo vivere, fient,
> Fient ista palam, cupient et in acta referri.
>   Sat. 2, vers. 126 et seq.

(2) *Præcipuum munus annalium reor, ne virtutes sileantur, utque*

quoique moins souvent employée que le blâme, était donc du ressort d'un vrai satirique.

Le caractère de celui-ci supposait toujours assez de générosité pour faire croire qu'il était plus sensible aux bonnes qualités, que révolté des mauvaises; et, dès lors, on le regardait comme le protecteur des gens de bien, comme l'ennemi déclaré des méchans. Il était censé suppléer aux lois, qui ne sauraient tout prévoir, ne doivent pas tout châtier, et qui souvent ont besoin d'être réveillées par les cris d'un sage dénonciateur.

Ce qu'Horace exigeait de la part du chœur, qui jouait un rôle passif dans la tragédie des anciens, convient parfaitement à la fonction de satirique, telle que je la conçois. Que le chœur, dit-il, accorde aux gens de bien sa faveur et ses conseils; qu'il tempère la colère, adoucisse la fierté; qu'il célèbre la frugalité, les lois et la justice; que, médiateur entre les dieux et les hommes, il supplie les immortels de secourir ceux qui languissent dans l'oppression, et d'humilier le superbe oppresseur (1).

La satire, maintenant si décriée, n'était donc rien autre chose que la morale et le goût appliqués aux actions, aux discours, aux écrits; ce qui embrasse tous

---

pravis dictis factisque ex posteritate et infamia metus sit. TACIT., *Annal.*, lib. III, §. 65.

(1) . . . . Deosque precetur, et oret
Ut redeat miseris, abeat fortuna superbis.

De Art. poet., vers. 200.

les intérêts de l'humanité, soit qu'elle pense ou qu'elle agisse. Juvénal l'avait bien senti, puisqu'il déclare que tout ce qui affecte, tout ce qui meut les humains sera la matière de son livre (1). Vaste carrière! mais un seul homme, quel que fût son siècle et son génie, ne pouvait pas la parcourir en tout sens, parce que la même époque ne saurait fournir en même temps tous les modèles, que les vicissitudes des gouvernemens changent les mœurs et les inclinations des peuples, que le talent dépend des circonstances qui influent sur le caractère; enfin, parce qu'il est dans chaque écrivain des qualités qui s'excluent réciproquement.

Celui qui est doué, comme Horace, du sang-froid nécessaire pour laisser toujours dans le fourreau le glaive de la satire, et pour n'attaquer qu'indirectement le vice accrédité, n'aura ni ce feu dévorant ni cette audace généreuse qui font pâlir les tyrans sous le dais. Perse, absorbé dans la recherche du souverain bien, et fortement épris d'une liberté plus que romaine, je veux dire de la liberté stoïque, Perse ne pouvait avoir ni les grâces d'Horace ni la véhémence de Juvénal. Quant à celui-ci, dont les premiers et les derniers regards ne virent guère que du sang et des larmes, pouvait-il faire autrement, avec un caractère tel que le sien, que d'invoquer Némésis et d'écrire sous sa dictée?

Les Romains, le plus souvent imitateurs, et qui ont

---

(1) Quidquid agunt homines, votum, timor, ira, voluptas,
    Gaudia, discursus, nostri est farrago libelli.
                                        Sat. I, vers. 85.

presque tout emprunté des Grecs (1), se félicitent d'avoir du moins inventé la satire. Mais ce petit poëme, libre dans sa marche, n'a point d'invention proprement dite. Excepté le vers hexamètre, que l'on était convenu, à l'exemple de Lucilius, d'employer sans mélange, le reste dépendait des ressources et de l'intention du poète, qui était son propre législateur. Ainsi, quand je parle du génie d'un satirique, je n'entends point l'art de former une chaîne qui prolonge l'intérêt et tienne toujours l'attention suspendue sur un même objet. Les satiriques sont en général dispensés de cette marche savante et graduée, si nécessaire au poète épique ou dramatique, et même à l'orateur. Mais aussi, quelque genre qu'ils adoptent, le sérieux ou l'enjoué, soit qu'ils caressent ou qu'ils châtient, on ne leur permet rien de faible, rien de commun. Il faut qu'ils dédommagent de l'ordre et de la combinaison par l'abondance, la chaleur, le choix, la promptitude et la variété des idées : il faut surtout qu'ils tiennent ce qu'ils promettent ; que toujours conséquens, que l'œil presque toujours fixé sur le mouvement et l'esprit du siècle, ils n'omettent rien de ce qui peut en corriger les mœurs et les faire connaître : à ce prix on peut aussi leur attribuer une sorte de génie.

Cette carrière, qui nous paraît aujourd'hui si bornée, parce que nous avons un Molière, était d'autant plus

---

(1) « La Grèce subjuguée subjugua ses farouches vainqueurs, et transporta les arts dans l'agreste Italie : »

Græcia capta ferum victorem cepit, et artes
Intulit agresti Latio.
Horat., lib. ii, epist. i, vers. 156.

vaste à Rome, qu'on n'y avait point, en quelque sorte, entendu de comédie nationale, et cela parce que Plaute et Térence, qui s'étaient contentés de transporter sur le théâtre les mœurs des Grecs et leur costume, avaient négligé la correction des travers et des vices de leurs concitoyens. La satire n'était donc pas alors aussi resserrée qu'elle l'est maintenant par la comédie; elle n'en était pas le supplément et l'accessoire; tous les matériaux de celle-ci lui appartenaient, et les satiriques, dont il est temps de parler, n'étaient pas prévenus ou supplantés par les poètes comiques. Boileau n'a peut-être touché si légèrement l'article des mœurs, que parce qu'il n'a pas osé se mesurer avec Molière.

Horace, qui avait irrévocablement fixé, je ne dis pas le ton, mais les diverses formes de la satire [3], fut suivi de Perse, de Juvénal, et de plusieurs autres satiriques qui florissaient du temps de Quintilien (1). Les noms mêmes de ces derniers n'existent plus. Je vais considérer les autres relativement à leur siècle, à leurs moyens, et surtout à leurs intentions, c'est-à-dire, aux effets qu'ils ont voulu produire. J'aurai soin de les placer au centre des événemens et des mœurs du temps où ils vécurent, afin que l'on puisse juger de leur pénétration, de l'importance de leurs travaux. Au lieu d'exalter l'un au préjudice de l'autre, à l'exemple

---

(1) « Il en est aujourd'hui plusieurs de renommés, et dont la postérité parlera : » *Sunt clari hodieque et qui olim nominabuntur*. (Quint., lib. x, cap. 1). Ce passage ne saurait regarder Juvénal. Quintilien avait depuis long-temps cessé d'écrire lorsque les satires de ce poète furent lues et publiées.

de ceux qui ont déjà traité ce sujet, j'insisterai sur ce qui les caractérise le mieux, résolu de n'approuver dans leurs ouvrages que ce qui me paraîtra utile ou agréable. Plusieurs savans ont donné la préférence à celui qu'ils avaient traduit ou commenté (1). On ne finirait pas si l'on voulait peser tous leurs motifs de prédilection : il est temps de suivre une autre route.

Horace naquit dans les circonstances les plus favorables à la littérature. La langue latine, déjà maniée par de grands maîtres, était presque fixée par des chefs-d'œuvre en plus d'un genre (2). Le sublime Lucrèce et l'élégant Catulle avaient illustré l'Italie. Salluste avait publié le petit volume qui le place à côté de Tite-Live. César n'avait pas moins charmé ses concitoyens par la pureté de son style, qu'il ne les avait étonnés par ses talens militaires. Enfin Cicéron, qui venait de porter l'éloquence romaine à son plus haut degré, avait embelli la prose de toute l'harmonie dont elle est susceptible.

Indépendamment des excellens modèles qui avaient formé le goût d'Horace dans son propre pays, à l'âge de vingt ans il étudia les lettres et la philosophie dans

---

(1) Heinsius est tellement épris d'Horace, qu'il semble mépriser Perse et Juvénal. Casaubon s'efforce, à chaque page, de faire adjuger à Perse la palme de son art. Rigault, non moins exclusif, et combattant pour Juvénal, lui donne le pas sur les deux autres, etc., etc.

(2) Cela n'empêcha pas Horace d'enrichir cette langue d'une foule de tours et d'expressions empruntés des Grecs, et c'est pourquoi Bentley, dans ses notes, page 64, l'appelle *magnus novator*.

Athènes : à vingt-six, il fut présenté à Mécène par Virgile et Varius, et peu de temps après à Auguste par Mécène lui-même. L'empereur l'enrichit à deux reprises (1); mais il ne put pas lui faire accepter un emploi qui l'aurait attaché immédiatement à sa personne (2).

Au sein de la paix récente dont jouissait enfin l'Italie, Octave et ses complices avaient besoin d'être amusés et célébrés : d'ailleurs il entrait dans leur politique de protéger les arts, et surtout d'encourager les poètes, plus capables que d'autres de seconder leurs vues, c'est-à-dire, de les aider à consommer l'œuvre des proscriptions, à métamorphoser les citoyens en courtisans. La passion des vers succéda bientôt aux intrigues et aux fureurs de la guerre. Tout le monde en fit, les savans et les ignorans (3), le peuple et la jeunesse; on vit même les Pères conscripts, couronnés de fleurs, en dicter pendant leurs repas (4).

Le talent et l'urbanité qui avaient produit Horace auprès des grands 4 ne suffisaient pas pour l'y maintenir.

---

(1) *Unaque et altera liberalitate locupletavit.* SUETON. Vita Horat.

(2) « Auguste (que l'on avait d'abord appelé Octave) lui offrit la place de secrétaire du cabinet impérial : » *Augustus epistolarum quoque ei officium obtulit.* Idem, ibid.

(3) Scribimus indocti doctique poemata passim.
     HORAT., lib. II, epist. 1, vers. 117.

(4) . . . . Populus levis hoc calet uno
Scribendi studio, pueri patresque severi
Fronde comas vincti, cœnant et carmina dictant.
     HORAT., lib. II, epist. 1, vers. 108.

On verra, dans le parallèle que j'annonce, quelles furent à cet égard son adresse et ses ressources ; car il fut doué d'une prudence consommée (1), la seule vertu peut-être qui reste à pratiquer quand il n'est plus permis d'en exercer d'autres. On y verra le parti qu'il a su tirer de la louange et du blâme, en les combinant ensemble d'une manière vraiment originale ; et l'on sera forcé de convenir qu'il paraît sincère, même lorsqu'il flatte aux dépens de quelqu'un. Je ne saurais m'empêcher d'en citer ce trait par anticipation : — Quand je fends la presse, dit-il, un brutal me crie : A qui en veut ce forcené ? il renverse tout lorsqu'il s'agit de revoir son Mécène. Que ces injures me plaisent, ajoute-t-il ! en vérité je les trouve aussi douces que du miel (2). C'est ainsi qu'il savait préparer ses éloges ; et c'était presque toujours avec tant de finesse, tant de séduction, que le commun des hommes en jouit autant aujourd'hui, que si chacun d'eux était des puissantes familles qu'il ne cessait de caresser. Mais je renvoie à un morceau plein de goût, et qu'Horace lui-même n'aurait pas désavoué (3).

(1) « Prenez garde à ce que vous dites des personnes, et devant qui vous en parlez : »
>   Quid de quoque viro, et cui dicas, sæpe videto.
>   Lib. 1, epist. 18, vers. 68.

(2)   Quid vis, insane, et quas res agis ? improbus urget
   Iratis precibus, tu pulses omne quod obstet,
   Ad Mœcenatem memori si mente recurras.
   Hoc juvat, et melli est, non mentiar.
   Lib. 11, sat. 6, vers. 29.

(3) Personne n'a mieux fait sentir que M. de Nivernois com-

Quant à ses opinions, il convient qu'il n'en avait pas de bien arrêtées (1); que, guidé par son seul intérêt, il n'épousait aucune secte, et passait volontiers d'une école dans une autre : à l'en croire cependant, il n'en était pas moins le défenseur le plus zélé de la vertu (2).

Quant à son humeur, si quelque chose est capable de prouver que le cœur d'un courtisan, quelque initié qu'il

---

bien les louanges que donnait Horace étaient délicates et séduisantes. *Voyez* les Mélanges de poésie, de littérature et d'histoire, par l'Académie des belles-lettres de Montauban, pour les années 1744, 1745 et 1746.

(1) Heinsius veut qu'Horace ait été de la secte des éclectiques, fondée par Potamos d'Alexandrie, contemporain d'Auguste. Ces philosophes différaient des sceptiques, en ce que ceux-ci doutaient de tout; au lieu que les éclectiques choisissaient, dans les différens systèmes, ce qui leur paraissait de plus utile et de plus convenable. Bien des gens aujourd'hui en usent de même, et sont éclectiques sans le savoir.

(2) « Si vous me demandez quelle est ma secte, quel est mon maître; je n'en ai point, et je ne jure d'après personne. Tranquille et résigné, je m'établis partout où me jette la tempête. Tantôt, plein d'activité, je me livre aux affaires, tantôt je me déclare le partisan le plus rigide de l'austère vertu. Quelquefois aussi je rentre furtivement dans l'école d'Aristippe, et je tâche de me soumettre les choses de la vie sans en dépendre : »

> Ac ne forte roges quo me duce, quo lare tuter;
> Nullius addictus jurare in verba magistri,
> Quo me cumque rapit tempestas, deferor hospes.
> Nunc agilis fio, et mersor civilibus undis,
> VIRTUTIS VERÆ CUSTOS, RIGIDUSQUE SATELLES;
> Nunc in Aristippi furtim præcepta relabor,
> Et mihi res, non me rebus subjungere conor.
>
> Lib. 1, epist. 1, vers. 13.

soit dans la philosophie, ne saurait être pleinement satisfait, ce sont les contrariétés et les chagrins dont il ne cessait de se plaindre, quoiqu'il fût comblé de gloire et de faveur dans la cour la plus brillante qui ait jamais existé (1). Ce poète avait, n'en doutons pas, la maladie de ceux qui parviennent trop vite, la satiété : mais, tournant ses dégoûts au profit de son ouvrage, il a pris le parti de les peindre; ce qu'il exécute de manière que l'on dirait que ce fut moins pour intéresser les autres que pour se soulager lui-même. — Malgré mes beaux projets, écrivait-il à Celsus [5], je ne saurais parvenir à me rendre meilleur et plus heureux, et cela parce que je suis en effet moins sain d'esprit que de corps. Je ne veux rien écouter, rien lire de ce qui pourrait me calmer : je me fâche et contre les médecins fidèles qui veulent me guérir, et contre les amis qui cherchent à me tirer de cet état funeste. Enfin, je fais, au préjudice de mon bonheur, ce que ma propre raison désavoue. Quand je suis à Tivoli, je voudrais être à Rome : quand je suis à Rome, je voudrais être à Tivoli (2).

(1) « O ma chère maison de campagne ! quand te reverrai-je ? quand me sera-t-il permis d'oublier, au sein du repos, et lisant les anciens, une vie, hélas! trop inquiète ? »

O rus! quando ego te adspiciam? quandoque licebit
Nunc veterum libris, nunc somno et inertibus horis
Ducere sollicitæ jucunda oblivia vitæ?
Lib. ii, sat. 6, vers. 60.

(2) Sed quia mente minus validus quam corpore toto,
Nil audire velim, nil discere quod levet ægrum;
Fidis offendar medicis, irascar amicis,
Cur me funesto properent arcere veterno;

Écrivant selon qu'il était affecté, il admet souvent les contraires : il a autant de maximes pour les ambitieux que pour ceux qui savent se contenter de leur sort. Tantôt il invite à rechercher la société des grands et des riches : tantôt il avoue que leur commerce, si doux en apparence quand on les voit de loin, est redoutable en effet lorsqu'on les approche de trop près (1). Ouvrez son livre au hasard, vous y verrez qu'il exalte tour à tour l'opulence et la médiocrité (2), la modération de l'âme et son activité dans la poursuite des honneurs ; qu'il vante et la souplesse d'Aristippe (3) et l'inflexibilité

Quæ nocuere sequar, fugiam quæ profore credam ;
Romæ Tibur amem ventosus, Tibure Romam.
Lib. 1, epist. 8, vers. 7.

(1) Dulcis inexpertis cultura potentis amici,
Expertus metuit.
Lib. 1, epist. 18, vers. 82.

(2) « Le bonheur n'appartient pas exclusivement aux riches ; et celui qui, depuis sa naissance jusqu'à sa mort, s'est soustrait aux regards des hommes, n'en a pas été plus à plaindre : »

Nam neque divitibus contingunt gaudia solis ;
Nec vixit male, qui natus moriensque fefellit.
Lib. 1, epist. 17, vers. 9.

(3) « Aristippe, quel que fût son sort, ne s'en plaignait jamais : il cherchait le mieux, mais il était satisfait du présent : »

Omnis Aristippum decuit color et status et res,
Tentantem majora, fere præsentibus æquum.
Lib. 1, epist. 17, vers. 23.

Horace ne pouvait pas ignorer que ce même Aristippe avait eu la bassesse de souffrir que Denys lui crachât au visage ; et cela pour avoir le privilége de manger du turbot à la table de ce tyran.

de Caton (1). Comme si le cœur pouvait suffire en même temps aux affections les plus contraires, il approuve dans le même ouvrage et la modestie qui se cache, et la vanité qui brûle de se produire au grand jour.

Ce qui lui concilie le plus grand nombre de lecteurs, c'est que la plupart ne le trouvent ni trop vertueux ni trop vicieux; c'est que l'extrême indulgence dont il use à propos, montre plutôt un ami qu'un censeur; c'est encore parce que les aveux qu'il fait si fréquemment mettent tout le monde à l'aise : car il déclare qu'il n'avait pas la force de résister à l'attrait du moment, et que ses principes variaient selon les circonstances. — Quand j'ai peu, disait-il, je sais m'en contenter et m'en féliciter : mais à la moindre aisance qui me survient, je m'écrie qu'il n'y a de bonheur que pour ceux dont les revenus sont fondés sur de bonnes métairies (2).

Si nous le considérons du côté purement littéraire, voici ce qu'il exigeait des auteurs satiriques, en s'y conformant lui-même : — Il faut de la précision, dit-il, pour que la pensée marche rapidement, et qu'elle ne se

---

(1) « Tout l'univers dompté, excepté l'indomptable Caton : »
  Et cuncta terrarum subacta,
  Præter atrocem animum Catonis.
     Lib. ii, od. 1, vers. 23.

(2) . . . . Tuta et parvula laudo,
  Quum res deficiunt; satis inter vilia fortis :
  Verum, ubi quid melius contingit et unctius, idem
  Vos sapere, et solos aio bene vivere, quorum
  Conspicitur nitidis fundata pecunia villis.
     Lib. i, epist. 15, vers. 42.

perde pas dans un dédale de mots qui fatiguent gratuitement l'oreille : il faut un style grave quelquefois, et le plus souvent enjoué : enfin, il est nécessaire que l'éloquence, la poésie et la critique se montrent tour à tour, mais avec réserve, et de manière qu'elles sachent se détendre, qu'elles ne déploient pas toutes leurs forces (1).

La forme dramatique, jointe au ton de plaisanterie qu'Horace a pris dans la plupart de ses satires, ne laisserait aucun doute qu'il n'eût imité la vieille comédie, quand il ne l'aurait pas déclaré lui-même. On sent que cette imitation ne regarde que le style et le dialogue ; car la satire n'a point d'action proprement dite ; les interlocuteurs y restent toujours dans la même situation, dans le même état (2).

---

(1) Est brevitate opus, ut currat sententia, neu se
Impediat verbis lassas onerantibus aures.
Et sermone opus est modo tristi, sæpe jocoso,
Defendente vicem modo rhetoris atque poetæ,
Interdum urbani, parcentis viribus, atque
Extenuantis eas consulto.
Lib. 1, sat. 10, vers. 9.

Heinsius a rejeté du rang des satiriques ceux qui n'ont pas fidèlement suivi ces préceptes ; et même il prétend que ce qui ne produit pas le rire ne saurait entrer dans le petit poëme dont il s'agit. Il prétend encore que la satire n'admet que des portraits, et point de tableaux. *Verbis satira pungit singulos et lacerat, non in genere omnes, quod est præter naturam illius* (Heins. de satir. Horat.). N'est-ce pas l'avoir trop bornée? La même poétique, en pareil cas, peut-elle convenir en tout temps, en tout lieu, et à des hommes diversement affectés ?

(2) Témoins et le Damasippe et le Catius d'Horace. (Lib. II, sat. 3 et 4.)

L'aisance et la gaîté de ce poète ingénieux, son savant désordre, la familiarité de son style, et les négligences volontaires que l'on remarque dans ses vers, n'ont pas manqué de censeurs [6] : mais tout atteste que son projet fut de se conformer aux sujets qu'il avait à traiter; et que ce qui nous paraît dénué de goût, ne l'était pas pour ses contemporains. On ne saurait juger les anciens avec trop de circonspection, quand les beautés répandues dans leurs ouvrages l'emportent sur les choses douteuses, et dont aujourd'hui nous ne saurions être juges compétens. Les meilleurs écrivains se permettent des agrémens de convention, qui s'affaiblissent à la longue, et disparaissent au point que l'on n'en peut plus retrouver la trace : tantôt c'est une manière de parler proverbiale; tantôt l'imitation d'un langage rustique; ou bien ce sont des licences que l'on ne passe qu'aux grands maîtres.

La fonction de satirique, après Horace, qui avait épuisé tout ce qui pouvait intéresser ses contemporains, n'aurait été de long-temps exercée, si de nouvelles circonstances n'avaient pas amené de nouveaux ridicules, ou plutôt de nouvelles façons de s'avilir.

Les successeurs d'Auguste ne tardèrent point à changer la scène et à justifier les partisans de la liberté, qui durant le calme du despotisme naissant avaient présagé les tempêtes prochaines. La politique de Tibère ne ressemblait pas à celle de son prédécesseur (1) : elle avait d'autres ressources, pour aller à ses fins, que des vers,

---

(1) *Alia morum via.* TACIT., Annal., lib. 1, §. 54.

des jeux et des spectacles. Ce sombre et farouche empereur, qui se faisait violence au point de tolérer quelquefois les amusemens publics, témoignait assez par sa conduite artificieuse qu'il n'avait d'autre besoin, d'autre ambition que de consommer la servitude du peuple romain (1). Il disait néanmoins que dans une ville libre on devait penser et parler librement. Loin de se fier à ces belles paroles, chacun convenait intérieurement, avec le rhéteur Théodore, que ce monstre n'était qu'une masse de boue pétrie avec du sang (2).

Ce qu'il y eut de plus fatal, c'est que les progrès de toutes les sortes de corruption furent encore plus rapides que ceux de la tyrannie ; et que celle-ci fit, à plusieurs égards, de vains efforts pour s'y opposer. Ce fut alors qu'à la honte des dames romaines, si long-temps révérées, on vit des femmes d'un rang illustre se faire inscrire sur le registre des courtisanes, afin de pouvoir se livrer impunément à la débauche (3).

Tout, jusqu'au vice, fut contraint de se dénaturer ; la louange même devint une arme offensive (4). Des sénateurs furent assez lâches pour épier les passions se-

(1) Le coup d'autorité le plus décisif qu'ait frappé Tibère, fut de transporter les comices du Champ-de-Mars au sénat. (TACIT., Annal., lib. 1, §. 15.)

(2) Sueton., Tiber.; §. 57.

(3) *Feminæ famosæ, ut ad evitandas legum pœnas jure ac dignitate matronali exsolverentur, lenocinium profiteri cœperant.* SUETON., Vita Tiber.

(4) *Pessimum inimicorum genus, laudantes.* TACIT., Agricol., §. 41.

crètes du tyran, afin de les satisfaire en paraissant les contredire ; aussi les flatteurs les plus abjects affectèrent-ils de la rudesse et de l'inflexibilité (1). Cependant on allait solennellement au Capitole pour implorer les dieux en faveur de Tibère : on immolait des victimes, on faisait fumer l'encens sur les autels ; onze villes d'Asie se disputaient l'honneur de lui bâtir un temple.

La fin de ce long règne livra pour quelques années Rome sans défense à un furieux, dont le tribun Cherea ne l'affranchit que pour lui donner un imbécille non moins redoutable ; car la destruction d'un tyran n'est presque jamais celle de la tyrannie. Ce n'est pas qu'après le meurtre de Caligula il n'eût été question dans le sénat de rétablir la république ; mais les vices des empereurs étaient utiles à trop de monde.

Les treize années de ce Claude qui fut gouverné par une intrigante et par des affranchis, après l'avoir été par une prostituée, et surtout Néron, adopté au préjudice de Britannicus, achevèrent de dégrader le caractère romain. L'esprit public perdit enfin tout son ressort : excepté les mercenaires, et quelques esclaves ambitieux

---

(1) On délibérait dans le sénat sur les honneurs qu'il s'agissait de rendre à la mémoire d'Auguste. Valerius Messala proposait d'ajouter, à ce que l'on avait déjà résolu, la formule du serment que l'on prêtait chaque année à Tibère : sur quoi ce prince lui demanda s'il avait ouvert cet avis par son ordre. « Non, répondit-il ; et dans tout ce qui regardera la république je n'aurai jamais, au risque de déplaire, d'autre avis que le mien. » *Neque in iis quæ ad rempublicam pertinerent, consilio, nisi suo, usurum, vel cum periculo offensionis.* C'était là le dernier terme de la flatterie : *Ea sola species adulandi supererat.* TACIT., Annal., lib. I, §. 8.

qui cherchaient à parvenir dans les armées, presque tout le reste voyait la patrie du même œil que ce chevalier romain qui, dès le temps d'Auguste, avait fait couper les pouces à deux de ses enfans, pour les exempter du service militaire (1).

Dans ces conjonctures, où chacun craignait autant de voir le tyran que d'en être vu, on passait subitement de la crainte à la terreur, et aux plus viles superstitions (2), lorsqu'après avoir entendu promulguer des lois funestes, on voyait tout à coup tomber les premières têtes de l'état; lorsqu'on apprenait que des poètes, des orateurs et des historiens en étaient aussi les victimes.

De grands hommes, à l'exemple de Labéon qui n'avait pas voulu survivre à la liberté de son pays, se donnèrent volontairement la mort : mais il n'en résulta que la terrible et stérile leçon de se résigner à sortir de la vie sans résistance et sans murmures, quand une fois ce qu'on appelait le destin, et qui n'était en effet que le caprice d'un homme, l'avait ordonné.

Découragés, consternés ou intimidés, la plupart des

---

(1) *Equitem romanum quod duobus filiis adolescentibus, caussa detrectandi sacramenti, pollices amputasset, ipsum bonaque subjecit hastæ, etc.* SUETON., August., §. 31.

(2) Tacite remarque que la crainte perpétue les anciennes erreurs, en produit de nouvelles, et ramène les hommes à la pusillanimité des siècles d'ignorance et de barbarie. Après avoir fait l'énumération d'une foule de prodiges, il ajoute : *Et plura alia, rudibus seculis etiam in pace observata, quæ nunc tantum in metu audiuntur.* TACIT., Hist., lib. 1, §. 86.

personnages les plus illustres, et de ceux qui s'étaient distingués par leur caractère ou leurs talens, se réfugièrent dans l'école des sectateurs de Zénon 7, moins pour y apprendre à vivre qu'à mourir : science la plus nécessaire de toutes dans ces temps désastreux, puisqu'il était si rare de voir parvenir à la vieillesse un noble (1) ou un homme en place, que l'histoire n'a pas dédaigné d'en faire mention. Lorsqu'on trouve dans Tacite ces mots funèbres, « Lucius Pison, quoique pontife et préfet de Rome, mourut sous Tibère de mort naturelle (2) », on devient triste, rêveur; puis on croit lire sur la tombe d'un seul homme l'épitaphe d'une multitude de patriciens récemment exterminés.

Frappés du même coup, les principes de la philosophie et de la littérature s'altérèrent de plus en plus. La secte stoïque outra toutes les vertus, parce que les oppresseurs avaient franchi toutes les bornes qu'ils ont coutume de se prescrire à eux-mêmes pour leur propre intérêt ; et Quintilien se plaint à diverses reprises de ce que le stoïcisme avait transporté, dans les matières de goût, les ronces de l'école, de ce qu'il avait attristé les esprits, tari l'imagination, amaigri le style (3). Cali-

---

(1) . . . . Sed olim
Prodigio par est cum nobilitate senectus.
JUVENAL., sat. 4, vers. 96.

(2) *Per idem tempus L. Piso pontifex, rarum in tanta claritudine, fato obiit, etc.* TACIT., Annal., lib. VI, §. 10.

(3) « Les stoïciens ne sauraient disconvenir que la richesse et le lustre de l'éloquence n'aient manqué à la plupart de leurs écrivains. » *Stoici copiam nitoremque eloquentiæ fere præceptoribus suis defuisse concedant necesse est.* QUINT., lib. XII, cap. 2.

gula disait que celui de Sénèque était un ciment sans chaux (1).

La corruption du goût ne fut pas seulement occasionée par la sécheresse et l'affectation des stoïciens : l'introduction des étrangers et des hommes les plus vils dans le sénat, n'altéra pas moins le génie de la langue latine, que les mœurs nationales [8].

Les déclamations que Pline le jeune et Quintilien ont si souvent blamées, et dont ils paraissent cependant avoir fait trop de cas (2), concoururent avec les causes précédentes à perdre l'éloquence, et ne furent pas moins nuisibles à la poésie [9].

Les circonstances politiques, morales et littéraires que je viens d'exposer, sont bien plus relatives à Juvénal qu'à l'auteur dont nous allons examiner l'ouvrage, et cela plutôt pour suivre l'ordre des satiriques, que les progrès de la satire telle que nous l'avons considérée. Ce

---

(1) *Commissiones meras componere, et arenam esse sine calce.* SUETON., in Calig., §. 68.

(2) Pline loue beaucoup trop l'orateur Isæus de ce qu'il parlait à l'improviste et sur toutes sortes de sujets. Il va jusqu'à préférer au barreau les écoles où l'on ne traitait que des sujets feints et de pure imagination.

Sénèque (Lib. Declam.) dit qu'avant Cicéron les exercices des rhéteurs ne s'appelaient pas *declamationes*, mais *theses*.

Quintilien atteste que cet art était de nouvelle invention. *Quæ quidem declamandi ratio novissime inventa multo est utilissima ;* et que de son temps l'on regardait cet art comme très-propre à former d'excellens orateurs. *Plerisque videtur ad formandam eloquentiam vel sola sufficere.* QUINT., lib. II, cap. 10. *Voyez* Juvénal, sat. 7, note sur le vers 150.

que je dirai de Perse, néanmoins, ne sera pas étranger à mon sujet : il en résultera des observations propres à faire connaître plus particulièrement le genre dont il s'agit. Quelques précautions que je prenne, je risque d'être, dans cet examen, d'autant plus diffus, que Perse est trop succinct : mais j'irai le plus vite qu'il me sera possible, afin de revenir au poëte intéressant dont je n'ai fait, pour ainsi dire, qu'annoncer le caractère.

Si l'on trouve de temps en temps des détracteurs qui n'étudient que pour blâmer, on rencontre aussi des exagérateurs de bonne foi qui, dans leur têtes actives et fécondes, refont tout ce qu'ils lisent, et s'extasient ensuite sur leurs propres idées. Pour éviter les inconvéniens qu'entraînent ces dispositions si contraires à la saine critique, j'examinerai d'abord ce que, relativement au genre satirique, on peut attendre de l'éducation de Perse, de ses études, de son caractère et de ses liaisons : nous verrons ensuite ce que l'on a pensé de ses Satires ; et je finirai par un jugement impartial, c'est-à-dire, conforme aux impressions que j'en ai reçues, après les avoir bien méditées.

Je contredirai peut-être les opinions de quelques savans que j'aime et que j'estime, mais ce sera de manière qu'ils ne pourront m'en savoir mauvais gré. L'honnête Casaubon, lorsqu'il défendit Perse vivement attaqué par Scaliger, sut allier les égards à la critique, et ne fut pas moins l'admirateur et l'ami de celui qu'il réfutait (1).

___

(1) Jamais deux hommes n'ont été plus opposés dans les jugemens qu'ils ont portés de Perse, que Scaliger et Casaubon : voyez

DISCOURS.

Né sous Tibère, et mort à vingt-huit ans, sous Néron, Perse s'attacha, dès l'âge de seize ans, au stoïcien Cornutus, l'un des savans les plus honnêtes et les plus universels de son temps (1); car indépendamment de la philosophie stoïcienne qu'il n'enseignait pas moins aux Grecs qu'aux Romains, il était encore versé dans tous les genres de littérature. C'est à l'école de ce philosophe, et surtout dans son commerce intime, que ce jeune chevalier romain (2) puisa cet amour sincère de la secte stoïque, qui se manifeste dans la plupart de ses vers. Il consacra dès lors le reste ses jours, trop promptement

---

cependant avec quel enthousiasme celui-ci parle de son adversaire : « Quelqu'un, dit-il, n'a pas craint de s'élever contre les éloges qui avaient été donnés à Perse : » *At qui vir? tanti judicii, tantœ eruditionis, tam portentosi acuminis, ut et Persius magnum solatium habeat, quod Æneœ magni dextra cadit : et nos vel bonam caussam prodere diu constitutum ac certum habuerimus, potius quam cum illo Hercule in certamen descendere.* CASAUB., Proleg. in Pers., page 3.

(1) Cornutus, originaire de Leptis, ville d'Afrique, florissait avant et sous le règne de Néron. Peu s'en fallut, selon Dion-Cassius (in Neron. §. 26), que ce prince ne le fît périr; mais il se contenta de l'exiler dans une île, et voici pourquoi. Néron ayant formé le projet d'écrire en vers toute l'histoire romaine, quelqu'un lui dit qu'il devait la diviser en quatre cents livres; sur quoi Cornutus s'écria que personne ne la lirait, etc. Eusèbe (de la Traduction de saint Jérôme, page 162) rapporte seulement que Néron exila le philosophe Cornutus, précepteur de Perse.

(2) Quelques commentateurs, par leur manière d'expliquer le prologue des Satires de Perse, ont présumé que ce poète était si pauvre, qu'il avait voulu tirer parti de son talent; ce qui répugne à plusieurs passages de cet auteur.

terminés, au culte des Muses et de la Philosophie, qui furent ses premières et dernières affections.

Si ce qui nous reste de ses ouvrages est peu satisfaisant au gré des plus grands critiques, excepté Casaubon, il faut du moins convenir que nul écrivain, dans les mêmes circonstances, n'a laissé la mémoire d'une vie plus innocente et plus pure que la sienne. Éloge mince, s'il regardait quelque contemporain de Lælius ou de Scipion. Alors tout fomentait le génie, et il pouvait se produire impunément : alors la philosophie et les lettres s'alliaient avec l'exercice des fonctions publiques, et les premières ne servaient que de délassement à des hommes d'état qui, dans l'une et l'autre carrière, se sont également illustrés. Mais il est dans l'histoire des époques stériles en vertus, et non moins funestes aux talens; des époques où le zèle est inutile, où les dispositions naturelles étant étouffées par la contrainte et la terreur, les citoyens vertueux ne sont pas responsables du bien qu'ils n'ont pas fait, et où le plus bel éloge pourrait se réduire à ces termes modestes : IL VÉCUT SANS REPROCHE ET MOURUT SANS REMORDS.

Sa vie offre des détails que je ne dois pas omettre, puisqu'ils honorent sa mémoire. Il s'attira, chez Cornutus, l'estime et la bienveillance de tous les hommes célèbres qui fréquentaient cet illustre philosophe : mais ceux-ci, réunis sous le drapeau de leur secte, n'avaient guère avec lui que des rapports qui l'éloignaient de son but, au lieu de l'en rapprocher. En qualité de satirique, il avait besoin de faits, et on ne l'entretenait que de conjectures. Il avait besoin d'observer le principe et le jeu des passions, et on lui apprenait moins à les régler qu'à les anéantir.

Lucain, son condisciple, fut son admirateur et son ami. Il connut tard Sénèque, et n'aima ni sa manière ni son génie ; soit qu'il trouvât que la conduite de ce philosophe et son opulence fussent peu conformes à la doctrine du portique ; soit que le stoïcisme du précepteur de Néron lui parût trop libre et trop relâché : car on sait qu'il puisait dans toutes les sectes, et même s'autorisait d'Épicure (1).

N'oublions pas l'une de ses liaisons les plus honorables : le vertueux Pœtus Thraséas, qui avait épousé Arrie sa parente, ne cessa de lui donner, pendant les dix dernières années de sa vie, des marques d'une tendresse toute particulière ; ce qui, de la part d'un si grand personnage, forme le plus beau trait de son éloge.

Ce qu'on raconte de ses mœurs ne laisse rien à desirer. Il fut chaste, quoiqu'il lui soit échappé des vers obscènes. Fils respectueux et frère sensible, il laissa la plus forte partie de ses biens à sa mère et à ses sœurs. Ami non moins reconnaissant, il légua une somme d'argent et ses livres, qui formaient un bibliothèque de sept cents volumes, à son cher Cornutus. Le philosophe n'accepta que les livres. Les gens de lettres, et même ceux que l'on appelle philosophes, ne se fournissent plus guère aujourd'hui l'occasion de témoigner un pareil dés-

---

(1) Épicure l'a dit, objecte-t-on à Sénèque : qu'avez-vous de commun avec lui ? et il répond : Ce qui est vrai m'appartient, partout où je le trouve : *Quod verum est, meum est.* SENEC., epist. 12.

intéressement. La plupart vivent et meurent de manière que l'on dirait qu'ils n'ont eu que des rivaux et point d'amis.

L'éducation de Perse, ses études opiniâtres, son caractère et ses liaisons, le rendirent comme étranger dans son propre pays (1), du moins si l'on en juge par sa manière et par les idées consignées dans son ouvrage. Contre le vœu de sa secte, et l'ancien usage de Rome qui exigeait des services publics de la part de tous les citoyens, et surtout de la part des nobles, il vécut en contemplateur, et beaucoup plus avec les livres qu'avec les hommes : ce fut ainsi qu'il conserva son innocence au préjudice de son talent.

Avant de s'enfoncer dans les profondeurs de la philosophie, il s'était entièrement livré à la littérature, et même il avait composé différens opuscules que le temps nous a ravis; perte d'autant plus regrettable, qu'elle nous prive de plusieurs pièces de comparaison qui auraient appris de quelle manière et à quel point les opinions stoïques influèrent sur son esprit. Je ne sais, dit Cicéron, si ce sont les poètes qui ont gâté l'esprit des stoïciens, ou si le mal ne vient pas de ces derniers (2).

(1) On ne voit pas que Perse ait fait les moindres tentatives pour arriver aux dignités réservées à ses pareils. « Quiconque, dit M. l'abbé de la Bletterie, aurait alors embrassé la profession de philosophe ou d'homme de lettres, eût passé pour Grec plutôt que pour Romain, et probablement il se serait fermé l'entrée du sénat. » *Remarques sur la Vie d'Agricola*, tome II, page 168.

(2) *Utrum poetæ stoicos depravaverint, an stoici poetis dederint*

DISCOURS.

Ses Satires, louées par Quintilien et Martial, ne furent publiées qu'après sa mort; elles firent une telle sensation, dit l'auteur de sa vie, qu'on se les arrachait (1). Il paraît qu'il ne les avait composées que pour un cercle d'amis dont il n'avait rien à craindre (2); ce qui aurait dû les rendre claires, franches et plus hardies. (3). Quoi qu'il en soit, ces Satires, telles qu'elles sont, méritent des considérations particulières, tant par les travaux incroyables que par les jugemens contradictoires qu'elles ont occasionés depuis la renaissance des lettres.

On croyait qu'une partie du texte de Perse, considéré en lui-même, était absolument inintelligible. Que fait Casaubon? Persuadé que lorsqu'un auteur, quel qu'il soit, s'est réservé pour lui seul tous les mots de ses énigmes, chacun est le maître de l'entendre comme il

---

auctoritatem, non facile dixerim : portenta enim et flagitia ab utrisque dicuntur. De Natur. Deor.

(1) *Editum librum continuo homines mirari et diripere cœperunt.* SUETON., Vita Pers.

(2) *Secreti loquimur.* PERS., sat. 5, vers. 21.

(3) « Il est évident, dit Bayle, à tous ceux qui lisent Perse avec attention, qu'il est obscur, non par politique, mais par le goût qu'il s'était donné, et par le tour qu'il avait fait prendre à son esprit; car, si la crainte de se faire des affaires à la cour l'eût engagé à couvrir sous des nuages épais ses conceptions, il n'aurait pris ce parti que dans les matières qui eussent eu quelque rapport à la vie du tyran. Mais on voit qu'il entortille ses paroles, qu'il recourt à des allusions et à des figures énigmatiques, lors même qu'il ne s'agit que d'insinuer une maxime de morale dont l'explication la plus claire n'eût su fournir à Néron le moindre prétexte de se fâcher. » Dictionnaire de Bayle, article PERSE.

peut, comme il veut, cet habile homme, se repliant sur son immense érudition, interroge tous les anciens, et cherche jusque dans les moindres vestiges de l'antiquité, de quoi fortifier ses conjectures. Si ce labyrinthe avait eu quelques issues, nul n'était plus capable que lui de les trouver et d'en sortir avec honneur[10]. Mais on se contenta de dire qu'*au Perse de Casaubon la sauce valait mieux que le poisson* (1).

Cet énorme et prodigieux commentaire, où les sept cents vers de cet auteur sont ensevelis mot à mot sous des milliers de passages empruntés des Grecs et des Latins, parut plus étonnant que persuasif à ceux qui lisent plutôt en gens de goût qu'en simples érudits : on avait beau leur dire que *celui qui veut manger la noix doit prendre la peine de la casser* (2), la plupart y répugnaient. Quand Perse, répondaient-ils, serait tel que Casaubon l'a représenté, quel fruit retirer d'un auteur abstrait que chacun entend à sa manière, les uns au propre, les autres au figuré? d'un auteur qui n'a presque jamais sacrifié aux Graces, quoiqu'il voulût être gracieux, et qu'il faut étudier chaque fois qu'on le relit (3)?

---

(1) Ce mot trivial se trouve dans le Scaligerana, à l'article CASAUBON.

(2) . . . Qui nucleum esse volt, necesse est ut frangat nucem.

(3) Je lisais il y a quelques années, à l'Académie des belles-lettres, un mémoire sur les Satires de Perse : on pria M. l'abbé Batteux, à qui les poètes latins étaient très-familiers, de s'expliquer sur plusieurs passages contestés, et il répondit avec franchise : Je les entendais l'année dernière ; mais celle-ci je ne les entends plus.

Plusieurs savans et des plus renommés, pour se venger des heures qu'il leur avait ravies, n'ont pas épargné les sarcasmes. Saint Jérôme, dit-on, ne pouvant pas comprendre ses Satires, les jeta au feu pour les rendre plus claires (1). Puisqu'il s'est si bien enveloppé, dit Scaliger, n'y pensons plus (2) : d'ailleurs, ajoute-t-il, je ne lui trouve guère que la marche déréglée d'un fébricitant. Ce jeune adepte, dit Heinsius, nous a laissé un livre si triste, si rebutant, que l'on dirait *qu'il n'a vécu que de moutarde*, et qu'il a passé sa vie à rendre des oracles dans l'antre de Trophonius (3). Le père Rapin ne le traite pas mieux (4). J'avoue, dit le père Vavasseur, que Perse ne m'a frappé que par son insigne obs-

---

(1) C'est Vigenère (Traité des chiffres) qui, le premier, a prêté cette plaisanterie à saint Jérôme, et plusieurs savans l'ont répétée ; mais il n'est pas vraisemblable que ce Père de l'Église se soit exprimé de cette manière, lui qui appelle Perse « le poète très-disert. » Vigenère a parodié ce vers d'Ovide :

Emendaturis ignibus ipse dedi.
Trist. lib. IV, eleg. 10, vers. 62.

et il a mis :

Intellecturis ignibus ille dedit.

(2) *Missum faciamus eum.* JUL. SCALIG., Poet.

(3) *Persius homo e porticu, quum Horatii festivitatem esset admiratus, etiam in suis professus, tam morosum et triste nobis scriptum reliquit, ut sinapi semper victitasse, aut in antro Trophonii oracula reddidisse videatur.* HEINS., de satir. Horat., page 138.

(4) « Perse ne dit que tristement ce qu'il y a de plus enjoué dans Horace, qu'il veut quelquefois imiter. Son chagrin ne le quitte jamais. C'est toujours avec chaleur qu'il parle des moindres choses, et il ne badine jamais que le plus tristement du monde. » Réflexions sur l'éloquence, la poétique, etc., tome II, §. 28.

curité; et c'est là peut-être ce qui le fait regarder comme un auteur profond (1). Bayle, non content de l'appeler le Lycophron des Latins, ajoute que ses Satires sont *dévergondées*, remplies d'aigreur et de fiel (2); et Colucius disait : Puisqu'il n'a pas voulu être entendu, je ne veux pas l'entendre (3).

Je n'oserais décider s'il y a plus de blâme que d'éloge dans ces deux vers de Boileau :

Perse, en ses vers obscurs, mais serrés et pressans,
Affecta d'enfermer moins de mots que de sens (4).

Comme il y a une certaine majesté dans les ténèbres, et que d'ailleurs le respect croît en proportion de la distance des temps, Perse n'en parut que plus imposant à ceux qui l'entendaient le moins (5); à ceux qui étaient

(1) *Nam mihi quidem, ut verum dicam, nihil se offert insignius ipsa obscuritate scriptoris (Persii) ex quo forte nata est opinio eruditionis et doctrinæ.* F. VAVASS., de ludicra dictione, pag. 239 et seq.

(2) Dictionnaire de Bayle, article PERSE, tome IV, page 609.

(3) *Voyez* la Forêt nuptiale, lib. v, §. 34.

(4) Le mot «affecta» me paraît désigner la manière de Perse, qui est en général dénuée de naturel. Quant à l'épithète de «pressans» que Boileau donne aux vers de ce poète, j'incline, par la place qu'elle occupe, à la regarder comme ayant été mise pour désigner des vers prompts et brusques qui étonnent l'esprit et l'embarrassent : or, il y a bien de la différence entre cette promptitude artificielle, et la vivacité d'une âme qui n'a d'autre besoin que de s'épancher. *Voyez* l'Art poétique, chant 2, vers 155.

(5) « Il en est, dit Lucrèce, qui n'aiment et n'admirent que ce qui est caché sous des termes mystérieux : »

Omnia enim stolidi magis admirantur amantque
Inversis quæ sub verbis latitantia cernunt.

Lib. 1, vers. 642.

plus jaloux des moindres manuscrits, pourvu qu'ils eussent la sanction des siècles, que les nobles ne le sont de leurs titres[11].

A mesure que le goût et la raison se perfectionnèrent, le nombre des partisans de Perse alla toujours en diminuant. Ce n'est pas néanmoins qu'il n'ait toujours conservé des enthousiastes dans les cloîtres, dans les colléges, et parmi quelques stoïciens modernes (1). D'autres, qui savaient à quoi s'en tenir, ont eu la politique d'en porter des jugemens très-équivoques, et qui marquent de leur part plus d'embarras et d'indécision que de véritable estime (2).

L'ennui qu'entraînent les études pénibles et infruc-

---

(1) Les principaux restaurateurs de la philosophie stoïque ont été Juste-Lipse, Scioppius, Heinsius et Gataker: celui-ci voit souvent Jésus-Christ, saint Paul, les Évangélistes et les Pères de l'Église sous le portique; il ne tient pas à lui qu'on ne les prenne pour des disciples de Zénon. Feu M. Dacier était aussi très-dévoué à cette secte, dont les opinions n'ont pas encore manqué de défenseurs, quelquefois trop passionnés.

(2) « Perse, dit M. Batteux, a un caractère unique et qui ne sympathise avec personne. Il n'est pas assez aisé pour être mis avec Horace: il est trop sage pour être comparé à Juvénal; trop enveloppé et trop mystérieux pour être joint à Despréaux. Aussi poli que le premier, quelquefois aussi vif que le second, aussi vertueux que le troisième, il semble être plus philosophe qu'aucun des trois. Peu de gens ont le courage de le lire. Cependant la première lecture une fois faite, on trouve de quoi se dédommager de sa peine dans une seconde. Il paraît alors ressembler à ces grands hommes dont le premier abord est froid, mais qui charment par leur entretien quand ils ont tant fait que de se laisser connaître. » Principes de la littérature, tome III, page 373.

tueuses, fit insensiblement mettre l'œuvre de ce poète au rang des monumens que l'on veut bien admirer sur parole, pourvu que l'on ne soit pas tenu d'en expliquer les hiéroglyphes. Ce fut en vain que des hommes de mérite en publièrent des traductions fidèles et élégantes (1), on se contenta de le parcourir vers à vers, comme Heinsius prétend qu'il avait composé, c'est-à-dire, sans verve, sans haleine, et n'achevant que le lendemain le vers qu'il avait commencé la veille (2). Les uns en imitèrent quelques traits hardis et bien terminés ; les autres, pour faire croire qu'ils puisaient facilement dans cette source profonde, en tirèrent des citations ou des épigraphes, souvent plus connues et plus estimées par les applications qui ont été faites, que par le sens qu'elles offrent dans le texte (3).

Qu'il me soit permis de m'expliquer à mon tour, mais en ne donnant mes assertions que pour des conjectures; car je consulte plutôt que je ne décide.

(1) Depuis la première édition de mon Juvénal, il a paru cinq ou six traductions françaises de Perse; de sorte que l'on en compte maintenant plus de vingt. Celles de MM. le Monnier et Sélis sont telles, que l'on aura bien de la peine désormais, je ne dis pas à faire autrement, mais à faire mieux.

(2) *Iste stoicida pridie versum unum, qui sex pedibus absolveretur, incohasse, postridiè autem perfecisse videtur : tanto molimine rem gerit.* HEINS., de sat. Horat.

(3) On lit dans Spartien, que l'empereur Sévère rapportait souvent à la corruption des mœurs ces vers qui, dans Perse, ne sont relatifs qu'à une versification molle et efféminée :

  Hæc fierent, si testiculi vena ulla paterni
  Viveret in nobis?
        Sat. 1, vers. 103.

DISCOURS.

S'il ne nous est pas permis de sentir Perse comme ses contemporains, au moins pouvons-nous en juger par ce qu'il a de clair et de parfaitement intelligible (1). Il m'a toujours semblé qu'il s'était livré, par méprise ou par hasard, au genre qui lui convenait le moins ; qu'il s'y était livré avant d'avoir acquis la connaissance claire et distincte des choses et des hommes (2), avant d'avoir mûri son goût, et suffisamment médité sur l'expérience journalière, qui seule est plus féconde sans la science, que la science sans elle. Horace avait plus de quarante ans lorsqu'il se mit à composer des satires ; et l'on croit que Juvénal a commencé beaucoup plus tard.

Aussi ne voit-on presque rien dans celles de Perse, qui soit relatif aux plaisirs ou aux besoins de ses contemporains. Ne sachant ni les amuser ni les venger, ce poète ne les entretient que de l'indocilité de la jeunesse, du pédantisme des instituteurs, de la prétention des poètes, de celle des orateurs, et d'opinions stoïques qui forment son éternel refrain[12]. Observons encore qu'il parle trop souvent aux enfans des hommes faits ; tandis que, pour être utile et intéressant, c'était à ceux-ci qu'il fallait adresser ses leçons. Flottant entre les préceptes des rhéteurs et les formules des sophistes, il tourne toujours sur ce double pivot, et ne présente guère, dans sa

(1) Excepté la satire première et la troisième, où sont les grandes difficultés, on peut juger des autres, qui sont beaucoup moins embarrassées.

(2) Ce que Perse appelle

. . . . Tenuia rerum
Officia, atque usum rapidæ. . . . vitæ.
Sat. 5, vers. 93.

sphère étroite, que les premières tentatives de l'adolescence qui commence à s'éclairer, et brûle de se produire; mais qui, faute d'observations et de faits positifs, est contrainte de se replier sur elle-même, ou de se perdre dans les régions métaphysiques. Si l'on y prend garde, on s'apercevra que le plus grand nombre de ses vers ne forme qu'un colloque secret entre ses premières et dernières années : cette remarque peut du moins servir à leur donner un sens plus arrêté.

Qu'en est-il arrivé ? c'est que l'histoire est plus piquante par la simple exposition des faits, que ses Satires ne le sont par ceux qu'il y sème crûment et sans art[13] ; c'est que celles-ci n'ont rien de caractéristique, car les empereurs et les affranchis y jouent le même rôle, y sont traités de même. Ce n'est pas tout, elles contiennent peu de notions particulières, peu de vraies corrections de mœurs, et ne portent guère que sur des considérations abstraites ou communes. Ajoutez que les sentimens naturels y sont tellement mêlés et confondus avec des principes d'emprunt et des formes scolastiques, que Perse n'a pas même réussi à célébrer naïvement l'amitié qui l'unissait au stoïcien Cornutus. Puisqu'il aimait sincèrement ce philosophe, pourquoi prélude-t-il par des grimaces et par des singeries ? pourquoi ses protestations, qui d'ailleurs ne sont pas dénuées de sentiment, se trouvent-elles hérissées de métaphores (1), que l'on ne doit jamais employer en pareil cas que pour remplir les places

(1) Je serais suspect si je me mêlais de traduire les passages que je vais citer : c'est pourquoi je me servirai désormais de la tra-

vides et lorsque le mot propre n'est pas suffisant? enfin, pourquoi recourir à des mots techniques, et mettre à contribution la fable et l'astrologie (1); et cela, pour dire moins en trente vers qu'Horace en un seul (2)?

duction de M. l'abbé le Monnier. Perse dit à Cornutus : « Frappez sur ce cœur; la prudence vous fera discerner s'il rend un son pur, et si ma langue est couverte d'un enduit : »

. . . . Pulsa dignoscere cautus
Quid solidum crepet, et pictæ tectoria linguæ.
Sat. 5, vers. 21.

(1) Ce qui suit regarde toujours Cornutus. « N'en doutez point, un accord constant fait couler nos jours unis; ils sont réglés par le même astre, soit que la Parque, immuable dans ses décrets, ait pesé nos momens dans la juste balance, soit que la constellation des Gémeaux, qui voit naître les vrais amis, ait partagé entre nous deux une destinée sympathique, ou que, sous la protection de Jupiter, nous ayons ensemble vaincu la maligne influence de Saturne : j'ignore laquelle, mais certainement une étoile m'attache à vous : »

Non equidem hoc dubites, amborum fœdere certo
Consentire dies, et ab uno sidere duci :
Nostra vel æquali suspendit tempora libra
Parca tenax veri, seu nata fidelibus hora
Dividit in Geminos concordia fata duorum :
Saturnumque gravem nostro Jove frangimus una.
Nescio quod, certe est, quod me tibi temperat, astrum.
Sat. 5, vers. 45.

Est-ce là le ton de l'amitié? est-ce là ce langage simple et familier, *verba togæ*, dont Perse se piquait? M. Batteux avait raison de dire que ce poète ne sympathise avec personne. *Voyez* ci-devant page xlv, note (2).

(2) « Tant que je jouirai de ma raison, je ne mettrai rien au dessus de l'amitié : »

Nil ego contulerim jucundo sanus amico.
Lib. 1, sat. 5, vers. 44.

On prétend néanmoins qu'il a peint fidèlement le règne de Néron, et surtout les vices de ce prince : en supposant qu'il l'ait attaqué, ce n'a guère été que relativement à la manie des vers ; ce qui n'est pas fort important dans un pareil sujet. Quand on accorderait qu'à d'autres égards il en voulait au tyran, ce qui n'est pas prouvé (1), on pourrait lui reprocher qu'il en a trop dit ou pas assez, et qu'il manquait de prudence ou de clarté. S'il craignait, il fallait se taire ; sinon, il fallait parler plus clairement, afin d'être entendu quelque jour.

S'il n'avait insisté que sur des modes ou sur des ridicules passagers, on pourrait à certain point lui pardonner son obscurité ; mais il a traité des sujets philosophiques avec un style embarrassé et mal assorti. D'ailleurs, malgré sa promptitude artificielle, que de temps il emploie pour embrouiller des questions qu'Horace expose et résout en peu de mots (2)! C'est que celui-ci savait discuter sans effort et réfuter sans pédantisme.

Son plus grand défaut, après l'obscurité, c'est de se donner à chaque instant la torture pour être facétieux en dépit de son humeur. Après avoir parodié ce mot du

---

(1) Dans la satire 4, il introduit Alcibiade, et, sous ce nom, il se moque d'un jeune homme qui voulait gouverner la république. « La plupart des interprètes, dit M. le Monnier, croient que Perse a voulu désigner Néron. Ce point, ajoute-t-il, est assez problématique, et laisse un vaste champ aux conjectures. » *Traduction de Perse*, page 112.

(2) Pour s'en convaincre, il suffira de comparer la cinquième satire de Perse, où il s'agit de prouver qu'il n'y a de vraiment libre que le sage, avec les satires 3 et 7 du second livre d'Horace.

barbier de Midas, « Qui n'a pas des oreilles d'âne (1)? » il s'arrête pour se féliciter de sa bonne fortune; puis il ajoute : « Ce mot qui n'est rien, presque rien, ce petit mot enjoué, je ne le donnerais pas pour une Iliade (2). » Quand on est naturellement sérieux et préoccupé d'idées philosophiques, pourquoi ne pas leur donner la teinte qui convient? pourquoi recourir, comme il le fait si souvent, à des ironies triviales et plus injurieuses que plaisantes [14]?

Avec beaucoup d'esprit et d'érudition Perse ne se doutait pas de ce qui constitue la bonne plaisanterie; il ressemblait à ceux qui, n'ayant aucun usage du monde, et voulant y jouer un rôle, disent tout, font tout à contre-sens, et prennent les contorsions pour de belles manières. Un de ses moyens les plus familiers était de railler dans les autres ce qu'on avait coutume de reprocher à

(1). Auriculas asini quis non habet?
Sat. 1, vers. 121.

On dit que Perse avait d'abord écrit :

Auriculas asini Mida rex habet,

mais que Cornutus lui fit changer ce vers, de crainte que Néron ne s'y reconnût. Voici comment Boileau, toujours clair et ingénieux, a imité ce trait :

S'il ne m'est pas permis de le dire au papier,
J'irai creuser la terre, et, comme ce barbier,
Faire dire aux roseaux, par un nouvel organe,
Midas, le roi Midas a des oreilles d'âne.

(2) . . . . Hoc ego opertum
Hoc ridere meum tam nil, nulla tibi vendo
Iliade.
Sat. 1, vers. 121.

ses pareils [15]. Mais toutes ces petites ruses d'un bel-esprit novice répugnent au ton de l'antique urbanité, à celui que Plotius, Varius et Virgile faisaient régner dans leurs écrits ainsi que dans les palais d'Auguste et de Mécène, plus propres à former des poètes souples et déliés que la maison d'un stoïcien.

Il paraît néanmoins avoir été fort content de l'espèce d'urbanité dont le félicitait Cornutus. Sur la parole de ce maître sévère, il se croyait gai, vif et plaisant; du moins il le dit sans détour (1). Casaubon, son plus sincère admirateur, lui demande pardon de n'en rien croire (2), et lui sait bon gré de n'avoir pas réussi (3).

Il se crut poète satirique parce qu'il savait très-bien tourner un vers, parce qu'il avait aimé de bonne heure les Satires de Lucilius, et qu'il croyait imiter celles d'Horace en les travestissant (4); mais on ne retrouve dans cette imitation fausse et mécanique, que des mots

(1) . . . . Sum petulanti splene cachinno.
Sat. 1, vers. 12.

(2) *Persi, nobis ignosce, qui hoc tibi non credimus.* CASAUB., *Proleg. in Pers.*

(3) Casaubon cherchait principalement à faire valoir cet auteur par des côtés purement philosophiques. Supprimez, dit-il, la mesure des vers de la seconde satire, et vous aurez un traité à la manière de Platon ou de Plutarque. Le même critique préfère la cinquième satire à toutes les autres, et cela parce qu'elle n'est pas satirique : c'en est assez pour faire sentir l'esprit qui l'animait. CASAUB., *Comment.*, pag. 169.

(4) Casaubon a prouvé que Perse, qui n'a guère laissé que sept cents vers, en a imité plus de deux cents d'Horace. *Voyez* Imitat. Pers.

déguisés, des tournures altérées, et l'esprit du modèle absolument dénaturé. Le sentiment des beautés répandues dans les ouvrages ne prouve pas toujours que l'on soit en état de les reproduire. Quelque modèle que l'on se propose, on n'écrit jamais d'une manière piquante et originale qu'avec son propre caractère; et, pour faire des impressions durables, il faut en avoir un conforme au genre que l'on a choisi. On s'aperçoit bientôt si l'auteur travaille de son propre fonds, ou s'il n'opère que par réminiscence.

Il se crut philosophe, parce qu'on lui avait appris que toutes les fautes sont égales (1); principe faux et démenti par l'évidence. Il se crut philosophe, parce qu'il s'était rempli la tête de maximes outrées (2), et qu'il ne cessait de soupirer après le souverain bien (3), qui était

(1) « Ceux qui prétendent que toutes les fautes sont égales, ne savent plus où ils en sont quand on les ramène à des principes incontestables : tout répugne à cette opinion, le sentiment, les mœurs et l'utilité, qui est en quelque sorte la mère de la Justice. »

Queis paria esse fere placuit peccata laborant
Quum ventum ad verum est : sensus moresque repugnant,
Atque ipsa utilitas, justi prope mater et æqui.

HORAT., lib. 1, sat. 3, vers. 96.

(2) Perse dit que ceux qui manquent de raison ne sauraient remuer le doigt sans se rendre coupables :

Nil tibi concessit ratio, digitum exere, peccas.

Sat. 5, vers. 119.

(3) Il parle souvent du souverain bien en termes différens :

Quæ tibi summa boni est?
Sat. 4, vers. 17.
O curvæ in terras animæ et cœlestium inanes!....
Sat. 2, vers. 61.

alors en morale ce que le grand-œuvre est maintenant en chimie. Mais où avait-il appris à démêler les intrigues humaines? Mais la vie moyenne, celle qui consiste dans l'action, quelle expérience en avait-il? quel usage en a-t-il fait? et de quel droit demande-t-il à un jeune présomptueux si la sagesse lui est venue avant la barbe (1)? Où est son indignation contre les monstrueux attentats dont il fut le témoin? Où sont ses regrets sur le sort de l'Italie, récemment courbée sous les fers de l'esclavage le plus honteux? Ne cherchez rien de tel dans l'ouvrage de celui qui n'aspirait qu'à se rendre impassible, qu'à se soumettre aveuglément à la nécessité; de celui qui voulait pour lecteurs, non des hommes élevés autour du Capitole, dans le Champ-de-Mars ou dans le Forum, mais des savans, frappés comme lui de vapeurs grecques (2).

Pour achever de dire ce que j'en pense, j'avoue que

---

(1) Scilicet ingenium et rerum prudentia velox
  Ante pilos venit, etc.
Sat. 4, vers. 4.

(2) « O vous! qui avez respiré le souffle audacieux de Cratinus, qui avez pâli sur le véhément Eupolis et le sublime vieillard Aristophane, lisez ces vers, si vous y trouvez par hasard quelque chose de bien. Je veux un lecteur qui ait l'oreille échauffée de la vapeur des Grecs : »

. . . . . Audaci quicumque afflate Cratino,
 Iratum Eupolidem prægrandi cum sene palles,
 Adspice et hæc, si forte aliquid decoctius audis.
 Inde vaporata lector mihi ferveat aure.
Sat. 1, vers. 123.

On voit par ces vers que Perse croyait imiter, comme Horace, les poètes de la vieille comédie.

Perse, quant à la manière, me paraît plus singulier qu'original; quant au style, plus succinct que précis. Il faut distinguer, lorsqu'on écrit, entre ce qui est précis ou succinct : dans le premier cas, on n'a rien d'inutile; dans le second, on n'a pas toujours ce qui est nécessaire. On peut avoir de la précision, et manquer de plusieurs autres qualités non moins essentielles; mais on ne saurait être succinct sans risquer d'être obscur et de le devenir davantage.

Outre que son style est sec et affamé (1), ses figures ne sont pas toujours bien soutenues : elles portent, en général, beaucoup moins sur les choses que sur les mots; ce qui est aussi ridicule que de vouloir donner une attitude ou un geste à ce qui n'a point de corps. D'ailleurs, chaque figure étant isolée, il n'en résulte que des tropes (2) : or, ceux-ci, quand ils sont trop multipliés, ne font que surcharger gratuitement le style et l'obscurcir (3).

(1) *Aridus atque jejunus.* QUINT., lib. II, cap. 8.

(2) Les Tropes, dit M. du Marsais (Trop., art. 4), sont des figures par lesquelles on fait prendre à un mot une signification qui n'est pas précisément la signification de ce mot.

(3) Quatre vers de Perse offrent plusieurs tropes dont l'alliance est au moins bizarre; car on n'est point accoutumé à rencontrer dans aucun auteur, tant ancien que moderne, la *farine*, le *vin gâté*, la *peau des serpens*, la *ruse des renards*, l'*art de polir le marbre*, et un *licou*, marchant de compagnie et concourant à former un sens quelconque :

> Sin tu, cum fueris *nostræ* paulo ante *farinæ*,
> Pelliculam veterem retines, et *fronte politus*
> Astutam vapido servas sub pectore *vulpem*;
> Quæ dederam supra repeto *funemque* reduco.
> PERS., sat. 5, vers. 115.

Quoique vicieuse à tant d'égards, sa manière est frappante au premier coup d'œil, par la recherche et la singularité des mots, par la promptitude de l'expression, par l'entassement des figures; mais si l'on revient sur ses pas, cette froide magie disparaît, et l'on est tout surpris de ne retrouver, à quelques beautés près, que des surfaces au lieu de profondeurs.

Ce qui devait donner à son style de l'aisance et du naturel, le rend difficile, forcé, et quelquefois inintelligible : je veux parler des interlocuteurs, dont il fait un usage trop fréquent, et qu'il emploie souvent mal à propos [16]; car la composition se défigure par l'abus des moyens qui servent à l'embellir.

Quand on me soutiendrait maintenant que Perse avait pour ses contemporains toutes les qualités littéraires qui me semblent lui manquer aujourd'hui, ce qui n'est pas vraisemblable, puisque tous les bons auteurs anciens, excepté quelques passages défigurés, sont encore généralement entendus et sentis; quand on me soutiendrait, avec Casaubon, que ses Satires n'avaient rien d'obscur

---

M. l'abbé le Monnier a eu bien de la peine à rendre toutes ces nuances avec sa fidélité ordinaire, et même il en a supprimé une. Voici comment il traduit : « Si au contraire, après avoir été de la même pâte que nous, vous gardez votre ancienne peau sous un extérieur honnête; si vous conservez dans un cœur gâté l'astuce d'un renard, je reprends ce que je vous avais accordé, je raccourcis votre licou. »

L'élégant traducteur de Berne (Bern., 1765), qui allonge Perse ou le raccourcit à son gré, rend ainsi les quatre vers précédens : « Si le vieux renard est caché sous le manteau du philosophe, je me rétracte. »

pour les enfans, comme si les abstractions métaphysiques convenaient à cet âge; tout cela, même en l'accordant, ne me persuaderait jamais qu'il ait fait un usage convenable de ses études et de son esprit. Nous n'avons, pour en juger, que le bon sens et le goût; l'un est de tous les siècles; l'autre, dans cette circonstance, n'est que le résultat des observations faites sur les écrits des grands maîtres qui l'avaient précédé : ce sont ces observations positives qui le justifient ou le condamnent. Je persiste donc à croire qu'il n'a le plus souvent qu'un langage factice, étranger à ses modèles, et que la postérité ferait bien à son tour de n'étudier chez ses pareils que ce qu'ils ont de clair, d'utile ou d'agréable.

Quoi! parce que l'antiquité, vénérable à tant d'égards, nous aura transmis quelques essais, quelques pièces incohérentes, il faudra que des hommes courageux, et de la plus grande capacité, recommencent sans cesse, comme les Danaïdes, un travail inutile? Les beautés de Perse, car il en a d'incontestables, sont faciles à saisir. Après tant de vains efforts, on peut abandonner le reste, ou n'y recourir que pour apprendre à détester l'affectation et l'obscurité.

Quand on considère de sang-froid tous les travaux entrepris pour éclaircir cet auteur, on ne saurait s'empêcher de déplorer et cet abus de l'érudition et cet excès de la patience humaine (1). Pourquoi les savans, lors-

(1) « Tant de gloses, dit Montaigne, ne font qu'augmenter le doute et l'ignorance, puisqu'il ne se voit aucun livre, soit humain, soit divin, sur qui le monde s'embesogne, duquel l'interprétation fasse tarir la difficulté. Le centième commentaire le

qu'ils font la revue des anciens, n'en useraient-ils pas désormais sur leurs propres domaines comme les géographes figurant le globe de la terre? Les Strabon, les Ptolémée et les d'Anville, après avoir comparé les voyageurs entre eux, ont soin de tracer les routes les plus droites, les plus sûres; ils marquent sur leurs cartes les sables, les rochers et tous les lieux ingrats qui se refusent à la culture, et n'offrent rien ou peu de chose à nos besoins.

On dira peut-être que j'ai manqué de circonspection en m'expliquant d'une façon trop libre sur un auteur que Quintilien et Martial ont célébré [17]. Mais ces deux écrivains, et surtout le premier, dont je me suis souvent autorisé, ne cessent de reprendre, dans les ouvrages qui ont paru de leur temps, les mêmes défauts que les plus grands critiques modernes ont reprochés à Perse. En supposant, contre toute apparence, que leurs éloges non motivés soient aussi décisifs qu'on le prétend, je n'avais pas promis de renoncer à ma manière de voir et de sentir. Au reste, j'ai donné des raisons, et je suis prêt à me rétracter quand on m'aura prouvé qu'elles sont insuffisantes [18].

Ce que Perse aurait dû faire en qualité de satirique, nous allons voir qu'un autre l'a si bien exécuté, que, depuis Auguste jusqu'à son treizième successeur, la satire romaine est sans lacune.

renvoie à son suivant, plus épineux et plus scabreux que le premier ne l'avait trouvé. Quand sera-t-il convenu entre nous, ce livre en a assez, il n'y a plus meshui que dire? » *Essais*, livre III, chap. 13.

DISCOURS.

SECONDE PARTIE.

Je rentre dans mon sujet, que Perse avait en quelque sorte interrompu; et je vais bientôt faire le parallèle que j'ai promis.

Juvénal, né sous Caligula, et mort plus de quatre-vingts-ans après (1), passa les trois quarts de sa longue vie à compter scrupuleusement tous les degrés de la servitude et de la corruption de ses contemporains. La violence qu'il s'était faite pour garder le silence pendant sa jeunesse, ne le rendit que plus impétueux dans un âge avancé; car il composa fort tard les satires fameuses où sont consignées toutes les causes de la grandeur des Romains, et principalement celles de leur décadence, dont il fut en même temps et le peintre et l'oracle (2).

Ces satires n'ayant été publiées que sous Adrien, c'est-à-dire, après l'extinction des lettres, nous ignorons comment elles furent accueillies par les gens de bien, et dénigrées par les méchans. On sait seulement que l'auteur les ayant lues dans des séances publiques (3), alors

---

(1) *Voyez* satire 7, note sur le vers 1.
(2) Après avoir présagé le soulèvement des provinces indignées, Juvénal ajoute : « Ce ne sont pas là de vains propos, mais des oracles aussi sûrs que ceux de la Sibylle : »

 Quod modo proposui non est sententia; verum
 Credite me vobis folium recitare Sibyllæ.
     Sat. 8, vers. 124.

(3) Sur ces sortes de séances, *voyez* satire 7, note sur le vers 40.

fort recherchées, fut exilé dans la Pentapole d'Égypte, où il mourut de vieillesse et de chagrin; qu'il y fut exilé pour avoir, disait-on, désigné le temps présent sous des noms empruntés, et surtout pour avoir attaqué, sous le nom de Pâris (1), un histrion qui faisait les délices de l'empereur.

Il avait promis d'épargner les vivans, et de ne parler que des morts (2) : l'eût-il fait, cela ne suffisait pas; plusieurs de ceux qui s'étaient déshonorés par des crimes ou des bassesses depuis Auguste jusqu'à Domitien, vivaient encore dans leur postérité.

Uniquement occupé de la perversité de son siècle, il se montre à peine dans le cours de son ouvrage, où tous les mobiles de l'inconstante humanité sont posés dans une balance rigoureuse, il est vrai, mais juste et irrécusable. On n'y apprend rien autre chose sur sa vie privée, sinon qu'il était originaire d'Aquin (3), ancienne

---

(1) *Voyez* satire 6, note sur le vers 87; et satire 7, note sur le vers 90.

(2) « Hé bien! voyons ce que l'on permet contre ceux dont les cendres reposent le long de la voie Latine et de la voie Flaminie : »

. . . . . . Experiar quid concedatur in illos
Quorum Flaminia tegitur cinis atque Latina.
Sat. 1, vers. 170.

(3) Umbritius dit à Juvénal : « Et lorsque tu viendras dans Aquinum respirer ton air natal, etc. »

. . . . , . . Et quoties te
Roma *tuo* refici properantem reddet *Aquino*, etc.
Sat. 3, vers. 318.

ville d'Italie, et qu'il fut témoin, dans son exil, de la scène horrible qui se passa sous les murs de Coptos (1), entre deux cités rivales et également embrasées des fureurs du fanatisme (2). L'auteur de sa vie, quel qu'il soit, dit qu'on ne savait pas s'il était fils ou élève d'affranchi (3); ce qui n'importe guère à ceux qui croient encore que la vraie noblesse ne vient que de la vertu (4).

Un écrivain moral (5) ne saurait cacher ses mœurs : il me paraît que Juvénal a voulu peindre les siennes d'une façon plus particulière dans la satire où, sous le

(1) C'est Juvénal qui parle : « Je vais rapporter un fait aussi authentique qu'il est surprenant : cette horrible scène s'est passée récemment près des murs de Coptos, sous le consulat de Junius : »

> Nos miranda quidem, sed nuper consule Junio
> Gesta super calidæ referemus mœnia Copti.
> Sat. 15, vers. 27.

(2) « La fureur de ces deux cités vient de ce que chacune déteste les dieux de l'autre, persuadée que les divinités qu'elle adore sont les seules auxquelles on doive rendre hommage : »

> . . . . Summus utrimque
> Inde furor vulgo, quod numina vicinorum
> Odit uterque locus, quum solos credat habendos
> Esse deos, quos ipse colit.
> Sat. 15, vers. 35.

(3) *Incertum filius an alumnus.* La vie de Juvénal est communément attribuée à Suétone.

(4) Nobilitas sola est atque unica virtus.
> Sat. 8, vers. 19.

(5) On voit, sur les plus anciens manuscrits, que l'on avait donné à Juvénal le surnom « d'Éthique, » c'est-à-dire, moral. *Voyez* BARTHIUS, *Adversar.*, lib. VI, cap. I.

nom d'Umbritius, il fait le tableau des désordres de Rome, où il expose les motifs qui le forcent à s'en éloigner : « Qu'y ferais-je? dit-il; je ne sais pas mentir (1). »

Il nous a laissé seize satires, en supposant qu'il soit l'auteur de la dernière; ce qui est au moins douteux (2). Elles sont écrites avec chaleur et véhémence. Le ton mâle et libre qui les caractérise n'avait point eu de modèle, et n'a point encore trouvé d'imitateurs; je doute qu'il en paraisse. Outre que notre gouvernement et nos mœurs exigent de grands égards, le public craint trop la censure, et les poètes ne redoutent pas moins le public. D'ailleurs, ceux-ci veulent jouir de leurs travaux : or, dans les arts ainsi que dans les mœurs, ce qui n'est pas proportionné à la manière habituelle de voir et de sentir, paraît toujours, quelque excellent qu'il soit, plus étrange qu'estimable.

Cependant plusieurs nations voisines de la nôtre sont tellement éprises de Juvénal, que l'on y trouve des savans qui ont osé le mettre au dessus d'Horace, et le nommer « Prince des satiriques. » Le Français, doux et poli, brillant et léger, n'est pas fait pour hésiter entre ces deux auteurs. Chez nous, comme du temps d'Auguste, un poète agréable, élégant, et qui sait flatter à propos, en un mot un poète de cour, doit l'emporter sur celui dont le plus grand mérite est d'avoir de l'éloquence, du nerf et de la sincérité. Il est à croire néanmoins que

---

(1) Quid Romæ faciam? mentiri nescio.
Sat. 3, vers. 41.

(2) *Voyez* satire 16, note 1.

Juvénal, dans les circonstances actuelles, aurait aussi des partisans en France, si son texte, clair et profond, mais un peu trop rapide, n'était pas très-difficile à suivre, et si les traducteurs, au lieu d'en rendre l'énergie, ne l'avaient pas totalement énervé.

Mais écoutons le législateur de notre poésie française sur le génie, le ton et la manière d'un auteur si diversement apprécié : le jugement du fameux Despréaux peut tenir lieu de tous les autres (1) :

> Juvénal, élevé dans les cris de l'école,
> Poussa jusqu'à l'excès sa mordante hyperbole.
> Ses ouvrages, tout pleins d'affreuses vérités,
> Étincellent pourtant de sublimes beautés ;
> Soit que sur un écrit arrivé de Caprée,
> Il brise de Séjan la statue adorée ;
> Soit qu'il fasse au conseil courir les sénateurs,
> D'un tyran soupçonneux pâles adulateurs ;
> Ou que poussant à bout la luxure latine,
> Aux porte-faix de Rome il vende Messaline,
> Ses écrits, pleins de feux, partout brillent aux yeux (2).

De ces beaux vers, les deux premiers sont devenus proverbe : on cite rarement les autres, tant il est vrai que le sarcasme réussit mieux que les éloges !

On a coutume, pour déprimer Juvénal, de le comparer avec Horace : je vais donc montrer que ces deux poètes, ayant en quelque sorte partagé le vaste champ de la sa-

---

(1) On trouvera dans les notes que j'ai mises après chaque satire de Juvénal, plusieurs observations critiques sur le style de cet auteur, etc., etc.

(2) BOILEAU, *Art poétique*, chant II, vers 157.

tire, l'un n'en saisit que l'enjouement, l'autre que la gravité ; que chacun d'eux, non moins inspiré par les circonstances que par son caractère particulier, et fidèle au but qu'il se proposait, a fourni sa carrière avec le même succès, quoique avec des moyens différens, et quelquefois diamétralement opposés. Perse n'entrera que pour très-peu de chose dans ce parallèle, parce que son genre est mixte, et que ce qu'il a de mieux n'est pas original.

Le ton d'Horace, comme il l'a dit lui-même, est emprunté de la vieille comédie ; celui de Juvénal tient tantôt du cothurne et tantôt de la tribune. Si l'on me demandait auquel des deux je donne la préférence, je répondrais que cette question me paraît superflue. Au point où nous en sommes, on ne persuadera jamais à ceux qui vivent dans les cours ou dans les palais des grands, que la force et la gravité de Juvénal sont plus importantes que la finesse et la gaieté d'Horace : quant à ceux qui chérissent les principes d'une morale invariable, car il en est encore, et qui dans un écrivain ne cherchent qu'un vengeur, ceux-là ne sauraient balancer.

Ne soyons point exclusifs : si ces deux poètes ont chacun leur caractère spécial et bien prononcé, s'ils visent constamment à leur but, quel qu'il soit, ils ne manqueront jamais de partisans, parce que les intérêts et les passions de ceux qui forment les diverses classes de la société, où l'on a coutume d'admettre le pour et le contre, ne sauraient être les mêmes. Il n'y a, dans la philosophie et dans les lettres, que le vague et le commun que l'on s'accorde à regarder des mêmes yeux ; car le singulier et le bizarre, comme on l'a vu dans l'article précédent, ne déplaisent pas à tout le monde. Au reste, quand un auteur, transporté d'un beau zèle, sort de la route frayée, quand il a le courage d'être lui-même, on peut bien ne goûter ni son genre, ni sa manière; mais on n'a pas le droit de le mépriser, parce qu'il est quelquefois, comme Juvénal, trop fort et trop puissant. Pour moi, dit Quintilien, je trouve qu'il n'est point d'homme, pour peu qu'il soit mâle, qui ne soit plus beau que le plus bel eunuque (1).

J'aurai soin, en suivant toujours le plan que j'ai tracé, de rappeler dans quelles circonstances Horace et Juvénal peignirent des mœurs très-différentes. Je tâcherai de faire sentir, par des exemples, ce qui constitue leur manière de penser et d'écrire. Ce que j'en dirai pourra convenir, à certains égards, aux satiriques modernes, dont le plus grand mérite est d'avoir emprunté de ces grands maîtres, la marche, le ton, les mouvemens et les pensées, selon qu'ils avaient à traiter des sujets plaisans ou sérieux.

Le livre d'Horace, comme ce satirique l'a dit de celui de Lucilius, est le tableau fidèle de ses goûts, des affections de son âme et des vicissitudes de sa vie (2). Ce

---

(1) *Mihi, naturam intuenti, nemo non vir spadone formosior erit.* Lib. v, cap. 12.

(1) Horace dit que le livre de Lucilius était le confident de ses pensées les plus secrètes; puis il ajoute : « Aussi remarque-t-on qu'il s'y montre tout entier comme dans un tableau votif : »

> . . . . Quo fit ut omnis
> Votivâ pateat veluti descripta tabella
> Vita senis.
> Lib. II, sat. 1, vers. 32.

poète, unique dans son genre, n'aimait la gloire qu'autant qu'elle s'accordait, soit avec ses inclinations voluptueuses (1), soit avec le besoin d'obéir à tous les caprices de son esprit, et surtout au besoin de parler de lui-même (2) : aussi se montre-t-il dans ses vers, avec autant

---

(1) « J'aimerais mieux passer pour un auteur extravagant et insipide, pourvu que je fusse content et dans l'illusion, que d'avoir du goût et d'enrager : »

> Prætulerim scriptor delirus inersque videri,
> Dum mea delectent mala me, vel denique fallant,
> Quam sapere, et ringi.
> Lib. II, epist. 2, vers. 126.

Il dit ailleurs : « Je renonce volontiers à l'art dramatique, s'il faut que mon embonpoint dépende du succès : »

> .... Valeat res ludicra, si me
> Palma negata macrum, donata reducit opimum.
> Lib. II, epist. 1, vers. 180.

(2) Horace s'adresse à son livre : « Quand la belle saison rassemblera des auditeurs autour de toi, n'oublie pas de leur dire que je suis né d'un père affranchi; et que, malgré mon peu de fortune, j'ai pris un vol plus élevé que mon état : par là tu me rendras en vertus ce que tu ôteras à ma naissance. Dis aussi que, soit en paix, soit en guerre, j'ai su plaire aux premiers de Rome; que je suis de petite taille, chauve avant le temps, aimant la chaleur du soleil, et fort enclin à la colère, mais facile à calmer. Si par hasard on s'informe de mon âge, tu diras que j'achevai mon huitième lustre lorsque le consul Lollius prit Lépidus pour collègue : »

> Quum tibi sol tepidus plures admoverit aures,
> Me libertino natum patre, et in tenui re
> Majores pennas nido extendisse loqueris;
> Ut, quantum generi demas, virtutibus addas:

de soin que Juvénal s'est caché dans les siens. Ce serait un défaut s'il n'avait eu qu'un talent ordinaire, que des rapports communs et des inclinations subalternes. Mais quand un plébéien, quand le fils d'un affranchi, s'échappant du sein de la médiocrité, sait prendre un noble essor; quand il ravit tous les grands d'un vaste empire, et qu'un peuple entier se plaît à réciter ses vers, la postérité lui sait gré d'avoir fait correspondre sa vie à des noms fameux, à de grandes époques. On aimera toujours une foule d'anecdotes et de sentimens relatifs à son père (1), à ses amis, à ses convives, et même à ses

> Me primis urbis belli placuisse, domique;
> Corporis exigui, præcanum, solibus aptum;
> Irasci celerem, tamen ut placabilis essem.
> Forte meum si quis te percontabitur ævum,
> Me quater undenos sciat implevisse decembres,
> Collegam Lepidum quo duxit Lollius anno.
> Lib. 1, epist. 20, vers. 19.

(1) Il parle de son père avec tendresse et dévouement, et même il en parle avec courage : « Revenons au fils d'affranchi, c'est-à-dire, à moi, car tout le monde m'attaque à cet égard, etc. : »

> Nunc, ad me redeo libertino patre natum,
> Quem rodunt omnes libertino patre natum.
> Lib. 1, sat. 6, vers. 45.

« Si la nature, ajoute-t-il, nous faisait recommencer une nouvelle vie; si elle nous permettait de choisir d'autres parens, il n'est personne qui n'en profitât pour satisfaire sa vanité. Content des miens, je n'en irais pas chercher d'autres parmi ceux qui marchent précédés de licteurs et suivis de la chaise curule : »

> . . . . Si natura juberet
> A certis annis ævum remeare peractum,
> Atque alios legere, ad fastum quoscumque parentes

esclaves, à sa terre, à son livre. On regretterait qu'il eût négligé de nous peindre, comme il l'a fait si souvent, ses inclinations et son humeur : c'est par là qu'il vit, pour ainsi dire, parmi nous, et qu'il nous intéresse autant que s'il était notre contemporain.

Perse apprend à se rendre impassible, et Juvénal, à sacrifier tout à ses devoirs, à détester le luxe et la tyrannie (1). Horace est alternativement poète moral (2) et

> Optaret sibi quisque; meis contentus, honestos
> Fascibus ac sellis nollem mihi sumere, etc.
>
> Lib. 1, sat. 6, vers. 93.

(1) Ce n'est pas que Juvénal n'ait quelquefois tourné ses regards du côté des lettres, et qu'il n'ait donné des préceptes à ceux qui les cultivent; mais ce fut moins pour en faire de bons poètes que d'honnêtes gens, et pour apprendre à ceux qui gouvernent à ne pas laisser languir le génie dans la misère : « Que faut-il pour former le grand poète, le poète qui marche hors des routes frayées, et dont le vers soit marqué au coin d'une heureuse originalité, le poète tel que je ne saurais le peindre, mais tel que je le sens? c'est un esprit exempt de soucis et de contradictions, amant de la retraite, et qui puisse à loisir boire aux sources d'Aonie. La froide pauvreté, que les besoins renaissans assiégent jour et nuit, ne sait point, dans un heureux délire, saisir le thyrse ni faire retentir de ses chants les grottes du Parnasse, etc. : »

> Sed vatem egregium, cui non sit publica vena,
> Qui nil expositum soleat deducere, nec qui
> Communi feriat carmen triviale moneta;
> Hunc qualem nequeo monstrare et sentio tantum,
> Anxietate carens animus facit, omnis acerbi
> Impatiens, cupidus sylvarum, aptusque bibendis
> Fontibus Aonidum, etc.
>
> Sat. 7, vers. 53.

(2) Quintilien regardait Horace comme l'un des plus grands

poëte critique : de cette double fonction il résulte un code si complet de l'art de vivre et d'écrire, que son seul volume peut, en quelque sorte, tenir lieu de tous les autres. Quoiqu'il affecte d'être plus philosophe que poète, quoiqu'il recommande d'étudier plutôt l'harmonie de la société que celle des vers (1), on s'aperçoit qu'il est plus franc et plus fécond sur la littérature que sur les mœurs; c'est que dix siècles de renommée lui imposaient moins qu'un instant de crédit. On ne saurait nier que le satirique du siècle de Louis XIV n'ait, à ce dernier égard, beaucoup de conformité avec Horace.

J'ai dit qu'il était prudent : non-seulement il savait se taire, mais il savait encore faire parler ses patrons, et en parler lui-même avec assez d'adresse pour donner le change à ses envieux. — Quand Mécène, leur disait-il, me reçoit dans sa voiture, il ne m'entretient que de propos sans conséquence, et tels que l'on peut s'en permettre avec les plus indiscrets (2).

---

peintres de mœurs qui eussent jamais existé : *Ad notandos mores hominum, præcipuus.* (QUINT., lib. X, cap. 1.) Voilà ce que j'appelle un éloge motivé, éloge bien différent de celui qu'il donne à Perse. *Voyez* après le Discours, note 17.

(1) « Après tout, le parti le plus sage est de renoncer à ces bagatelles, à ces amusemens frivoles qui conviennent à la jeunesse, et de songer plutôt à régler notre vie qu'à mesurer des vers : »

> Nimirum sapere est abjectis utile nugis,
> Et tempestivum pueris concedere ludum,
> Ac non verba sequi fidibus modulanda latinis,
> Sed veræ numerosque modosque ediscere vitæ.
>
> Lib. II, epist. 2, vers. 141.

(2) « Mécène, dit Horace, me demande : Quelle heure est-il?

Il savait que le ton dogmatique fatigue sans profit: c'est pourquoi il a soin d'énoncer ses sentimens de manière que le lecteur, en s'éclairant à son insu, préfère ce qui est le plus honnête, et soit flatté de sa propre sagacité. Après avoir exposé à Numidicius les motifs et le but de chaque passion, il finit par s'en rapporter à son discernement : Si vous connaissez, lui dit-il, quelque chose de mieux, parlez avec franchise; sinon, faites ce que je dis et ce que je pratique moi-même (1).

Convaincu que la voie de la persuasion est la plus courte et la plus sûre, il conseille plutôt qu'il n'ordonne, ne risquant ses avis que conditionnellement, et toujours en paraissant se défier de lui-même (2) : mais on est fâ-

---

Croyez-vous que Gallina, ce gladiateur de Thrace, puisse le disputer au gladiateur Syrien? Le froid du matin commence à se faire sentir à ceux qui n'ont pas pris de précautions, etc. : »

. . . . . Hora quota est? Thrax est Gallina Syro par?
Matutina parum cautos jam frigora mordent,
Et quæ rimosa bene deponuntur in aure.
Lib. II, sat. 6, vers. 44.

(1) . . . . Si quid novisti rectius istis,
Candidus imperti : si non, his utere mecum.
Lib. I, epist. 6, vers. 67.

(2) On me comprendra si l'on pèse sur tous les mots de ces trois vers :

Disce, docendus adhuc quæ censet amiculus; ut si
Cæcus iter monstrare velit; tamen adspice, si quid
Et nos, quod cures proprium fecisse loquamur.
Lib. I, epist. 17, vers. 3.

« Apprenez ce que pense votre petit ami, qui lui-même a besoin encore d'être instruit : c'est un aveugle qui montre le chemin.

ché que celui qui montre tant de modestie, tant de réserve, et trop peut-être quand il sagit d'instruire et de reprendre, se vante de n'être qu'un pourceau d'Epicure (1), et révèle si volontiers ses faiblesses, que l'on serait tenté de croire qu'il y tient plus qu'à ses vertus.

On dirait qu'il écrivait sans avoir de projet bien arrêté : souvent on ne se tromperait guère; car il a coutume d'entretenir son lecteur, sans autre dessein que de l'amuser en s'amusant lui-même. Je ne prétends pas néanmoins qu'Horace marche toujours au hasard; j'ai seulement remarqué qu'en général ses idées naissent occasionellement l'une de l'autre, qu'elles s'éloignent obliquement des premières, et que de temps en temps il est difficile d'en sentir la liaison, l'ensemble, et de se rappeler de quel point on est parti (2). Malgré ce désordre

N'importe: s'il m'échappe quelque chose qui puisse tourner à votre usage, faites-en votre profit. »

(1) « Quand vous voudrez rire d'un pourceau d'Épicure, venez me voir; vous me trouverez tout brillant d'embonpoint : »

Me pinguem ac nitidum bene curata cute vises,
Quum ridere voles Epicuri de grege porcum.
Lib. 1, epist. 4, vers. 15.

(2) Horace commence, dans la satire 3 du livre 1, par attaquer, dans la personne de Tigellius, le caprice et l'inégalité de caractère. *Nil æquale homini fuit illi.* Bientôt il abandonne ce sujet, et, à l'aide de cette légère transition, *Nullane habes vitia?* il passe à ceux qui reprennent trop sévèrement les défauts de leurs amis. Enfin, il en vient à combattre les stoïciens, qui prétendaient que toutes les fautes étaient égales. Heinsius dit à cette occasion : Voilà la vraie marche de la satire. Casaubon et Scaliger, trop rigoureux sans doute, n'y voient au contraire que du désordre, de l'incohérence, et souvent des contradictions.

apparent ou réel, comme tout ce qu'il écrit est sensé, plein de grâce et paraît toujours neuf, on ne voudrait pas qu'il fût plus méthodique. Au lieu d'un résultat, plusieurs de ses satires en offrent vingt.

Plus jaloux de plaire que de dogmatiser comme Perse, ou de tonner comme Juvénal, il aime mieux inventer un apologue (1) ou raconter une anecdote, que de citer un trait d'histoire. Quelquefois il se joue autour d'une maxime ou d'un proverbe (2), ou bien il a recours à des plaisanteries qu'il croyait plus décisives que de graves sentences (3). Il réussit singulièrement à faire valoir les moindres détails; ce qui constitue l'homme de goût, le vrai poète.

A ces ressources, il joint un artifice qui lui est particulier; tout ce qu'il peut mettre dans la bouche d'un

---

(1) On ne trouve pas un seul apologue dans Perse ni dans Juvénal. Horace en a plusieurs fort heureux; et Quintilien s'est bien gardé de les lui reprocher, quoiqu'il ait prétendu que dans l'art oratoire, ces sortes de fables ne convenaient guère qu'aux personnes ignorantes et grossières : *Illæ fabulæ ducere animos solent, præcipue rusticorum et imperitorum.* QUINT., lib. V, c. 11.

(2) « A quoi tend ce discours? Le voici : Quand les sots veulent éviter un défaut, ils se jettent dans un autre : »

. . . . Quo res hæc pertinet? illuc :
Dum vitant stulti vitia, in contraria currunt.
Lib. 1, sat. 2, vers. 23.

(3) « Souvent un bon mot tranche mieux les plus grandes difficultés qu'une maxime sérieuse : »

. . . . Ridiculum acri
Fortius ac melius magnas plerumque secat res.
Lib. 1, sat. 10, vers. 14.

autre il ne le dit jamais lui-même (1). Soit qu'on parle ou qu'on écrive, c'est là le vrai secret de se faire écouter et lire plus volontiers.

Ce qui jette le plus de variété dans ses compositions, c'est qu'il se ménage la liberté de revenir sur les mêmes sujets, parce qu'il n'en épuise aucun. L'ambition, l'avarice ou la prodigalité, le préjugé de la noblesse, la folie des vœux et toutes les passions y reparaissent accidentellement et sous divers aspects; c'est pourquoi la plupart de ses satires ne sont pas, comme celles de Juvénal, susceptibles d'un titre positif.

Outre qu'il savait changer de ton selon le rang et le caractère des personnes, il ne se permettait qu'une chaleur autorisée par la stricte raison, et n'employait que des couleurs parfaitement assorties, tant aux circonstances qu'aux effets qu'il avait dessein de produire. Toujours circonspect et sur ses gardes, il ne disait, avec une précision méditée, que ce qu'il fallait dire à des hommes vains, impatiens et difficiles, à des hommes personnels, que les protestations et les grands sentimens dont ils ne sont pas les objets immédiats, étourdissent sans fruit et sans plaisir.

Aussi remarque-t-on que la sensibilité d'Horace ne perce qu'à la dérobée; jamais il ne s'abandonne; il ne va jamais jusqu'au pathétique. S'agit-il de recommander un ami peu fortuné à un homme opulent, il se contente de lui glisser, comme en passant, qu'il est aisé de se faire

---

(1) Dans la satire 8 du livre II, c'est Fundanius qui fait la description du repas de Nasidienus, etc.

des amis lorsque les gens de bien sont dans l'indigence (1). Il sentait que le poète de ceux que le vulgaire appelle heureux, ne doit pas se borner à les combler d'éloges, mais qu'il doit encore leur faire grâce de tout ce qui peut les affecter désagréablement, et qu'il convient de leur épargner l'embarrassante alternative des secours ou des refus. Quand on plaide la cause de l'humanité en présence des grands et des riches, c'est lui qui l'insinue, il faut que les grâces, que l'adresse et l'enjouement sachent assaisonner et déguiser l'expression trop naturelle de la sensibilité, qui, sans cela, risquerait de leur paraître importune ou d'un ton subalterne (2).

Excepté l'une de ses satires, que l'on croit avoir été composée dans sa jeunesse (3), aucune n'a vieilli, quoiqu'elles soient pleines d'allusions et d'ironies très-déli-

(1) Vilis amicorum est annona, bonis ubi quid deest.
Lib. 1, epist. 12, vers. 24.

(2) « Un zèle indiscret blesse ceux que nous aimons, surtout quand il s'agit de vers et de goût : »

Sedulitas autem stulte, quem diligit, urget;
Præcipue quum se numeris commendat et arte.
Lib. 11, epist. 1, vers. 260.

(3) La satire 7 du livre 1 est la moins estimée; on y trouve la querelle ridicule qui s'éleva, en présence de Brutus, entre Persicus et Rupilius. Horace n'avait que vingt-trois ans lorsqu'il fit cette satire, et l'on présume que ce fut son coup d'essai. La satire 5 du livre 1, malgré les beaux vers que l'on y trouve, peut, à quelques égards, être mise au rang des *Juvenilia* de cet auteur. Le repas de Nasidienus, livre 11, satire 8, n'est pas exempt de reproches. On en peut dire autant de la description d'une multitude de comestibles, faite par l'imbécille Catius, livre 11, sat. 4.

cates : c'est là le plus grand éloge que l'on puisse faire d'un genre sujet à des revers, quelques suffrages qu'il ait obtenus d'abord. Il n'en est pas de la finesse et de l'ironie comme de la raison et du sublime : ce qui est agréable et plaisant pour un siècle peut cesser de l'être pour un autre (1); au lieu que de grandes vérités ou de grands sentimens rendus à la manière de Juvénal, et souvent même d'Horace (2), ne sauraient en aucun temps manquer d'admirateurs : bien plus, c'est qu'on en sait moins de gré à l'écrivain dans le temps qu'il les publie, que long-temps après.

On a vu que la louange et le blâme appartenaient essentiellement à la satire (3); j'ajoute qu'ils en sont les deux principaux ressorts, et qu'en supprimant l'un ou l'autre, l'esprit et l'intention de ce poëme seraient absolument

---

(1) Horace dit à son livre, qu'il aura peut-être le malheur d'être envoyé, dans des ballots, à Utique ou bien à Lérida :

> Aut fugies Uticam, aut vinctus mitteris Ilerdam.
> Lib. 1, epist. 20, vers. 13.

Ce vers nous paraîtrait moins plaisant, si l'on n'envoyait pas aujourd'hui dans les colonies du Nouveau-Monde les ouvrages de rebut, comme les Romains les faisaient passer, soit en Espagne, soit en Afrique.

(2) Voici l'un de ces traits que l'on ne cessera jamais de répéter : « Le vrai rempart et le mur d'airain de la probité, c'est de n'avoir rien à se reprocher, de n'avoir à pâlir d'aucun crime : »

> . . . . Hic murus aeneus esto
> Nil conscire sibi, nulla pallescere culpa.
> Lib. 1, epist. 1, vers. 60.

(3) *Voyez* dans la première partie, pages xvij et xxiv.

détruits. Un éloge sans contraste, quelque mérité qu'il fût, paraîtrait à la longue aussi froid, aussi monotone, qu'une liste surchargée de crimes et d'invectives serait horrible et dégoûtante. Qui pourrait en effet soutenir la lecture de Juvénal, si les tableaux vivans de l'ancienne Rome (1) n'y consolaient pas de temps en temps de ceux qu'elle présente sous les Tibère, sous les Néron et les Domitien ?

Observons que les trois satiriques ont chacun leur manière d'employer la louange et le blâme. Perse en fait usage alternativement et sans détour, selon qu'il est affecté par la considération du bien et du mal : cette manière est la plus simple. Celle de Juvénal est un peu plus composée ; il loue presque toujours pour mieux blâmer.

On trouve une combinaison de plus chez Horace, car il blâme encore pour louer plus indirectement. Ce dernier moyen, il en faut convenir, est bien plus le triomphe de l'art que celui de la morale ; mais il ne faut pas tant presser les poètes.

Parlons d'abord de la louange. Perse n'a guère loué

---

(1) « Une humble fortune conservait autrefois l'innocence des femmes Latines ; de longs travaux, un sommeil court, les mains endurcies à préparer la laine, Annibal aux portes de Rome, et les maris en sentinelle sur la porte Colline, garantissaient leurs cabanes des atteintes du vice : »

> Præstabat castas humilis fortuna Latinas
> Quondam, nec vitiis contingi parva sinebant
> Tecta labor, somnique breves, et vellere tusco
> Vexatæ duræque manus, ac proximus urbi
> Annibal, et stantes Collina in turre mariti.
>
> Sat. 6, vers. 287.

que son maître Cornutus, ou, ce qui était la même chose, la probité. Juvénal, qui plaignait ses contemporains beaucoup plus qu'il ne les estimait, les a peu loués, mais il a célébré tous les anciens héros des deux sexes et tous les vengeurs de la liberté, depuis le Brutus qui chassa Tarquin, jusqu'à celui qui punit César d'avoir asservi son pays. Il y revient souvent, et les retours qu'il fait vers leurs ombres vénérables (1) sont encore plus fréquens que ceux d'Horace vers ses puissans protecteurs ; aussi ses éloges n'ont-ils rien de commun avec ceux que je vais examiner.

Nul ne connut mieux qu'Horace le pouvoir de la louange ; nul ne sut l'apprêter plus adroitement : c'est par là que son livre est devenu le manuel des courtisans et de ceux qui de loin aspirent aux faveurs des cours ; car aucun poète, quoi qu'en ait dit l'abbé Gédoyn, n'obtint plus de lecteurs (2). La plupart, séduits par sa for-

(1) Juvénal, parlant de l'insolence et de l'ingratitude des patrons, dit que Virron se faisait servir pour lui seul des vins tels qu'en buvaient Helvidius et Thraseas, lorsque, couronnés de fleurs, ils célébraient la naissance de Brutus et de Cassius :

Quale coronati Thrasea Helvidiusque bibebant
Brutorum et Cassi natalibus.
Sat. 5, vers. 36.

(2) On trouve dans les Œuvres diverses de l'abbé Gédoyn un petit ouvrage intitulé *Entretien sur Horace*. Ce titre, fait pour piquer la curiosité, ne tient pas ce qu'il promet. Cette espèce de dissertation n'offre guère que deux phrases remarquables, la première et la dernière. Voici la première : « L'aimable homme qu'Horace, et quel dommage qu'il soit lu si peu ! » Voilà la dernière : « L'aimable homme qu'Horace, et quel dommage qu'on le

tune, dont il ne dissimule ni la cause ni les moyens, se figurent qu'à force de l'étudier ils auront le même sort; et quelques-uns, sans avoir ses talens, ne se sont pas trompés. La pauvreté, dit-il, me tint lieu d'Apollon (1). De tout temps l'indigence active et courageuse a créé de grands hommes : mais avant de les prendre pour modèles on doit examiner s'ils ont été constamment honnêtes, si les moyens qu'ils ont employés pour acquérir de la faveur et de la célébrité peuvent être avoués au tribunal de l'honneur, dont la véritable idée subsistera toujours, quoiqu'on l'ait si souvent mal appliquée.

Abrégeons. Horace voulait parvenir, et il est parvenu : mais comment, et à quel titre ? Ce fut en divinisant Auguste, en le traitant de phénomène que l'on n'avait jamais vu, que l'on ne reverrait plus (2). Rayons la plupart

---

lise si peu ! » Le comte Algarotti pense aussi qu'Horace était un fort aimable homme; mais il ne se contente pas de le dire, il le prouve. *Voyez* les Variétés littéraires, tome III, Essai sur la Vie d'Horace.

(1) . . . . Paupertas impulit audax
  Ut versus facerem
      Lib. II, epist. 2, vers. 51.

La journée de Philippes avait renversé la fortune d'Horace et détruit ses espérances : dès lors il se vit sans ressources et sans appui.

(2) « Grand prince, nous vous accordons d'avance les honneurs de l'apothéose; nous vous dressons des autels, nous y jurons par votre divinité tutélaire, et nous avouons qu'on n'a jamais rien vu, qu'on ne verra jamais rien qui vous ressemble : »

 Præsenti tibi maturos largimur honores,
 Jurandasque tuum per numen ponimus aras,
 Nil oriturum alias, nihil ortum tale fatentes.
      Lib. II, epist. 1, vers. 15.

des éloges qu'il lui a prodigués; et si nous ne devons pas les regarder comme un effet de sa cupidité, puisqu'il refusa l'utile emploi de secrétaire du cabinet impérial (1), regardons-les du moins comme un tribut que la vanité, jointe à la faiblesse, a payé au pouvoir souverain, qui croit tout lorsqu'on le flatte.

S'il n'avait pas en mourant institué l'empereur pour héritier (2), je ne douterais point qu'il n'eût gémi plus d'une fois de s'être mis dans la nécessité d'aduler sans pudeur cet homme qui n'a jamais rien fait que pour lui-même; cet homme dont la mémoire trop célébrée en impose encore aujourd'hui, quoique personne n'ignore qu'il n'ait été lâche et cruel; car la dernière moitié de sa vie ne saurait racheter les atrocités de la première. Quand des princes ambitieux ont versé des flots de sang pour rester sans égaux, comme ils ne sauraient faire autant de bien qu'ils ont fait de mal, je soutiens qu'un honnête homme ne doit jamais appeler vertu ce qui de leur part n'est tout au plus qu'une expiation, toujours insuffisante aux regards de la postérité.

Pour l'honneur d'Horace, je voudrais qu'il ne fût plus question d'Auguste: mais on va voir le caractère de ce

---

(1) *Voyez* dans la première partie, la note (2), pag. xxiij.

(2) « Horace mourut sous le consulat de C. Marcius Censorinus et de C. Asinius Gallus, le 27 novembre, à l'âge de cinquante-neuf ans accomplis, après avoir nommé Auguste pour héritier en présence de témoins, la violence du mal ne lui ayant pas permis de signer son testament. » *Quum urgente vi valetudinis, non sufficeret ad obsignandas testamenti tabulas.* SUETON., *Vita Horat.*

poète s'ennoblir, et son encens s'épurer à mesure qu'il s'éloignera des autels qu'il lui avait dressés.

Il se disait l'ami du favori de l'empereur (1). Ne lui contestons pas les motifs de cette liaison; il suffit qu'elle soit en général marquée au sceau de la décence, et d'une sorte d'égalité qui honore encore plus le protecteur que le protégé. Observez que, par égalité, je n'entends point cette morgue jalouse ni cette superbe et chimérique prétention qui tendent à bouleverser les rapports nécessaires de la société, mais cette droiture et cette franchise incorruptibles qui font que l'homme d'un rang médiocre, en observant les égards de convention, sait commercer dignement et du fond de sa conscience avec ceux qui occupent les places les plus éminentes.

Loin d'avoir été ingrat, comme on l'en a faussement accusé (2), il ne cesse de répéter qu'il devait tout à

(1) Horace dit à Mécène : « Si vous le trouvez bon, mon cher ami, votre poète ne vous reverra qu'au retour des zéphyrs et des hirondelles : »

. . . . Te, dulcis amice, reviset
Cum zephyris, si concedes, et hirundine prima.
Lib. 1, epist 7; vers. 12.

(2) On a prétendu, contre toute sorte de vraisemblance, qu'Horace, pour faire sa cour à Auguste, qui traitait en badinant Mécène d'homme efféminé, avait lancé contre lui ce trait allégorique :

Malthinus tunicis demissis ambulat. . . . . .
Lib. 1, sat. 2, vers. 25.

Scaliger (*Poetices*, lib. II, cap. 98), sans examiner si ce vers regarde en effet le favori de l'empereur, ce qui est fort douteux,

DISCOURS.

Mécène, son héros et son génie tutélaire (1). Chez les hommes les plus équitables, la reconnaissance se permet souvent un langage qui, s'il est conforme à la justice particulière, ne l'est pas toujours à la justice publique : mais on le permet ce langage, on l'excuse en faveur du motif, et lorsqu'il ne franchit pas certaines bornes. J'en userai de même : je ne releverai point quelques traits suspects, quelque louanges forcées, et qui marquent trop d'intervalle entre deux amis; car ils s'en donnaient réciproquement le titre (2). Je ne puis cependant me refu-

---

et si, dans ce cas, ce n'était point entre l'un et l'autre une plaisanterie de convention, accuse Horace d'ingratitude, de barbarie et d'abjection : *Ingratus Horatius, atque animo barbaro atque servili, qui ne a Mœcenate quidem abstinere potuit.* On peut soupçonner Horace d'avoir eu le cœur faible et l'esprit malin; mais il est évident que l'ingratitude répugnait essentiellement à son caractère.

(1) Il est certain que Mécène lui voulait beaucoup de bien, puisqu'en mourant il eut soin de le recommander à Auguste : *Horatii Flacci, ut mei, esto memor.* SUETON., *Vita Horat.*

(2) « Mon cher Horace, disait Mécène, si je ne t'aime pas déjà plus que mes entrailles, puisses-tu me voir plus sec et plus décharné que Ninnus! »

> Ni te visceribus meis, Horati,
> Plus jam diligo, tuum sodalem
> Ninno me videas strigosiorem.
>
> SUETON., *Vita Horat.*

Il paraît que ces vers de Mécène sont corrompus. Oudendorp lit : *Tu tuum sodalem hinnulo videas strigosiorem.* Dans les éditions originales il y a : *Titium sodalem mimo tu videas strigosiorem.* M. Ernesti pense que sous ce mot *Titium* est caché le nom d'un poète, qu'il est impossible maintenant de connaître, d'un poète dont le

ser à cette réflexion. Horace ne loue pas toujours Mécène, il ne flatte pas toujours les grands; mais, qu'on y prenne garde, il est plus près d'eux qu'on ne pense lorsqu'il en paraît le plus éloigné.

Ce n'est plus le même homme, quand il célèbre ses égaux, Varius, Plotius et Virgile. Avec quelle effusion de cœur il se félicite de les avoir rencontrés à Sinuesse! — Ce sont, dit-il, les plus belles âmes qui aient jamais existé, et personne ne saurait les aimer autant que je les aime. Quels transports! quels embrassemens! Pour moi, tant que je jouirai de ma raison, je mettrai le plaisir de revoir de pareils amis au rang des plus grands biens (1). L'amitié ne saurait parler un plus doux langage.

Ce n'est plus le même homme, lorsqu'il développe à ses amis les plus intimes, ou bien à leurs enfans, de tous les arts le plus essentiel, l'art de vivre, c'est-à-dire, ce qu'il importe le plus de savoir, et dont l'ignorance est si pernicieuse dans quelque rang que le sort nous ait placés (2). C'est alors que tenant un juste milieu entre l'adulation et l'humeur trop véridique, il re-

---

mime était sec et décharné. Voici la construction : *Me sodalem tuum videas strigosiorem mimo illius.*

(1) Plotius et Varius Sinuessæ Virgiliusque
 Occurrunt; animæ, quales neque candidiores
 Terra tulit, neque queis me sit devinctior alter.
 O qui complexus, et gaudia quanta fuerunt!
 Nil ego contulerim jucundo sanus amico.....
  Lib. 1, sat. 5, vers. 40.

(2) . . . . Quod magis ad nos
 Pertinet, ac nescire malum est, agitamus.
  Lib. 11, sat. 6, vers. 72.

prend le caractère libre et décent de la véritable urbanité. — Nous en userons avec vous, dit-il à Celsus, selon que vous userez de votre fortune (1). C'est alors qu'il établit des principes convenables à tous les hommes, et puisés hardiment aux vraies sources de la morale. Que j'aime à lui entendre dire : — Mes amis ! hâtez-vous de régler vos mœurs, ne différez pas ; commencez seulement, et vous aurez rempli la moitié de votre tâche (2). Il les avertit encore, que s'ils ne savent pas s'occuper, que s'ils n'ont pas l'émulation de saisir quelquefois un bon livre avant le lever du soleil, leurs cœurs, vides et dénués de sentimens honnêtes, seront bientôt en proie aux fureurs de l'envie ou de l'amour (3). Tantôt il enseigne au jeune Lollius l'art de se concilier les hommes d'une manière irréprochable. Tout son secret consiste à

---

(1) Ut tu fortunam, sic nos te, Celse, feremus.
Lib. 1, epist. 8, vers. 17.

(2) Dimidium facti, qui cœpit, habet : sapere aude :
Incipe.
Lib. 1, epist. 2, vers 40.

(3) . . . ., Ni
Posces ante diem librum cum lumine, si non
Intendes animum studiis et rebus honestis,
Invidia vel amore vigil torquebere.
Lib. 1, epist. 2, vers. 34.

Cicéron, Sénèque et tous les grands auteurs de l'antiquité, ont senti l'excellence de ce précepte pythagorique, et en ont recommandé l'observation. Gallien (Traité de la connaissance et de la cure des maladies de l'âme) lisait matin et soir les vers de Pythagore, et les récitait par cœur. Saint Jérôme a dit: *Duorum temporum maxime habendam curam, mane et vespere, id est, eorum quæ acturi simus, et eorum quæ gesserimus.*

ne point heurter gratuitement leurs goûts, si l'on veut qu'ils approuvent les nôtres (1). Tantôt il tâche d'aguerrir Quinctius contre les séductions du vice : mais comment s'y prend-il ? De crainte de le rebuter, il commence par intéresser son amour-propre, puis il le flatte lui-même au profit de la vertu : — Vous êtes un homme de bien, lui dit-il, si vos mœurs répondent à ce qu'on en publie (2). Enfin, car je citerais la moitié de son livre, un autre est-il sujet à quelque passion fâcheuse, il se garde bien de peser sur son mal : tel qu'un médecin prudent, au lieu d'employer de violens remèdes, il le met au régime, lui montre de loin, pour l'encourager et le guérir un jour, les doux plaisirs de la convalescence. Au lieu d'invectiver, il s'écrie : — Ah, mon ami ! si vous pouviez renoncer aux affections qui vous tourmentent, vous parviendriez, je n'en doute pas, jusqu'où la sagesse peut guider un mortel (3). Comme tous ces préceptes, ou plutôt ces sentimens, sont purs, simples et naturels ! comme ils pénètrent doucement ! et qu'ils ne ressemblent guère aux égards serviles qu'entraînent presque toujours les commerces inégaux !

(1) Consentire suis studiis qui crediderit te,
Fautor utrumque tuum laudabit pollice ludum.
Lib. 1, epist. 18, vers 65.

(2) Tu recte vivis, si curas esse quod audis.
Lib. 1, epist. 16, vers. 17.

(3) . . . . , ... Quod si
Frigida curarum fomenta relinquere posses,
Quo te cœlestis sapientia duceret, ires.
Lib. 1, epist. 3, vers. 25.

Passons au blâme. Perse dit qu'Horace ne touchait qu'en badinant les défauts de ses amis ; qu'il s'insinuait doucement et se jouait autour du cœur sans l'entamer (1). Quoi qu'il en soit, on peut ajouter, car c'est là le trait le plus caractéristique, qu'il a souvent usé du blâme de manière que l'éloge sortît de la censure (2), ou du moins que celle-ci ne pût avoir aucun retour fâcheux contre lui-même. Ainsi, quand il châtie d'une main, il caresse de l'autre. Vous le verrez rarement risquer de s'attirer un ennemi, sans avoir pris la précaution de se faire en même temps, et par les mêmes moyens, un puissant protecteur. Quelquefois, pour décocher un trait, il se cache derrière quelque grand personnage que le ressentiment n'oserait attaquer ou ne saurait atteindre.

Ces manœuvres lui paraissent innocentes, parce que, disait-il, je déteste la calomnie, parce que je ne déchire

---

(1) Omne vafer vitium ridenti Flaccus amico
 Tangit, et admissus circum præcordia ludit,
 Callidus excusso populum suspendere naso.
Satir. 1, vers. 116.

(2) Un parasite lui promet, s'il veut l'introduire chez Mécène, d'en bannir tous ses rivaux ; et il répond : « On ne vit pas chez lui comme tu te l'imagines : il n'y a point de maison plus pure que la sienne, et qui soit plus exempte de ces sortes d'intrigues : ceux qui sont plus riches et plus savans que moi, ne m'y font point ombrage ; chacun y tient sa place, etc. : »

. . . . Isto non vivitur illic,
Quo tu rere modo. Domus hac nec purior ulla est,
Nec magis his aliena malis : nil mi officit unquam
Ditior hic, aut est quia doctior : est locus uni-
Cuique suus.
Lib. 1, sat. 9, vers. 48.

point mes amis absens, et que je sais garder un secret. Quelle excuse! Mais que répondre à un plaisant dont les bons mots passaient en proverbe, à un plaisant de profession qui prétendait ne blesser que par mégarde, et prononçait fièrement l'anathème contre ceux qui cherchaient à faire rire aux dépens de leurs concitoyens (1); qui tantôt demandait très-humblement la permission de railler (2), et tantôt se reprochait avec une feinte naïveté ses ironies les plus sanglantes? C'est par cet art, dont Perse tenta vainement d'imiter la finesse, et que Juvénal a certainement dédaigné, c'est par cet art malin qu'il a pu rire impunément de ses égaux. Il serait à désirer que ceux qui dispensent le ridicule avec succès eussent autant de droiture que de sagacité; car en morale on ne doit pas user de ce moyen de correction avec moins de prudence qu'on n'emploie les poisons en médecine.

Quant aux favoris de la fortune, ceux-là n'avaient en général rien à craindre de sa muse : plus enjouée que

(1) . . . . Absentem qui rodit amicum,
Qui non defendit, alio culpante; solutos
Qui captat risus hominum famamque dicacis;
Fingere qui non visa potest, commissa tacere
Qui nequit, hic niger est : hunc tu, Romane, caveto.
                                   Lib. 1, sat. 4, vers. 81.

(2) « S'il m'arrive quelquefois de m'exprimer trop librement et d'une manière trop ironique, j'espère qu'on voudra bien me le pardonner : »

. . . . Liberius si
Dixero quid, si forte jocosius, hoc mihi juris
Cum venia dabis.
                                   Lib. 1, sat. 4, vers. 103.

mordante, elle ne s'égayait qu'aux dépens des citoyens dont il n'attendait ni plaisirs ni célébrité. Que m'importe, disait-il, d'être applaudi par le peuple (1), pourvu que je le sois par les chevaliers (2)? Rien ne lui imposait, excepté la naissance et le crédit; quant au reste, il s'en fiait à cette arme puissante qu'il tenait en réserve: — Si quelqu'un m'attaque, je le noterai, je le chanterai de manière qu'il sera la fable de la ville (3).

Observons cependant qu'il n'a pas toujours épargné les grands noms; mais il fallait alors ou que la race de ceux qu'il osait attaquer fût éteinte, ou, s'il en subsistait encore quelque rejeton, que son ineptie, que son déshonneur fussent bien avérés, et que par conséquent ce fût un homme sans crédit : encore prenait-il garde dans cette conjoncture de blesser l'orgueil du corps des patriciens. Quand il immole Levinus, de l'illustre famille des Valerius Publicola, il le sépare des nobles, et l'entoure de victimes subalternes qu'il sacrifie en même temps (4), à

(1) Non ego ventosæ plebis suffragia venor.
Lib. 1, epist. 19, vers. 37.

(2) Satis est equitem mihi plaudere.
Lib. 1, sat. 10, vers. 76.

(3) Qui me commorit (melius non tangere! clamo)
Flebit, et insignis tota cantabitur urbe.
Lib. II, sat. 1, vers. 45.

(4) Horace dit qu'avant Tullius, qui d'esclave devint roi, on avait vu des hommes de basse extraction s'élever par leurs vertus aux plus hautes dignités; tandis au contraire que Valerius Levinus, descendant de celui qui chassa Tarquin le Superbe, n'aurait pas été estimé quatre deniers si on l'eût mis en vente. C'est du

peu près comme on en usait aux funérailles des anciens rois de la Scythie (1).

Comme il ne s'indigne jamais, il reprend les travers et les vices sans aigreur, sans passion (2). Chez lui tout est de forme, et presque rien de conscience. Tantôt il ne

---

moins, ajoute Horace, le jugement qu'en portait le peuple; ce peuple que vous connaissez, qui dispense follement les honneurs à ceux qui les méritent le moins, qui n'obéit qu'à l'opinion, et se laisse éblouir par des images et par des titres :

> Contra, Lævinum, Valeri genus, unde Superbus
> Tarquinius regno pulsus fugit, unius assis
> Non unquam pretio pluris licuisse, notante
> Judice, quem nosti, populo; qui stultus honores
> Sæpe dat indignis, et famæ servit ineptus,
> Qui stupet in titulis et imaginibus.
>
> Lib. 1, sat. 6, vers. 12.

(1) HÉRODOTE, livre IV, §. 71 et 72.

(2) « La satire d'Horace, dit M. l'abbé Batteux, ne présente guère que les sentimens d'un philosophe poli, qui voit avec peine les travers des hommes, et qui quelquefois s'en divertit. Elle n'offre le plus souvent que des portraits généraux de la vie humaine; et, si de temps en temps elle donne des détails particuliers, c'est moins pour offenser qui que ce soit, que pour égayer la matière et mettre la morale en action. Les noms sont presque toujours feints; s'il y en a de vrais, ce ne sont jamais que des noms décriés, et de gens qui n'avaient plus de droit à leur réputation. En un mot, le génie qui animait Horace n'était ni méchant ni misanthrope; mais ami délicat du vrai, du bon, prenant les hommes tels qu'ils étaient et les croyant plus souvent dignes de compassion ou de risée que de haine. »

Il est aisé de voir en quoi, dans l'examen d'Horace, je m'accorde avec M. l'abbé Batteux, et en quoi j'en diffère : ne partant pas des mêmes principes, il est naturel que nous n'ayons pas tiré les mêmes conséquences. *Voyez* les Principes de Littérature, tome III, page 331.

fait que nommer les vicieux pour désigner leurs vices (1); tantôt il les met en scène, leur laissant le soin de se décrier eux-mêmes. Juvénal n'a employé ce dernier moyen que dans une seule circonstance : je ne sais s'il voulait être plaisant, mais son infâme Névolus ne m'a jamais causé que de l'horreur (2).

S'il désole les poètes médiocres, ce n'est pas qu'il les haïsse; c'est par habitude, et parce qu'ils mettent en évidence ses rares talens pour la critique : peut-être aussi voulait-il écarter des rivaux, dont l'encens, quoique grossier, aurait pu l'emporter sur le sien.

Se jouant de toutes les prétentions, de toutes les manies, il a soin, lorsqu'il s'agit des siennes, de prévenir les reproches que d'autres auraient pu lui faire avec plus d'amertume : c'est son esclave qu'il introduit pour se faire accuser de vanité, d'inconstance, et même d'un peu d'hypocrisie, surtout lorsqu'il vantait l'austérité des mœurs anciennes (3). Perse l'a imité à cet égard, mais

(1) Pour faire entendre qu'il y a un milieu entre l'avarice et la prodigalité, Horace dit qu'il y a bien de la différence entre le caractère de Tanaïs et celui du beau-père de Visellius :

Est inter Tanain quiddam socerumque Viselli.
Lib. I, sat. I, vers. 105.

(2) *Voyez* la satire 9 de Juvénal, vers 1 et suiv.

(3) « Vous ne cessez, mon maître, de vanter la vie et les mœurs des anciens Romains; mais si quelque dieu voulait vous y réduire, vous le refuseriez : »

. . . . Laudas
Fortunam ac mores antiquæ plebis; et idem,
Si quis ad illa deus subito te agat, usque recuses.
Lib. II, sat. 7, vers. 22.

sans succès : voulant se montrer autre qu'il n'était, et ne sachant pas dissimuler sa gravité naturelle, il ne plaît à personne; au lieu qu'Horace, ne se faisant reprocher que les vices du siècle, confirmait sans préjudice son véritable caractère.

Pour déconcerter l'orgueil des stoïciens, pour décrier leurs sophismes, il ne leur oppose que le langage du sens commun ; et il affecte, avant de les faire déraisonner, de mettre ce langage dans la bouche d'un homme rustique et sans culture (1) : moyen vraiment ingénieux, et souvent employé depuis contre les enthousiastes et les illuminés.

Il n'a pas dédaigné de descendre jusqu'à cette espèce d'ironie que nous appelons persiflage, et qui consiste autant à grossir le ridicule qu'à le faire naître; soit en se montrant du même avis que celui qu'on veut railler, ou bien, comme dans le repas de Nasidienus (2), en feignant de compatir à une disgrâce dont on se moque en effet; soit en abusant de la faiblesse de ces hommes crédules à qui, par un jeu plus cruel qu'on ne le pense, on persuade les choses les plus absurdes.

Enfin, les idées les plus sombres s'éclaircissent en pas-

---

(1) « Ce n'est pas moi qui parle, dit Horace, c'est le rustique Ofellus, qui n'a de philosophie que celle du bon sens : »

    Nec meus hic sermo est, sed quæ præcepit Ofellus
    Rusticus, abnormis sapiens, crassaque Minerva.
                         Lib. II, sat. 2, vers. 2.

Comparez ce que dit Ofellus à ce qu'Horace, dans les satires suivantes, met dans la bouche des stoïciens.

(2) *Voyez* le livre II d'Horace, satire 8.

sant dans sa tête : aucune, quelque sinistre qu'elle soit, n'est capable d'altérer sa constante sérénité. Il a soin d'ailleurs de rassurer tout le monde. — Sulcius et Caprius, dit-il, sont par état la terreur des brigands ; mais moi je ne suis ni un Sulcius ni un Caprius ; pourquoi me craindre (1) ?

En effet le poison n'allume point sa bile : craignant de contrister son lecteur et de se pénétrer lui-même d'un sentiment qui répugne à sa délicatesse, il aime mieux railler l'empoisonneur, ou lui décocher un sarcasme de loin, que de le combattre de près. — Confiez, dit-il, au débauché Scæva sa mère qui vit trop long-temps à son gré, la main de ce fils respectueux ne fera pas le crime : je le crois ! le loup ne rue point, le bœuf ne mord point ; mais un peu de ciguë versée dans du miel le débarrassera de la vieille (2). Tel est en pareil cas le ton d'Horace.

Voici celui de Juvénal, lorsqu'il fait dire à Pontia : — Je l'ai fait, je l'avoue ; moi-même je préparai le poison : on me surprit, et j'achevai. — Tes deux enfans, détestable vipère ! tes deux enfans à la fois ! — Sept, si j'eusse été la mère de sept (3). Il s'écrie dans un autre

---

(1) Ut sis tu similis Cœli Birrique latronum,
Non ego sim Capri, neque Sulci ; cur metuas me ?
Lib. 1, sat. 4, vers. 69.

(2) . . . . Scævæ vivacem crede nepoti
Matrem ; nil faciet sceleris pia dextera : mirum !
Ut neque calce lupus quemquam, neque dente petit bos ;
Sed mala tollet anum vitiato melle cicuta.
Lib. 11, sat. 1, vers. 53.

(3) . . . . Sed clamat Pontia : Feci,
Confiteor, puerisque meis aconita paravi,

endroit : — Voici cette noble matrone qui, pour apaiser la soif de son époux, lui présente un vin dont la douceur perfide recèle le venin d'un reptile, et qui, plus consommée que Locuste, enseigne à ses parentes novices l'art d'envoyer au bucher, à travers les rumeurs du peuple, les cadavres livides de leurs maris empoisonnés (1).

Dans ces deux circonstances Juvénal en veut directement au crime; il le presse, le poursuit; il en est en même temps le témoin, l'accusateur et le juge : au lieu que chez Horace, le fait, c'est-à-dire, l'empoisonnement, ne forme que l'accessoire de son idée principale : c'est par hasard qu'il a cité Scæva, car l'orage ne grondait pas encore sur la tête de ce scélérat; mais la foudre part obliquement et le frappe à l'improviste.

C'en est assez pour faire sentir qu'Horace, de quelque manière qu'il s'y soit pris, avait plus d'envie de plaire que de corriger (2); qu'une fois sorti de la pauvreté (3)

> Quæ deprensa patent : facinus tamen ipsa peregi.
> Tune duos una, sævissima vipera, cœna?
> Tune duos? Septem, si septem forte fuissent.
>   Sat. 6, vers. 638.

(1) Occurrit matrona potens, quæ molle Calenum
Porrectura viro miscet sitiente rubetam,
Instituitque rudes, melior Locusta, propinquas
Per famam et populum nigros efferre maritos.
                              Sat. 1, vers. 69.

(2) « Plaire aux grands n'est pas un médiocre avantage : »

> Principibus placuisse viris non ultima laus est.
>   Lib. 1, epist. 17, vers. 35.

(3) *Voyez* ci-devant la note (1), page lxxviij.

qui lui avait dicté ses premiers vers, il ne se proposa
plus que d'obtenir la bienveillance de quiconque pouvait embellir sa vie et contribuer à sa célébrité.

Il est vrai que la sanglante révolution qui venait d'é-
touffer les derniers soupirs de la liberté romaine, n'a-
vait pas eu le temps d'avilir absolument les âmes. Au
défaut des bonnes mœurs la tradition en subsistait encore; et l'on n'était pas aussi abject, aussi généralement
dépravé qu'on le fut ensuite. D'ailleurs le cruel, mais
politique Octave, semait de fleurs les routes qu'il se
frayait sourdement vers le despotisme (1). Les arts de
la Grèce, transplantés autour du Capitole, florissaient
sous ses auspices. Le souvenir de tant de discordes civiles toujours renaissantes faisait adorer l'auteur de ce
calme si long-temps attendu. On se félicitait de n'avoir
plus à craindre de se trouver à son réveil inscrit sur des
tables de proscription; et le Romain en tutèle oubliait à
l'ombre des lauriers de ses ancêtres, dans les amphithéâtres et dans les Cirques, ces droits de citoyen dont
dont ses pères avaient été si jaloux pendant près de huit
siècles. Jamais la tyrannie, qui devait bientôt s'établir

(1). Le soin qu'Auguste, qui d'abord avait porté le nom d'Octave, prenait de plaire au peuple en lui donnant des jeux et des
spectacles, a fait dire qu'il avait plutôt les qualités d'un édile que
celles d'un empereur. Sa fortune a de quoi surprendre, si l'on
veut se rappeler qu'il défit Brutus et Cassius avec le bras d'Antoine, et qu'il ne dut la tranquillité de son règne, si fécond en
flatteurs, qu'à l'extinction de tous les vrais citoyens qui avaient
péri, soit dans les champs de Philippes, soit à la bataille d'Actium, ou pendant le cours des proscriptions.

sans retour, n'eut des prémices plus séduisantes. L'illusion était générale; ou, si quelqu'un était tenté de demander au petit-neveu de César de quel droit il s'érigeait en maître, un regard de l'usurpateur le réduisait au silence.

Profitant des conjonctures, et se jugeant incapable de remplir les devoirs d'un vrai républicain, Horace oublia qu'il avait eu l'honneur de servir sous Brutus (1). Aussi bon courtisan qu'il avait été mauvais soldat (2), il sentit jusqu'où pouvaient l'élever sans effort la finesse, les grâces et la culture de son esprit; qualités peu considé-

---

(1) « Pendant la guerre de Philippes, Brutus l'attira dans son parti, et le fit tribun des soldats. » *Bello Philippensi excitus a M. Bruto imperatore, tribunus militum meruit.* SUET., *Vita Horat.*

(2) Horace avoue qu'à la bataille de Philippes il jeta son bouclier pour mieux fuir, *relicta non bene parmula.* Il ajoute qu'étant saisi d'effroi, Mercure l'enveloppa d'un nuage épais, et l'enleva du milieu des ennemis :

  Sed me per hostes Mercurius celer
  Denso paventem sustulit aere.
     Carmin., lib. II, od. 7.

Observez qu'il ne s'humilie ainsi qu'afin d'exalter l'empereur, et de lui rappeler l'époque décisive de sa fortune. « Si le parti de Brutus et de Cassius, dit-il, que j'embrassai témérairement et sans avoir encore assez d'expérience, succomba, c'est qu'il était incapable de résister à la valeur d'Auguste : »

  Cæsaris Augusti non responsura lacertis.
     Lib. II, epist. 2, vers. 48.

Cependant l'histoire nous apprend que ce même Auguste se tint caché parmi les bagages de l'armée tant que dura la bataille. Sur mer, il restait à fond de cale; témoin l'un des combats que Sextus Pompeius lui livra sur cet élément.

rées jusqu'alors chez un peuple inquiet, turbulent, et qui n'avait médité que des conquêtes et des révoltes.

Ainsi la politesse, l'éclat et la fatale sécurité de ce règne léthargique, n'avaient rien d'odieux pour un poète dont toute la morale n'était en dernière analyse qu'un calcul de voluptés quelquefois plus qu'épicuriennes; car, tel que le Janus à double face, il avait plusieurs visages, celui d'un philosophe et d'un mondain, celui d'un honnête homme et d'un débauché (1). Je rougirais de dire de quelle manière obscène Auguste avait coutume de le désigner en badinant (2).

Indifférent sur l'avenir, et n'osant rappeler la mémoire du passé, il ne songeait qu'à se garantir de tout ce qui pouvait affecter tristement son esprit, et troubler les charmes d'une vie dont il avait habilement arrangé le système sur l'état présent des choses et sur le crédit actuel des personnes. Aussi de tous ses contemporains, dont quelques-uns avaient encore l'âme grande et forte, n'a-t-il célébré que les amis de son maître, ou du moins

---

(1) Horace déclare, dans la satire 2 du livre 1, qu'il y a dans le commerce des courtisanes encore plus à perdre du côté de l'honneur que de celui de la fortune :

. . . . Unde
Fama malum gravius quam res trahit.
Vers. 59.

Bientôt après il fait l'apologie des plaisirs honteux et faciles :

. . . . . . Parabilem amo Venerem facilemque.
Vers. 119.

(2) *Sæpe eum, inter alios jocos, purissimum penem, et homuncionem lepidissimum appellat.* SUETON., *Vita Horat.*

ceux que l'on pouvait louer impunément et sans se compromettre. Ne cherchez dans ses vers ni le nom d'Ovide, alors flétri par sa disgrace, ni celui de Cicéron, que Rome encore libre avait appelé dieu tutélaire et père de la patrie (1).

Le faste éblouissant d'une foule d'oppresseurs engraissés de la substance des nations conquises, loin de l'irriter, ne faisait qu'exciter sa verve par l'appât des plaisirs. C'est ainsi que de nos jours un poète fameux a chanté le luxe et la volupté. Mais il y a cette différence entre Voltaire et Horace, c'est que celui-ci jouissait du moins de ses erreurs, au lieu que l'autre, trop avide de toute sorte de renommée, ne fut que le martyr des siennes.

Utile à l'empereur, dont sa lyre suspendait les remords, d'autant plus cher à Virgile qu'il l'avait célébré (2), accueilli de tous les grands, et partageant leurs jouissances voluptueuses, il n'affecta point de regretter l'austérité de l'ancien gouvernement, dont les éloges surannés ne passaient plus que pour des lieux communs : c'eût été mal répondre aux vues d'Auguste et de Mécène. Le premier, dit-on, feignit de vouloir abdiquer, le second

(1) . . . . Roma parentem,
Roma patrem patriæ Ciceronem libera dixit.
Sat. 8, vers. 243.

Voyez satire 8, note sur le vers 237.

(2) « Les muses champêtres ont accordé à Virgile ce qu'elles ont de plus tendre et de plus gracieux : »

. . . . Molle atque facetum
Virgilio annuerunt gaudentes rure Camœnæ.
Lib. 1, sat. 10, vers. 44.

l'en détourna : il fit bien pour le prince et pour lui-même; que seraient-ils devenus tous deux, si les fers de la servitude avaient été rompus, l'un avec son caractère artificieux et n'ayant plus de satellites à ses ordres, l'autre réduit à sa mollesse et à son faste (1)?

Dès lors, il fallut se taire ou parler en esclave : les philosophes se turent, mais les poètes parlèrent. Horace, bien sûr que les nations futures, enchantées de ses vers, affranchiraient son nom, vit qu'il pouvait hardiment et sans craindre l'avenir, être l'adulateur d'un homme qui régnait sans obstacle. J'avoue qu'il n'en vint pas là sur-le-champ; ce ne fut qu'après en avoir été vivement sollicité par Auguste lui-même. Celui-ci lui reprocha d'avoir trop long-temps gardé le silence : « Est-ce que vous appréhendez, lui dit-il, que ma bienveillance et mon

---

(1) La mollesse et le faste de Mécène furent tels, que les écrivains postérieurs les lui ont souvent reprochés. Juvénal, en parlant d'un faussaire enrichi, dit que cet homme affectait, dans sa litière ouverte des deux côtés, et portée par six esclaves, les airs d'un Mécène dédaigneux :

...... Quum jam sexta cervice feratur,
  Hinc atque inde patens, ac nuda pene cathedra,
Et multum referens de Mæcenate supino.
                                    Sat. 1, vers. 64.

Le même auteur, pour exprimer un vêtement efféminé, dit : « Un habit digne de la mollesse des Mécènes : »

.... Vestem
  Purpuream teneris quoque Mæcenatibus aptam.
                                    Sat. 12, vers. 38.

Sénèque reproche à Mécène d'avoir été moins homme que les eunuques qui l'escortaient : *Spadones magis tamen viri quam ipse.* SENEC., *Epist.* 114.

commerce ne vous couvrent d'infamie chez la postérité (1) ? »

Par ces diverses considérations, qui font connaître Horace relativement à son siècle, à ses talens et à l'usage qu'il en a fait, mon dessein n'a été ni de décrier ce philosophe aimable, qui dictait avec une égale aisance les préceptes de la vie et ceux des arts, ni de flétrir les lauriers de ce poète de tous les temps, de toutes les heures ; de ce poète à qui, jusque dans ses écarts, on ne saurait s'empêcher de sourire et de faire grâce : car, s'il est des écrivains chez qui les vertus sont sans agrémens, et Perse en fournit l'exemple, il en est d'autres aussi chez qui les vices mêmes ne déplaisent pas. J'ai voulu montrer seulement que ce Protée, qui compta pour amis ou pour admirateurs ceux mêmes dont il critiquait les opinions ou la conduite, aimait mieux capituler que de combattre ; qu'il attachait peu d'importance à ses leçons, et ne tenait que conditionnellement à ses principes. Au reste, il n'a guère insisté que sur les vertus domestiques et sur les vices populaires (2), les seuls que l'on pût alors célébrer ou censurer impunément : mais l'abus du pouvoir et l'excès du malheur devaient enfin produire l'indignation ; de la satire privée devait naître la satire publique, qui est le dernier terme du genre dont il s'agit, et dont le troisième Satirique va nous exposer les fonctions généreuses.

---

(1) *An vereris ne apud posteros infame tibi sit, quod videaris familiaris nobis esse?* SUETON., *Vita Horat.*

(2) Il en a excepté le jeu, parce qu'Auguste était joueur.

Juvénal, aussi véridique que l'histoire, et quelquefois plus indulgent (1), commença sa carrière satirique où l'autre avait fini la sienne; c'est-à-dire, qu'il fit pour les mœurs et pour la liberté ce qu'Horace avait fait pour le goût et la décence, laquelle, comme on le sait, ne suppose pas toujours que l'on se respecte soi-même en respectant les autres. Celui-ci venait d'apprendre à supporter le joug d'un maître, et de préparer des apothéoses aux tyrans les plus vils. Juvénal, dédaignant toutes sortes d'artifices, et supérieur aux lois d'une vaine urbanité, non content d'avoir châtié du même fouet, et les nobles qui se prostituaient sur le théâtre, et le peuple qui avait l'impudence d'assister à leurs farces (2), réclama hautement contre un pouvoir usurpé. Il ne cessa de rappeler les beaux jours de la république à ces Romains asservis qui avaient substitué le suicide à leur ancien courage; à ces Romains dégénérés, qui, depuis

(1) On trouve dans Tacite les noms de plusieurs Romains que Juvénal a traités avec beaucoup plus de douceur que cet historien. *Voyez* satire 10, note sur le vers 331.

(2) « Le peuple n'a pas droit à plus d'indulgence, lui qui a le front d'assister à leurs farces, d'écouter les inepties des Fabius, de rire des soufflets que reçoivent les Mamercus : »

. . . . Populi frons durior hujus,
Qui sedet, et spectat triscurria patriciorum,
Planipedes audit Fabios, ridere potest qui
Mamercorum alapas.

Sat. 8, vers. 188.

Néron et Domitien forçaient les nobles à se prostituer sur l'arène et sur le théâtre. Maintenant on ne force personne; mais cela n'empêche pas que l'on ne voie tous les jours figurer, dans nos *comédies bourgeoises*, de très-nobles acteurs.

Auguste jusqu'à Domitien, ne s'étaient guère vengés de l'oppression que par des bons mots, et qui devaient bientôt se jeter dans l'anarchie pour échapper au despotisme.

Le caractère de ce dernier fut la force, la verve et l'indignation (1) : on remarque néanmoins qu'il est quelquefois plus affligé qu'indigné. Son but fut uniquement de consterner les vicieux, et d'abolir, s'il eût été possible, le vice presque légitimé. Courageuse entreprise ! Mais il écrivait dans un siècle détestable, où les lois de la nature étaient publiquement violées, où l'amour de la patrie était tellement éteint dans le cœur de presque tous ses concitoyens, que cette race, abrutie par la servitude et la volupté (2), par le luxe et tous les crimes qu'il a coutume de traîner à sa suite, méritait plutôt des bourreaux qu'un censeur.

Cependant, l'empire ébranlé jusque dans ses fondemens allait bientôt s'écrouler sur lui-même (3). On

---

(1) « Si la nature a refusé le génie, l'indignation du moins dicte des vers quels qu'ils soient, des vers tels que nous en faisons Cluvienus et moi : »

 Si natura negat, facit indignatio versum,
 Qualemcumque potest, quales ego vel Cluvienus.
       Sat. 1, vers. 79.

(2) « Plus cruel que le glaive, le luxe nous accable et venge l'univers asservi : »

 . . . . Sævior armis
 Luxuria incubuit, victumque ulciscitur orbem.
       Sat. 6, vers. 292.

(3) Ardebant cuncta, et fracta compage ruebant.
       Sat. 6, vers. 618.

consacrait le despotisme par des sénatus-consultes. La liberté, dont quelques esclaves avaient encore le sentiment, n'était plus qu'un mot pour la plupart des citoyens ; et ce mot, personne n'osait le proférer en public. De grands hommes périrent pour avoir célébré leurs pareils. Nous avons vu, dit Tacite, traiter comme criminels d'état Rusticus, pour avoir fait l'éloge de Thraséas, Sénécion, pour avoir fait celui d'Helvidius (1). Des historiens furent mis en croix. La philosophie fut proscrite, et les philosophes bannis. Chacun n'était sensible qu'à son propre malheur, et ne le conjurait souvent que par la délation. Il est certain que des enfans dénoncèrent leurs propres pères, et servirent contre eux de témoins. Parens, amis, tout, jusqu'aux êtres inanimés, devenait d'autant plus suspect (2), qu'un délateur en titre était dès lors une personne sacrée. Il n'était pas permis de pleurer les proscrits, on punissait les larmes; et lorsque le tyran, quel qu'il fût, avait condamné quelqu'un à l'exil ou à la mort, le sénat ordonnait qu'il en fût remercié comme d'une faveur singulière. Pendant les grandes exécutions, et lorsque la ville était inondée de sang humain, le Capitole fumait de celui des victimes immolées pour le salut de l'empereur. Finissons; car, excepté quelques instans de relâche, dont notre satirique avait appris à se défier, l'histoire de ces temps désastreux n'est qu'une liste de perfidies, d'empoisonnemens et d'assassinats.

(1) Tacit., *Vita Agricol.*, §. 12.
(2) *Etiam muta atque inanima, tectum et parietes circumspectabantur.* Tacit., *Annal.*, lib. IV, §. 69.

Dans ces conjonctures, Juvénal, qui savait que l'alliance du plaisant et de l'odieux est incompatible, méprise l'arme légère du ridicule, si familière à son devancier : il saisit le glaive de la satire, ou plutôt il en fabrique un lui-même et d'une trempe nouvelle ; puis, courant du trône à la taverne, et des portes de Rome jusqu'aux bornes de l'empire, il punit les hypocrites, les adultères, les exacteurs ; il frappe indistinctement quiconque s'est écarté des voies de la nature (1) ou du sentier de l'honneur. Ce n'est plus, comme Horace, un poète variable, souple, et trop enclin à cette indifférence faussement appelée philosophique (2), qui s'amuse à persifler le vice, ou à reprendre quelque travers de peu de conséquence, et dont le style, voisin du langage ordinaire, coule au gré d'un instinct voluptueux ; c'est un censeur incorruptible qui dit ce qu'il sent, ce qu'il pense, et qui le dit surtout à la postérité (3) ; c'est un poète ar-

---

(1) Les deux sexes alors outrageaient également la nature ; et l'on vit des femmes, parmi les Romaines les plus illustres, donner le signal d'une débauche monstrueuse. Juvénal n'a pas craint de nommer les coupables. *Voyez* satire 6, vers 320.

(2) « Ne s'affecter de rien, c'est peut-être, Numicius, le seul et l'unique moyen de vivre constamment heureux : »

Nil admirari prope res est una, Numici,
Solaque, quæ possit facere et servare beatum.
Lib. 1, epist. 6, vers. 1.

Ce précepte, très-philosophique à bien des égards, souffre beaucoup d'exceptions. C'est la sensibilité, c'est le zèle et le courage qui produisent presque toutes les vertus et les rendent utiles.

(3) « La postérité n'ajoutera rien à la dépravation de nos mœurs ; je défie nos neveux de surpasser leurs pères : »

dent, et qui s'élève quelquefois avec son sujet jusqu'au ton de la tragédie (1).

Rien ne rend un écrivain plus imposant que l'opinion qu'il sait inspirer de ses mœurs et de sa probité. Que ce dernier des satiriques latins doit donc nous paraître vénérable ! Toujours conséquent à des principes non d'emprunt ni de mode (2), mais nés dans son propre cœur, et fortifiés par la méditation, chez lui tout est réel, tout est grave et utile, sans être néanmoins dénué du charme de la diction et de l'harmonie du vers. Il ne s'agit partout que de la folie et de la sagesse, de la licence et du devoir, de la servitude et de la liberté.

S'il reprend les ridicules, ce n'est qu'autant qu'ils tiennent au vice ou qu'ils y mènent ; et lorsqu'il rit, son

  Non erit ulterius, quod nostris moribus addat
 Posteritas ; eadem cupient facientque minores.
Sat. 1, vers. 147.

(1) « J'invente peut-être ces atrocités, et chaussant le cothurne, oubliant les lois de la satire, je viens peindre avec de tragiques couleurs d'horribles fictions, inconnues aux montagnes des Rutules et au ciel du Latium.

  Fingimus hæc, altum satira sumente cothurnum
 Scilicet ; et, finem egressi legemque priorum,
 Grande Sophocleo carmen bacchamur hiatu,
 Montibus ignotum Rutulis cœloque Latino.
Sat. 6, vers. 634.

(2) Juvénal déclare qu'il n'a jamais étudié les dogmes cyniques, ni ceux des stoïciens, et qu'il n'est point épris de la doctrine d'Épicure :

  Et qui nec cynicos, nec stoïca dogmata legit
  A cynicis tunica distantia, non Epicurum
  Suspicit exigui lætum plantaribus horti.
Sat. 13, vers. 121.

Voyez la note sur ces mêmes vers.

rire est encore plus formidable que sa colère. Quand il sévit, quand il immole, on n'est jamais tenté de plaindre ses victimes, tant elles sont odieuses et difformes (1) : que dis-je? l'homme de bien, qu'il console encore aujourd'hui et qu'il venge après tant de siècles, l'en remercie et se figure qu'il ne songeait qu'à lui.

Son plus beau triomphe, comme poète, c'est d'avoir mis la vérité avant les convenances (2); c'est d'avoir eu le courage, au risque de déplaire, et même en étant sûr, de lui sacrifier tant de bienséances équivoques, tant d'égards politiques, si chers à ceux dont toute la morale ne consiste qu'en apparences : mais sa conscience lui criait

---

(1) Après avoir fait le portrait du délateur Crispinus, dont les vices n'étaient rachetés par aucune vertu, Juvénal s'écrie : « Que faire, lorsqu'il n'est point de crime qui ne soit au dessous de la turpitude de l'homme? »

. . . . . . Quid agas, quum dira et fœdior omni
Crimine persona est?
Sat. 4, vers. 14.

(2) *Vitam impendere vero.* Ces belles paroles sont de Juvénal, satire 4, vers 91. J. J. Rousseau les prit pour épigraphe.

De ce beau dévoûment Rousseau fut le modèle :
A sa noble devise il expira fidèle.
(*Les Mois*, t. II, in-4°., p. 261.)

M. Roucher, auteur du poëme que je viens de citer, a célébré tous les grands hommes de son temps, et encouragé les autres avec un enthousiasme dont il y a peu d'exemples : il mérite d'être encouragé à son tour; car il a déployé dans cet ouvrage, qui est le fruit de sa jeunesse, le plus beau caractère et un talent incontestable.

Qui m'aurait dit, lorsque j'écrivais cette note, que la tête du

que l'avenir en serait reconnaissant; elle ne l'a pas trompé, puisque les gens de bien, du temps d'Ammien-Marcellin, lisaient son livre de préférence à tous les autres (1).

Tout ce qui pouvait nuire aux hommes l'indignait (2). Nous devons à cette noble passion, des vérités d'un ordre supérieur, des vérités qui peut-être n'auraient jamais été risquées dans les siècles suivans, où les âmes de plus en plus avilies perdirent jusqu'à la tradition du véritable honneur.

Non content d'avoir combattu les vices les plus odieux, et généralement reconnus pour tels, il comprit qu'il fal-

---

malheureux Roucher tomberait un jour avec celles des Bailly, Condorcet, Lavoisier, et de tant d'autres écrivains distingués!

.... Quæque ipse miserrima vidi,
Et quorum pars magna fui.
VIRG., *Æneid.*, lib. II, vers. 5.

(1) Voici le passage de cet historien; peu de gens l'ont bien entendu : *Quidam detestantes ut venena doctrinas, Juvenalem et Marium Maximum curatiore studio legunt, nulla volumina, præter hæc, in profundo otio contrectantes.* (AMM. MARCELL., *Hist.*, l. XXVIII.) Il ne faut pas se figurer qu'Ammien ait voulu mettre les satires de Juvénal et le livre de Marius Maximus au rang des ouvrages corrupteurs, comme l'ont cru quelques savans : c'est tout le contraire. Les lecteurs dont il parle préféraient les maximes de ces deux auteurs à la doctrine empoisonnée que l'on débitait alors; c'est ce que signifie *detestantes ut venena doctrinas*.

Marius Maximus avait publié un livre intitulé : *Semaines historiques*, dans lequel il parlait des Césars avec beaucoup de chaleur et de liberté.

(2) Les stoïciens n'approuvaient pas cette disposition de l'âme; et Thraséas disait que celui qui hait les vices hait les hommes : *Qui vitia odit, homines odit.* (PLIN., lib. VIII, epist. 22.) Le contraire de cette maxime me paraît beaucoup plus vrai.

lait encore remonter à la source du mal, et dissiper les prestiges de l'opinion; « car il faut, dit Montaigne, ôter le masque aussi bien des choses que des personnes. » De là ces satires, ou plutôt ces belles harangues (1) contre nos vains préjugés, plus forts et bien autrement accrédités que la saine raison.

Ne dissimulons point qu'il a mérité de justes reproches, non pas pour avoir dénoncé de grands noms déshonorés, non pas pour avoir employé le blâme avec autant d'art qu'Horace avait employé la louange (2), mais pour avoir alarmé la pudeur dans plusieurs circonstances, et surtout quand il parle de ce crime abominable dont les Germains avaient coutume d'étouffer les auteurs sous une claie, après les avoir plongés dans un bourbier (3). Quoique je n'aie pas dessein de l'en justifier, j'observerai cependant que Sénèque et Perse lui-même se sont permis plusieurs détails de la dernière obscénité ; j'observerai que les plus grands hommes de ce temps et

(1) La Noblesse, satire 8; les Vœux, satire 10; le Dépôt, satire 13; l'Exemple, satire 14; la Superstition, satire 15.

(2) *Voyez* le Turbot, satire 4. Cette satire, considérée relativement à l'art de blâmer et d'avilir encore plus ce qui est infiniment méprisable, me paraît, dans son genre, être le chef-d'œuvre de tous les satiriques. La marche en est simple, ingénieuse, et même attachante ; c'est la marche du poëme épique. Le coup de génie, c'est d'y avoir fait habilement contraster les satellites et les adulateurs de Domitien avec les honnêtes sénateurs que ce tyran avait fait convoquer à un conseil extraordinaire, conseil le plus burlesque et le plus ridicule qu'il fût possible d'imaginer.

(3) *Corpore infames, cœno ac palude, injecta insuper crate, mergunt.* TACIT., *German.*, §. 12.

les mieux intentionnés n'avaient pas toujours, selon Pline le jeune, cette retenue qui empêche de nommer certaines choses par leurs noms (1).

Rien ne saurait excuser la licence d'Horace, parce qu'il peint le nu avec des couleurs séduisantes, et qu'alors il n'est que libertin; mais, en peignant des horreurs dont frémit la nature, on voit qu'il entrait dans le plan de Juvénal de montrer à quel point l'homme peut s'abrutir quand il n'a plus d'autres guides que la mollesse et la volupté. D'ailleurs, ce qu'il a d'obscène est écrit de manière que le vice lui-même ne saurait l'envisager sans dégoût et sans horreur. S. Chrysostôme comparait ces sortes d'écrivains que nous trouvons aujourd'hui trop licencieux, quoique nous ne soyons pas exempts des turpitudes qu'ils décrivaient, il les comparait à ceux qui ne craignent pas de souiller leurs mains lorsqu'il s'agit de panser des ulcères (2).

Sans ces taches, qui sont du siècle et non de l'auteur, on ne trouverait rien à reprendre dans ses écrits, du moins pour ce qui regarde les mœurs (3). La pudeur,

---

(1) *Si nonnulla tibi paulo petulantiora videbuntur, erit eruditionis tuæ cogitare summos illos et gravissimos viros, qui talia scripserunt, non modo lascivia rerum, sed ne verbis quidem nudis abstinuisse.* PLIN., lib. IV, epist. 14.

(2) Joann. Chrysostomi Homilia III, in Epist. ad Corinth.

(3) Je ne prétends pas que Juvénal soit toujours un modèle de goût, ni que l'on puisse à cet égard le comparer à Horace. Il a trop de parenthèses, et il lui arrive quelquefois de surcharger ses tableaux. On remarque encore que, lorsqu'il veut se rapprocher du style des anciens satiriques, il emploie des expressions qui bigarrent le sien, au point qu'il ne serait pas possible de le faire

qu'il recommande si souvent, n'y est blessée que par des traits échappés dans les accès d'une verve fougueuse, et qu'il désavoue lorsqu'il est de sang-froid. — Que jamais, dit-il, un mot obscène, une action déshonnête ne blessent les yeux ou les oreilles dans la demeure d'un enfant. Loin de cette maison, loin de cet asile vénérable, et les courtisanes, et les chants nocturnes d'un parasite enivré. Un enfant, grands dieux! en peut-on jamais assez respecter l'innocence (1)?

On lui reproche encore d'avoir été trop avare de louanges lorsqu'il s'agissait de ses contemporains : mais dans quelque siècle que ce soit, quand on ne veut ni se faire illusion à soi-même ni tromper les autres, en peut-on donner beaucoup? Les éloges ne sont le plus souvent accordés qu'en échange : il méprisait ce trafic (2), et c'est pourquoi il aimait mieux célébrer les morts que les vivans. S'il n'a pas loué ceux-ci davantage, c'est qu'il ne savait pas, comme les beaux-esprits de cour et Tacite

---

lire dans notre langue, si l'on se piquait de le traduire avec une fidélité trop scrupuleuse. J'ai déjà prévenu que je le suivrai pas à pas dans les notes que l'on trouvera à la fin de chaque satire. J'aurai soin d'avertir de ce qui m'a paru froid ou exagéré.

(1) Nil dictu fœdum visuque hæc limina tangat
   Intra quæ puer est. Procul hinc, procul inde puellæ
   Lenonum, et cantus pernoctantis parasiti.
   MAXIMA DEBETUR PUERO REVERENTIA.
   Sat. 14, vers. 44.

(2) On en peut juger par le silence qu'il a gardé sur Martial. Cet adulateur effronté a cité plusieurs fois Juvénal; mais celui-ci ne l'a point payé de retour, parce que vraisemblablement il ne l'estimait pas.

lui-même, trouver des vertus où il n'y avait que de la patience.

Sachons-lui gré cependant de la manière dont il a traité ceux qui se taisaient ou se cachaient; ceux qui anéantissaient, pour ainsi dire, leur existence, afin qu'on ne pût pas les accuser d'avoir été fauteurs ou instrumens de la tyrannie. Sachons-lui gré d'avoir compati à la servitude involontaire de quelques citoyens secrètement vertueux, mais qui voyaient bien qu'il était inutile désormais de s'opposer au torrent. — Qui méritait mieux, dit-il, que Vibius Crispus, d'aider de ses conseils un maître de l'univers, s'il eût été permis, sous ce fléau du genre humain, de blâmer la cruauté et d'ouvrir un avis généreux (1)?

Juvénal, réplique-t-on, n'a célébré qu'un seul des bons empereurs; encore ne le loue-t-il que d'avoir favorisé les lettres (2). — Juvénal était-il fait pour caresser même les tyrans débonnaires? Quoiqu'ils se fussent accoutumés au nom de maîtres, il ne les en croyait pas moins soumis aux lois républicaines, et par conséquent justiciables de la nation, dès que celle-ci aurait le courage de faire revivre les droits que les plus grands hommes avaient regardés comme imprescriptibles. Ce digne et dernier professeur de la liberté romaine (3), qui, sous

(1) . . . . . Maria ac terras populosque regenti
Quis comes utilior, si clade et peste sub illa
Sævitiam damnare, et honestum afferre liceret
Consilium?   Sat. 4, vers. 83.

(2) *Voyez* satire 7, note sur le vers 1.

(3) Acer et indomitus, libertatisque magister.
          Sat. 2, vers. 77.

le quatorzième empereur, persistait à ne reconnaître que l'autorité du sénat (1), n'avait que trop appris que les vertus des usurpateurs fournissent tôt ou tard de nouveaux moyens d'oppression à ceux qui les remplacent (2). C'est ainsi qu'en avaient jugé plusieurs grands personnages, les Helvidius, les Thraséas, et, quelque temps avant eux, ce fameux Arruntius qui, prêt à se donner la mort, disait : — J'échapperais sans doute à Tibère, qui dans peu de jours ne sera plus : mais comment échapper à la jeunesse de son successeur ? Comme je prévois, ajouta-t-il, un esclavage plus rigoureux, je fuis en même temps, et le passé que je déteste, et l'avenir que je redoute (3).

Je ne me dissimule pas les défauts de Juvénal, quoique la plupart tiennent à de grandes beautés. L'impétuosité de cet ardent satirique, et la séduction de son art, l'ont quelquefois emporté trop loin ; mais la droiture de ses intentions, la pureté de ses sentimens et la

---

(1) « Considère ce que les lois prescrivent, ce qu'ordonne le sénat ; songe aux récompenses qui attendent les gens de bien, aux foudres terribles qui frappèrent Numitor et Capiton, ces pirates des pirates de la Cilicie : »

> Respice quid moneant leges, quid curia mandet;
> Præmia quanta bonos maneant; quam fulmine justo
> Et Capito et Numitor ruerint, damnante senatu,
> Piratæ Cilicum.
> Sat. 8, vers. 90.

(2) Tacite croyait au contraire que le règne de Trajan était le gage certain d'un avenir heureux. TACIT., *Vita Agricol.*, §. 3.

(3) *Prospectare jam se acrius servitium, eoque fugere simul acta et instantia.* TACIT., *Annal.*, lib. VI, §. 48.

sublimité de ses maximes l'excusent presque toujours. S'il fut outré, ce qui n'est pas aussi fréquent qu'on le dit, ce fut un vice de tête et non de cœur : s'il fut sévère, il fut juste. Que les méchans le craignent, les bons doivent l'aimer.

Il est aisé maintenant de sentir pourquoi Horace a plus de partisans que Juvénal. On sait que depuis long-temps la vertu sans alliage n'a plus de cours; que ceux qui la professent dans toute sa pureté ont toujours plus d'adversaires que de disciples (1), et qu'ils révoltent plus souvent qu'ils ne persuadent (2). Supposez donc que les mêmes causes, et de plus funestes encore que celles qui perdirent tant de grands empires, tant de républiques florissantes, vinssent à redoubler subitement chez nous tous les maux que produisent l'égoïsme et la cupidité (3): supposez que les grands et les riches fussent sans pudeur et sans pitié, quand il s'agit de devenir encore plus riches; que l'or et les denrées, au lieu de circuler librement et de porter la vie dans tous les membres de l'état,

---

(1) Obsequium amicos, veritas odium parit.
Terent.

(2) « Qui a ses mœurs, dit Montaigne, établies en règlement au dessus de son siècle, ou qu'il torde et émousse ses règles, ou, ce que je lui conseille plutôt, qu'il se retire à quartier et ne se mêle point de nous : qu'y gagnerait-il? » *Essais*, liv. III, ch. 9.

(3) Je veux parler surtout des rentes viagères, des loteries et des autres jeux de hasard diversement combinés. Mais on travaille enfin à réformer cet abus. Le parlement, toutes les chambres assemblées le 20 mars 1781, les princes et pairs y séant, a délibéré contre les jeux anciennement prohibés, et le roi les a supprimés de nouveau.

fussent détournés frauduleusement de leurs canaux naturels, et ne servissent plus qu'à fomenter le luxe insolent des agioteurs, des parvenus et des courtisanes nobles ou roturières : quel serait, je vous prie, le sort de deux orateurs, dont l'un plaiderait la cause du superflu, et l'autre celle du nécessaire (1)? Il est évident que le premier triompherait auprès de nos Crésus; qu'il en obtiendrait, à moins de frais que le client de Mécène (2), des repas et des pensions. Mais le second?..... N'ayant pour amis que les infortunés, je tremblerais pour lui.

Le grand talent d'un écrivain chez les peuples arrivés à ce déclin des mœurs que l'on appelle l'exquise politesse, est moins de dire ce qui sert que ce qui plaît. Si cette réflexion est juste et fondée, on m'accordera que ceux qui flottent au gré de l'opinion, n'ont que trop d'intérêt de préférer à l'âpreté de Juvénal la mollesse d'un poète versatile qui, non content d'excuser leurs

(1) Sous le règne de Tibère, la cause du luxe fut débattue en plein sénat : celui qui la défendait l'emporta, parce que, dit Tacite, le plus grand nombre des sénateurs ne voulut point prononcer contre lui-même. Cette question ne fut agitée dans le sénat de Rome que relativement aux mœurs. On convient assez unanimement aujourd'hui que le luxe est moralement pernicieux ; mais de grands écrivains se sont efforcés de prouver que, dans un gouvernement tel que le nôtre, il est politiquement utile. L'avenir en décidera.

(2) J'ai le droit de nommer Horace client, quand Auguste l'appelle parasite : « Je souhaite, écrivait-il à Mécène, que vous m'ameniez Horace; il passera de votre table, où il n'est que parasite, à cette table royale, où il m'aidera à faire mes lettres : » *Veniet ab ista parasitica mensa ad hanc regiam, et nos in epistolis scribendis adjuvabit.* SUETON., *Vita Horat.*

caprices et de colorer les objets de leurs goûts, de quelque nature qu'ils soient, sait encore autoriser par son exemple les vices les plus honteux.

S'il est vrai que l'humanité s'affaiblit et s'altère à mesure qu'elle se polit (1), on doit aujourd'hui donner la préférence à la double doctrine de celui qui sait le mieux amuser l'esprit, endormir la conscience et flatter l'indolence du cœur, sans paraître toutefois déroger formellement aux qualités qui constituent l'honnêteté. C'est principalement à ces titres qu'Horace ne peut jamais cesser d'être, d'âge en âge, le confident et le conseil d'une postérité que de nouveaux arts, et par conséquent des besoins nouveaux, éloigneront de plus en plus de la simplicité naturelle, c'est-à-dire, de ce terme où l'homme, suffisamment perfectionné, ne sait pas s'arrêter : terme heureux, si le bonheur est fait pour nous, et que tant de peuples célèbres ont regretté trop tard. Mais l'homme libre, s'il en existe encore, celui qui s'est bien persuadé que le bonheur dont nous sommes susceptibles ne dépend que de nous-mêmes, qu'excepté les relations de devoir, de bienveillance et d'humanité, toutes les autres sont chimériques ou pernicieuses ; celui qui s'est fait des principes constans, et qui ne connaît qu'une chose à désirer, le bien, qu'une chose à fuir, le mal, et qui se dévouerait plutôt à l'opprobre et à la mort que de trahir sa conscience, dont le témoignage lui suffit ; celui-là, n'en doutez pas, préférera la rigueur d'une

---

(1) « L'affinement des esprits, dit Montaigne, n'en est pas l'assagissement. » *Essais*, chap. 9.

morale salutaire à tous les palliatifs d'un auteur complaisant. Ainsi, Juvénal serait le premier des satiriques, si la vertu était le premier besoin des hommes : mais, comme il l'a dit lui-même, on vante la probité, tandis qu'elle se morfond (1).

De toutes ces considérations, il résulte qu'Horace écrivit en courtisan habile, Juvénal en vrai citoyen; que l'un ne laisse rien à désirer à un esprit cultivé, délicat et voluptueux; que l'autre satisfait pleinement une âme forte et rigide : il en résulte encore, que les circonstances propres à former de grands satiriques s'opposent aux réformes qu'ils voudraient introduire. En effet, quand les mœurs viennent à manquer chez un peuple, et que le sentiment moral y est absolument éteint, quelque chose qu'ils fassent, ils ne peuvent remédier à rien, parce qu'ils n'opèrent plus alors que sur des cadavres.

Il me reste à montrer que le poète dont je présente la traduction, ne nourrissait point secrètement dans son cœur, comme on l'a prétendu, un levain qui tenait plus de l'envie et de la haine que du projet réfléchi d'être utile au genre humain. Voilà, lorsqu'on affecte trop de sagacité, comme on dénature les meilleures intentions.

Un académicien connu par des ouvrages élégans et solides, M. l'abbé Batteux, me paraît n'avoir pas assez distingué le caractère de mon auteur, de celui de plusieurs satiriques mal inspirés qu'il définit ainsi : « Je crois, dit-il, premièrement, qu'il y a dans le caractère du satiri-

---

(1) . . . . Probitas laudatur, et alget.

Sat. 1, vers. 74.

que *un certain germe de cruauté enveloppé*, qui se couvre de l'intérêt de la vertu pour avoir le plaisir de déchirer au moins le vice : secondement, que si par hasard les satires rendaient les hommes meilleurs, tout ce que pourrait faire alors le satirique, *ce serait de ne pas en être fâché* (1). »

Quant au premier article, si M. l'abbé Batteux avait en vue celui qui fit ces deux vers et quelques autres non moins répréhensibles :

> Tandis que Colletet, crotté jusqu'à l'échine,
> S'en va chercher son pain de cuisine en cuisine (2), etc.,

je suis de son avis ; et même je ne trouve rien d'*enveloppé* dans ce reproche encore plus barbare que trivial. Mais ce n'était pas sur ce ton que Juvénal censurait les poètes de son temps : en blâmant l'abjection volontaire il respectait l'indigence, et le malheur consacrait l'homme. Gardons-nous, disait-il, d'insulter au poète que son talent nourrit (3). Aussi, quelque ridicules qu'ils fussent, n'avait-il pas la force de prolonger ses ironies lorsqu'ils étaient dans la détresse ; et j'en vais citer un exemple frappant : — « Codrus, dit-il, avait un grabat plus court que sa petite épouse ; six coupes mesquines décoraient son buffet, sous lequel était un petit vase, près d'une statue couchée du centaure Chiron : de plus, un vieux coffre délabré contenait des poésies grecques, que ron-

---

(1) *Principes de Littérature*, tome III, page 326.
(2) BOILEAU, satire 1, vers 77.
(3) Haud tamen invideas vati, quem pulpita pascunt.
Sat. 7, vers. 93.

geaient des rats ignorans, sans égard pour leur sublimité (1). » Ici Juvénal s'arrête, et se fait objecter que Codrus n'avait rien. « Je l'avoue, répond-il; mais ce rien la flamme le lui ravit tout entier (2). » Dès lors, il ne sait plus que gémir sur l'infortune de ce poète, réduit à mendier un asile et du pain qu'il n'obtiendra de personne.

Quand il décrit la misère des parasites et le silence qu'ils gardaient à la table de leurs patrons, la compassion le gagne; il s'écrie : « Que de paroles étouffées sous un mauvais habit (3)! » d'ailleurs il en voulait bien plus à l'insolence des riches qu'à l'abjection de leurs cliens.

Dans mille autres endroits on entend, au plus fort de son indignation, percer le cri d'un bon naturel, comme on voit couler les larmes d'un juge sensible, et contraint de prononcer pour la première fois l'arrêt du pâle criminel assis sur la sellette. Lorsque de pareils caractères s'attendrissent au milieu de leurs fulminantes diatribes, ils touchent bien plus que ne sauraient le faire tous les courtisans lettrés avec leurs ressources purement artificielles.

Puisqu'il s'agit de prouver qu'il ne fut pas cruel, n'oublions point qu'il a plaidé la cause de tous les malheu-

---

(1) Lectus erat Codro Procula minor, etc.
Sat. 3, vers. 203.

(2) Nil habuit Codrus : quis enim negat? et tamen illud
Perdidit infelix totum nihil.
Sat. 3, vers. 208.

Ces deux vers me paraissent dignes de La Fontaine.

(3) . . . . Plurima sunt, quæ
Non audent homines pertusa dicere læna.
Sat. 5, vers. 130.

reux (1) et celle des esclaves (2) : c'est qu'il ne concevait pas que l'on pût regarder comme étrangers les maux de ses semblables. N'oublions pas qu'il a chanté les larmes (3), et qu'on lui doit un tableau de la pitié (4), tel

(1) « Sans doute le mérite indigent a toujours peine à se faire jour : »

> Haud facile emergunt, quorum virtutibus obstat
> Res angusta domi.
> Sat. 3, vers. 164.

(2) « Croit-on que l'exemple d'un père cruel soit fait pour adoucir les mœurs de ses enfans, leur apprendre à pardonner des fautes légères, leur persuader que l'esclave et le maître ont une âme pareille et sont pétris du même limon? »

> Mitem animum, et mores modicis erroribus æquos
> Præcipit, atque animas servorum et corpora nostra
> Materia constare putat paribusque elementis?
> Sat. 14, vers. 15.

(3) « La nature, en nous donnant les larmes, témoigne assez qu'elle nous a doués d'un cœur compatissant; et c'est le plus beau présent qu'elle ait fait au genre humain : »

> . . . . Mollissima corda
> Humano generi dare se natura fatetur,
> Quæ lacrymas dedit : hæc nostri pars optima sensus.
> Sat. 15, vers. 131.

(4) « C'est la pitié qui nous distingue des animaux, et c'est pour obéir à sa voix que la main qui nous créa mit en nous seuls cet esprit élevé, capable de commercer avec les dieux, d'enfanter et de perfectionner les arts : c'est du ciel que nous tenons ce noble attribut, refusé à la brute dont la tête a été courbée vers la terre : »

> . . . . Separat hoc nos
> A grege mutorum; atque ideo venerabile soli
> Sortiti ingenium, divinorumque capaces,
> Atque exercendis capiendisque artibus apti,

que Platon, Sénèque, tous les orateurs et tous les poètes, tant anciens que modernes, n'en ont jamais tracé de plus pathétique.

Quelles que soient et la promptitude et l'adresse de l'esprit, on ne sait point inventer ces mouvemens rapides et puissans que l'âme seule peut inspirer à notre insu. Un homme cruel peut être disert, il ne saurait être éloquent : or, Juvénal l'est d'autant plus, quoique brusque, et même un peu farouche, qu'il a moins d'art que de caractère, et qu'avec beaucoup d'esprit il ne puise que dans son cœur. Je prie ceux qui croient qu'un malhonnête homme peut dignement parler de la vertu, de le bien écouter; j'ose dire qu'ils sentiront bientôt quelle différence il y a entre le rhéteur le plus habile, quand il n'est que rhéteur, et l'homme intègre qui n'exprime que ses sentimens habituels.

Quant au second article, je ne saurais me figurer que l'auteur de tant de belles sentences dignes d'être écrites en lettres d'or sur les portes de nos tribunaux (1), sur le frontispice de notre école militaire (2) et dans l'inté-

---

Sensum a cœlesti demissum traximus arce,
Cujus egent prona et terram spectantia, etc.
                      Sat. 15, vers. 142.

(1) « Quand il s'agit de condamner un homme, on ne saurait trop différer : »

Nulla unquam de morte hominis cunctatio longa est.
                      Sat. 6, vers. 221.

(2) « Regarde comme un grand crime de préférer l'existence à l'honneur, et de renoncer pour la vie aux vertus qui nous rendent dignes de vivre : »

rieur de nos maisons (1); je ne saurais me figurer que son plus grand effort se fût réduit *à n'être point fâché* de la réforme des mœurs, s'il avait eu le bonheur d'y contribuer et d'en être témoin : mais j'en appelle à son texte, dont l'intention générale et tous les motifs particuliers apprendront qu'il faut bien se garder de le confondre avec ces satiriques, plus fameux par leur malignité qu'estimables par leur zèle.

D'autres avant M. l'abbé Batteux, non contens de lui refuser toute sorte de mérite littéraire (2), ont encore tenté

Summum crede nefas animam præferre pudori,
Et propter vitam vivendi perdere caussas.
Sat. 8, vers. 82.

(1) « Le règne des passions déshonnêtes doit être court : »

. . . . Breve sit quod turpiter audes.
Sat. 8, vers. 164.

(2) Ce ne sont pas les gens du monde qui ont le plus durement attaqué Juvénal ; ce sont ceux qui n'en étant pas voulaient se donner pour tels, et montrer qu'ils avaient beaucoup d'urbanité. Le P. Vavasseur, *de Ludicra dictione*, dit que Juvénal n'a que des crudités, et que dans son indignation continuelle il ne sait que vomir : *Juvenalem quasi crudum et nauseantem indignari omnia*. Ce savant avait-il oublié que notre auteur n'est pas toujours en colère, et qu'il a des beautés de tous les genres? qu'il a des vers si doux, si faciles, qu'on les croirait de Virgile ou d'Horace?

Virgile aurait-il mieux peint la mélancolie d'un jeune esclave qui soupire après sa mère qu'il n'a point vue depuis long-temps, et qui regrette encore ses troupeaux et sa cabane?

Suspirat longo non visam tempore matrem,
Et casulam, et notos tristis desiderat hædos.
Sat. 11, vers. 152.

Horace aurait-il assigné avec plus de précision les limites des

de rendre sa probité suspecte; et c'est sur la foi de ces doctes personnages, que bien des gens ont cru que Juvénal avait été mauvais poète et méchant homme (1).

Par quelle fatalité, les sages qui nous éclairent et nous vengent ne sont-ils le plus souvent payés que d'ingratitude, et cela par ceux mêmes dont ils se déclarent gratuitement les protecteurs? Serait-ce parce que trop de lumière blesse les yeux de la multitude, gouvernée par la coutume? ou plutôt, parce que ceux qui donnent le ton se hâtent de proscrire des vérités capables de détruire la stupide adoration qui les met au dessus des lois, et les dispense d'avoir des mœurs? Quoi qu'il en soit, l'apologiste du courage, de la tempérance, de la fidélité conjugale, et de toutes les vertus dont l'absence annonce la chute des empires; le censeur du parjure, de

sensations agréables que Juvénal ne l'a fait, en disant que le plaisir n'est plaisir qu'autant qu'on en jouit rarement?

. . . . Voluptates commendat rarior usus.
Sat. 11, vers. 208.

(1) « Ce poète, dit le P. Rapin, avec tout son sérieux a bien de la peine à réussir; car ces violentes manières de déclamation qu'il met partout en usage ont souvent très-peu d'effet. Il ne persuade presque rien, parce qu'il est toujours en colère, et qu'il ne parle point de sang-froid. Il est vrai qu'il a des lieux communs de morale capables d'éblouir les petits esprits. Mais avec toutes ces expressions fortes, ces termes énergiques et ces grands traits d'éloquence, il fait peu d'impression, parce qu'il n'a rien de délicat ni de naturel. Ce n'est point un véritable zèle qui le fait parler contre les déréglemens de son siècle, c'est un esprit de vanité et d'ostentation; c'est par tempérament plus que par raison qu'il fait le critique. » *Réflexions sur l'éloquence, la poétique*, etc., tome II, §. 28.

l'hypocrisie, du fanatisme, des tyrans et des satellites de la tyrannie; ce censeur équitable ne fut ni fourbe ni méchant, comme l'ont insinué quelques fauteurs du despotisme. Ceux qui le répètent, ou n'ont pas lu ses vers, ou ne les ont pas sentis.

S'il s'élevait un satirique intègre, impartial, et dont le zèle, muri par l'expérience, fût capable de suppléer au silence des lois, qui d'entre nous oserait le taxer de fourberie et de méchanceté, parce qu'il fouillerait dans les sépulcres où gisent pompeusement, mais sans honneur, ceux qui pouvant bien mériter de la patrie n'en furent que les fléaux? parce qu'il dévouerait aux furies quelques-uns de ses contemporains, en butte à l'exécration publique pour avoir corrompu le cœur des rois, et par conséquent les peuples qui les imitent, pour avoir opprimé le faible ou dévoré la substance du pauvre, afin d'étaler un luxe scandaleux et d'afficher des jouissances exclusives? Confondus par l'évidence, les détracteurs se tairaient; et les coupables, pressés par le remords, tâcheraient d'étouffer en silence l'auteur et son ouvrage. Mais je présume trop bien du caractère général de l'humanité, quelle que fût la dépravation, pour craindre qu'un tel athlète, s'il venait à succomber, n'emportât pas l'estime et les regrets du plus grand nombre de ses compatriotes. Je n'ai fait que peindre ce qu'osa Juvénal.

Si la satire en France n'a pas été plus imposante, c'est la faute de ceux qui d'abord l'ont traitée, et parce que de nos jours on la vit dégénérer en libelle. Regnier, qui le premier depuis la renaissance des lettres s'exerça dans ce genre, et même avec succès, manqua de mœurs encore plus que de goût (1).

Le satirique du siècle passé fut trop sec, trop timide sur l'article des mœurs. Au lieu d'aller au fait, il ne songea guère qu'à désoler quelques pauvres écrivains, dont sans lui l'oubli faisait justice; et c'est pourquoi le duc de Montausier, en lui accordant le titre de grand poète, voulait qu'on l'envoyât aux galères couronné de lauriers. Cependant un de ses contemporains, Molière, triomphant de la cabale et des entraves d'un art bien plus difficile à tous égards, osait en plein théâtre démasquer l'hypocrisie.

Quel dommage qu'avec tant de lettres, de goût et de talent, Boileau n'ait pas été doué d'un cœur plus sensible, d'un esprit plus philosophique ! qu'il se soit à peu près contenté d'apprécier les écrits, de guider les auteurs ! qu'il n'ait puisé dans Horace que l'art de louer les grands, afin de pouvoir aussi chagriner impunément ses rivaux ! Quel dommage que Juvénal, qu'il ne cessa d'étudier, n'ait pas agrandi la sphère de ses idées, ne lui ait pas inspiré ce goût moral, qui seul est capable de produire des beautés du premier genre, des beautés dont l'effet est universel et durable ! N'importe, respectons la mémoire de ce fameux critique : s'il est contraint de céder à ses devanciers la palme de la satire, ils ne

---

(1) Heureux, si ses discours, craints du chaste lecteur,
Ne se sentaient des lieux que fréquentait l'auteur ;
Et si du son hardi de ses rimes cyniques
Il n'alarmait souvent les oreilles pudiques !

BOILEAU, *Art poétique*, chant 2.

sauraient lui rien opposer de plus parfait que l'Art poétique et le Lutrin.

Ce serait ici l'occasion de parler des talens et des qualités nécessaires à quiconque, profitant du long silence de la comédie (1), voudrait aujourd'hui rallumer le flambeau de la satire. Comme il me faudrait souvent recourir à l'auteur que j'ai traduit, je supprime ce détail, afin de ne point retarder une lecture plus intéressante, et qui malheureusement n'est que trop relative aux mœurs de notre siècle.

Si quelqu'un néanmoins se sentait assez de courage et de puissance pour s'ériger en réformateur, je lui conseille de renoncer à la satire personnelle pour ne se livrer qu'à la satire publique. Qu'il ne se permette point de sacrifices inutiles; que ses ironies, son mépris et son indignation ne servent que la justice, jamais ses passions; qu'il fasse rougir les coupables sans les réduire au désespoir; autrement, son livre ne serait plus qu'un libelle odieux, et lui-même un assassin.

Mais à qui, dans les circonstances actuelles, abandonner cette fonction si délicate? Peut-être qu'à cette époque d'engouement ou de dénigrement, d'avidité, de cabales et d'intrigues, il est plus sûr de renoncer à la satire que de s'exposer à ses abus. D'ailleurs, quand cette

---

(1) *Revoyez*, page xx de ce Discours, ce que j'ai dit de la comédie relativement à la satire. Au reste, on sait que les farces italiennes et les parades des boulevards ont triomphé de la scène française :

> Hæc fierent, si testiculi vena ulla paterni
> Viveret in nobis?
>
> Pers., sat. 1, vers. 103.

espèce de magistrature volontaire serait dignement exercée, elle est trop libre, trop franche et trop indépendante pour être supportée dans la plupart des gouvernemens modernes. Au reste, Juvénal a dit aux hommes de tous les temps, de tous les lieux, et surtout aux nations corrompues, ce qu'on pouvait leur dire de plus utile et de plus sage.

Cependant le silence des satiriques de profession n'empêchera pas l'esprit de la satire, tel que nous l'avons considéré (1), de régner éternellement sur la terre et d'y former l'opinion générale. La vraie satire du présent et la leçon des siècles à venir, c'est l'histoire. Les tableaux qu'elle transmet d'âge en âge contiennent tous les portraits de la postérité; que chacun y cherche le sien. Que les princes et leurs premiers sujets, à qui nos bienséances modernes défendent d'adresser toutes sortes de vérités, dès qu'elles contredisent leurs goûts et leurs penchans, aient le courage de consulter ces fastes véridiques où sont appréciés tous les mobiles de leurs actions, où leurs injustices et leurs turpitudes secrètes sont déjà, sous d'autres noms, consignées et vouées à d'éternels opprobres : s'ils sont encore susceptibles de pudeur et de remords, qu'ils rougissent et se corrigent.

Après avoir considéré les satiriques latins par les côtés qui m'ont semblé les plus intéressans, qu'il me soit permis de parler un moment, et de mon travail sur Juvénal, et des idées que je me suis faites de l'art de traduire (2).

---

(1) *Revoyez* le début de ce Discours.
(2) Quelques-unes des réflexions suivantes sont empruntées

Les traductions, tant en prose qu'en vers que Chaline, Maroles, Martignac, la Valterie, Silvecane, Tarteron et quelques autres nous ont laissées de cet auteur, sont telles, que j'ai cru pouvoir, sans trop de témérité, courir la même carrière. Je l'ai trouvée si épineuse, que je me garderai bien d'insister sur les défauts de mes prédécesseurs. Quelques-uns écrivaient avant que l'on eût de bonnes éditions, de bons commentaires, et lorsque la langue n'était pas encore fixée : dans le temps, on leur sut gré de leurs efforts; je n'aspire qu'à la même indulgence : on ne les lit plus, je m'attends au même sort.

Quelles pourraient être en effet les prétentions d'un traducteur? L'avenir, ce patrimoine du génie, et dont tout homme qui compose ne saurait s'empêcher d'anticiper la jouissance, ne présage aux meilleurs interprètes que l'oubli de leurs noms et de leurs veilles; tandis que les siècles ne font, pour ainsi dire, que rajeunir et consacrer de plus en plus les textes brillans dont la seule intelligence leur avait coûté tant de peines.

Ce coup d'œil serait trop décourageant, si l'émulation d'un traducteur n'était pas soutenue, si ses dégoûts n'étaient pas rachetés par d'autres considérations : mais on sait que la plupart des citoyens n'ont que la voie des traductions pour commercer avec les anciens, et par là remonter à la source de toutes les opinions, de toutes les connaissances. Ces motifs suffisent quand on chérit les lettres pour elles-mêmes. J'en pourrais oppo-

---

d'un Discours que j'ai prononcé à l'académie de Nancy, et qui a été imprimé dans la même ville en 1757.

ser d'autres à ces esprits impatiens qui s'épuisent à viser au sublime avant d'avoir appris à le connaître, et prouver qu'il entre dans le plan d'une étude bien ordonnée de dessiner de temps en temps d'après les maîtres, lorsqu'on veut à son tour exécuter de grands tableaux.

Observons cependant que s'il est difficile de composer, c'est-à-dire, de tirer de son propre fonds de nouvelles idées, de découvrir de nouveaux rapports, il ne l'est guère moins de traduire, ou plutôt de ressusciter les anciens poètes; car il faut alors concilier des langues dont on sait que le génie et le mécanisme ne sauraient être les mêmes. N'eût-on que l'esprit de Juvénal à rendre, l'entreprise serait effrayante. Que sera-ce si l'on considère les différens obstacles qui retardent souvent l'intelligence de son texte, quelquefois inextricable?

Indépendamment de l'altération des manuscrits, tantôt ce sont des allusions ou des manières de parler proverbiales, tantôt des mœurs ou des usages dont la trace est presque effacée. Quand on est de bonne foi, que promettre en pareil cas, sinon des conjectures et des équivalens? sinon de donner plutôt sa propre mesure que celle de l'auteur qu'il fallait représenter? Trop heureux ensuite si l'on n'a pas tout à fait mérité le reproche que madame de Sévigné faisait aux traducteurs : « La « plupart, disait-elle, ressemblent à ces valets grossiers, « qui font dire à leurs maîtres le contraire de ce qu'ils « ont voulu dire. »

Sans les illusions qui m'ont soutenu dans le cours de mon travail, j'aurais abandonné vingt fois la tâche pénible et non moins ingrate que je m'étais imposée avant d'en connaître toutes les difficultés. Ne faisant que traduire, je croyais inventer, et je m'applaudissais à chaque instant d'un mérite qui m'était étranger. L'oreille montée par l'harmonie d'un style qui n'était pas le mien, l'imagination tout empreinte des plus riches couleurs, je me figurais avoir transporté dans ma prose la magie des plus beaux vers. Le prestige ne durait guère : je n'avais pas plutôt laissé refroidir ma tête, que je voyais s'évanouir l'imposture qui m'avait séduit; comme on voit l'éclat du fer ardent s'amortir à mesure qu'il s'éloigne du fourneau.

J'ai souvent recommencé; mais il est un terme où l'on doit s'arrêter. Fatigué de cette lutte inégale, je sens que je ne puis sans aide rendre ma traduction plus supportable. Si je la livre au public, ce n'est que pour apprendre à marcher plus sûrement entre ces deux écueils également redoutables aux traducteurs, la servitude et la licence.

De tous les tourmens de la traduction, je n'en sache point de plus cruel que d'hésiter sans cesse entre la lettre et le sens, que de risquer à chaque instant d'être barbare ou infidèle. Cicéron et Horace ne veulent pas qu'un interprète soit trop scrupuleux, ni qu'il s'épuise à combiner des mots (1) : en nous délivrant de cette gêne ont-

---

(1) Nec verbo verbum curabis reddere fidus
Interpres.

Art. poet., vers. 133.

Cicéron avait déjà dit la même chose à peu près dans les mêmes termes : *Nec tamen exprimi verbum e verbo necesse erit, ut interpretes indiserti solent.* (CICER., *de Finib.*) Observons cependant que

ils rendu l'art plus facile? je n'en crois rien. Ils exigeaient, on n'en saurait douter, qu'un traducteur ne fût pas dénué de la plupart des qualités nécessaires à la composition, et même qu'il fût doué d'une certaine audace, voisine du génie dont il avait à rendre le caractère et l'expression.

Qu'attendre en effet de ces timides esprits, qui n'osent envisager leur modèle que le compas à la main, qui le calquent servilement, et dont tous les efforts se bornent à lever un plan froid et sans vie des morceaux les plus chauds, les plus animés?

Poètes divins, grands orateurs, et vous qui sûtes marquer vos écrits au sceau de l'immortalité, ce n'est qu'en éprouvant vos transports, qu'en brûlant de votre feu, qu'un traducteur, bien pénétré de vos sujets, fera passer dans sa langue quelques-unes des beautés dont étincèlent vos ouvrages. Indépendamment du rapport des caractères et des mêmes études, il faut encore une âme vaste pour contenir votre âme, un esprit souple et hardi pour se plier au vôtre et l'atteindre; il vous faudrait vous-mêmes, et peut-être éprouveriez-vous les douleurs d'un second enfantement.

le précepte d'Horace ne regardait que les imitateurs, c'est-à-dire, ceux qui voulaient s'approprier un sujet déjà traité dans une langue étrangère; mais ce précepte ne convient pas moins aux simples traducteurs.

FIN DU DISCOURS.

NOTES

SUR LE DISCOURS.

---

¹ *Homère n'est-il pas de temps en temps satirique?* page xv. Aristote soutenait que toutes les semences des productions dont l'esprit humain est capable, étaient éparses dans les poëmes divins de ce père de la poésie. Horace prétendait aussi que l'on y trouve des modèles de tout ce qu'il y a de beau, d'honnête, de honteux, d'utile et de nuisible :

> Qui, quid sit pulchrum, quid turpe, quid utile, quid non,
> Plenius ac melius Chrysippo et Crantore dicit.
> Lib. 1, epist. 2, vers. 3.

M. de Rochefort a supérieurement développé ces idées dans plusieurs mémoires qu'il a lus à l'Académie des Belles-Lettres.

Observons qu'Homère avait fait un poëme très-mordant, intitulé *Margites*, contre un homme de ce nom; et que ce poëme, qui n'est pas venu jusqu'à nous, était fort estimé des anciens. Comme ce n'était qu'une satire personnelle, on ne doit pas la regretter.

² *La satire romaine, grossière et licencieuse dans son origine, subit différentes formes successives*, page xvj. On doit à Casaubon les premières recherches, faites avec succès, tant sur la poésie satirique des Grecs, que sur la satire des Romains. (Is. CASAUB., *de Satiric. græc. poes. et roman. satir.*)

Feu M. Dacier, qui a si bien mérité des Lettres, profitant des travaux de ce grand critique, en a formé une espèce de système (Mémoires de l'Académie des Inscriptions, tome II, page 187), d'où il résulte que la satire, comme l'a dit Quintilien (lib. x, cap. 1), appartient en propre aux Romains. Horace dit aussi que les Grecs ne s'étaient point essayés dans ce genre ; et voici ce qu'on lit dans une de ses satires : « Que Lucilius soit poli, plein d'urbanité, qu'il soit plus châtié qu'Ennius, qui, le premier, a ébauché ce poëme *dont les Grecs n'avaient pas la moindre connaissance*, etc. »

. . . . Fuerit Lucilius, inquam,
Comis et urbanus ; fuerit limatior idem
Quam rudis et *Græcis intacti carminis* auctor, etc.
Lib. 1, sat. 10, vers. 64.

Le mot *satura* fut à Rome indistinctement appliqué à toutes sortes de mélanges ; aux mets composés de différentes choses ; aux fruits confusément entassés dans des corbeilles ; aux lois qui contenaient plusieurs chefs ou plusieurs titres, et que l'on appelait, en conséquence, *leges saturæ* ou *per saturam*. C'est de là, dit-on, que les Satires de Lucilius et d'Horace ont emprunté leur nom. Ce nom avait été déjà donné à plusieurs sortes de compositions, dont je vais parler sommairement.

Les premiers poètes latins, si l'on peut appeler poètes des hommes rustiques et sans culture, enfantèrent, dans les jours de fête et après la récolte, les vers nommés *saturniens* ou *fescennins*. D'abord, ces impromptus ne blessèrent personne ; mais ils dégénérèrent en invectives, menacèrent les plus honnêtes maisons, et se firent tellement redouter, que ceux qui avaient été épargnés sentirent qu'il s'agissait de l'intérêt commun :

Fescennina per hunc inventa licentia morem,
Versibus alternis opprobria rustica fudit ;
Libertasque recurrentes accepta per annos
Lusit amabiliter ; donec jam sævus apertam
In rabiem verti cœpit jocus, et per honestas
Ire domos impune minax. Doluere cruento
Dente lacessiti : fuit intactis quoque cura
Conditione super communi.
Horat., lib. ii, epist. 1, vers. 145.

La loi des XII Tables réprima la licence des vers *fescennins*, l'an de Rome 302. Cette ville ayant été ravagée par la peste, en 390 et 391, on eut recours aux jeux *scéniques* pour fléchir les dieux.

Ce fut alors que l'on appela des Toscans dont tout le mérite consistait à danser au son de la flûte, à faire des mouvemens et des gestes à la manière de leur pays. (TIT. LIV., lib. VII, §. 2.) La jeunesse romaine imita ces histrions ; elle mêla ses vers *fescennins* à leurs jeux, et il en résulta un spectacle moins grossier. Insensiblement on renonça aux vers *fescennins*, que l'on avait coutume de produire sur-le-champ, et l'on y substitua des pièces un peu moins irrégulières, qui prirent le nom de Satires.

Ces drames informes durèrent jusqu'à l'an 514, où Livius Andronicus, grec d'origine, fit jouer sa première pièce, et jeta un peu de sel attique sur la scène romaine. (CICER., *Tuscul. Quæst.*, lib. I, §. 1.) Ce poëte, dit Valère-Maxime (lib. II, cap. 4, §. 4), sut occuper l'esprit des spectateurs par des sujets suivis et combinés : *A satiris primus omnium poeta Livius, ad fabularum argumenta spectantium animos transtulit.*

Le nouveau spectacle fit oublier l'ancien, du moins pour quelque temps. Les Satires, bannies de la scène, s'y reproduisirent d'abord dans les intermèdes et à la place du chœur ; ensuite, on les joignit surtout aux pièces Atellanes, et leur nom fut changé en celui d'Exodes, *Exodia*, qui signifie issue ou fin. Horace, dans un âge avancé, se plaignait d'y retrouver des traces de l'ancienne rusticité :

Manserunt hodieque manent vestigia ruris.
Lib. II, epist. 1, vers. 160.

On prouve par des passages de Suétone et de Juvénal, que ces Satires ou Exodes étaient encore représentées plus d'un siècle après la mort d'Horace, et que par conséquent elles l'avaient été pendant l'espace d'environ 550 ans. Au reste, Tibère, Néron, Galba et plusieurs autres empereurs, y furent souvent désignés avec mépris.

Deux autres sortes de Satires naquirent de celle-ci, ou simplement lui succédèrent. Ennius, né dans le cours de l'année qui suivit la représentation de la première pièce de Livius Andronicus, c'est-à-dire, l'an de Rome 515 (AUL. GELL., l. XVII, cap. 21), composa des discours ou Satires qui ne différaient de celles qu'Horace publia ensuite, que par le mélange des vers. Pacuvius ne fut guère que l'imitateur de son oncle Ennius. Quant à Lucilius, s'aidant de la vieille comédie et des poésies satiriques grecques, il prit un tel essor, qu'il fut regardé comme l'inventeur d'un genre qu'il avait seulement perfectionné; car c'est ainsi qu'il faut entendre ces vers d'Horace :

> . . . . Quid, quum est Lucilius ausus
> Primus in hunc operis componere carmina morem?
> Lib. II, sat. I, vers. 62.

Ce passage de Quintilien (lib. x, cap. 1.) ne souffre pas non plus d'autre interprétation : *Satira quidem tota nostra est, in qua primus insignem laudem adeptus est Lucilius, qui quosdam ita deditos sibi adhuc habet amatores, ut eum non ejusdem modo operis auctoribus, sed omnibus poetis præferre non dubitent.*

On veut que la seconde espèce de Satire dérive pareillement de l'ancienne. Elle était appelée *Varronienne*, parce que Varron, le plus savant de ses contemporains, en fut l'auteur. On l'appelle aussi *Ménippée*, parce que le même Varron avait à plusieurs égards imité Ménippe, philosophe cynique. L'ouvrage de celui-ci était mêlé de prose et de vers; mais ces derniers n'étaient que de simples parodies, au lieu que les vers de Varron étaient d'invention.

J'ai répandu, dit Varron, une certaine gaîté dans mes premiers ouvrages, où j'imite Ménippe sans le traduire : j'y ai mêlé plusieurs choses tirées du sein même de la philosophie, et plusieurs autres conformes aux règles de la dialectique : *In illis veteribus nostris, quæ, Menippum imitati, non interpretati, quadam hilaritate conspersimus, multa admista ex intima philosophia, multa dialectice dicta.* (Cic., *Acad.*, lib. I, §. 2.) On voit que, pour le fond des choses, les Satires de Lucilius et d'Horace eurent de grands rapports avec celles de cet auteur.

On peut mettre au rang des Satires ménippées, l'ouvrage de Sénèque sur la mort de l'empereur Claude, celui de Pétrone, le livre de Boëce *de Consolatione*, et plusieurs autres productions modernes.

Observons que les *Silles* des Grecs avaient beaucoup de conformité avec la Satire romaine. Eustathe, dans ses remarques sur le second livre de l'Iliade, parle de Xénophane qui avait excellé dans ce genre de poésie mordante. Assez long-temps après Xénophane, parut Timon de Phliunte, qui, dans ses *Silles*, déchirait les philosophes de toutes les sectes (1). Ce Timon, dont il ne nous reste que des fragmens, a composé des *Silles* en vers hexamètres, quoique en général ils ne l'eussent guère été qu'en vers ïambes; sorte de vers dont Archiloque et Hipponax s'étaient déjà servis d'une manière si fatale à leurs ennemis. La différence que l'on trouve entre cette poésie grecque et la poésie satirique des Romains appelée *Satire*, c'est que la première n'était qu'un tissu de parodies; ce qu'on ne saurait dire de la seconde, où le poète, en se permettant des parodies, se gardait bien d'en abuser.

Quand on accorderait maintenant que la forme de la Satire, telle que nous la connaissons, appartient exclusivement aux Romains, il n'en serait pas moins vrai qu'ils ont emprunté le reste des Grecs. Horace l'avoue dans plusieurs endroits, et plus particulièrement dans celui-ci. Eupolis, dit-il, Cratinus, Aristophane et les autres poètes de la vieille comédie, n'épargnaient personne; et il ajoute que Lucilius les a imités au point de ne changer que la mesure de leurs vers:

> Hinc omnis pendet Lucilius, hosce secutus
> Mutatis tantum pedibus.
> Lib. 1, sat. 4, vers. 6.

Supprimez, en effet, la fable et l'action des anciennes comé-

---

(1) Timon de Phliunte dansa d'abord sur le théâtre; puis il fut disciple de Stilpon le Mégaréen, et ensuite de Pyrrhon. Il vivait sous Antigone, roi de Macédoine, et sous Ptolémée Philadelphe. Aristoclès donne un abrégé succinct de sa philosophie, avec une réfutation que l'on trouve dans Eusèbe. (*Præparat. evangelic.*, lib. xiv, cap. xviij, pag. 758 et seq.) Timon a beaucoup écrit en prose; et, entre autres ouvrages, celui qui est cité sous le nom de Python, ou livres adressés à Python, et qui traitent de matières philosophiques. (Diogen. Laërt., lib. ix, seg. 76.) Il a fait trente comédies, soixante tragédies, des poésies dogmatiques, les *Indalmes* ou Images, etc. Les *Silles* sont écrits en vers hexamètres, et les Images en vers élégiaques. Athénée et Diogène Laërce nous ont conservé des fragmens des *Silles* et des Images, que M. Brunck a publiés beaucoup plus correctement au second tome de ses Analectes, pag. 67.

(Je dois cette note à M. Larcher.)

dies, vous aurez des satires assez ressemblantes à celles des satiriques romains.

Quoique Casaubon et M. Dacier aient très-bien prouvé que les différentes formes de la Satire romaine se suivent, il n'est pas si évident qu'elles dérivent immédiatement l'une de l'autre. Qu'ont de commun les vers *saturniens*, les vers *fescennins*, et le petit drame qui fut ensuite appelé *exode*, avec la Satire Varronienne ou Ménippée, et surtout avec celle de Lucilius? Quel rapport l'antique rudesse des pasteurs du Latium a-t-elle avec l'urbanité du célèbre contemporain d'Auguste? Le même, si je ne me trompe, qu'ont les farces, les chansons et les épigrammes de nos premiers poètes, avec les Satires de Regnier et de Boileau.

³ *Horace qui avait irrévocablement fixé, je ne dis pas le ton, mais les diverses formes de la Satire*, etc., page xxj. La Satire romaine n'a que trois formes : la première, c'est lorsque le poète parle seul, ou lorsqu'il fait parler une seule personne, comme dans presque toutes les Satires du premier Livre d'Horace; la seconde, c'est lorsqu'il soutient un double personnage, le sien et celui d'un ami, ainsi que dans la Satire première du livre second, où il s'entretient avec le jurisconsulte Trébatius. La Satire cinquième du second livre fournit l'exemple de la troisième forme : le poète ne s'y montre point, elle est purement dramatique; la scène se passe entre Ulysse et le devin Tirésias, qui enseigne au héros grec l'art de capter les successions, afin de rétablir ses affaires délabrées. La seconde de ces formes est sujette à causer de l'embarras aux lecteurs les plus attentifs, parce qu'ils ont quelquefois beaucoup de peine à distinguer si c'est le poète qui parle ou l'interlocuteur. Quand nous en serons à la manière dont Perse a traité le dialogue, je ferai remarquer une autre cause d'obscurité qui tient à celle-ci.

4 *Le talent et l'urbanité qui avaient produit Horace auprès des grands*, etc., page xxiij. Des critiques modernes accusent Horace, comme celui-ci avait accusé Plaute (1), d'avoir manqué

---

(1) « Mais nos aïeux, dira-t-on, ont loué, ont admiré les saillies de Plaute. Ce fut assurément par excès d'indulgence, pour ne rien dire de plus; du

d'urbanité (1). Pour en juger, voyons en quoi consistait cette qualité si souvent et si mal définie.

Rome s'appelait *Urbs*, la ville par excellence ; de là le mot urbanité, employé pour exprimer le langage, les manières et le style propres aux citoyens d'un esprit cultivé. Ce mot servit bientôt à désigner ce que les Latins entendaient par *mores*, les mœurs, ou, ce qui est la même chose, les habitudes de la nation.

Ainsi l'urbanité romaine, comme l'atticisme des Grecs, répondait à ce que nous appelons maintenant la politesse : ce n'était pas une vertu, un talent ; c'était la réunion de tout ce qui peut rendre la vertu plus aimable, le talent plus facile.

Considérée relativement à l'esprit, c'était ce tact fin et délicat, ce sens caché, qui nous font rapidement, et presque à notre insu, pressentir les effets de nos paroles et de nos actions. On peut encore la regarder comme une disposition habituelle à souffrir gaîment, de la part des autres, les libertés dont nous usons nous-mêmes ; car ce serait manquer essentiellement d'urbanité, que de s'arroger, en pareil cas, des priviléges exclusifs (2).

moins, si vous et moi nous savons ce qui distingue un bon mot d'une plaisanterie dénuée d'urbanité : «

> At nostri proavi Plautinos et numeros et
> Laudavere sales ; nimium patienter utrumque,
> Ne dicam stulte, mirati ; si modo ego et vos
> Scimus *inurbanum* lepido seponere dicto, etc.
>
> HORAT., *de Art. poet.*, vers. 270.

(1) Jules Scaliger trouvait beaucoup moins d'urbanité dans Horace que dans Juvénal. Casaubon pensait de même ; et, ce qu'il y a de singulier, c'est qu'il croyait que l'érudition et l'habitude des déclamations procuraient cette qualité : *Hujus omnes joci*, dit-il en parlant de Juvénal, *sic sunt* urbani et salsi, ut acumen sæpe et eruditionem præ se ferant, et ingenium longo declamandi usu probe subactum. (CASAUB., *Proleg. in Pers.*) C'était lui donner l'éloge que son genre comportait le moins.

(2) Un plaisant mérite un autre titre, quand il ne sait pas se conformer à ce qu'Horace applique aux licences poétiques, et nous aux licences sociales. « Il fut toujours permis aux peintres et aux poètes de tout oser, je le sais ; et le privilége que nous leur accordons, nous l'exigeons à notre tour. »

Considérée relativement au style, elle consistait à l'adapter aux sujets que l'on avait choisis, à l'état et aux inclinations de ceux que l'on avait dessein d'approuver ou de blâmer, et surtout de l'approprier aux usages, aux bienséances qui dépendent des temps et des lieux.

La lecture d'Horace, et ce que je dirai de cet auteur dans la seconde partie, feront mieux sentir en quoi consistait l'urbanité, qu'il ne m'est possible de l'expliquer.

[5] *Malgré mes beaux projets, écrivait-il* (Horace) *à Celsus*, etc., page xxvj. En parlant d'Horace, je m'autorise indistinctement de ses Satires et de ses Épîtres; et cela, parce que toutes deux forment à peu près une même sorte de composition (1); avec cette différence néanmoins, c'est que l'Épître peut se dispenser du blâme, au lieu que la Satire ne le saurait. Au reste, elles ont la même forme, elles emploient le même vers. Plusieurs Épîtres pourraient être mises au rang des Satires, et plusieurs Satires au rang des Épîtres.

Ces dernières cependant ne sont quelquefois que des exhortations philosophiques, ou de simples billets relevés par des traits ingénieux, et tournés avec élégance. Malgré la conformité qui se trouve entre les unes et les autres, Horace ne les a point confondues, parce que les Épîtres sont nécessairement adressées à quelqu'un, au lieu que les Satires, qui ont aussi le même privilège, ont encore, quand il plaît au satirique, celui de s'adresser aux villes, aux nations, à l'univers.

[6] *L'aisance et la gaîté de ce poète ingénieux* (Horace), *son savant désordre, la familiarité de son style et les négligences volontaires que*

> . . . . Pictoribus atque poetis
> Quidlibet audendi semper fuit æqua potestas :
> Scimus, et hanc veniam petimusque damusque vicissim.
> *De Art. poet.*, vers. 9.

(1) « La forme de la satire, dit M. Batteux, est assez indifférente par elle-même. Tantôt elle est épique, tantôt dramatique; le plus souvent elle est didactique. Quelquefois elle porte le nom de discours, quelquefois celui d'épître. Toutes ces formes ne font rien au fond. » (*Principes de la littérature*, tom. III, pag. 328.)

l'on remarque dans ses vers, n'ont pas manqué de censeurs, etc., page xxx. Ceux-ci prétendent que son enjouement, ses saillies et ses bons mots, sont suspects de mauvais ton ; que l'on y découvre quelque chose de populaire, de trivial : ils ajoutent qu'il est sans couleur, sans harmonie, sans liaisons (1). Je leur demande pourquoi celui qui est si doux, si coulant et si nombreux dans ses Poésies lyriques (2), n'aurait pas, dans ses Satires et ses Épîtres, conservé les mêmes qualités s'il les avait jugées nécessaires? Mais on a vu qu'il avait ses raisons pour en user ainsi. D'ailleurs, il représente sa muse comme ne marchant qu'à pied (3), et il déclare qu'il n'a aucune prétention au titre de poète (4); ce qui est trop modeste, car ses Satires et ses Épîtres sont remplies de beaux vers, et même de morceaux brillans.

Les premiers érudits, à la renaissance des Lettres, n'avaient pas encore eu le temps de faire, sur le style et la manière des auteurs anciens, toutes les remarques qu'ils nous ont suggérées.

(1) *Nil altum spirat, sed ubique circa vulgatissima morum præcepta occupatur*, etc. *Illius sales plebeium aliquid fere sapiunt*, etc. *Numerorum vero concinnitatem quum apud Horatium nullam invenisset Persius, nullum juncturæ studium*, etc. CASAUB., *Proleg. in Pers.*

(2) Ovide donne à Horace l'épithète de *nombreux*, en parlant de ses odes :

Et tenuit nostras *numerosus* Horatius aures,
Dum ferit ausonia carmina culta lyra.

OVID., *Trist.*, lib. IV, eleg. 10, vers. 49.

(3) Ergo ubi me in montes et in arcem ex urbe removi,
Quid prius illustrem satiris *musaque pedestri?*

HORAT., lib. II, sat. 6, vers. 16.

(4) Horace dit que la mesure du vers ne suffit pas pour mériter le titre de poète, et qu'on ne saurait le donner à ceux qui, comme lui, n'emploient qu'un style voisin du langage ordinaire : *Sermoni propiora*. (lib. I, sat. 4, vers. 42.) Que l'on ne cherche donc pas, ajoute-t-il, de la poésie proprement dite dans mes satires : si l'on venait à rompre la mesure de mes vers, on n'y trouverait pas même, comme dans ceux d'Ennius, de fragmens poétiques :

Non. . . . .
Invenias etiam disjecti membra poetæ.

Lib. I, sat. 4, vers. 60.

Plus sensibles à la force qu'aux graces, à une méthodique gravité qu'au charme d'une marche légère et variée; enfin, ne goûtant que l'éclat du coloris et une harmonie soutenue, ils étaient, en général, peu touchés de cette mollesse, de cet à-propos, dont il est si rare d'acquérir le sentiment dans l'ombre du cabinet.

« Il en est d'autres, dit M. Batteux, qui mettent la poésie du style d'Horace et la versification de ses Satires, au niveau de celle de Virgile. Le ton est bien différent. Mais dans le simple, ils prétendent qu'il n'y a rien de mieux fait ni de plus fini. On y sent partout l'aisance et la délicatesse d'un homme de cour, qui est toujours le maître de sa matière, et qui la réduit au point qu'il le juge à propos, sans lui ôter rien de sa dignité. Il dit les plus belles choses, comme les autres disent les plus communes, et n'a de négligences que ce qu'il en faut pour avoir plus de graces. » *Principes de la Littérature*, tome III, page 332.

7 *La plupart des personnages les plus illustres, et de ceux qui s'étaient distingués par leur caractère ou par leurs talens, se réfugièrent dans l'école des sectateurs de Zénon*, etc., page xxxiv. Voyez sur Zénon, satire 15, note sur le vers 106. Du temps de Caton le censeur, Carnéade, Critolaüs et Diogène le stoïcien vinrent à Rome pour y traiter des affaires de leur pays; ils profitèrent du séjour qu'ils y firent, pour enseigner leur doctrine; mais celle-ci parut dangereuse au sénat, et bientôt ils furent congédiés. C'est la première fois que la philosophie ait fait entendre sa voix chez ce peuple guerrier. La conquête de la Grèce acheva l'ouvrage commencé par ces trois philosophes. Tant que les Romains furent heureux, ou crurent l'être, l'épicuréisme prévalut, surtout auprès des grands; mais à mesure que le joug de la tyrannie s'appesantit, et que les citoyens furent contraints de s'isoler, il devint insuffisant.

La secte stoïque, après avoir langui sous Tibère, Caligula et Claude, reprit de nouvelles forces sous Néron. Des femmes illustres la mirent en crédit, et les brillans ouvrages de Sénèque achevèrent de la rendre célèbre. Ses promesses fastueuses imposaient au plus grand nombre, et ses dogmes avaient déjà influé sur la Jurisprudence et sur les Lettres. Quintilien se plaint souvent des usurpations que cette secte dominante ne cessait de faire sur l'éloquence, et du préjudice qu'elle lui portait : c'est qu'il s'agissait moins alors, comme je l'ai dit, de perfectionner le goût, que de s'aguerrir contre les calamités qui menaçaient tous les ordres de l'empire. On trouve à cette époque beaucoup plus de sophistes et de dissertateurs, que de gens de lettres proprement dits et de véritables hommes d'état.

Cependant, les paradoxes des stoïciens ne s'étaient pas accrédités sans contradiction : quiconque a lu Cicéron et Plutarque, n'ignore pas qu'on peut leur objecter qu'ils inspiraient plus d'orgueil que de sagesse ; que leurs superbes efforts n'aboutissaient, le plus souvent, à rien d'utile ; et qu'ils ne ressemblaient qu'à ces enfans qui tâchent, dit Plutarque, de sauter par delà leur ombre (*de Repug. stoïc.*) ; enfin, qu'à leurs principes raisonnables ils en joignaient d'autres absolument contradictoires, et capables de les rendre au moins suspects. Mais quand il s'agit de leurs grands hommes, on oublie volontiers quelques inconséquences, en faveur de la pratique habituelle de toutes les vertus, de l'énergie du caractère, et de la constance dans l'adversité.

⁸ *L'introduction des étrangers et des hommes les plus vils dans le sénat, n'altéra pas moins le génie de la langue latine, que les mœurs nationales*, page xxxv. Jules-César, le premier, fit cet outrage aux Romains : dès qu'il se fut rendu maître de Rome, il éleva aux plus hautes dignités des gens notés et sans aveu, disant que s'il avait été secondé dans ses projets par des brigands et par des assassins, il leur en témoignerait une reconnaissance proportionnée à leurs services (1). Tous les vrais citoyens en frémirent, et, pour décréditer les créatures de cet usurpateur, on trouva ces mots écrits sur le portique du temple de Tellus : Courage ! gardez-vous d'enseigner à ces nouveaux sénateurs le chemin du sénat (2). Mais l'infamie que l'on versait de toutes parts sur ces intrus, ne les

---

(1) *Jam autem rerum potens, quosdam etiam infimi generis ad amplissimos honores provexit, etc. Professus est palam, si grassatorum et sicariorum ope in tuenda sua dignitate usus esset, talibus quoque se parem gratiam relaturum.* Sueton., *Jul. Cæs.*, §. 61.

(2) *Bonum factum. Ne quis senatori novo curiam monstrare velit.* Id. ibid., §. 68.

rendit que plus avides, plus impudens, et ne corrigea rien. La majesté de ce sénat qui avait si long-temps donné l'exemple des mœurs et de l'urbanité, ne fut pas plus respectée sous les règnes suivans, et le goût en reçut de mortelles atteintes.

9 *Les déclamations.....concoururent avec les causes précédentes à perdre l'éloquence, et ne furent pas moins nuisibles à la poésie,* page xxxv. Cette manière d'exercer les esprits, que l'on pouvait justifier à certains égards, les rendit vains et boursouflés : elle apprit à de jeunes empereurs et aux fils des patriciens, à bégayer de bonne heure des discours composés ou corrigés par leurs maîtres. Auguste, à l'âge de douze ans, prononça l'oraison funèbre de Julie son aïeule (1). Néron, au commencement de son règne, récita publiquement des déclamations attribuées à Sénèque (2). En général, elle ne procura guère que le stérile avantage de traiter indistinctement, et presque sans culture, des sujets pris au hasard, et même des sujets fabuleux ou hypothétiques : ce qui donna un ton vague aux écrits; ce qui les remplit de tours extravagans, de maximes outrées ou triviales, et de lieux communs qui les privèrent totalement de caractère.

Le grand vice de cette institution, dont Pétrone a si bien montré le ridicule et le danger, venait de ce qu'elle apprenait à soutenir également le pour et le contre. Caligula, dans les causes les plus graves, se portait pour défenseur ou pour accusateur, selon que le caprice et la passion en décidaient (3). Ce vice venait surtout de ce que les maîtres de cet art futile enseignaient moins à partir du sein des choses, que de la fantaisie, de la fougue et de la mémoire.

Les meilleurs esprits, ceux qui prenaient encore le siècle d'Auguste pour modèle, s'opposaient vainement aux progrès de la contagion : en lisant leurs ouvrages, on voit qu'ils s'efforcent de

(1) *Duodecimum annum agens, aviam Juliam defunctam pro concione laudavit.* Suéton., *August.*, §. 6.

(2) *Declamavit sæpius et publice.* Id. *Ner.*, §. 8.

(3) *Solebat prosperis oratorum accusationibus rescribere, et magnorum in senatu reorum accusationes defensionesque meditari, ac, prout stylus cesserat, vel onerare sententia sua quemque, vel sublevare.* Id. *Calig.*, §. 60.

résister; mais ils cèdent à la fin et se laissent emporter au torrent. Le morceau le plus éloquent de Quintilien n'est pas sans reproches à cet égard. Ce malheureux père déplore, au commencement de son sixième livre, la mort du dernier de ses fils : « O mon fils! s'écrie-t-il, vous qui deviez hériter de tous les honneurs de votre père, après les avoir partagés avec lui durant sa vie, vous en qui tout le monde croyait déjà voir refleurir l'éloquence des meilleurs siècles, ô mon cher fils! je ne vous verrai donc plus; et, père sans enfans, me voilà condamné à ne plus vivre que pour pleurer. » C'est là qu'un Cicéron ou un Tite-Live se seraient arrêtés; mais Quintilien, qui voulait plaire même à ceux dont il blâmait le goût, ajoute : « Si j'ai désormais le courage de supporter la vie, ce sera votre vengeance et mon supplice : » *Et, si non cupido lucis, certe patientia vindicet te reliqua mea ætate.* (QUINT., lib. VI, proem.)

Perse lui-même a payé le tribut à ce mauvais goût, une seule fois il est vrai (1); car, en voulant éviter un écueil, il s'est brisé contre un autre. Quant à Juvénal, malgré sa verve, son éloquence et sa rapidité, on ne saurait disconvenir qu'il ne soit quelquefois un peu trop voisin de la déclamation. Prenons-y garde : le goût s'altère, depuis quelques années, par différentes causes qui pourraient bien ramener chez nous tous les inconvéniens de l'art déclamatoire.

1º *Si ce labyrinthe* (les Satires de Perse) *avait eu quelques issues, nul n'était plus capable que lui* (Casaubon) *de les trouver et d'en sortir avec honneur,* page xlij. A l'aide des instrumens qu'il avait entre les mains, il a cependant tout démêlé, tout expliqué : s'il ne va pas toujours jusqu'à la démonstration, ce qui n'était pas possible, il s'écarte rarement de la vraisemblance. Pour le contredire dans ce qui était particulièrement de son ressort, il faudrait être plus savant qu'il ne l'était; ce qui n'arrivera de long-temps, si le besoin de produire avant d'avoir acquis les alimens de la pensée, continue à dénaturer notre littérature.

Veut-on savoir comment il s'y prend, lorsqu'il s'agit de prou-

---

(1) Voyez au commencement de la satire 5 de Perse, avec quel effort, quel embarras et quelle prolixité il se déclare l'ami de Cornutus.

ver que certains traits équivoques sont secrètement dirigés contre Néron? Afin de procéder avec conséquence, il établit d'abord, que le poète s'est prudemment abstenu de tout ce qui aurait pu désigner cet empereur. Cela posé, rien ne l'arrête : si Perse ne relève que des faiblesses, c'est que le prince n'avait pas encore de grands vices; s'il lui fait des reproches plus sérieux, c'est qu'il était instruit du progrès de ses débauches secrètes, etc.

A force de suppositions, Casaubon voit tout ce qu'il veut dans cet auteur, ou plutôt chaque vers lui rappelle tout ce qu'il sait.

11 *Perse n'en parut que plus imposant à ceux qui l'entendaient le moins ; à ceux qui étaient plus jaloux des moindres manuscrits, pourvu qu'ils eussent la sanction des siècles, que les nobles ne le sont de leurs titres*, page xlv. Ceux-là lui passaient sa monotonie, et lui savaient gré de tout ce qu'il n'avait point exprimé; tandis que ce qu'il sous-entend est ordinairement assez commun. Ils ne sentaient pas que la monotonie est insupportable, parce que l'esprit aime la variété, et qu'il en a autant besoin, que le corps de changer d'attitude. Ils ne voyaient pas que les ouvrages d'agrément qui demandent trop d'efforts pour être entendus, supposent que ceux qui les ont composés n'avaient pas l'esprit fort lumineux (1).

Tantôt ils prétendaient que Perse a de la gaîté, parce qu'il insinue qu'il n'était pas de l'humeur sombre de ces poètes tristement absorbés dans leurs méditations, et qui murmurent intérieurement de graves inepties; mais qu'il savait habilement, avec un langage simple et familier, démasquer l'hypocrisie; qu'il savait, en se jouant, percer le vice des traits de la Satire (2).

Tantôt ils disaient que, s'il n'a pas le talent de plaire, il a du moins celui d'enseigner; et c'est à ce titre qu'ils l'ont regardé

(1) *Otiosum sermonem dixerim, quem auditor suo ingenio non intelligit.* QUINT., lib. VIII, cap. 11.

(2) . . . . . . Pallentes radere mores
Doctus, et ingenuo culpam defigere ludo.
PERS., sat. 5, vers. 15.

J'ai suivi l'explication que M. le Monnier a donnée de ce passage dans sa traduction de Perse, pag. 157.

comme le réformateur de la manière d'Horace. Cependant, qu'a-t-il enseigné qui ne l'eût pas été plus clairement par toutes sortes d'écrivains, et d'une façon plus intéressante par les philosophes? Sénèque, dans tout ce qu'il a de commun avec lui, l'emporte presque toujours, tant par la noblesse des idées et la beauté des images, que par l'abondance, la clarté, et surtout par ses grandes vues, dont la plupart sont encore plus pratiques que spéculatives.

Les défenseurs de ce poète, non contens de l'admirer comme l'une des plus fortes colonnes du Portique, ont comparé sa doctrine, tant ils en étaient ravis, à celle des saintes Écritures et des Pères de l'Église. Cette honorable conformité, en la supposant aussi réelle qu'ils le soutiennent, prouve beaucoup plus en faveur de sa secte que de son talent : elle ne prouve pas, du moins, qu'il fût doué des qualités qu'on lui conteste.

Quel est le vrai but de la Satire? C'est de perfectionner la société, soit en lui présentant ses ridicules finement rassemblés dans des portraits piquans; soit en lui inspirant des goûts honnêtes, par des maximes conformes à ses vrais intérêts; soit enfin en l'excitant par des animadversions plus ou moins vigoureuses, selon que l'exigent les circonstances et la nature des vices : celle qui ne fait rien de tout cela, quelque mérite qu'elle ait d'ailleurs, s'écarte du genre, et c'est improprement qu'on l'appelle Satire.

Il ne suffit pas, pour obtenir le nom de satirique, d'avoir pâli sur les livres dès sa plus tendre jeunesse, ni de s'être fait stoïcien avant l'adolescence ; il ne suffit pas d'avoir à ses ordres tous les adages du Portique : il faut encore avoir étudié le monde, l'avoir vu sous tous les aspects, afin de représenter les mœurs telles qu'elles sont, et d'en parler comme il convient; car l'esprit rejette les expressions et les couleurs qui leur sont étrangères.

[12] *Perse.... ne les entretient que de l'indocilité de la jeunesse, du pédantisme des instituteurs, de la prétention des poètes, ...et d'opinions stoïques qui forment son éternel refrain*, page xlvij. Je suis loin de mépriser les bons auteurs de cette secte fameuse : s'ils veulent nous mener de temps en temps à la vertu par des routes impraticables, il faut convenir qu'ils nous enseignent souvent le vrai chemin. Quel fruit, au contraire, retirer des maximes confuses

d'un jeune poète, tour à tour morne et fantasque, qui ne fait, pour ainsi dire, que préluder dans le vestibule de la vie, et répéter toujours les mêmes choses? Quel fruit retirer de ses morceaux les plus brillans et les plus énergiques? car il en a d'admirables. Quelquefois, en effet, il peint comme Raphaël : « Souverain des dieux, dit-il, pour punir les cruels tyrans, veuillez choisir ce genre de supplice : lorsque la férocité s'allumera dans leur âme, qu'elle y fera fermenter son venin, qu'ils voient la vertu, et sèchent de l'avoir abandonnée. » Ce qui suit redouble encore de force et de vigueur : « Les gémissemens du taureau de Phalaris étaient-ils plus lugubres, l'épée attachée aux lambris dorés, et suspendue sur une tête couronnée, était-elle plus effrayante que les remords d'un malheureux qui se dit en pâlissant, et si bas que sa femme couchée près de lui ne peut l'entendre : Je cours, je cours au précipice? » (Traduction de M. le Monnier.)

> Magne pater divum, sævos punire tyrannos
> Haud alia ratione velis, quum dira libido
> Moverit ingenium, ferventi tincta veneno :
> Virtutem videant, intabescantque relicta.
> Anne magis Siculi gemuerunt æra juvenci,
> Et magis auratis pendens laquearibus ensis
> Purpureas subter cervices terruit, Imus,
> Imus præcipites, quam si sibi dicat, et intus
> Palleat infelix, quod proxima nesciat uxor?
> Pers., sat. 3, vers. 35.

Voilà de beaux vers, et les plus sublimes, peut-être, qu'il soit possible d'entendre; mais que deviennent le charme et la magnificence de ces vers, si l'on songe que le poète, contre toute vraisemblance, les a mis dans la bouche d'un insipide pédagogue qui, s'il avait été capable de s'exprimer ainsi, n'aurait pas dit à son élève : « Quoi! vous dormez encore? votre tête chancelle, mal affermie sur son pivot; la débauche d'hier vous fait bâiller à vous déboîter la mâchoire : »

> Stertis adhuc? laxumque caput, compage soluta,
> Oscitat hesternum, dissutis undique malis.
> Sat. 3, vers. 58.

Il ne lui aurait pas ensuite demandé si, au lieu d'avoir un but, il ne s'amusait point à poursuivre les corbeaux à coups de tessons ou de mottes de terre :

> An passim sequeris corvos, testaque lutoque?
> Sat. 3, vers. 61.

De quelque manière que l'on s'y prenne, on ne saurait justifier cette bigarrure. Le sublime exclut le trivial : d'ailleurs, les plus belles maximes et les images les plus grandes reçoivent presque tout leur prix de l'enchaînement des idées, et de la place qu'elles occupent dans le cours de l'ouvrage.

Si Perse, dans la Satire dont il s'agit, a voulu mettre en évidence la maladresse du pédagogue, il ne fallait pas lui prêter des vers magnifiques, à moins qu'ils ne fussent parodiés à la manière des anciens satiriques, et d'Horace lui-même : or, ceux que j'ai cités ne sentent point la parodie. Cette tirade n'est donc que l'un de ces morceaux de pourpre employés et cousus au hasard :

> Purpureus, late qui splendeat, unus et alter
> Assuitur pannus.
> Horat., de Art poet., vers. 15.

[13] *L'histoire est plus piquante par la simple exposition des faits, que ses Satires* (les Satires de Perse) *ne le sont par ceux qu'il y sème crûment et sans art*, page xlviij. Témoin, entre autres, la singulière et bizarre expédition de Caligula contre les Germains. Ce prince, dit Suétone, ayant fait ramasser par ses soldats des coquilles sur le bord de la mer, les appela dépouilles de l'Océan : voulant avoir, à son retour, les honneurs du triomphe, il ordonna que l'on en fit les préparatifs aux moindres frais possibles ; et cependant il avait ordonné que ce triomphe surpassât tous ceux que l'on avait déjà vus, et qu'il fût de la plus grande magnificence (1). Perse, sans égard à toutes ces sottises, et au ridicule de cet ordre contradictoire, se contente de dire qu'il est arrivé une lettre couronnée de lauriers, et que cette lettre annonce la défaite des Germains ; que déjà l'on fait, dans les temples, les préparatifs du triomphe ; que déjà l'impératrice Césonie y append les armes des vaincus ; qu'elle a loué, et des manteaux de pourpre pour

---

(1) *Triumphum appararent quam minima summa, sed quantus nunquam alius fuisset.* Sueton., Calig., §. 62.

en revêtir les rois prisonniers, et des casaques jaunes pour les soldats captifs; enfin, qu'elle a loué des chariots et des Gaulois remarquables par leur grande taille.(1).

On voit bien que Perse veut railler; mais Heinsius avait-il tort d'appeler de pareilles Satires des Satires édentées (2)?

14 *Pourquoi recourir, comme Perse le fait si souvent, à des ironies triviales, et plus injurieuses que plaisantes?* page lj. Quelque ridicule que soit un poète, un stoïcien doit-il, après l'avoir appelé chauve, lui reprocher d'avoir un ventre en forme de cruche, un ventre d'un pied et demi de saillie (3)? doit-il en faire parler un autre du nez, et dire qu'il sort de ses narines bégayantes des sons qui ont je ne sais quoi de rance (4)?

L'apostrophe à Janus que le bec de la cigogne n'a, dit-il, jamais pincé par le dos, à qui on n'a jamais fait les cornes par derrière, à qui on n'a jamais tiré une langue aussi longue que celle d'un chien de la Pouille mourant de soif (5); cette apostrophe est-

(1) . . . . Missa est a Cæsare laurus
Insignem ob cladem Germanæ pubis, et aris
Frigidus excutitur cinis: ac jam postibus arma,
Jam chlamydes regum, jam lutea gausapa captis.
Essedaque, ingentesque locat Cæsonia Rhenos.
Sat. 6, vers. 43.

(2) *Edentulum Poema.* HEINS., *de Sat. Horat.*

(3) . . . . Nugaris, quum tibi, calve,
Pinguis aqualiculus protenso sesquipede exstet.
Sat. 1, vers. 56.

Cependant, Perse lui-même dit qu'il ne veut pas être lu par celui qui se plaît à railler sur les sandales des Grecs, et qui cherche un louche pour lui dire, Tu es louche:

Et lusco qui possit dicere, Lusce.
Sat. 1, vers. 128.

(4) Rancidulum quiddam balba de nare locutus.
Sat. 1, vers. 33.

(5) O Jane, a tergo quem nulla ciconia pinsit,
Nec manus auriculas imitata est mobilis albas,
Nec linguæ, quantum sitiat canis Apula, tantum.
Sat. 1, vers. 58.

elle dans le goût d'Horace? Pour exprimer d'une manière ingénieuse que des vers sont énervés, Horace aurait-il dit qu'ils nagent sur les lèvres inondées de salive? aurait-il prolongé cette métaphore, en ajoutant qu'Atys et la Ménade y sont à flot (1)?

Voici une plaisanterie d'un autre genre, et qui tient du sarcasme : il s'agit de ces prières que les fourbes adressaient secrètement aux dieux, de crainte que les hommes ne les entendissent. Celles, dit Perse, que vous employez pour séduire Jupiter, osez les adresser même à Staïus? O bon Jupiter! s'écriera-t-il, ô Jupiter! Et Jupiter lui-même ne s'écriera pas, O Jupiter (2)! Cela peut être fort piquant, mais j'avoue que je n'en sens pas le sel. Je conçois qu'un scélérat ignorant et brutal ait recours au maître des dieux avant de consommer le crime; mais qu'un Jupiter s'atteste lui-même, qu'il s'anime à la vengeance, et cherche à réveiller sa justice assoupie, par des exclamations humaines, j'avoue que je n'y comprends rien. Quand je lis, au contraire, dans Sénèque : Quel est l'aveuglement de ceux qui n'oseraient déclarer aux hommes ce qu'ils disent aux dieux (3)? Je comprends cela, et je le retiens.

¹⁵ *Un de ses moyens* (de Perse) *les plus familiers, était de railler dans les autres ce qu'on avait coutume de reprocher à ses pareils*, page lij. Pour moi, je ne pense qu'à lui, lorsqu'il s'écrie : Voilà

La preuve que ces vers sont de très-bon goût, disent quelques commentateurs, c'est que saint Jérôme, écrivant à un moine, emploie aussi le bec de la cigogne, les oreilles d'âne et la langue du chien, pour l'avertir qu'on le louait en face, mais qu'en arrière on se moquait de lui.

(1) . . . . Summa delumbe saliva
    Hoc natat in labris; et in udo est Mænas et Atys.
                     Sat. 1, vers. 104.

(2) Dic agedum Staio. Proh Jupiter! ô bone, clamet,
    Jupiter! At sese non clamet Jupiter ipse?
                     Sat. 2, vers. 22.

(3) *Nunc quanta est dementia hominum! Turpissima vota deis insusurrant : si quis admoverit aurem, conticescent. Et quod scire hominem nolunt, deo narrant.* SENEC., *Epist.* 10.

donc pourquoi vous dépérissez? La science n'est donc rien pour vous, si quelqu'un ne sait pas que vous êtes savant (1)? Je ne pense qu'à lui, lorsque, pour dissimuler ses travaux assidus, il fait ainsi parler un centurion en faveur de l'ignorance : « Ce que j'ai de science me suffit; je n'ai point envie d'être un Arcésilas, ni de ressembler à ces tristes Solons qui marchent la tête basse et les yeux fixés contre la terre, lorsque, méditant les rêveries de quelque ancien maniaque, on les entend sourdement murmurer entre leurs dents, ou qu'on les voit pesant des paroles sur leurs lèvres avancées (2). »

16 *Je veux parler des interlocuteurs dont il* (Perse) *fait un usage trop fréquent, et qu'il emploie souvent mal à propos*, etc., page lvj. Lorsqu'on a recours au dialogue dans des ouvrages où il n'est pas nécessaire, on est tenu de lui conserver autant de vérité que dans le genre dramatique. Les différentes manières de se débattre de vive voix entre deux ou plusieurs autres personnes, sont les modèles de cette forme. S'il arrive donc qu'un satirique néglige de faire parler ses interlocuteurs d'une manière conséquente, et conforme à leurs véritables intérêts; s'il ne leur prête que des lieux communs et des motifs supposés, pour avoir le plaisir de les réfuter ensuite; enfin, si l'on aperçoit qu'il ne songe qu'à se ménager quelques places propres à recevoir des détails préparés d'avance; tous ces vains artifices, loin d'aller au but, ne causent que de la fatigue et de l'ennui.

On ne saurait disconvenir que le dialogisme de Perse ne soit

---

(1) En pallor seniumque! ô mores! usque adeone
    Scire tuum nihil est, nisi te scire hoc sciat alter?
                                    Sat. 1, vers. 26.

(2) Hic aliquis de gente hircosa centurionum
    Dicat: Quod sapio, satis est mihi; non ego curo
    Esse quod Arcesilas, ærumnosique Solones,
    Obstipo capite, et figentes lumine terram;
    Murmura quum secum, et rabiosa silentia rodunt,
    Atque exporrecto trutinantur verba labello,
    Ægroti veteris meditantes somnia.
                                    Sat. 3, vers. 77.

sujet à tous ces inconvéniens. Parmi ceux qui ont successivement traduit ou commenté cet auteur, on remarque que la plupart ont changé l'ordre des interlocuteurs, établi par ceux qui les avaient précédés. Il parle de temps en temps par la bouche de ses personnages (1); ce qui détruit toute illusion, ce qui jette le lecteur dans l'incertitude, et lui fait soupçonner de l'inconséquence où il n'y a que du désordre. Au lieu de répondre à ce qu'on lui objecte, il imagine un nouveau dialogue et joue les deux rôles. Mais voici ce qui en impose à bien des gens, parce qu'ils prennent pour de la vivacité ce qui n'est chez lui qu'une sorte de délire : c'est lorsque les personnages mis en scène en introduisent d'autres, et ainsi de suite. Le comble de la confusion, c'est lorsque les premiers interlocuteurs reparaissent, et continuent comme s'ils n'avaient pas été interrompus.

Je n'insisterai pas davantage sur cet article, de crainte que l'on ne m'applique ce que l'on a dit d'un certain philosophe : Qu'il avait des balances assez justes, mais qu'il n'y pesait que de la paille.

[17] *On me dira peut-être que j'ai manqué de circonspection, en m'expliquant d'une façon trop libre sur un auteur que Quintilien et Martial ont célébré*, page lviij. Quoique Perse, dit Quintilien, n'ait laissé qu'un seul livre, il a mérité beaucoup de vraie gloire (2). Plus je considère ce passage, moins je le trouve conforme aux préceptes de ce fameux rhéteur. Songeait-il, en s'exprimant ainsi, à cette gloire qui ne fait que s'accroître avec le temps? ou bien n'était-ce qu'une manière de parler, une louange de contemporain, et telle que l'on en donne lorsque, pour n'entrer dans aucun détail, on

---

(1) Casaubon n'en est point choqué : *Observandus autem Persii mos proprius : quoties enim alium inducit sibi aliquid objicientem, sic personam alienam sustinet, ut suam interea non ponat.* Casaub., *Comment. in Pers.*, pag. 74.

Quelques-uns prétendent qu'il n'y a point, dans les satires de Perse, de dialogue proprement dit ; mais que cet auteur, à la manière des stoïciens, se fait à lui-même des objections, et y répond.

(2) *Multum et veræ gloriæ quamvis uno libro Persius meruit.* Quint., lib. x, cap. 1.

dit vaguement d'un ouvrage, qu'il fait beaucoup d'honneur à celui qui l'a composé? J'insisterais sur cette conjecture, si je n'avais égard qu'à ses règles de goût, et aux reproches qu'il fait si souvent à ceux qui ne voulaient rien dire comme les autres ; à ceux qui ne croyaient avoir de l'esprit que lorsqu'il en fallait beaucoup pour les comprendre (1). Mais il faut avoir grand soin de distinguer entre les préceptes et les jugemens : les premiers peuvent ne venir que de la justesse et de la sagacité ; au lieu que les seconds partent toujours des circonstances, du caractère, et surtout des liaisons.

Quintilien, et plusieurs autres écrivains de son temps, n'étaient pas avares de louanges : ils les ont trop souvent prodiguées à des hommes qui en étaient d'autant plus avides qu'ils en méritaient moins. On rencontre dans l'ouvrage de ce rhéteur habile, mais peu délicat, des éloges ridicules, tant des vertus morales que du mérite littéraire de Domitien : je n'en citerai qu'un trait. Après avoir dit que le soin de l'univers avait détourné l'empereur de ses études accoutumées, et que les dieux avaient jugé qu'il ne lui suffisait pas d'être le plus grand des poètes, il ajoute qu'à ce titre même il n'en sera pas moins célèbre, comme un prodige par les races futures (2). Il suffit qu'un critique se soit ainsi prostitué, ne fût-ce que dans une seule occasion, pour qu'il mérite de perdre tout crédit, à moins que ses jugemens ne soient confirmés par de bonnes raisons : or, je n'en vois aucune pour appuyer l'éloge de Perse, considéré comme satirique.

Pline le jeune, qui avait pris des leçons de Quintilien, ne fut point dans le cas de célébrer des monstres, parce qu'il eut le bonheur d'écrire sous le règne d'un honnête homme, que cependant il n'aurait pas dû louer en face; mais le besoin de la célébrité, passion, quand elle est trop inquiète, qui manque plus souvent le but qu'elle ne l'atteint, lui a fait risquer bien des choses qui marquent la faiblesse de son caractère. Entre autres, il a loué Martial; et cela, parce qu'il en avait été loué. Soit, du moins il en

---

(1) *Tum demum ingeniosi scilicet, si ad intelligendos nos opus sit ingenio.* QUINT., *Proëm.*, lib. VIII.

(2) *Dicent hæc plenius futura sæcula.* Id. lib. X, cap. I.

convient. Ce que je ne saurais lui passer, c'est d'avoir dit que ce poète, aussi fameux par ses obscénités que par ses adulations, savait mêler dans ses écrits le sel et l'amertume, sans qu'il en coûtât rien à la probité (1).

C'en est assez pour faire sentir que les louanges des contemporains, quels qu'en soient les dispensateurs, ne prouvent rien quand elles ne sont pas motivées.

Mais Quintilien, me dira-t-on, aurait-il parlé si magnifiquement de Perse, si celui-ci n'avait pas en effet joui de la réputation la plus brillante et la plus étendue? D'ailleurs, ajoute-t-on, est-il possible de restreindre le sens et la valeur de ces mots si positifs: *Il a mérité beaucoup de vraie gloire?*

Avant de répondre à ces objections, et toujours par de nouvelles conjectures, puisque je n'ai pas d'autres ressources, je demande comment il s'est fait, si Perse a réellement mérité tant de gloire, que Juvénal, qui était trop fort pour en être jaloux, n'en ait pas dit un mot, tandis qu'il a parlé de tous les autres satiriques? Je demande comment il s'est fait, depuis la renaissance des Lettres, que tant de savans illustres et tant de gens de goût lui aient unanimement refusé le tribut qu'ils ont payé si volontiers aux moindres productions de l'antiquité? Enfin, je demande pourquoi la plupart des auteurs anciens, excepté quelques passages défigurés par les copistes, sont généralement entendus, et pourquoi Perse l'est si peu dans la moitié de son ouvrage?

Faisons maintenant un dernier effort pour trouver le motif de l'éloge en question, et pour assigner la véritable cause de la réputation littéraire dont Perse a joui si long-temps.

Plusieurs choses me persuadent que ce poète fut le bel-esprit et l'espérance des partisans de sa secte. Les exemples ne manqueraient pas, s'il fallait expliquer comment les réputations se fabriquent en pareille circonstance; comment elles s'accréditent, et survivent quelquefois aux manœuvres et aux vains titres qui les ont établies.

La philosophie stoïcienne était alors dans son plus grand éclat,

---

(1) C'était, dit-il, un homme *acutus, acer, et qui plurimum in scribendo et salis haberet et fellis, nec candoris minus.* Plin., lib. III, epist. 21.

et tous les écrits de ce temps en conservent une teinte plus ou moins forte : or, il peut se faire que Quintilien ait eu la politique, ce qui ne répugne point à son caractère, de risquer un éloge outré pour se concilier un parti nombreux, pour se faire pardonner les jugemens défavorables qu'il avait portés sur le style et le goût de cette secte accréditée; car je ne saurais me figurer que celui qui reprochait à la philosophie d'avoir usurpé sur l'éloquence, n'ait pas senti qu'il était encore plus ridicule à la poésie d'affecter le langage du Portique. Ajoutez que la rivalité qui régnait entre les épicuriens et les stoïciens ne pouvait manquer de rendre ceux-ci jaloux du grand poète dont les premiers avaient lieu de se féliciter, et qu'ils voyaient peut-être dans leur élève le rival du sublime Lucrèce.

Dès lors, le crédit de Perse s'explique naturellement : les cercles philosophiques qui l'entendaient à demi-mot s'extasiaient à chacun des vers qui rappelaient un article de leur doctrine favorite. On se fait illusion en pareil cas : on ne juge point à la rigueur une ébauche, une simple esquisse, surtout quand elle offre une foule de traits assez heureux pour faire présumer le talent. D'ailleurs, la modestie de l'auteur, son peu de prétention et la briéveté de son ouvrage, devaient inspirer de l'indulgence, devaient persuader qu'il lui aurait été facile de se surpasser lui-même, s'il avait vécu plus long-temps.

Il est donc probable que Perse ne doit sa renommée qu'à la secte dont les opinions, tant débattues, n'ont point encore manqué de défenseurs. S'il venait à perdre une partie de cette gloire dont Quintilien l'a gratifié sans restriction, ce serait moins pour avoir été trop fidèle aux principes qu'il avait adoptés dans sa jeunesse, que pour n'avoir pas su les mettre en œuvre d'une manière plus satisfaisante.

Les partisans de ce poète s'autorisent encore de deux vers de Martial. Ce faiseur d'épigrammes dit à son ami, que la prolixité fatigue et que la précision soutient, *rara juvant;* puis il ajoute que

Sæpius in libro memoratur Persius uno,
Quam levis in tota Marsus Amazonide.

Lib. IV, epigr. 29.

Il y a loin de ce passage à celui de Quintilien, car il ne signifie presque rien en faveur de Perse : tout l'éloge, si c'en est un, se réduit à dire que son petit ouvrage fournissait plus de vers à citer, que l'immense volume du poète Marsus; ce qui, par le sens même de l'épigramme, n'était qu'un médiocre avantage. D'ailleurs, l'exemption d'un défaut, dit Horace, ne suppose pas toujours les qualités qui lui sont opposées.

> . . . . Brevis esse laboro,
> Obscurus fio; sectantem levia, nervi
> Deficiunt animique.
> *de Art. poet.*, vers. 25.

Les deux vers de Martial, ne formant qu'une simple comparaison, ne sauraient servir à fixer le degré d'estime que lui-même accordait à Perse, considéré comme satirique; et c'est là ce qu'il faudrait constater.

¹⁸ *J'ai donné des raisons, et je suis prêt à me rétracter quand on m'aura prouvé qu'elles sont insuffisantes*, page lviij. Qu'on ne se figure pas néanmoins que j'aie, à l'exemple de quelques savans, formé le projet de supprimer le livre du vertueux élève de Cornutus (1) : je décrierais mon jugement beaucoup plus que sa mémoire. Quand je ne songe qu'à ses beaux vers, à ses grands sentimens, à quelques-uns de ses morceaux sublimes, et qui paraîtront toujours tels, pourvu qu'on les sépare de ce qui les précède et les suit, je me plais à croire que s'il avait joui d'une plus longue vie, il aurait, comme Cicéron, retouché les productions de sa jeunesse, et même qu'il en aurait désavoué quelques-unes (2); ou plutôt, lorsque je trouve chez lui l'esquisse d'un poème digne de sa secte et de sa gravité (3), j'aime à croire que, renonçant à la

---

(1) *Solus ad nos pervenit* Liber sex Satirarum, *doctus et argutus, sed quum acerbis salibus plenus, tum obscurus, ut propterea aliquibus abjiciendus esse videretur.* Fabr., *Bibl. Lat.*, tom. ii, pag. 64.

(2) *M. Tullius non dubitavit aliquos jam editos libros aliis postea scriptis ipse damnare, sicut Catulum atque Lucullum, et hos ipsos de quibus modo sum locutus, artis rhetoricæ.* Quint., lib. iii, cap. 4.

(3) J'ai prévenu, pag. xlviij, que je me servirais de la traduction de M. le Monnier.

« Instruisez-vous, malheureux ; des effets remontez aux causes ; sachez ce

cliv NOTES.

Satire, il aurait fait pour Zénon ce que fit Lucrèce pour Épicure; et qu'il serait maintenant assis sur le Parnasse à côté de ce grand poète. C'est accorder à Perse beaucoup plus que je ne lui refuse.

que vous êtes, à quelle condition l'être vous est donné, quel ordre vous est prescrit, à quel endroit vous devez mollement faire le tour de la borne, de quel point vous devez partir : sachez jusqu'où doit aller l'amour de l'argent, ce qu'on peut licitement désirer, quelle est l'utilité d'un écu; quelle portion vous en devez à la patrie, à des parens chéris : enfin, sachez quel poste la Providence vous a donné, quel rang elle vous a marqué dans la nature humaine. »

> Discite, ô miseri, et caussas cognoscite rerum,
> Quid sumus, et quidnam victuri gignimur; ordo
> Quis datus, aut metæ qua mollis flexus, et unde;
> Quis modus argento; quid fas optare; quid asper
> Utile nummus habet; patriæ, carisque propinquis
> Quantum elargiri deceat; quem te Deus esse
> Jussit, et humana qua parte locatus es in re.
>
> Sat. 3, vers. 66.

FIN DES NOTES SUR LE DISCOURS.

SATIRES
DE
JUVÉNAL.

SATIRA I.

Cur Satiras scribat.

Semper ego auditor tantum? nunquamne reponam
Vexatus toties rauci Theseide Codri?
Impune ergo mihi recitaverit ille togatas,
Hic elegos? Impune diem consumpserit ingens
Telephus, aut summi plena jam margine libri
Scriptus, et in tergo, necdum finitus, Orestes?

Nota magis nulli domus est sua, quam mihi lucus
Martis, et Æoliis vicinum rupibus antrum
Vulcani. Quid agant venti, quas torqueat umbras
Æacus, unde alius furtivae devehat aurum
Pelliculae, quantas jaculetur Monychus ornos,
Frontonis platani convulsaque marmora clamant
Semper, et assiduo ruptae lectore columnae.
Exspectes eadem a summo minimoque poëta.

Et nos ergo manum ferulae subduximus: et nos
Consilium dedimus Sullae, privatus ut altum

SATIRE I.

Pourquoi Juvénal compose des Satires [1].

ÉCOUTERAI-JE toujours, et ne répliquerai-je jamais, tourmenté tant de fois par la Théséide de Codrus, qui s'enroue [2] à la déclamer? C'est donc impunément que l'un m'aura récité ses comédies [3], l'autre ses élégies? impunément j'aurai perdu [4] tout un jour à entendre l'éternel Télèphe, ou cet Oreste qui couvre tant de pages, et leurs marges et leurs revers [5], quoiqu'il ne soit pas encore achevé?

Non, personne ne connaît mieux sa propre maison que je ne connais, moi, le bois consacré à Mars, et l'antre de Vulcain voisin des roches Éoliennes. Je n'entends plus chanter que les tempêtes enfantées par les vents, les supplices infligés par Éaque aux ombres criminelles, les exploits de celui qui ravit la toison d'or [6], et les combats du centaure Monychus, lançant contre les Lapythes des arbres entiers : les jardins de Fronton [7], les statues, les colonnes, tout en retentit, tout en est ébranlé; et il faut essuyer ces lieux communs du plus grand comme du moindre des poètes.

ET nous aussi, nous avons tremblé sous la férule [8] : et nous aussi, apprentis orateurs, nous avons conseillé à Sylla de goûter, en citoyen privé, les douceurs du sommeil. Lorsque les poètes fourmillent ici de toutes

Dormiret. Stulta est clementia, quum tot ubique
Vatibus occurras, periturae parcere chartae.

Cur tamen hoc potius libeat decurrere campo,
Per quem magnus equos Auruncae flexit alumnus,
Si vacat, et placidi rationem admittitis, edam. - - -

Quum tener uxorem ducat spado; Maevia Tuscum
Figat aprum, et nuda teneat venabula mamma;
Patricios omnes opibus quum provocet unus,
Quo tondente gravis juveni mihi barba sonabat;
Quum pars Niliacae plebis, quum verna Canopi
Crispinus, Tyrias humero revocante lacernas,
Ventilet aestivum digitis sudantibus aurum,
Nec sufferre queat majoris pondera gemmae;
Difficile est satiram non scribere. Nam quis iniquae
Tam patiens urbis, tam ferreus, ut teneat se,
Caussidici nova quum veniat lectica Mathonis
Plena ipso? post hunc magni delator amici,
Et cito rapturus de nobilitate comesa
Quod superest, quem Massa timet, quem munere palpat
Carus, et a trepido Thymele submissa Latino?
Quum te submoveant, qui testamenta merentur
Noctibus, in coelum quos evehit optima summi
Nunc via processus, vetulae vesica beatae?
Unciolam Proculeius habet, sed Gillo deuncem,
Partes quisque suas, ad mensuram inguinis heres.

parts, ce serait pousser la discrétion jusqu'à la sottise, que d'épargner un papier qu'ils vont salir.

Mais pourquoi choisir, de préférence, la carrière déjà parcourue par le célèbre nourrisson du pays des Auronces 9 ? — Avez-vous un instant de loisir ? puis-je compter sur une oreille impartiale ? écoutez.

Quand un eunuque ose se marier ; quand Mævia, le javelot en main et le sein découvert, attaque un sanglier farouche ; quand ce barbier, qui me rasait dans ma jeunesse, le dispute, lui seul, en richesses, à tous nos patriciens ; quand un homme de la plus vile populace d'Égypte 10, un Crispinus 11, autrefois esclave dans Canope, rejette nonchalamment sur ses épaules la pourpre Tyrienne 12, et, les doigts en sueur, agite ses bagues d'été 13, trop délicat pour supporter des anneaux plus pesans, il est bien difficile de se refuser à la satire. Serait-il, en effet, dans cette ville corrompue, un mortel assez patient, assez insensible, pour se contenir à la rencontre de l'avocat Mathon, remplissant de sa rotondité une litière qu'il ne possède que d'aujourd'hui 14 ? à la rencontre de ce délateur 15 d'un illustre patron, prêt à ravir aux nobles qu'il ruina, les débris de leur fortune ? Massa le craint, Carus tâche de l'adoucir par des présens, et le tremblant Latinus lui livre son épouse Thymèle. Peut-on se taire, quand on se voit, légitime héritier, supplanté par ceux qui ne doivent leur place dans les testamens qu'à leur honteux service de nuit, et qui des bras d'une vieille opulente, car c'est aujourd'hui le chemin de la fortune, s'élèvent jusqu'au faîte

Accipiat sane mercedem sanguinis, et sic
Palleat, ut nudis pressit qui calcibus anguem,
Aut Lugdunensem rhetor dicturus ad aram.

Quid referam quanta siccum jecur ardeat ira,
Quum populum gregibus comitum premat hic spoliator
Pupilli prostantis? et hic damnatus inani
Judicio (quid enim salvis infamia nummis?),
Exsul ab octava Marius bibit, et fruitur Dis
Iratis; at tu, victrix provincia, ploras.
Haec ego non credam Venusina digna lucerna?
Haec ego non agitem? Sed quid magis Heracleas,
Aut Diomedeas, aut mugitum labyrinthi,
Et mare percussum puero, fabrumque volantem?
Quum leno accipiat moechi bona, si capiendi
Jus nullum uxori, doctus spectare lacunar,
Doctus et ad calicem vigilanti stertere naso;
Quum fas esse putet curam sperare cohortis,
Qui bona donavit praesepibus, et caret omni
Majorum censu, dum pervolat axe citato
Flaminiam; puer Automedon nam lora tenebat,
Ipse lacernatae quum se jactaret amicae.
Nonne libet medio ceras implere capaces
Quadrivio, quum jam sexta cervice feratur,

des honneurs? Proculeius n'obtient qu'une part de la succession, Gillon reçoit les onze autres : chacun hérite a proportion de sa virilité. Qu'ils trafiquent de leur sang, et puissent-ils devenir aussi pâles que celui dont le pied nu a imprudemment foulé un serpent, ou qu'un rhéteur prêt à monter à la tribune de Lyon [16] !

DIRAI-JE quelle indignation m'enflamme et me dévore, quand je vois ce ravisseur des biens d'un pupille réduit au dernier opprobre [17], embarrasser les rues de son nombreux cortége? quand je vois cet autre vainement condamné [18] (pourvu que l'argent reste, qu'importe l'infamie?), ce Marius, qui dans son exil, commence à boire dès la huitième heure [19], et jouit de la colère des dieux [20], tandis que toi, province victorieuse, tu pleures tes pertes non réparées? Et je ne rallumerais pas la lampe du poète de Venusium! Et je ne flétrirais pas de tels excès! Irai-je retracer les fables d'Hercule ou de Diomède, le labyrinthe retentissant des cris du Minotaure, Dédale franchissant les airs d'un vol audacieux, et le jeune Icare tombant au sein des flots, lorsqu'un infâme, feignant de compter les solives [21], et de ronfler sur les verres, obtient dans le testament des galans de sa femme la place qu'elle ne peut elle-même accepter [22]? lorsque cet autre prétend commander nos cohortes, pour avoir consumé le bien de ses ancêtres à nourrir des chevaux, pour avoir fait voler un char sur la voie Flaminie? car, nouvel Automédon, il guidait celui dans lequel Néron caressait sa bizarre maîtresse [23]. Je ne remplirais pas mes tablettes en plein carrefour lorsqu'un faussaire

Hinc atque inde patens, ac nuda pæne cathedra,
Et multum referens de Mæcenate supino,
Signator falso, qui se lautum atque beatum
Exiguis tabulis et gemma fecerat uda?
Occurrit matrona potens, quæ molle calenum
Porrectura viro miscet sitiente rubetam,
Instituitque rudes melior Locusta propinquas
Per famam et populum nigros efferre maritos.

Aude aliquid brevibus Gyaris et carcere dignum,
Si vis esse aliquis : Probitas laudatur et alget.
Criminibus debent hortos, prætoria, mensas,
Argentum vetus, et stantem extra pocula caprum.
Quem patitur dormire nurus corruptor avaræ,
Quem sponsæ turpes, et prætextatus adulter ?
Si natura negat, facit indignatio versum,
Qualemcumque potest, quales ego vel Cluvienus.

Ex quo Deucalion, nimbis tollentibus æquor,
Navigio montem ascendit, sortesque poposcit,
Paulatimque anima caluerunt mollia saxa,
Et maribus nudas ostendit Pyrrha puellas,
Quidquid agunt homines, votum, timor, ira, voluptas,
Gaudia, discursus, nostri est farrago libelli.
Et quando uberior vitiorum copia? quando

qu'un sceau contrefait, qu'un testament supposé, comblèrent d'honneurs et de richesses, affecte dans sa litière, ouverte des deux côtés et portée par six esclaves, les airs d'un Mécène dédaigneux? Voici cette noble matrone, qui, pour apaiser la soif de son époux, lui présente un vin dont la douceur perfide recèle le venin d'un reptile, et qui, plus consommée que Locuste, enseigne à ses parentes novices l'art d'envoyer au bûcher, à travers les rumeurs du peuple, les cadavres livides de leurs maris empoisonnés.

Voulez-vous parvenir? osez quelque forfait digne de Gyare et des cachots [24] : on vante la probité, et elle se morfond. C'est le crime qui donne ces jardins, ces palais [25], ces tables précieuses, ces chefs-d'œuvre antiques, et ces coupes, dont un chevreau en relief décore le contour [26]. Un père qui corrompt la femme avare de son fils, des épouses infâmes [27], et des adolescens déjà souillés par l'adultère, tout cela permet-il qu'on se livre au sommeil? Non; et si la nature a refusé le génie, l'indignation du moins dicte des vers, quels qu'ils soient, des vers tels que nous en faisons Cluvienus et moi.

Depuis que la barque de Deucalion fut soulevée par les eaux du déluge jusqu'au sommet du Parnasse; depuis que ce fils de Prométhée consulta l'oracle de Thémis; que des cailloux amollis reçurent par degrés la chaleur du sentiment; que Pyrrha fit éclore des filles nues, aux yeux des hommes surpris; toutes les actions des mortels, tous leurs sentimens, désirs, craintes, colère, volupté, joies, intrigues, seront la matière de mon livre. Quand le tor-

Major avaritiæ patuit sinus? alea quando
Hos animos? neque enim loculis comitantibus itur
Ad casum tabulæ, posita sed luditur arca.
Prælia quanta illic dispensatore videbis
Armigero! simplexne furor sestertia centum
Perdere, et horrenti tunicam non reddere servo?

Quis totidem erexit villas? quis fercula septem
Secreto cœnavit avus? Nunc sportula primo
Limine parva sedet, turbæ rapienda togatæ.
Ille tamen faciem prius inspicit, et trepidat ne
Suppositus venias, ac falso nomine poscas:
Agnitus accipies. Jubet a præcone vocari
Ipsos Trojugenas: nam vexant limen et ipsi
Nobiscum: Da prætori, da deinde tribuno.
Sed libertinus prior est. Prior, inquit, ego adsum:
Cur timeam? dubitemve locum defendere, quamvis
Natus ad Euphratem, molles quod in aure fenestræ
Arguerint, licet ipse negem? sed quinque tabernæ
Quadringenta parant: quid confert purpura majus
Optandum, si Laurenti custodit in agro
Conductas Corvinus oves? Ego possideo plus
Pallante et Licinis: exspectent ergo tribuni.
Vincant divitiæ; sacro nec cedat honori,
Nuper in hanc urbem pedibus qui venerat albis:
Quandoquidem inter nos sanctissima divitiarum

rent du vice fut-il plus rapide, le gouffre de l'avarice plus profond, la manie des jeux de hasard plus effrénée [28]? Non content aujourd'hui de venir avec sa bourse, le joueur fait apporter son coffre-fort. C'est là, dès que les instrumens du jeu sont distribués [29], que vous verriez naître les plus funestes débats! Perdre cent mille sesterces [30], et ne pas vêtir un esclave transi de froid, n'est-ce que de la fureur?

Autrefois nos ancêtres bâtissaient-ils tant de maisons de plaisance? leurs soupers clandestins étaient-ils à sept services [31]? Une mince sportule [32] attend, maintenant, la foule des avides cliens à l'entrée du vestibule. Encore a-t-on soin d'examiner vos traits, de crainte que, sous un nom supposé, vous n'usurpiez la portion d'un autre : vous ne recevrez rien avant d'avoir été bien reconnu. Alors, le magnifique patron fait appeler, par un crieur, tous ces fiers descendans d'Énée (car les plus nobles personnages, confondus dans la foule, assiégent aussi sa maison) : « Donnez d'abord au préteur, dit le maître;
« donnez ensuite au tribun. Mais cet affranchi est arrivé
« le premier. — Oui, je suis le premier, et je ne crain-
« drai point de défendre mon rang : je suis né sur les
« bords de l'Euphrate, et mes oreilles percées dépose-
« raient contre moi, si je voulais le nier. Mais les cinq
« boutiques [33] me produisent quatre cent mille sesterces
« de revenu. La pourpre des sénateurs a-t-elle rien de
« préférable, lorsqu'on voit Corvinus réduit à garder un
« troupeau étranger dans les champs Laurentins? Je suis
« plus riche, moi, que Pallas et Licinius [34] : les tribuns

Majestas; etsi, funesta pecunia, templo
Nondum habitas, nullas nummorum ereximus aras,
Ut colitur Pax atque Fides, Victoria, Virtus,
Quæque salutato crepidat Concordia nido.

Sed quum summus honor finito computet anno
Sportula quid referat, quantum rationibus addat;
Quid facient comites, quibus hinc toga, calceus hinc est,
Et panis fumusque domi? Densissima centum
Quadrantes lectica petit, sequiturque maritum
Languida vel prægnans, et circumducitur uxor.
Hic petit absenti, nota jam callidus arte,
Ostendens vacuam et clausam pro conjuge sellam.
Galla mea est, inquit; citius dimitte: moraris?
Profer, Galla, caput. Noli vexare, quiescit.

Ipse dies pulchro distinguitur ordine rerum.
Sportula, deinde forum jurisque peritus Apollo,
Atque triumphales, inter quas ausus habere
Nescio quis titulos Ægyptius atque Arabarches;
Cujus ad effigiem non tantum meiere fas est.
Vestibulis abeunt veteres lassique clientes,
Votaque deponunt, quanquam longissima, cœnæ.

SATIRE I.

attendront. » Que les richesses l'emportent ; que celui qui naguère arriva dans Rome avec les pieds marqués de craie [35], ne cède point la préséance aux premiers magistrats, puisque ton culte parmi nous, funeste argent, est le plus auguste et le plus sacré, quoique nous ne t'ayons point encore érigé de temples ni d'autels [36], ainsi qu'à la Paix, la Victoire, la Bonne Foi, la Vertu, la Concorde, dont le sanctuaire retentit des cris de la cigogne, quand elle salue son nid au retour du printemps [37].

S'IL est vrai que les premiers de l'état supputent à la fin de chaque année les produits de la sportule, et de combien elle accroît leurs revenus, que feront les malheureux cliens, qui n'ont que cette ressource pour se vêtir, se chauffer, se nourrir et s'éclairer? Voyez-vous cette foule de litières voler à la rétribution? l'époux y traîne sa femme enceinte ou languissante. Un d'entre eux (son stratagème est maintenant connu), montrant une litière fermée, demande la sportule pour son épouse absente. « C'est ma Galla, dit-il ; expédiez-nous promptement : que tardez-vous ?.... Galla, mets la tête à la portière.... Elle repose, ne la tourmentez pas. »

EXAMINONS les dignes soins qui partagent le reste de la journée. Après la sportule, on escorte le patron au Forum, où l'on voit, et la statue d'Apollon, si connue des plaideurs, et les statues triomphales de plusieurs généraux, parmi lesquelles je ne sais quel Égyptien, quel chef d'Arabes [38], osa faire ériger la sienne, décorée de superbes inscriptions ; monument, il est vrai, que chacun peut souiller à son gré. Excédés de fatigue, les plus

Spes hominum! caules miseris atque ignis emendus.
Optima silvarum interea pelagique vorabit
Rex horum, vacuisque toris tantum ipse jacebit:
Nam de tot pulchris et latis orbibus et tam
Antiquis, una comedunt patrimonia mensa.
Nullus jam parasitus erit! sed quis feret istas
Luxuriæ sordes? Quanta est gula, quæ sibi totos
Ponit apros, animal propter convivia natum!
Pœna tamen præsens, quum tu deponis amictus
Turgidus, et crudum pavonem in balnea portas.
Hinc subitæ mortes, atque intestata senectus.
It nova, nec tristis, per cunctas fabula cœnas:
Ducitur iratis plaudendum funus amicis.

Nil erit ulterius, quod nostris moribus addat
Posteritas; eadem cupient facientque minores.
Omne in præcipiti vitium stetit: utere velis;
Totos pande sinus. Dicas hic forsitan: Unde
Ingenium par materiæ? unde illa priorum
Scribendi quodcumque animo flagrante liberet
Simplicitas? Cujus non audeo dicere nomen?
Quid refert dictis ignoscat Mucius, an non?

anciens cliens se retirent enfin, et renoncent à un repas si long-temps désiré. Trompé dans son espoir [39], chacun court acheter des légumes [40], et du bois pour les cuire. Cependant le monarque de cette troupe famélique, assis au milieu de ses lits sans convives [41], dévore ce que les forêts et les mers fournissent de plus exquis : de cent tables qu'il possède, belles, spacieuses, antiques [42], une seule lui suffit pour épuiser un patrimoine immense. — Tant mieux, nous n'aurons plus de parasites! — Mais ce luxe sordide en sera-t-il moins insupportable? Conçoit-on la voracité d'un homme qui se fait servir, pour lui seul, un sanglier tout entier, qui semblait destiné aux nombreux convives d'un somptueux festin? Au reste, le châtiment suit de près ton intempérance, lorsque, gonflé d'alimens, et l'estomac surchargé d'un paon mal digéré [43], tu cours, au sortir de la table, déposer tes vêtemens, et te plonger dans le bain [44]. De là, tant de morts subites, tant de vieillards intestats. La nouvelle récente d'un tel événement égaie nos soupers : les amis du défunt, furieux d'avoir été frustrés, le conduisent sans regrets au bucher.

La postérité n'ajoutera rien à la dépravation de nos mœurs : je défie nos neveux de surpasser leurs pères. Le vice est au comble : déployons toutes nos voiles [45]. — Un moment, direz-vous : es-tu doué d'un génie égal à ta matière? tel que tes devanciers, te sens-tu capable de céder franchement à toutes les impulsions de ton âme enflammée? — Qui donc craindrai-je de nommer [46]? Que m'importe la haine de Mucius, ou son indifférence? — Soit : mais nomme Tigellinus.... que quelqu'un

Pone Tigellinum.... tæda lucebit in illa,
Qua stantes ardent qui fixo gutture fumant,
Et latum media sulcum diducet arena.
Qui dedit ergo tribus patruis aconita, vehetur
Pensilibus plumis, atque illinc despiciet nos?
Quum veniet contra, digito compesce labellum;
Accusator erit, qui verbum dixerit, HIC EST.
Securus licet Æneam Rutulumque ferocem
Committas : nulli gravis est percussus Achilles,
Aut multum quæsitus Hylas urnamque secutus.
Ense velut stricto quoties Lucilius ardens
Infremuit, rubet auditor cui frigida mens est
Criminibus; tacita sudant præcordia culpa :
Inde iræ, et lacrimæ. Tecum prius ergo voluta
Hæc animo ante tubas : galeatum sero duelli
Pœnitet. — Experiar quid concedatur in illos,
Quorum Flaminia tegitur cinis atque Latina.

s'en avise; son cadavre empalé servira de fanal, et, traîné sur l'arène, il y tracera un large sillon 47.—Quoi! cet empoisonneur qui fit périr trois de ses oncles, sera, dans sa litière, mollement assis sur le duvet 48, d'où le monstre laissera tomber sur moi ses regards méprisans? — S'il vient à ta rencontre, presse du doigt tes lèvres impatientes : le délateur n'attend, pour t'accuser, que ces seules paroles, *Le voilà*. Tu peux, avec sécurité, mettre Turnus aux prises avec Énée : la mort d'Achille ne choquera personne, ni celle du jeune Hylas, cherché vainement après qu'il eut suivi son urne dans les flots. Lorsque l'ardent Lucilius, au contraire, frémissant d'une généreuse indignation, s'arme de sa plume, comme d'un glaive menaçant, le criminel rougit et sent son cœur se glacer; la sueur des remords se répand dans son sein : de là cette rage et ces pleurs, avant-coureurs de la vengeance. Réfléchis donc, tandis que la trompette n'a pas encore donné le signal : le casque en tête, il n'est plus temps de reculer.—Hé bien! voyons ce que l'on permet contre ceux dont les cendres reposent le long de la voie Latine et de la voie Flaminie 49.

NOTES

SUR LA SATIRE I.

1. Argument. Dans cette première Satire, qui sert de prologue aux quinze autres, l'auteur expose rapidement ce qui le force à se livrer de préférence à ce genre d'écrire : l'importunité des poètes, l'insolence des parvenus, l'atrocité des délateurs, la bassesse des intrigans, la perfidie des épouses, la fureur des jeux de hasard, l'excès du luxe, et l'avarice des patrons à l'égard de leurs cliens : la colère que tous ces vices m'inspirent me tient, dit-il, lieu d'Apollon. Il se propose de n'attaquer que les morts et d'épargner les vivans : mais je doute qu'il ait tenu parole; du moins s'il ne nomme pas, il paraît qu'il désigne toujours par de secrètes allusions.

2. *Qui s'enroue*, etc. v. 2. Dusaulx avait traduit *la Théséide de l'enroué Codrus*, ce qui était au moins très-vague. J. P.

3. *Ses comédies*, vers 3. Les comédies romaines s'appelaient *Togatæ*, et les grecques *Palliatæ*, expressions empruntées du costume grec et romain. Les mœurs des pièces d'Afranius étaient romaines, c'est pourquoi on appelait ses comédies *Togatæ*.

4. *J'aurai perdu*, etc. v. 4. J'ai changé tout cet endroit. Dusaulx avait traduit : *Impunément le prolixe Téléphe m'aura consumé tout un jour? ou l'Oreste incomplet, quoique les pages en soient écrites des deux côtés et jusque sur les marges?* Ces deux phrases sont mal liées et il y a une erreur de sens dans la seconde : l'idée principale est *plena jam margine, scriptus et in tergo*, tandis que *necdum finitus* n'est qu'un accessoire. J. P.

5. *Et leurs revers*, etc.; v. 6. Les pages de nos livres sont ordinairement remplies des deux côtés; mais, chez les Romains, elles ne le furent long-temps que d'un seul. Après avoir préparé autant de peaux, ou de feuilles de *papyrus*, qu'il en fallait pour transcrire un ouvrage, on roulait le tout, par l'une des extrémités, sur un petit bâton de buis, d'ivoire, ou de quelque autre matière; et ce support s'appelait *umbilicus*. Pour lire le volume, il fallait le dérouler, et c'est pourquoi l'on disait *evolvere librum*. Ce sujet est traité à fond par Isaac Vossius, dans ses *Observationes in Catullum*, page 51.

6. *Celui qui ravit la toison d'or*, etc., v. 11. Je ne sache pas qu'aucun autre poète latin se soit jamais servi du mot *pellicula*, en parlant de la toison d'or. On sent que Juvénal aurait pu dire : *Unde alius furtivi devehat aurum velleris*, etc. Mais il aurait manqué la sorte d'expression satirique qui consiste à préférer, comme ici, l'expression la moins noble et la plus exténuante; on en retrouvera d'autres exemples. Je préviens qu'il est presque impossible de faire passer dans le français les ironies purement verbales, parce que, le plus souvent, notre langue n'a point de mots correspondans. Si j'avais traduit à la lettre, j'aurais mis : *Celui qui ravit la pellicule d'or*, ou *la peau d'or*, ce qui aurait été précieux, ou même ridicule.

7. *Les jardins de Fronton*, v. 12. Fronton était un de ces riches patriciens qui ouvraient fastueusement leurs jardins au public : les poètes s'empressaient d'y aller réciter leurs compositions; car où ne pénétraient-ils pas? Martial se plaint qu'ils le poursuivaient jusque dans les bains :

> Et stanti legis, et legis sedenti :
> In thermas fugio, sonas ad aures.

8. *Nous avons tremblé sous la férule*, v. 15. Cela signifie, nous avons aussi fréquenté les écoles, nous y avons fait des amplifications, etc.

9. *Pourquoi choisir, de préférence, la carrière déjà parcourue par le célèbre nourrisson du pays des Auronces?* v. 19. Lucilius (Caius) chevalier romain, naquit à Sinuessa, au pays des Auronces, l'an

147 avant Jésus-Christ. Il composa trente satires, dont les fragmens ont été recueillis par *François Douza*, et imprimés à Leyde, avec des notes, en 1597. Quelques savans l'ont regardé comme l'inventeur de la satire ; mais M. *Dacier* a prouvé qu'il n'a fait que perfectionner ce genre de poésie. Pompée était petit-neveu de Lucilius, du côté maternel.

Decurrere campo, etc. Cette métaphore est empruntée, soit de l'exercice militaire nommé par les anciens *decursio*; soit de celui qu'ils appelaient *le jeu Troyen*. Tite-Live, Aulugelle et Suétone, font mention de cet exercice que l'on trouve représenté sur plusieurs médailles de Néron, où l'on voit une ou deux figures équestres, et d'autres à pied, avec le mot *decursio*.

10. *Un homme de la plus vile populace d'Egypte*, v. 26. Dusaulx a dit, *un échappé des bourbiers d'Egypte*, ce qui manque de clarté et de noblesse. Il faut qu'il ait lu *fæx Niliacæ plebis*, leçon autorisée par plusieurs manuscrits : cependant son texte porte, *pars Niliacæ plebis*. J. P.

11. *Un Crispinus*, etc., v. 27. Ce Crispinus était favori de Domitien, qui le combla d'honneurs et de richesses. Il paraît que c'est le même que Martial a lâchement célébré dans ses épigrammes.

12. *Rejette nonchalamment sur ses épaules la pourpre Tyrienne*, v. 27. La pourpre se tirait de deux petits coquillages de mer, nommés *murex* et *purpura*. Les Tyriens excellaient dans l'art de teindre la pourpre; de là vient qu'on lit dans les poëtes,

Tyrioque ardebat murice lana.

Horace appelle la pourpre par excellence *lana Tyria*; et Juvénal, satire 8, l'appelle *Sarrana*. La beauté et la rareté de cette couleur en avaient rendu l'usage particulier aux rois de l'Asie, aux empereurs romains, et aux premiers magistrats de Rome. Les dames mêmes n'osaient l'employer dans leurs habits; elle était réservée pour les robes prétextes de la première magistrature. De là cette expression *vestis purpura*, pour signifier une *robe éclatante*, et au figuré, un *sénateur*, un *consul*.

13. *Agite ses bagues d'été*, v. 28. D'abord on ne porta qu'un seul *anneau*, puis un à chaque doigt (Martial, lib. XI, epig. 60); enfin, un à chaque jointure du doigt. Peu à peu le luxe s'augmenta au point qu'on eut des *anneaux* pour chaque semaine. On verra dans la satire 7, qu'il y est question d'*anneaux semestres* : on eut aussi des *anneaux* d'hiver et des *anneaux* d'été. Lampride remarque, chap. XXXII, que personne, à cet égard, ne porta le luxe aussi loin qu'Héliogabale, qui ne mit jamais deux fois le même anneau, non plus que les mêmes souliers. Il semble que, depuis quelques années, nous ayons à peu près rappelé cet usage.

Les Romains avaient trois différentes sortes d'*anneaux*; la première servait à distinguer les conditions; la seconde consistait en *anneaux d'épousailles* ou *de noces*; et la troisième était destinée à servir de sceau : ces derniers s'appelaient *chirographi*. Les empereurs romains, et Néron entre autres, firent plusieurs réglemens à ce sujet; mais on cessa bientôt de les observer.

14. *Remplissant de sa rotondité une litière qu'il ne possède que d'aujourd'hui*, v. 32. Je n'ai point cru devoir rendre *nova lectica* par *nouvelle litière* : j'aurais fait passer l'amphibologie latine dans le français. Il est bien plus satirique de dire que Mathon était porté pour la première fois en litière, que de lui reprocher d'en changer souvent, ou d'en avoir d'une forme nouvelle.

15. *A la rencontre de ce délateur*, etc., v. 33. Il s'agit ici d'un certain Regulus, qui vivait sous Domitien. Les proscriptions de Marius, de Sylla, et du Triumvirat, infectèrent Rome de ces perfides qui, par avarice ou pour se venger, se rendaient accusateurs déclarés ou secrets de leurs concitoyens. Cette peste, qui fit tant de ravages, ne cessa que sous le règne de quelques bons princes; car ils n'ont point de délateurs.

16. *Ou qu'un rhéteur prêt à monter à la tribune de Lyon*, v. 44. Après que Caligula eut reçu dans Lyon l'honneur de son troisième consulat, il y fonda toutes sortes de jeux, et en particulier cette fameuse académie, *Athenæum*, qui s'assemblait devant l'autel d'Auguste, *Ara Lugdunensis*. C'était là qu'on disputait les prix

d'éloquence grecque et latine, en se soumettant à la rigueur des lois que le fondateur avait établies. Une des conditions singulières de ces lois était que les vaincus, non-seulement fourniraient à leurs dépens les prix aux vainqueurs, mais de plus qu'ils seraient contraints d'effacer leurs propres ouvrages avec une éponge ; en cas de refus, qu'ils seraient battus de verges, et même précipités dans le Rhône. De là le proverbe de Juvénal. Pour moi, je n'en crois rien, et voici mes motifs.

Selon l'histoire, Caligula paraît n'avoir fondé à Lyon ni jeux, ni académie : Dion Cassius dit seulement qu'il y donna quelques jeux (lib. LIX, §. 22). On lit aussi dans Suétone, *in Calig.*, cap. 20 : *Edidit et peregre spectacula : in Sicilia Syracusis atticos ludos, et in Gallia Lugduni miscellos.* Or, le mot *edidit* n'a jamais signifié *instituta*. La suite de ce passage, où il est question des prix d'éloquence grecque et latine que l'on se disputait, et de la manière dont les vaincus étaient traités, ne prouve pas non plus que cela se soit passé à Lyon ; car Suétone n'en dit rien. Il est certain, au contraire, qu'Auguste avait institué dans cette ville un combat d'éloquence, lequel subsista très-long-temps ; au lieu que celui dont parle Suétone, dans le passage précédent, ne subsistait plus de son temps, puisqu'il dit : *Quo certamine ferunt*, etc.

Si l'on considère, à présent, que les députés de la Gaule entière s'assemblaient quelquefois à Lyon ; qu'on y voyait une très-grande affluence de citoyens romains, attirés par le commerce ou par d'autres affaires ; et qu'on y célébrait, selon Dion Cassius (lib. VI ; §. 54), une fête auprès de l'autel d'Auguste, où les orateurs lyonnais, qui étaient très-célèbres, comme on le voit dans Ausone, récitaient leurs ouvrages, on sentira que de pareilles séances étaient assez imposantes pour déconcerter un débutant et le faire pâlir, car Juvénal ne dit rien de plus :

> Palleat, ut nudis pressit qui calcibus anguem,
> Aut Lugdunensem rhetor dicturus ad aram.

Le temple d'Auguste, son autel, et la prétendue académie de Caligula, étaient, dit-on, dans l'endroit où est aujourd'hui l'abbaye d'Aisnay, nom corrompu du mot *Athenæum*.

17. *D'un pupille réduit au dernier opprobre*, v. 47. Jouvenci,

dans sa paraphrase de Juvénal, dit que *pupilli prostantis* doit s'entendre d'un pupille exposé dans la place publique, pour y être vendu comme un esclave: mais il s'est trompé : le vers 164 de la satire 2, et le 306ᵉ de la satire 10, expliquent ces deux mots.

18. *Quand je vois cet autre vainement condamné*, v. 47. Ce Marius, différent de celui qui défit les Cimbres et les Teutons, ayant été proconsul d'Afrique, fut accusé de concussion, la troisième année du règne de Trajan. Le sénat le condamna, l'exila : mais la province ne fut point indemnisée ; la moitié des dépouilles qui lui avaient été ravies fut portée au fisc, le coupable retint l'autre, et mena une vie plus commode encore et plus licencieuse que dans son gouvernement. C'est à quoi il faut avoir égard pour entendre le sens de ces mots : « Et jouit de la colère des dieux. » — *Provincia victrix*, signifie que la province, après avoir gagné son procès, n'en était pas moins obérée.

19. *Commence à boire dès la huitième heure*, v. 49. Les heures qui partagent le jour en vingt-quatre parties égales, furent longtemps inconnues aux Romains. Ils ne réglaient leur jour que par le lever et le coucher du soleil. Ils divisaient les douze heures du jour en quatre parties : prime ou la première, qui commençait à six heures du matin ; tierce ou la troisième, à neuf ; sexte ou la sixième, à douze ou midi ; et none ou la neuvième, à trois heures après midi. Ils divisaient aussi les heures de la nuit en quatre veilles, dont chacune contenait trois heures. Ils parvinrent ensuite, à l'aide d'une horloge hydraulique, à distinguer à peu près les douze heures du jour et celles de la nuit. La première heure du jour commençait à nos six heures du matin ; ainsi des autres. Le temps du souper, leur principal repas, était ordinairement entre la neuvième et la dixième heure du jour, suivant leur manière de compter, et selon la nôtre, entre trois et quatre heures après midi ; de sorte qu'il leur restait assez de temps pour la digestion, les amusemens, les soins domestiques, et même quelquefois pour un régal extraordinaire qu'ils appelaient *comessatio*. Il était indécent et de mauvais exemple de prévenir l'heure fixée pour le souper.

20. *Et jouit de la colère des dieux*, v. 49. Dusaulx a traduit, *et jouit de ses rapines en dépit de la colère des dieux*. Juvénal dit beau-

coup plus : non-seulement Marius jouit de ses rapines, malgré les dieux irrités, mais il doit même à sa condamnation et à son exil de pouvoir se livrer à sa vie licencieuse, sans en être distrait par les soins d'un gouvernement. C'est dans ce sens que Sénèque a fait dire à Junon (*Herc. fur.*, v. 33)., *superat, et crescit malis, iraque nostra fruitur; in laudes suas mea vertit odia.* Boileau et Voltaire ont imité l'expression de Juvénal, mais en l'affaiblissant : l'un a dit dans sa première satire, v. 72 :

> Mais en vain pour un temps une taxe l'exile :
> On le verra bientôt, pompeux en cette ville,
> Marcher encor chargé des dépouilles d'autrui,
> Et jouir du ciel même, irrité contre lui.

L'autre, dans Mérope, acte III, vers 13.

> Il règne; il affermit le trône qu'il profane;
> Il y jouit en paix du ciel qui le condamne..... J. P.

21. *Lorsqu'un infâme, feignant de compter les solives*, v. 56. Mécène rendait souvent visite à la femme d'un certain Sulpicius Galba, qui, pour faciliter ce commerce galant, feignait de s'endormir en sortant de table. Un esclave voulant profiter de cette occasion pour goûter du vin de Falerne, Galba lui cria : *Heu! puer, non omnibus dormio* : « Holà! enfant, je ne dors pas pour tout le « monde. » Cicéron (epist. XXIV, l. 7) attribue ce bon mot à un certain Capius, antérieur à Galba : mais celui-ci peut fort bien l'avoir répété dans la même circonstance.

22. *La place qu'elle ne peut elle-même accepter*, v. 56. Avant l'an de Rome 578, les femmes héritaient comme les hommes; mais la loi Voconia y mit des restrictions. Plus de deux siècles après, Domitien priva de la litière et des successions celles qui se prostituaient : *Probrosis feminis lecticæ usum ademit : jusque capiendi legata hereditatesque.* Suet., *Vita Domit.*, cap. VIII.

23. *Dans lequel Néron caressait sa bizarre maîtresse*, v. 64. Sa *bizarre maîtresse* désigne Sporus, que Néron épousa publiquement, et sur le corps duquel il exerça des cruautés non moins affreuses qu'extravagantes : il voulait changer son sexe.

24. *Voulez-vous parvenir? osez quelque forfait digne de Gyare et des cachots*, v. 73. *Gyare* ou *Gyaros*, petite île de l'Archipel, dont presque tous les anciens font mention. Pline lui donne douze mille pas de circuit, et la place à soixante-deux mille pas d'Andros; elle est couverte de rochers, et par conséquent stérile. Rome y envoyait ses plus fameux criminels. On la nomme à présent *Joura;* elle est toujours aussi déserte qu'autrefois.

Au lieu de *voulez-vous parvenir?* j'aurais pu mettre, *voulez-vous être quelqu'un?* mais on n'aurait pas approuvé cette expression proverbiale, qui cependant appartient à notre langue. Elle a vieilli, et il suffit de l'avoir indiquée.

25. *C'est le crime qui donne...... ces palais*, etc., v. 95. Nous ne pouvons, dans notre langue, rendre le mot *prætoria* que par équivalent. Les Romains appelaient *prætorium* la partie du *prædium rusticum* occupée par le maître; c'était ce que nous nommons le château : le reste, c'est-à-dire *rustica ædificia*, répondait à nos fermes, à nos basses-cours. Palladius, en parlant du *prætorium*, dont il assigne les dimensions et les propriétés, dit qu'il était plus facile de le construire que de l'entretenir, à cause du luxe qui régnait jusque dans les campagnes. *De re rustica*, 1, 8.

26. *Ces coupes, dont un chevreau en relief décore le contour*, v. 76. Juvénal met autour de la coupe qu'il décrit, le relief d'un chevreau ou d'un bouc fortement prononcé, *stantem extra pocula caprum*. Il y met ce bouc à l'imitation des anciens artistes, qui représentait sur les coupes destinées aux festins, tout ce qui avait rapport aux vendanges et au culte de Bacchus, auquel on sacrifiait ordinairement cet animal. *Voyez* Virgile et ses interprètes, *Georg.*, lib. II, v. 376.

27. *Des épouses infâmes*, etc., v. 78. Il n'est pas douteux que par *sponsæ turpes*, Juvénal n'ait voulu désigner ces alliances monstrueuses, et ce crime contre nature, dont il parlera plus ouvertement dans la satire 2, v. 134. — Boileau a imité cet endroit dans sa première satire, v. 137 :

> Et quel homme si froid ne serait plein de bile
> A l'aspect odieux des mœurs de cette ville?

> Qui pourrait les souffrir? et qui, pour les blâmer,
> Malgré muse et Phébus, n'apprendrait à rimer?
> Non, non, sur ce sujet pour écrire avec grâce,
> Il ne faut point monter au sommet du Parnasse;
> Et, sans aller rêver dans le double vallon,
> La colère suffit, et vaut un Apollon.

Le dernier vers du passage de Juvénal, *qualemcumque potest*, etc., a encore été imité par le poète français, sat. 9, v. 45 :

> Mais pour Cotin et moi, qui rimons au hasard........ J. P.

28. *La manie des jeux de hasard, plus effrénée*, v. 88. Les lois portées contre les jeux de hasard furent assez bien observées jusqu'à la fin de la république ; mais bientôt cette fureur ne connut plus de bornes. On trouve dans Suétone cette épigramme, qui se rapporte au temps où Auguste faisait la guerre en Sicile contre Pompée.

> Postquam bis classe victus naves perdidit,
> Aliquando ut vincat, ludit assidue aleam.

« Battu deux fois sur mer, que fait Octave? Pour vaincre à son
« tour, il ne cesse de jouer. »

Néron hasardait jusqu'à quatre cent mille sesterces sur un coup de dé. Claude jouait, même en voiture. Les Romains avaient trois sortes de jeux de hasard : celui des osselets, *ludus talorum;* celui des dés, *ludus tesserarum;* et le jeu appelé *duodena scripta*, qui était une espèce de trictrac.

J'ai traité cet article dans un ouvrage intitulé : *De la passion du Jeu, depuis les temps anciens jusqu'à nos jours.* A Paris, chez Moutard, 1779.

29. *Dès que les instrumens du jeu sont distribués*, etc., v. 91. Juvénal appelle *armiger* l'esclave qui fournissait les dés, par allusion aux écuyers, qui, dans les combats, donnaient de nouvelles flèches à leurs maîtres.

30. *Perdre cent mille sesterces*, v. 92. L'adjectif masculin *sestertius* (sous-entendez *nummus*) était une petite monnoie courante d'argent. Le même adjectif au neutre, *sestertium* (suppléez *pondus*)

et de là le pluriel *sestertia*, signifie le poids de mille *sestertii nummi*, et par conséquent une somme de mille fois un *sestertius*.

Selon l'opinion de Gassendi, l'as romain valait neuf deniers de notre monnoie (l'once d'argent étant estimée de son temps sur le pied de soixante-dix sous); le denier romain valait dix as, c'est-à-dire huit sous de notre monnoie ; et le *sestertius* valait, suivant ce calcul, deux sous ; le *sestertium* valait environ cent et une livre dix-sept sous. Aujourd'hui (1769) que l'once d'argent est estimée sur le pied de six livres, et le marc sur le pied de cinquante livres, le *sestertius* vaudrait un peu moins de quatre sous, et les mille, environ cent quatre-vingt-sept livres. Il est aisé de faire cette évaluation en tout temps, d'après la valeur fixée de l'once d'argent. Ainsi, les *centum sestertia* de Juvénal répondraient à présent à 18700 de nos livres. Au reste, la fureur du jeu, loin de s'être amortie, offre de nos jours bien d'autres excès.

31. *Leurs soupers clandestins étaient-ils à sept services ?* v. 94. Voici de quelle manière se faisait le service de la table chez les Romains. Après la distribution des coupes, on servait les viandes, non pas toujours chaque plat séparément, comme le marque ce vers d'Horace :

> Adfertur squillas inter muræna natantes
> In patina porrecta.

et cet autre :

> . . . . Tum pectore adusto,
> Vidimus et merulas poni, et sine clune palumbes.

mais souvent plusieurs plats étaient servis ensemble sur une table portative, comme le marque ce vers de Virgile :

> Postquam exempta fames epulis, mensæque remotæ.

Servius assure qu'on apportait les tables toutes garnies : Athénée est conforme à Servius. Tel était le premier service. Ensuite, les services se multiplièrent ; et quoiqu'on retînt toujours les mêmes expressions de premier et de second service, *primæ et secundæ mensæ*, pour tout le souper, ces deux services se subdivisaient en plusieurs autres. Le premier contenait les entrées qui consistaient en œufs, en laitues et en vin miellés, suivant le précepte :

. . . . Vacuis committere venis
Nil nisi lene decet.

Après cela venaient les viandes solides, les ragoûts, les grillades. Le second service comprenait les fruits crus, cuits et confits, les tartes et les autres friandises que les Latins appellent *dulciaria et bellaria*.

La table de l'empereur Pertinax n'était ordinairement que de trois services, quelque nombreuse que fût la compagnie ; au lieu que celle de l'empereur Héliogabale allait quelquefois jusqu'à vingt-deux ; et à la fin de chaque service, on lavait ses mains comme si l'on eût fini le repas ; car l'usage était de les laver aussi bien à la fin qu'au commencement. *Exhibuit aliquando tale convivium, ut haberet viginti duo fercula ingentium epularum et per singula lavarent*, dit Capitolin.

32. *Une mince sportule*, etc., v. 95. *Sportula* est le diminutif de *sporta*, du verbe *asportare* ; l'un et l'autre ont signifié originairement, dans la langue latine, une corbeille ou panier fait de joncs, de roseaux, ou de branches d'osier tissues et entrelacées.

On s'est servi de ce mot pour signifier les vases ou mesures propres à contenir les pains, les viandes et les autres mets que l'on distribuait en certaines occasions ; et lorsque l'usage se fut introduit chez les grands de Rome, de faire donner à leurs cliens et à ceux qui leur faisaient la cour, de certaines portions pour leur nourriture, ces portions, que l'on mettait dans des corbeilles, furent appelées, par métonymie, *sportulæ*. Ensuite on l'employa pour désigner une sorte de *repas public*, différent de ceux qu'on appelait *cœnæ rectæ*, qui étaient des repas servis par ordre, où l'on n'admettait que les gens choisis. Tels étaient les repas que donnait Auguste, au rapport de Suétone : *Convivabatur et assidue, nec unquam nisi recta.*

Les distributions des particuliers à leurs cliens se faisaient tantôt en argent, tantôt en viandes, quelquefois même de ces deux manières, et s'appelaient également du nom de *sportulæ*. Ces présens étaient souvent de petites médailles d'argent qui servaient de monnoie; mais les empereurs et les grands donnaient des médailles d'or. Aussi Trebellius Pollio, parlant des petits présens que l'empereur Galien fit à son consulat, dit qu'il donna une *sportule* à chaque sénateur, et à chaque dame romaine quatre médailles d'or : *Senatui sportulam sedens erogavit. Matronas ad consulatum rogavit, iis denique, manum sibi osculantibus, quaternos aureos sui nominis dedit.*

C'était aussi la coutume que ceux qui entraient dans le consulat envoyassent à leurs amis de ces présens : *Sportulam consulatus mei et amicitiæ nostræ et honori tuo debeo, hanc in solido misi,* dit Symmachus. Le mot *sportula*, qui signifie une petite corbeille, fut donné à ces présens, parce qu'on les envoyait dans une corbeille. Les vers suivans, de Corippus (liv. IV), sur le consulat de l'empereur Justin, nous le confirment :

> Dona calendarum, quorum est ea cura, parabant
> Officia, et turmis implent felicibus aulam,
> Convectant rutilum sportisque capacibus aurum
> Accumulant.

Outre ces sportules, les consuls donnaient de petites tablettes de poche, d'argent ou d'ivoire, dans lesquelles étaient leurs noms; c'est ce qu'on appelait les *fastes.* Sidonius (liv. VIII, chap. 6), parlant du consulat d'Astérius, nomme les sportules et les fastes qui furent distribués.

Enfin, le mot *sportulæ* s'est appliqué généralement à toutes sortes de présens, de gratifications et de distributions, de quelque nature qu'elles fussent.

33. *Mais les cinq boutiques me produisent,* etc., v. 105. Une partie du forum, où s'assemblaient les banquiers, les usuriers, et ceux qui faisaient travailler leur argent, s'appelait *Quinque tabernæ.* Ce lieu a changé de nom plusieurs fois. *Septem tabernæ,* dit Tite-Live, *quæ postea quinque et argentariæ, quæ nunc novæ appellantur, arsere* (l. XXVI, cap. 27). Le même auteur dit, dans un autre endroit, qu'Annibal, étant campé près de Rome, fit vendre *tabernas argentarias quæ circa forum romanum tunc essent* (l. XL, cap. 51). Il ne faut donc pas suivre l'interprétation des commentateurs, qui se sont figuré que l'affranchi en question possédait en effet cinq boutiques, qui lui produisaient quatre cent

mille sesterces de revenu ; ce qui répondait au *census equestris*, c'est-à-dire à une fortune considérable.

34. *Je suis plus riche, moi, que Pallas et Licinius*, v. 188. Pallas, affranchi de l'empereur Claude, eut la plus grande influence dans les affaires et les intrigues de ce règne. Il avait été autrefois esclave d'Antonia, belle-sœur de Tibère, et avait été chargé de remettre à l'empereur la lettre par laquelle elle lui donnait avis de la conspiration de Séjan. Ce fut Pallas qui fit répudier Messaline, qui mit Agrippine dans le lit de Claude, et fit désigner Néron à l'empire au préjudice de Britannicus. Il fut encore complice de l'empoisonnement de son maître. Néron l'exila, et sept ans après le fit mourir. Il possédait des richesses immenses, et était d'une insolence outrée. — Licinius, affranchi d'Auguste, avait pillé les Gaules.

35. *Avec les pieds marqués de craie*, v. 111. Il n'est point question ici de pieds poudreux : l'affranchi dont il s'agit, né sur les bords de l'Euphrate, *natus ad Euphratem*, avait été amené par mer. Ceux qui vendaient des hommes avaient coutume de leur frotter les pieds de craie blanche, *gypso vel creta*, pour marquer la patrie et le maître de chacun de leurs esclaves ; c'est ce qu'Ovide appelle *gypsati crimen inane pedis* (*Amor.*, l. 1, eleg. 8).

36. *Quoique nous ne t'ayons point encore érigé de temples ni d'autels*, etc. Si l'on en croit les auteurs anciens, il y avait dans la seule ville de Rome plus de cinq cents temples, et dans les autres villes de l'empire à proportion.

37. *Salue son nid au retour du printemps*, v. 116. J'ai long-temps tourné autour de ce vers, ou plutôt de cette énigme, dont personne encore n'a trouvé le vrai mot. Quelques savans, rejetant la cigogne et son nid, y voient une allusion au bruit que faisait le sénat lorsqu'il s'assemblait dans le temple de la Concorde.

Le comte Silvestri, dans sa traduction de Juvénal, imprimée à Padoue en 1711, donne une interprétation du vers en question, non moins hasardée que celle des autres commentateurs. Après avoir longuement disserté, il en conclut que le sens se réduit à ceci : *Et concordia quæ objurgat venerantes ejus ædem, vel aram*, etc.

38. *Parmi lesquels je ne sais quel Égyptien, quel chef d'Arabes,* v. 130. Ce trait, purement satirique, pourrait bien regarder le Crispinus dont nous avons déjà parlé, ou quelque autre favori de Domitien. Farnabe n'est point de cet avis ; il croit qu'il s'agit de Tiberius Alexander, Égyptien d'origine, qui présagea que Vespasien parviendrait à l'empire.

On n'a proposé que des conjectures sur ce passage ; je vais aussi risquer la mienne. On ne voit pas que les Romains aient jamais, dans l'enceinte de Rome, élevé des statues aux étrangers ; mais les empereurs romains en ont décerné plusieurs à leurs favoris. Or, je trouve dans Suétone que Claude donna le gouvernement de la Judée à Félix, frère de l'affranchi Pallas. Ne serait-ce point de ce Félix qui épousa trois reines, ou de quelque autre affranchi, qu'il s'agit ici ?

39. *Trompé dans son espoir,* v. 134. Presque toutes les éditions portent, *spes homini* : cependant, *abeunt, deponunt, miseris,* exigent le pluriel. Il faut donc écrire, *spes hominum!* C'est une exclamation.

40. *Des légumes,* v. 134. Le texte de Dusaulx porte *caulis* ; j'ai rétabli *caules,* qui se trouve dans l'édition de Ruperti et dans la plupart des manuscrits. Les consonnances *caulis miseris* et *ignis* sont d'ailleurs d'un mauvais effet. J. P.

41. *Assis au milieu de ses lits sans convives,* v. 136. Les anciens ne s'asseyaient pas comme nous pour prendre leurs repas ; ils se couchaient sur des lits plus ou moins semblables à nos lits de repos, dont l'usage peut nous être resté de l'antiquité. Leur corps était élevé sur le coude gauche, afin d'avoir la liberté de manger de la main droite, et leur dos était soutenu par derrière avec des traversins quand ils voulaient se reposer. Avant la seconde guerre punique, les Romains s'asseyaient sur de simples bancs de bois.

Scipion l'Africain fut le premier qui apporta de ces petits lits, qu'on a long-temps appelés *puniciani.* Un menuisier, nommé Archias, les imita, comme on le voit par ce vers d'Horace :

Si potes Archiacis conviva recumbere lectis.

On croit que l'usage des bains, qui commença dans ce temps à s'introduire, maintint celui des lits. Tant que dura la république, les femmes se contentaient de s'asseoir sur ces lits; mais depuis les premiers Césars jusque vers l'an 320 de l'ère chrétienne, elles adoptèrent et suivirent la coutume des hommes. On retint plus long-temps sous l'ancienne discipline les jeunes gens qui n'avaient pas encore la robe virile. Lorsqu'on les admettait à table, ils y étaient assis sur le bord du lit de leurs plus proches parens.

Le plus grand cérémonial des Romains était de n'avoir que trois lits autour d'une table, afin qu'un des côtés demeurât vide pour le service. Le maître de la maison se plaçait sur le lit à droite au bout de la table : le plus honorable était celui du milieu.

La somptuosité particulière de ces lits de table consistait, 1°. dans l'ébène, le cèdre, l'ivoire, l'or, l'argent, l'écaille de tortue, et autres matières précieuses dont ils étaient faits ou enrichis ; 2°. dans les superbes couvertures de diverses couleurs, bordées d'or et de pourpre ; 3°. dans les trépieds d'or et d'argent.

Les lits de nos pères, dit Ovide, n'étaient composés que de joncs et de feuillages ; il n'appartenait qu'aux riches de les couvrir de peaux :

Qui pelles poterat addere, dives erat.

42. *De cent tables qu'il possède, belles, spacieuses, antiques*, v. 137. Les tables des Romains furent d'abord composées d'un bois simple et sans ornement: mais bientôt après leurs conquêtes, ils se piquèrent d'en avoir de bois de cèdre que l'on tirait du mont Atlas, selon le témoignage de Pline, et d'un bois beaucoup plus précieux, le *citrum*, qui n'est pas notre bois de citronnier, mais d'un arbre beaucoup plus rare, que nous ne connaissons pas, et qu'on estimait singulièrement à Rome. Cicéron reproche à Verrès d'avoir enlevé en Sicile une table magnifique, composée de ce bois précieux. *Tu maximam et pulcherrimam mensam citream a Lutadio abstulisti* (Orat. 6, in Verrem).

Dans la vente des meubles de Gallus Asinius, il s'en trouva deux d'une valeur si excessive, que, s'il en faut croire Pline, le prix de chacune aurait suffi pour acheter un vaste champ. Le travail l'emportait sur la matière : elles étaient ornées de marqueterie, de nacre de perles et d'ébène. Le soutien de ces tables les rendait beaucoup plus chères, quand il représentait un léopard, ou tel autre animal fabriqué du plus bel ivoire, enrichi de lames d'or et d'argent. Il paraît que cet objet de luxe prit faveur, parce que les Romains furent long-temps sans connaître l'usage des nappes et des serviettes. Les tables à un seul pied se nommaient *monopodia;* à deux pieds, *bipedes*, à trois pieds, *tripedes :*

. . . . Sit mihi mensa tripes. . .
HORAT., sat. 3.

Xiphilin (*in appendice ad Ciaconium*) dit que Sénèque avait cinq cents tables à trois pieds : *Quingentas tripodas habuit de ligno cedrino, pedibus eburneis, similes et pares inter se, in quibus cœnabat.*

43. *L'estomac surchargé d'un paon mal digéré*, v. 143. L'orateur Q. Hortensius, l'émule de Cicéron, fut le premier qui apprit aux Romains à manger des paons, dans un repas qu'il donna lorsqu'il fut créé augure. Ils devinrent si fort à la mode, qu'on ne crut plus pouvoir donner à manger sans en servir ; c'est pourquoi Cicéron, dans une de ses lettres, écrit à Pætus, qu'il a donné à dîner à Hirtius sans lui servir de paon ; *sed vide audaciam, etiam Hirtio cœnam dedi sine pavone.* Un certain Cneius Aufidius Lucro, ayant trouvé la manière de les engraisser, gagnait tous les ans, à ce trafic, environ 7,500 liv. Un troupeau de cent paons rapportait à son maître, suivant Varron, près de 3,000 liv. par an : on les vendait jusqu'à 14 et 15 liv., et leurs œufs 28 ou 30 sous.

44. *Tu cours, au sortir de la table..... te plonger dans le bain*, v. 143. D'abord on n'ouvrait jamais les bains avant deux ou trois heures après midi ; ensuite ils furent ouverts depuis le lever du soleil jusqu'à son coucher. Alexandre Sévère est le premier qui ait permis les bains publics pendant la nuit, dans les grandes chaleurs de l'été. Il n'y avait, sous les règnes précédens, que les ma-

lades et les infirmes qui pussent prévenir l'heure accoutumée. Mais les riches firent construire des bains domestiques, et les voluptueux se baignaient après leurs repas.

45. *Déployons toutes nos voiles*, v. 149. *Voguer à pleines voiles*, comme a traduit Dusaulx, signifie plutôt *voguer heureusement, poussés par des vents favorables*. Il y a une autre intention dans *utere velis* et *totos pande sinus*. J. P.

46. *Qui donc craindrais-je de nommer?* v. 153. Parmi plus de trente, tant commentateurs que traducteurs, Isaac Grangæus est le seul qui ait saisi le vrai sens de ce passage, en coupant le dialogue après *simplicitas*. Ces mots, *cujus non audeo dicere nomen?* doivent être mis dans la bouche du poète, et non du premier interlocuteur : le vers suivant en est la preuve, ainsi que le vers 170, dans lequel Juvénal, un peu calmé, consent à n'attaquer que les morts. Il paraît, en effet, qu'il a tenu parole ; dans ses autres satires, la plupart des noms qu'il emploie sont, à l'exemple d'Horace, ou feints, ou empruntés des temps antérieurs, et quelquefois purement grecs.

47. *Son cadavre.... traîné sur l'arène, y tracera un large sillon*, v. 157. Tacite et Sénèque ont fait mention de cet affreux supplice, particulièrement infligé aux chrétiens, sous le règne de Néron. On leur mettait une robe soufrée, dit Sulpitius (*Sacr. Hist.*, lib. II), *ut, quum defecisset dies, in usum nocturni luminis urerentur.* C'est ce que Juvénal, sat. 8, v. 235, appelle *tunica punire molesta.* — *Et latum media*, etc. Ce vers et les deux précédens sont sujets à diverses leçons ; j'ai suivi celle de Grævius, adoptée par Henninius.

48. *Sera, dans sa litière, mollement assis sur le duvet*, v. 158. Le texte de Dusaulx porte *vehatur* et ensuite *despiciet*; celui de Ruperti *vehatur* et *despiciat*. Pour conformer le texte de Dusaulx à sa traduction, je lis, avec un grand nombre de manuscrits, *vehetur* et *despiciet*. J. P.

49. *Dont les cendres reposent le long de la voie Latine et de*

la voie Flaminie, v. 171. Les Romains plaçaient le plus souvent leurs tombeaux le long des grands chemins ; c'est pourquoi l'on y trouve encore aujourd'hui beaucoup de cippes ou colonnes sépulcrales, sur lesquelles on voit des inscriptions qui font connaître l'étendue du terrain autrefois consacré par l'inhumation.

SATIRA II.

Hypocritæ.

ULTRA Sauromatas fugere hinc libet et glacialem
Oceanum, quoties aliquid de moribus audent
Qui Curios simulant, et Bacchanalia vivunt.
Indocti primum, quanquam plena omnia gypso
Chrysippi invenias : nam perfectissimus horum est,
Si quis Aristotelem similem, vel Pittacon emit,
Et jubet archetypos pluteum servare Cleanthas.

FRONTI nulla fides. Quis enim non vicus abundat
Tristibus obscœnis ? Castigas turpia, quum sis
Inter Socraticos notissima fossa cinædos.
Hispida membra quidem et duræ per brachia setæ
Promittunt atrocem animum ; sed podice levi
Cæduntur tumidæ, medico ridente, mariscæ.
Rarus sermo illis, et magna libido tacendi,
Atque supercilio brevior coma. Verius ergo
Et magis ingenue Peribonius : hunc ego fatis
Imputo, qui vultu morbum incessuque fatetur.
Horum simplicitas miserabilis ; his furor ipse
Dat veniam : sed pejores qui talia verbis
Herculis invadunt, et de virtute locuti

SATIRE II.

Des Hypocrites [1].

Je fuirais volontiers au delà des Sarmates et de l'Océan glacé, lorsque j'entends censurer nos mœurs par ceux qui affichent l'austérité des Curius [2], et vivent en Bacchantes [3] : gens pleins d'ignorance, quoiqu'ils étalent de tous côtés dans leurs maisons des plâtres de Chrysippe : car c'est la perfection pour eux [4] que de posséder le portrait d'Aristote ou de Pittacus, et de pouvoir montrer en sentinelle auprès de leur bibliothèque le buste original de Cléanthe.

Que le front de l'homme est trompeur [5]! On ne rencontre ici que des cyniques à face austère. Oses-tu bien sévir contre l'obscénité, toi, le plus infâme cloaque de la bande Socratique [6]? Cet extérieur mâle, il est vrai, et ces membres velus, promettent une âme forte ; mais le médecin sourit en coupant les fruits secrets de ta débauche [7]. Ils parlent rarement, ils affectent l'amour du silence, et portent les cheveux plus courts que les sourcils. Péribonius a plus de franchise et d'ingénuité : sa démarche et ses traits décèlent ses goûts déréglés [8]; aussi ne les imputé-je qu'à la fatalité. La naïveté de ses pareils excite ma pitié : ce sont des furieux, je leur pardonne : mais, point de grâce à leur âpres censeurs, tonnant comme Hercule contre la volupté [9], et qui, après avoir fait l'apologie des vertus, se plongent dans la fange du vice. «Cynique

Clunem agitant. Ego te ceventem, Sexte, verebor?
Infamis Varillus ait: quo deterior te?
Loripedem rectus derideat, Æthiopem albus.
Quis tulerit Gracchos de seditione querentes?
Quis coelum terris non misceat et mare coelo,
Si fur displiceat Verri, homicida Miloni,
Clodius accuset moechos, Catilina Cethegum?
In tabulam Sullæ si dicant discipuli tres?
Qualis erat nuper tragico pollutus adulter
Concubitu, qui tunc leges revocabat amaras
Omnibus, atque ipsis Veneri Martique timendas,
Quum tot abortivis fecundam Julia vulvam
Solveret, et patruo similes effunderet offas.
Nonne igitur jure ac merito vitia ultima fictos
Contemnunt Scauros, et castigata remordent?

Non tulit ex illis torvum Lauronia quemdam
Clamantem toties: Ubi nunc, lex Julia? dormis?
Ad quem subridens: Felicia tempora, quæ te
Moribus opponunt! habeat jam Roma pudorem!
Tertius e coelo cecidit Cato. Sed tamen unde
Hæc emis, hirsuto spirant opobalsama collo
Quæ tibi? ne pudeat dominum monstrare tabernæ.

Quod si vexantur leges ac jura, citari
Ante omnes debet Scantinia. Respice primum

« Sextus, crois-tu m'intimider, s'écrie l'infâme Varillus?
« suis-je donc plus dépravé que toi? » Celui qui marche
d'un pas égal peut rire du boiteux, et le blanc Européen,
du noir habitant d'Éthiopie. Mais qui pourrrait souffrir
les Gracques déclamant contre les séditions? Qui, dans
son indignation, ne serait tenté de confondre ciel et terre,
si Verrès condamnait le brigand, et Milon l'homicide? si
Clodius dénonçait les adultères? si Catilina accusait Cé-
thégus? si les trois disciples de Sylla s'élevaient contre les
proscriptions [10]? comme cet empereur [11], qui naguère
tout souillé d'un inceste, osait encore renouveler, contre
l'adultère, des lois terribles, qui eussent effrayé jusqu'à
Mars et Vénus; tandis que sa nièce Julie, fameuse par
tant d'avortemens, arrachait de ses flancs trop féconds,
des lambeaux palpitans qui, par leur ressemblance, dé-
posaient contre son oncle. N'est-ce donc pas à juste titre
que les plus corrompus méprisent ces faux Scaurus, et
rejettent sur eux les traits de leur propre censure?

Lauronia ne put souffrir un de ces farouches enthousiastes, qui s'écriait sans cesse : « Loi Julia, qu'êtes-vous
« devenue [12]? dormez-vous? — L'heureux siècle que le
« nôtre, lui répondit-elle en souriant, de vous avoir pour
« censeur et pour modèle! la pudeur va renaître dans
« Rome; il nous est tombé du ciel un troisième Caton.
« Mais où achetez-vous ces parfums, qu'exhale votre
« barbe épaisse [13]? ne rougissez pas de m'indiquer la
« boutique de votre marchand.

« Si vous prétendez réveiller les lois assoupies, com-
« mencez par la loi Scantinia [14]. Songez d'abord à réfor-

Et scrutare viros : faciunt hi plura; sed illos
Defendit numerus, junctæque umbone phalanges.
Magna inter molles concordia : non erit ullum
Exemplum in nostro tam detestabile sexu.
Tædia non lambit Cluviam, nec Flora Catullam :
Hispo subit juvenes, et morbo pallet utroque.
Numquid nos agimus caussas ? civilia jura
Novimus ? aut ullo strepitu fora vestra movemus ?
Luctantur paucæ; comedunt coliphia paucæ.
Vos lanam trahitis, calathisque peracta refertis
Vellera : vos tenui prægnantem stamine fusum
Penelope melius, levius torquetis Arachne;
Horrida quale facit residens in codice pellex.
Notum est, cur solo tabulas impleverit Hister
Liberto, dederit vivus cur multa puellæ.
Dives erit, magno quæ dormit tertia lecto.
Tu nube, atque tace : donant arcana cylindros.
De nobis post hæc tristis sententia fertur :
Dat veniam corvis, vexat censura columbas.

FUGERUNT trepidi vera ac manifesta canentem
Stoicidæ. Quid enim falsi Lauronia ? sed quid

« mer les hommes [15]. Les hommes! ils sont mille fois
« plus dépravés que nous; mais, protégés par le nombre
« et par les boucliers de leurs phalanges réunies, ils bra-
« vent tout impunément. L'intérêt du même vice établit
« entre eux cette rare concorde : ils ne sauraient du moins
« reprocher à notre sexe leurs détestables turpitudes.
« Tædia et Flora ne corrompent ni Cluvia ni Catulla :
« mais Hispo se livre aux jeunes gens et les souille à son
« tour; sa pâleur décèle cette double infamie. Nous en-
« tend-on plaider ou discuter les lois civiles, et faire re-
« tentir vos tribunaux de nos clameurs? A peine quelques-
« unes d'entre nous s'exercent à la lutte [16], et se nourris-
« sent du pain des athlètes [17]; tandis que vous autres, dignes
« émules de ces misérables concubines [18] enchaînées dans
« un bouge, vous filez la laine et rapportez chaque jour
« votre tâche achevée; tandis que le fuseau, enflé d'une
« trame déliée, tourne plus rapidement sous vos doigts,
« qu'entre ceux de Pénélope ou d'Arachné. On sait pour-
« quoi Hister légua tous ses biens à son affranchi ; pour-
« quoi, tant qu'il vécut, il ne cessa de combler sa jeune
« épouse de présens. Celle qui consentira de partager
« avec un tiers le lit d'un époux opulent, n'aura rien à
« désirer. Mariez-vous, jeunes filles, et taisez-vous; de
« riches pierreries paieront votre silence.... Et au milieu
« de telles infamies, c'est nous qu'on juge avec rigueur!
« épargnant les corbeaux, les traits de la censure ne per-
« cent que la colombe. »

Tous mes stoïciens [19], tremblans et confondus par l'é-
vidence, s'enfuirent aussitôt. Trop véridique Lauronia,

Non facient alii, quum tu multitia sumas,
Cretice, et hanc vestem populo mirante perores
In Proculas et Pollitas? Est moecha Labulla :
Damnetur, si vis, etiam Carfinia ; talem
Non sumet damnata togam. Sed Julius ardet;
Æstuo. Nudus agas : minus est infamia turpis.
En habitum, quo te leges ac jura ferentem,
Vulneribus crudis populus modo victor, et illud
Montanum positis audiret vulgus aratris !
Quid non proclames, in corpore judicis ista
Si videas? quæro, an deceant multitia testem ?
Acer et indomitus, libertatisque magister,
Cretice, pelluces ! Dedit hanc contagio labem,
Et dabit in plures , sicut grex totus in agris
Unius scabie cadit et porrigine porci,
Uvaque conspecta livorem ducit ab uva.

Foedius hoc aliquid quandoque audebis amictu :
Nemo repente fuit turpissimus. Accipient te
Paulatim, qui longa domi redimicula sumunt
Frontibus, et toto posuere monilia collo,
Atque bonam teneræ placant abdomine porcæ
Et magno cratere deam : sed more sinistro
Exagitata procul non intrat femina limen.

qu'auraient-ils pu te répliquer ? Mais que ne se permettront pas les autres citoyens, lorsqu'un magistrat tel que toi, Creticus [20], est revêtu d'une robe transparente [21], et qu'il ose, sous un tel vêtement, s'emporter, à la face du peuple révolté de sa mollesse, contre les Procula et les Pollita ? — Labulla est adultère. — Eh bien ! condamne Labulla ; condamne, si tu le veux, Carfinia : mais sache qu'après avoir été flétries, elles rougiraient d'un habit pareil au tien [22]. — Je ne puis supporter les ardeurs de juillet. — Plaide tout nu, j'y vois moins de déshonneur [23]. Il eût fallu qu'un magistrat vînt, sous un tel vêtement, dicter des lois à ces anciens Romains, rentrant dans la ville vainqueurs et couverts de blessures encore saignantes, ou descendant de leurs montagnes, après les travaux de la charrue ! Que ne dirais-tu pas si tu voyais un juge, et même un témoin, vêtu de la sorte ? Des robes transparentes à l'inflexible Creticus [24], à ce grand professeur de la liberté ! L'exemple te corrompit, il en corrompra bien d'autres ; s'il est vrai qu'un grain suffise pour gâter une grappe, et que, dans un troupeau, le mal d'un seul se communique à tous [25].

QUELQUE jour ce vêtement cessera d'être ton plus grand opprobre. On n'arrive que par degrés au comble de l'infamie. Nous te verrons enfin associé à ces prêtres qui, dans leurs secrètes assemblées, surchargent leurs têtes de longues aigrettes, et leur cou de nombreux colliers ; qui se concilient la bonne déesse [26] par le sacrifice d'une jeune truie, et l'offrande d'un grand vase rempli de vin : car, usurpant l'ancien culte des femmes, ils les

Solis ara deæ maribus patet. Ite, profanæ,
Clamatur; nullo gemit hic tibicina cornu.
Talia secreta coluerunt orgia tæda,
Cecropiam soliti Baptæ lassare Cotytto.
Ille supercilium madida fuligine tactum
Obliqua producit acu, pingitque trementes
Attollens oculos : vitreo bibit ille Priapo,
Reticulumque comis auratum ingentibus implet,
Cærulea indutus scutulata, aut galbina rasa,
Et per Junonem domini jurante ministro.
Ille tenet speculum, pathici gestamen Othonis,
ACTORIS AURUNCI SPOLIUM; quo se ille videbat
Armatum, quum jam tolli vexilla juberet.
Res memoranda novis annalibus atque recenti
Historia, speculum civilis sarcina belli !
Nimirum summi ducis est occidere Galbam,
Et curare cutem; summi constantia civis,
Bebriaci in campo spolium affectare palati,
Et pressum in faciem digitis extendere panem :
Quod nec in Assyrio pharetrata Semiramis orbe,
Mœsta nec Actiaca fecit Cleopatra carina.

Hic nullus verbis pudor, aut reverentia mensæ :
Hic turpis Cybeles, et fracta voce loquendi
Libertas; et crine senex fanaticus albo
Sacrorum antistes, rarum ac memorabile magni

ont chassées du sanctuaire. Le temple ne s'ouvre plus que pour les hommes. « Loin d'ici, profanes ! s'écrient-ils ; vos chanteuses sont bannies de ces lieux. » Tels les Baptes célébraient dans Athènes, à la lueur des flambeaux, leurs nocturnes orgies, et, par des danses lascives, fatiguaient leur impure Cotytto [27]. L'un se peint, en clignotant, les paupières et les sourcils avec une aiguille noircie [28] ; l'autre boit dans un priape de verre, se couvre d'une robe bleue brochée ou vert-pâle unie, et rassemble ses longs cheveux dans un filet doré ; tandis que son esclave, aussi efféminé que lui, ne jure que par Junon. Cet autre tient le miroir que l'infâme Othon portait avec plus de faste, que Turnus les dépouilles d'Auruns [29], et dans lequel, prêt à marcher à l'ennemi, il contemplait son air martial. Un miroir faire partie du bagage, dans une guerre civile [30] ! certes, ce trait mérite d'être inscrit aux pages de notre histoire et de nos annales modernes. N'est-ce pas d'ailleurs un exploit digne d'un grand général [31], que de soigner son teint, et d'assassiner Galba ? Ne faut-il pas toute la vertu d'un noble citoyen pour combattre dans les champs de Bébriac, par l'unique attrait d'un futile pillage, et s'empâter en même temps le visage de ses propres mains ? Voilà ce que l'Assyrie ne saurait reprocher à la guerrière Sémiramis, ni l'Égypte à Cléopâtre déplorant sur son bord la journée d'Actium.

Là, toute bienséance et toute pudeur sont bannies des discours et des repas : ce sont les mêmes turpitudes qu'aux mystères de Cybèle [32] : on n'entend que des paroles obscènes, balbutiées d'une voix efféminée. Celui qui préside

Gutturis exemplum, conducendusque magister.
Quid tamen exspectant, Phrygio quos tempus erat jam
More supervacuam cultris abscindere carnem?

QUADRINGENTA dedit Gracchus sestertia dotem
Cornicini, sive hic recto cantaverat ære.
Signatæ tabulæ; dictum feliciter; ingens
Cœna sedet; gremio jacuit nova nupta mariti.
O proceres! censore opus est an aruspice nobis?
Scilicet horreres majoraque monstra putares,
Si mulier vitulum, vel si bos ederet agnum?
Segmenta, et longos habitus, et flammea sumit,
Arcano qui sacra ferens nutantia loro
Sudavit clypeis ancilibus. O pater urbis!
Unde nefas tantum Latiis pastoribus? unde
Hæc tetigit, Gradive, tuos urtica nepotes?
Traditur ecce viro clarus genere atque opibus vir!
Nec galeam quassas! nec terram cuspide pulsas!
Nec quereris patri! Vade ergo, et cede severi
Jugeribus campi, quem negligis. Officium cras
Primo sole mihi peragendum in valle Quirini.
Quæ caussa officii? quid quæris? nubit amicus,
Nec multos adhibet. Liceat modo vivere, fient,
Fient ista palam, cupient et in acta referri.
Interea tormentum ingens nubentibus hæret,
Quod nequeunt parere, et partu retinere maritos.

à ces honteuses cérémonies est un fanatique à cheveux blancs, qui, par son large gosier et sa voracité sans exemple, mérite d'être gagé pour former des élèves. Pourquoi s'arrêter là? ne devraient-ils pas déjà, religieux imitateurs du rit Phrygien, s'être retranché un membre inutile [33]?

Gracchus apporta, pour sa dot, quatre cent mille sesterces à un joueur de cor, si ce n'était un trompette. On signe le contrat, on fait des vœux en faveur de cette alliance : les amis invités s'asseyent au festin nuptial; la nouvelle épouse repose sur le sein de son époux. Suprêmes magistrats, à qui recourir? est-ce au censeur? est-ce à l'aruspice [34]? Verriez-vous avec plus d'horreur, trouveriez-vous plus monstrueux, qu'un veau sortît tout à coup des flancs d'une femme, ou qu'une vache mît bas un agneau? C'est ce même Gracchus qui suait naguère sous le faix des boucliers mystérieux réunis par un secret lien [35], c'est lui qui se couvre aujourd'hui de la robe et du voile des nouvelles mariées. O Mars, protecteur de nos murs! quel funeste génie alluma ces feux criminels dans le cœur des pasteurs latins? Qui donc souffla ces ardeurs détestables au sein de tes enfans? Un homme, illustre par sa naissance et par ses richesses, épouser un autre homme! Dieu de la guerre, tu restes immobile! tu ne frappes pas de ta lance cette indigne contrée! tu n'implores pas la foudre de ton père [36]! Sors donc de ce champ formidable [37] qui te fut consacré, et sur lequel tu dédaignes d'abaisser tes regards.

J'ai demain, au point du jour, une affaire dans la vallée Quirinale. — Quelle affaire? — L'ignorez-vous?

Sed melius, quod nil animis in corpora juris
Natura indulget : steriles moriuntur, et illis
Turgida non prodest condita pyxide Lyde,
Nec prodest agili palmas praebere Luperco.

Vicit et hoc monstrum tunicati fuscina Gracchi,
Lustravitque fuga mediam gladiator arenam,
Et Capitolinis generosior, et Marcellis,
Et Catuli Paulique minoribus, et Fabiis, et
Omnibus ad podium spectantibus: his licet ipsum
Admoveas, cujus tunc munere retia misit.

Esse aliquos manes, et subterranea regna,
Et contum, et Stygio ranas in gurgite nigras,
Atque una transire vadum tot millia cymba,
Nec pueri credunt, nisi qui nondum aere lavantur.
Sed tu vera puta. Curius quid sentit, et ambo
Scipiadae; quid Fabricius, manesque Camilli,
Quid Cremerae legio et Cannis consumpta juventus,
Tot bellorum animae, quoties hinc talis ad illos
Umbra venit? cuperent lustrari, si qua darentur

SATIRE II.

Mon ami prend demain un mari, et n'admet qu'un petit nombre de témoins. — Vivons seulement, nous verrons former en public ces exécrables nœuds [38], nous les verrons légitimer. Cependant une cruelle fatalité corrompt la douceur d'un pareil hyménée ; ces sortes d'épouses ne sauraient espérer de fixer leurs époux en leur donnant des fils. Heureusement la nature ne donne point aux esprits le pouvoir de métamorphoser les corps : vainement l'épaisse Lydé leur vendit ses mystérieux topiques ; vainement l'agile Luperque frappa dans leurs mains [39] : rien ne saurait les féconder ; ces monstres périssent tout entiers.

Un autre Gracchus surpassa ces horreurs [40], lorsque, le trident en main, et revêtu de la tunique [41] des gladiateurs, il parcourut l'arène en fuyant ; lui qui l'emportait, par l'éclat de sa naissance, sur les Capitolinus, les Marcellus, les Fabius, les Catules et les Émiles, sur tous les spectateurs assis aux premiers rangs, sans excepter celui même qui payait sa bassesse !

Qu'il y ait des mânes [42], un royaume souterrain, un Caron, et de noirs reptiles dans les gouffres du Styx ; que tant de milliers d'hommes traversent l'onde fatale dans une seule barque [43], c'est ce que ne croient plus même les enfans à peine arrivés à l'âge où il faut payer pour se baigner aux bains publics [44]. Pour nous, gardons-nous bien de cette incrédulité coupable [45]. Que pensent un Curius et les deux Scipions, un Fabrice, un Camille, tant de jeunes citoyens, tant de héros moissonnés à Crémère et dans les champs de Cannes, quand

Sulphura cum taedis, et si foret humida laurus.
Illuc heu! miseri traducimur. Arma quidem ultra
Litora Juvernae promovimus, et modo captas
Orcadas, ac minima contentos nocte Britannos.
Sed quae nunc populi fiunt victoris in urbe,
Non faciunt illi, quos vicimus : et tamen unus
Armenius Zalates cunctis narratur ephebis
Mollior ardenti sese indulsisse tribuno.
Aspice quid faciant commercia : venerat obses :
Hic fiunt homines : nam si mora longior urbem
Indulsit pueris, non unquam deerit amator ;
Mittentur braccae, cultelli, frena, flagellum :
Sic praetextatos referunt Artaxata mores.

SATIRE II.

ils voient arriver l'ombre de l'un ces impies? ils regrettent de n'avoir plus ni soufre ni laurier pour se purifier [46]. Malheureux que nous sommes! c'est là qu'il nous faudra descendre. Qu'importe d'avoir récemment soumis à notre empire les Orcades et la Bretagne [47], où les nuits sont si courtes? d'avoir porté nos armes par delà l'Hibernie? les vaincus n'ont point encore à rougir des turpitudes qui souillent les vainqueurs; à moins qu'on ne m'oppose l'arménien Zalates, qui, plus efféminé que nos propres enfans, se livra, dit-on, aux fureurs d'un tribun. Admirable effet de ce genre de commerce [48]! cet adolescent, plein d'innocence, avait été envoyé à Rome en qualité d'otage : mais on ne tarde pas à devenir homme en cette ville [49]; si les jeunes étrangers y séjournent trop long-temps, le corrupteur s'est bientôt emparé d'eux : renonçant aux mâles exercices de leur terre natale, à leurs chevaux, à leurs armes, ils ne rapportent enfin dans Artaxate [50] que la dépravation de nos patriciens.

NOTES

SUR LA SATIRE II.

---

1. ARGUMENT. L'auteur démasque, dans cette Satire, les prétendus philosophes qui censuraient rigoureusement les mœurs, tandis qu'ils étaient eux-mêmes souillés des vices les plus odieux. Il introduit *Lauronia*, qui fait une vive apostrophe à ces hypocrites ; ensuite il passe à la mollesse des juges, à la turpitude des prêtres, à l'infamie des nobles, et finit par une tirade religieuse.

2. *Qui affichent l'austérité des Curius*, vers 3. Curius Dentatus, l'un des plus dignes personnages de la république, fut trois fois consul ; il vainquit les Samnites, les Sabins et les Lucaniens : il distribua quatre arpens de terre à chaque citoyen, et n'en retint pas davantage pour lui, disant « Que celui-là ne méritait pas le nom de Romain, à qui cette quantité ne pouvait suffire. » Un jour, des ambassadeurs des Samnites lui rendirent visite ; ils le trouvèrent qui faisait cuire des raves dans un pot de terre. Ils lui offrirent des vases d'or pour l'engager à prendre leurs intérêts. « J'aime mieux, leur répondit-il, commander à ceux qui sont riches, que de l'être moi-même. »

3. *Et vivent en Bacchantes*, v. 3. Les fêtes obscènes, appelées Bacchanales, parce qu'on les célébrait en l'honneur de Bacchus, tiraient leur origine d'Égypte. Elles furent introduites en Grèce par Mélampus, devin et médecin, qui vivait du temps de Prœtus, roi d'Argos, avant la guerre de Troie. Long-temps après, un aventurier grec, *Græcus ignobilis, sacrificulus et vates*, en infecta la Toscane, où le nombre des initiés s'accrut insensiblement, et

où cet infâme culte devint plus abominable de jour en jour. La contagion se glissa dans Rome, d'où elle se répandit dans le reste de l'Italie, à l'aide des imposteurs qui avaient également conjuré et la perte des mœurs, et celle de l'état; car il n'est rien, dit Tite-Live, de pire que la superstition, quand elle médite le crime sous le manteau de la religion. Le consul Spurius Posthumius, l'an de Rome 566, fut instruit de cette trame. Le nombre des complices des deux sexes montait à plus de sept mille. Plusieurs prévinrent le supplice par une mort volontaire. Après avoir exterminé cette secte monstrueuse, le sénat supprima les fêtes que l'on avait coutume de célébrer en l'honneur de Bacchus. (TIT. LIV., l. XXXIX, cap. 8.) Ensuite on les rétablit. Quoique très-licencieuses dans les temps postérieurs, c'est surtout aux premières qu'il faut rapporter ces mots, *et Bacchanalia vivunt,* parce que ces fêtes, par un prodige inouï, fournirent presque subitement les exemples de tous les crimes jusqu'alors inconnus, et si communs du temps de Juvénal.

4. *Car c'est la perfection pour eux,* etc., v. 5. Je crois que c'est là le sens. Dusaulx avait traduit, *Car si l'un d'eux achète le portrait d'Aristote et de Pittacus, le voilà réputé l'oracle de sa secte.* J. P.

5. *Que le front de l'homme est trompeur!* etc., v. 8. Martial, liv. I, épig. 24, a dit aussi:

>Qui loquitur Curios, assertoresque Camillos,
>   Nolito fronti credere; nupsit heri.

Je ferai voir qu'il y a beaucoup de rapport entre Juvénal et Martial, quant aux expressions et aux pensées, mais nullement quant à l'intention. Martial était un bas flatteur, et souvent un fort mauvais plaisant, quoique en général il écrivît avec une singulière élégance.

6. *Toi, le plus infâme cloaque de la bande socratique,* v. 10. C'est-à-dire, le plus corrompu de tous ces faux sages qui se disent sectateurs de Socrate; car il faut bien se garder de soupçonner un ami de la vertu, aussi constant que Juvénal, d'avoir fait allusion aux bruits honteux que la calomnie sema contre les mœurs de cet

homme juste et intègre. Aristophane lui-même, ce vil instrument des ennemis de ce grand philosophe, n'osa l'attaquer à cet égard.

Paul Léopard (*Emend.*, lib. XIII, cap 10) substitue *sotadicos* à *socraticos*, par allusion à Sotade, poète de Mantinée, qui, le premier, composa un ouvrage intitulé *Cinædica*. Voyez *Suidas*.

Cloaque le plus infâme, etc. : *Notissima fossa*, etc. Quintilien, contemporain de Juvénal, blâmait ces sortes de métaphores : Cicéron, dit-il, nous recommande de prendre garde qu'elles ne soient indécentes ; comme si l'on disait que la république *a été châtrée* par la mort de Scipion, *castratam morte Africani rempublicam*; ou si l'on appelait Glaucia l'excrément du sénat, *stercus curiæ Glauciam*. (QUINTIL., lib. VIII, cap. 6.)

7. *Le médecin sourit en coupant les fruits secrets de ta débauche*, v. 12. Soit à Rome, soit dans Athènes, les médecins pratiquaient en même temps la médecine, la pharmacie et la chirurgie, c'est-à-dire qu'ils composaient les remèdes, et faisaient toutes les opérations chirurgicales.

8. *Ses goûts déréglés*, v. 17. Dusaulx avait traduit *son mal*, comme si *morbum* se rapportait à *tumidæ mariscæ* : j'ai mieux aimé prendre l'expression au figuré, comme semblent le demander les vers suivans. J. P.

9. *Tonnant comme Hercule contre la volupté*, etc., v. 19. Il y a dans le texte, *Qui talia verbis Herculis invadunt*, etc., c'est-à-dire qui reprennent de semblables turpitudes sur le ton d'Hercule, lorsqu'il repoussa la volupté pour suivre la vertu : *Incusata gravissimis verbis voluptate, virtutem secutus est*. (CIC., *de Offic.*, l. I.)

10. *Si les trois disciples de Sylla s'élevaient contre les proscriptions*, v. 28. Il s'agit ici des fameux triumvirs Octave, Antoine et Lépide.

11. *Comme cet empereur*, etc., v. 29. Domitien, qui ne cessait de faire de beaux réglemens en faveur de la religion, des mœurs, des sciences, et n'en était pas moins le plus vil et le plus dangereux scélérat de son empire.

SUR LA SATIRE II.

Tragico concubitu, signifie que l'inceste était du ressort de la tragédie, comme on le voit dans Œdipe et dans Phèdre.

12. *Loi Julia, qu'êtes-vous devenue?* v. 37. On a donné ce nom à plusieurs lois différentes, dont la plupart ont été faites par Jules César, d'autres par Auguste. La loi Julia, *de adulteriis*, prescrivait des peines contre ceux qui seraient convaincus d'adultère.

13. *Qu'exhale votre barbe épaisse*, v. 41. L'interprétation de Dusaulx, *dont l'odeur trahit ta feinte austérité*, me semble avoir moins de grace que cette opposition du latin *hirsuto collo, spirant opobalsama*. Le reproche est indirect, et la plaisanterie en a plus de sel. J. P.

14. *Commencez par la loi Scantinia*, v. 43. On l'attribue à C. Scantinius, tribun du peuple; quelques-uns prétendent qu'il en fut seulement la victime, et que cette loi prit son nom : elle fut publiée contre ceux qui se prostituaient publiquement et qui débauchaient les autres. La peine de ce crime était d'abord pécuniaire; les empereurs chrétiens prononcèrent ensuite la peine de mort.

15. *A réformer les hommes*, v. 44. On ne ferait point assez entendre le latin, en traduisant, *Sondez le cœur de l'homme* : il serait naturel de croire qu'on a voulu parler généralement du cœur humain, sans distinction de sexe. J. P.

16. *A peine quelques-unes d'entre nous s'exercent à la lutte*, v. 53. Juvénal ne fait point dire à Lauronia, *On n'en voit aucune parmi nous*, parce qu'il se contredirait, ayant parlé, satire 1, de Mævia, qui, le sein découvert, attaque un sanglier, et disant, satire 6, que les femmes s'exerçaient à différens genres d'escrime. La lutte était un des cinq combats gymniques, du mot grec qui signifie nu.

17. *Se nourrissent du pain des athlètes*, v. 55. Ce pain était fait de manière à donner de la vigueur aux athlètes : c'est pourquoi Martial engageait l'un d'eux à manger ce que Juvénal appelait *Coliphia*. On conjecture, d'après ces deux vers du même auteur, que ce pain avait la forme d'un membre viril.

> Si vis esse satur, nostrum potes esse priapum ;
> Ipse licet rodas inguina, purus eris.

18. *Dignes émules de ces misérables concubines*, etc., v. 57. Il y avait à Rome deux sortes de concubinage. L'un, nommé *justœ nuptiœ et legitimœ*; c'était la liaison que l'on avait avec des concubines romaines de naissance, qui n'étaient ni sœurs, ni mères, ni filles de celui avec qui elles habitaient, et qui n'étaient point de condition servile. L'autre espèce de concubinage, appelé *injustœ nuptiœ et illegitimœ*, s'entendait de ceux qui habitaient avec des concubines incestueuses, étrangères ou esclaves. Ces dernières étaient fort maltraitées par les épouses légitimes, et condamnées à des travaux pénibles et assidus.

19. *Tous mes stoïciens*, etc., v. 64. On sent bien que le poète ne les appelle stoïciens que par ironie : en effet, il leur fait prendre la fuite, ce qui n'est nullement stoïque.

20. *Creticus*, v. 67. Quintus Metellus ayant triomphé des Crétois pendant la guerre que les Romains firent contre les pirates, obtint le surnom de Creticus, dont Juvénal se sert ici pour désigner un magistrat de distinction.

21. *Est revêtu d'une robe transparente*, v. 66. Ce fut Jules César qui occasiona cette mode, en faisant couvrir, dans quelques spectacles qu'il donna, tout le théâtre de voiles de soie. Tibère fit rendre par le sénat un décret conçu dans ces termes remarquables : *Decretum ne vestis serica viros fœdaret*. Caligula parut le premier en robe de soie. Il est vrai que sous Néron les femmes commencèrent à en porter; mais il y a lieu de croire que leurs étoffes étaient mêlées de lin et de soie, et que, jusqu'à Héliogabale, le luxe n'a point fourni d'exemple d'une robe toute de soie.

22. *Elles rougiraient d'un habit pareil au tien*, v. 70; c'est-à-dire, de porter une toge aussi transparente que la tienne; car la toge fut insensiblement une note d'infamie pour les femmes; et cette note, on l'infligeait à celles qui avaient été convaincues d'adultère. — Veux-tu faire à cette prostituée, dit Martial, des présens dignes d'elle? *Mitte togam* (lib. IX, epig. 39).

23. *Plaide tout nu : j'y vois moins de déshonneur*, v. 71. J'ai adopté la correction de Grangæus, qui met *infamia* au lieu d'*in-*

sania, parce qu'il y a plus que de la folie à se montrer volontairement tout nu.

24. *Des robes transparentes à l'inflexible Creticus*, v. 72. Ces robes indignaient tous les honnêtes gens et tous les moralistes. « Je vois, dit Sénèque, des vêtemens de soie, si l'on peut donner le nom de vêtemens à des étoffes qui ne garantissent ni le corps ni la pudeur, et avec lesquels une femme ne pourrait, sans mentir, assurer qu'elle n'est pas nue. Nous faisons venir, à grands frais, ces étoffes de pays inconnus même au commerce, afin que nos femmes n'aient rien de plus à montrer en secret à leurs amans. » (Traduction de Lagrange.) *Ut matronæ nostræ ne adulteris quidem plus suis in cubiculo, quam in publico ostendant.* (*De Benef.*, lib. VII, cap. 9.)

25. *S'il est vrai qu'un grain suffise pour gâter une grappe*, etc., v. 81. Nicolas Heinsius prétend que les copistes ont mis ici *conspecta*, au lieu de *contacta*. Voyez à cet égard ses observations sur Tacite, insérées dans le recueil intitulé *Miscellaneæ observationes criticæ in auctores veteres et recentiores*, tom. IX, p. 291. Observons cependant que le préjugé des anciens, consigné surtout dans les poètes, était qu'un fruit gâté, vis-à-vis d'un autre, le gâtait sans contact.

26. *Qui se concilient la bonne déesse*, v. 86. Il s'agit ici des prêtres dont l'empereur Domitien avait fondé un collége en l'honneur de Minerve. Ils célébraient aussi, comme le dit notre auteur, les mystères de la bonne déesse, mais sans avoir égard à l'ancien rit, suivant lequel les hommes n'étaient point admis à célébrer sa fête, ni le myrte employé à parer ses autels. On lui faisait tous les ans un sacrifice dans la maison, et par les mains de la femme du grand-prêtre. Les vestales y étaient appelées, et la cérémonie ne commençait qu'avec la nuit : alors on voilait les représentations même des animaux mâles; le grand-prêtre s'éloignait, emmenant avec lui tout ce qui était de son sexe. Les Grecs sacrifiaient aussi à la bonne déesse, qu'ils appelaient la déesse des femmes, et qu'ils donnaient pour une des nourrices de Bacchus : il leur était défendu de prononcer son nom. Du temps de Cicéron, qui appelle par excellence les mystères de la bonne déesse, mystères des Ro-

mains, Publius Clodius les profana, en se glissant en habit de femme chez Jules César, dans le dessein de corrompre Pompeia sa femme.

27. *Tels les Baptes célébraient dans Athènes, à la lueur des flambeaux, leurs nocturnes orgies, et, par des danses lascives, fatiguaient leur impure Cotytto,* v. 91. Fatiguaient, c'est-à-dire, ennuyaient, dégoûtaient. On ne sait pas précisément ce que c'était que ces Baptes, ainsi nommés, peut-être, parce qu'ils croyaient expier leurs souillures en se plongeant dans l'eau. Quant aux mystères de Cotytto ou de Cotys, les Athéniens les avaient empruntés des Thraces : on les célébrait pendant la nuit et dans le plus grand secret. Insensiblement ce culte occasiona les mêmes infamies dans Athènes, que celui de la bonne déesse à Rome. Les poètes comiques, ainsi que Strabon l'a observé, ont souvent reproché aux Athéniens la manie des superstitions étrangères, qui, chez eux, dégénéraient en licence. Eupolis se moqua des mystères de Cotys, dans sa comédie des Baptes; et c'est à cette pièce, qui n'existe plus, que Juvénal a fait allusion. Quelques-uns ont prétendu que cette comédie coûta la vie à son auteur. Ce fait, rapporté par un grammairien du moyen âge, est contredit par des autorités plus anciennes et plus graves. *Voyez* l'Hist. des Poètes, par Giraldi.

28. *Avec une aiguille noircie,* v. 94. L'épithète d'*obliqua*, que j'ai supprimée, n'est point relative à l'aiguille, mais à la manière de s'en servir : on la promenait obliquement sur les paupières et les sourcils.

29. *Que l'infâme Othon portait avec plus de faste, que Turnus les dépouilles d'Auruns,* v. 99. Othon, septième empereur romain, avait mérité la faveur de Néron par sa mollesse et ses débauches. Il parvint à l'empire l'an 69 de Jésus-Christ, après avoir fait assassiner Galba et Pison. Son armée ayant été défaite à la bataille de Bébriac par celle de Vitellius, il se tua de désespoir, après un règne de trois mois.

Les satiriques ont coutume de parodier et d'emprunter les vers des grands poètes, comme le fait ici Juvénal. *Pathici gestamen Othonis,* répond à *magni gestamen Abantis* (VIRG., Æneid., lib. III.); *Actoris Aurunci spolium*, répond à *validam vi corripit hastam, Actoris Aurunci spolium*. (Æneid., lib. XII.)

30. *Un miroir faire partie du bagage, dans une guerre civile!* v. 103. Muratori rapporte une inscription, par laquelle on voit que les Romains de toutes sortes de conditions se piquaient d'avoir de riches miroirs. Bientôt la mode en multiplia les artistes. Les progrès du luxe sont les mêmes en tout temps, en tous lieux. Peu de bourgeois chez nous avaient des glaces autrefois; et nos militaires n'entraient point en campagne avec ce qu'on appelle un nécessaire.

Cicéron attribue l'invention des miroirs de métal au premier Esculape. On en fit ensuite de composition; mais l'argent pur obtint la préférence. Un certain Praxitèle, contemporain du grand Pompée, fut l'inventeur de ces derniers. On en fit d'or, et on les chargea de tant d'ornemens, qu'ils devinrent d'un prix excessif. Sénèque dit que des filles d'affranchis en avaient dont le prix surpassait la dot accordée par le sénat à la fille de Cnéius Scipion. Ce qu'on appelait l'attirail des femmes, ajoute-t-il, fait partie du bagage de l'homme : que dis-je, de l'homme? du guerrier: *Quidquid mundus muliebris vocabatur, sarcinæ viriles sunt.* (*Quæsinatur.*, lib. I, cap. 17.)

Il serait difficile de marquer l'époque où les anciens commencèrent à faire des miroirs de verre; on sait seulement que les premiers sortirent des verreries de Sidon.

31. *Un exploit digne d'un grand général*, etc., v. 104. J'ai changé tout cet endroit. L'intention de Juvénal a été, je crois, de faire contraster *occidere Galbam*, et *curare cutem; affectare spolium, et in faciem panem extendere.* J. P.

Et d'assassiner Galba. Victoire facile, puisque ce vieillard, dit Suétone, était privé de l'usage de ses membres par les douleurs de la goutte : *Pedibus manibusque articulari morbo distortissimis, ut neque calceum perpeti, neque libellos evolvere aut tenere omnino valeret.* (*Vita Oth.*, cap. 21.)

32. *Ce sont les mêmes turpitudes qu'aux mystères de Cybèle*, v. 111. Il n'est pas facile de trouver dans le texte une construction

bien latine et bien claire. Je suis tenté de croire qu'il manque ici quelque chose; et qu'en copiant le plus ancien manuscrit, on a sauté deux portions de vers de cette façon :

> Hic turpis Cybeles. . . . .
> . . . . Et fracta voce loquendi
> Libertas.

S'il n'y a rien d'omis, je crois qu'il vaudrait mieux suivre la correction d'Henninius, pag. 949 : *Hic turpis Cybele est*, etc.

On adora cette déesse sous les noms d'Ops, Rhée, Vesta, la bonne déesse, la mère des dieux, Dyndimène, mère Idée, Bérécinthe. Elle était fille du Ciel et de la Terre, et femme de Saturne. On la représentait sur un char traîné par des lions, avec une tour sur la tête, une clef à la main, et un habit parsemé de fleurs. Ses prêtres s'appelaient *Galli*, *Dactyles*, *Curètes*, *Corybantes*. L'institution des *Galles*, après avoir commencé en Phrygie, se répandit dans toute la Grèce, dans la Syrie, dans l'Afrique et dans l'empire romain. La cérémonie qu'ils faisaient en Syrie pour recevoir de nouveaux Galles dans leur société, est ainsi décrite par Lucien : « A la fête de la déesse se rend un grand nombre de
« gens, tant de la Syrie que des régions voisines; tous y portent
« les figures et les marques de leur religion. Au jour assigné,
« cette multitude se rend au temple; quantité de Galles s'y trou-
« vent et y célèbrent leurs mystères; ils se tailladent les coudes et
« se donnent mutuellement des coups de fouet sur le dos. La
« troupe qui les environne, joue de la flûte et du tympanon :
« d'autres, saisis comme d'un enthousiasme, chantent des chan-
« sons qu'ils composent sur-le-champ. Tout ceci se passe hors du
« temple, et la troupe qui fait toutes ces choses n'y entre pas.
« C'est dans ces jours-là qu'on crée des Galles. Le son des flûtes
« inspire à plusieurs des assistans une espèce de fureur ; alors le
« jeune homme qui doit être initié, quitte ses vêtemens, et, pous-
« sant de grands cris, vient au milieu de la troupe où il tire une
« épée, et se fait eunuque lui-même. Il court ensuite par la ville,
« portant entre les mains les marques de sa mutilation, et les
« jette dans une maison où il prend l'habit de femme. »

Il y avait deux Galles à Rome, un homme et une femme, pour le service des autels de Cybèle, qu'on honorait sous le nom d'*Idæa mater*. Tout méprisables que fussent les Galles, ils avaient un chef très-considéré, qu'on appelait Archigalle, ou souverain prêtre de Cybèle. Il était permis à cet ordre de prêtres, par la loi des Douze Tables, de demander l'aumône dans certains jours de l'année, à l'exclusion de tout autre mendiant.

33. *S'être retranché un membre inutile?* v. 116. Voyez la citation de Lucien, note 31. Dusaulx avait traduit : *A l'aide de la pierre tranchante, à se délivrer d'un fardeau superflu.* J. P.

34. *Est-ce au censeur, est-ce à l'aruspice?* v. 121. Les censeurs étaient particulièrement chargés de veiller sur les mœurs, et de réprimer le vice dans tous les ordres de l'état. Quant aux aruspices, on n'avait recours à leur ministère que dans les circonstances extraordinaires et prodigieuses : alors ils examinaient les entrailles des victimes, en tiraient des présages, et indiquaient les expiations convenables.

35. *Ce même Gracchus qui suait naguère sous le faix des boucliers mystérieux réunis par un secret lien*, v. 125. Ces boucliers s'appelaient *ancilia*. Denys d'Halicarnasse raconte qu'un bouclier étant tombé du ciel sous le règne de Numa, on consulta les aruspices, qui répondirent que l'empire du monde était destiné à la ville où ce bouclier serait conservé. Après cette réponse, Numa, craignant que ce précieux gage ne fût enlevé aux Romains, en fit faire onze autres de même figure et de même grandeur, afin qu'on ne pût jamais reconnaître celui-là, et les fit mettre dans le temple de Mars, sous la garde de douze jeunes patriciens, dont il fit un collège de prêtres appelés Saliens. Tous les ans on portait ces boucliers sacrés par la ville, en dansant, en chantant des vers qui avaient rapport à la solennité.

36. *Tu n'implores pas la foudre de ton père*, v. 131. Selon plusieurs mythologues, Mars n'avait point de père : cependant Hésiode, dans sa Théogonie, le fait naître de Jupiter et de Junon.

37. *Sors donc de ce champ formidable*, etc., v. 131. Il fut, selon quelques-uns, consacré à Mars par Romulus; suivant d'autres, par le peuple, après l'expulsion de Tarquin-le-Superbe, qui se

l'était approprié et le faisait cultiver. Juvénal l'appelle formidable, soit à cause du dieu, soit parce qu'on y faisait les exercices militaires, et qu'on y tenait les comices ou assemblées générales du peuple. Plusieurs grands hommes y avaient leur sépulture. Les statues y étaient en si grand nombre, qu'on a dit qu'on les eût prises de loin pour une armée.

38. *Vivons seulement, nous verrons former en public ces exécrables nœuds*, etc., v. 135. Ce que Juvénal a prédit, est arrivé. Salvien, que l'on appelle le Jérémie du cinquième siècle, décrit ainsi l'affreuse turpitude dont il s'agit, et dont il avait été spectateur : *Viri in semetipsis fœminas profitebantur, et hoc sine pudoris umbraculo, sine ullo verecundiæ amictu; ac, quasi parum piaculi esset, si malo illo malorum tantum inquinarentur auctores, per publicam sceleris professionem fiebat etiam scelus integræ civitatis : videbat quippe hæc universa urbs, et patiebatur : videbant judices, et acquiescebant : populus videbat, et applaudebat, ac si diffuso per totam urbem dedecoris scelerisque consortio, etsi hoc commune omnibus non faciebant actus, commune omnibus faciebat assensus* (SALV., lib. VII, *De Gubernat. Dei*).

39. *Vainement l'agile Luperque frappa dans leurs mains*, v. 142. Les Luperques étaient des prêtres préposés au culte particulier du dieu Pan, et qui célébraient les Lupercales. Comme on attribuait leur institution à Romulus, ces prêtres passaient pour les plus anciens qui eussent été établis à Rome. Leurs cérémonies étaient ridicules; ils parcouraient la ville comme des extravagans : nus et armés d'un fouet, ils frappaient tous ceux qui se trouvaient sur leur passage. Les femmes croyaient que ces Luperques avaient le pouvoir de les rendre fécondes, ou de leur procurer des couches heureuses, en leur frappant dans la main.

> Nupta, quid exspectas? non tu pollentibus herbis,
> Nec prece, nec magico carmine mater eris.
> Excipe fœcundæ patienter verbera dextræ,
> Jam socer optatum nomen habebit avi.
> OVID.

40. *Un autre Gracchus surpassa ces horreurs*, etc., v. 143. Cette

hyperbole ne doit point surprendre; les vrais Romains avaient encore plus d'horreur de l'avilissement volontaire que du crime : d'ailleurs, Juvénal n'exprime ici que l'opinion publique. — *Lorsque le trident en main et revêtu de la tunique des gladiateurs.* Le rôle de Gracchus dans cette conjoncture était celui de rétiaire. Les rétiaires portaient un trident d'une main, et un filet de l'autre; ils combattaient en tunique, et poursuivaient le myrmillon, en lui criant : « Ce n'est pas à toi, Gaulois, que j'en veux, c'est à ton « poisson. » *Non te peto, Galle, sed piscem peto*. — *Il parcourut l'arène en fuyant.* Les myrmillons étaient armés d'un bouclier et d'une faux, et portaient un poisson sur le haut de leur casque. Les Romains leur avaient donné le sobriquet de *Gaulois*. — *Lui qui l'emportait sur tous les spectateurs assis aux premiers rangs.* Les sénateurs, les magistrats, l'éditeur du spectacle et l'empereur, occupaient le premier rang; qui s'appelait *podium*. Rien ne ressemble plus au *podium* qu'une longue tribune ou un grand péristyle circulaire. Les gradins des chevaliers étaient immédiatement au dessus du *podium*; ils en avaient environ quatorze. Au dessous du *podium* étaient des loges ou voûtes, où l'on renfermait les bêtes qui devaient combattre; ces loges s'appelaient *caveæ*, elles étaient de niveau avec l'arène. — *Sans excepter celui qui payait sa bassesse.* Les édiles eurent d'abord l'intendance de ces jeux cruels; ensuite les préteurs y présidèrent : enfin Commode attribua cette inspection aux questeurs.

41. *Lorsque le trident en main, et revêtu de la tunique*, etc., v. 143. La tunique de Gracchus, quant à la forme, ressemblait parfaitement à celle des rétiaires, mais elle était d'une étoffe précieuse; et c'est pourquoi Juvénal a dit simplement *tunique*, sans ajouter *des rétiaires*. Je m'étendrai davantage à cet égard dans la sat. 8, v. 201, où il sera encore question des combats de Gracchus.

42. *Qu'il y ait des mânes*, etc., v. 149. Il paraît, par la mythologie des anciens, qu'ils n'avaient pas des idées bien fixes sur la signification de ce mot : ce qu'on peut en recueillir de plus constaté, c'est que souvent ils prenaient les mânes pour les âmes séparées des corps; d'autres fois pour les dieux infernaux, ou sim-

plement comme les dieux ou génies tutélaires des défunts. Le mot mânes était pris aussi quelquefois pour les enfers en général.

> Hæc manes veniet mihi fama sub imos.
> VIRG.

Voici quatre vers attribués à Ovide, dans lesquels on ne dit point ce que c'était que les mânes, mais où l'on apprend le lieu qu'ils habitaient :

> Bis duo sunt homini : manes, caro, spiritus, umbra.
> Quatuor ista, loci bis duo suscipiunt.
> Terra tegit carnem, tumulum circumvolat umbra,
> Orcus habet manes, spiritus astra petit.

De tous les anciens, Apulée est celui qui, dans son livre *de Deo Socratis*, parle plus clairement de la doctrine des mânes. « L'esprit de l'homme, dit-il, après être sorti du corps, devient « une espèce de démon, que les anciens Latins appelaient *Lemures*: « ceux d'entre les défunts qui étaient bons et prenaient soin de « leurs descendans, s'appelaient *Lares familiares*; mais ceux qui « étaient inquiets, turbulens et malfaisans, qui épouvantaient les « hommes par des apparitions nocturnes, s'appelaient *Larvæ*; et « lorsqu'il était incertain ce qu'était devenue l'âme du défunt, « si elle avait été faite *lar* ou *larva*, on l'appelait mâne. » Quoiqu'ils ne déifiassent pas tous les morts, cependant il était reçu chez eux que toutes les âmes des gens honnêtes devenaient autant d'espèces de dieux; c'est pourquoi on lisait sur les tombeaux ces trois lettres initiales, D. M. S., qui signifiaient *diis manibus sacrum*.

43. *Traversent l'onde fatale dans une seule barque*, v. 151. Tel est, je pense, le vrai sens de Juvénal. Le traducteur, négligeant l'opposition de *una cymba* et *tot millia*, avait rendu, *Que des milliers d'ombres traversent tous les jours cet affreux ravin dans la barque fatale*. J. P.

44. *L'âge où il faut payer pour se baigner aux bains publics*, v. 152. Pourquoi Dusaulx, qui a si bien interprété ce passage dans une note, avait-il traduit, *C'est ce que la jeunesse ne croit plus, si ce n'est dans l'enfance?* Voici sa note : (J. P.)

On lit dans le texte : *Nisi qui nondum ære lavantur.* Ce qui signifie, si ce n'est ceux qui ne paient pas encore pour entrer dans les bains; soit qu'on n'y fût admis qu'à un certain âge; soit plutôt que l'on fût dispensé dans l'enfance de payer au baigneur la quatrième partie d'un *as*, qui était le prix ordinaire.

45. *Gardons-nous bien*, v. 153. Observez que *sed tu vera puta* ne signifie pas « mais supposons une autre vie. » Ce n'est point ici une hypothèse de la part de Juvénal; il est évident qu'il croyait, avec Properce, que nous ne mourrons pas tout entiers.

Sunt aliquid manes; lethum non omnia finit.
PROP., lib. 4, eleg. 7.

46. *Ils regrettent de n'avoir plus ni soufre ni laurier pour se purifier*, v. 157. L'expiation était un acte de religion généralement établi dans le paganisme, pour purifier les coupables et les lieux que l'on croyait souillés, ou pour apaiser la colère des dieux que l'on supposait irrités. La cérémonie de l'expiation ne s'employa pas seulement pour les crimes, elle fut pratiquée dans mille autres occasions différentes; ainsi ces mots si fréquens chez les anciens, *expiare*, *lustrare*, *purgare*, *februare*, signifiaient « faire des « actes de religion » pour effacer quelque faute ou pour détourner des malheurs, à l'occasion des objets que la superstition présentait comme étant de sinistre présage.

47. *Qu'importe d'avoir récemment soumis à notre empire les Orcades et la Bretagne?* v. 160. L'empereur Claude triompha des Bretons, et fit la conquête des Orcades. *Modo*, que j'ai traduit par « récemment », signifie quelquefois un temps éloigné. Valère Maxime (l. 1, chap. 1) l'emploie pour un espace de soixante ans; et Juvénal, au vers 73 de cette satire, s'en sert pour marquer un temps plus reculé.

Juvénal dit que les Bretons n'avaient presque point de nuit, *minima contentos nocte*, etc. On retrouve ce préjugé dans les historiens. *Voyez* TACITE, *Vie d'Agricola*, et PLINE, l. II, chap. 75.

48. *Admirable effet de ce genre de commerce!* v. 116. J'ai cru devoir conserver le tour ironique du poète latin. Dusaulx avait

dit, *O pouvoir des commerces imprudens!* Il m'a paru qu'*imprudens* n'était nullement dans l'esprit du texte. J. P.

49. *On ne tarde pas à devenir homme en cette ville*, v. 167. Je n'ai point compris comment le traducteur liait ces idées : *Il était venu à Rome en qualité d'otage. C'est ainsi qu'on devient homme en cette ville : car si les jeunes étrangers*, etc. J. P. *Hic fiunt homines* est très-bien expliqué par ces deux vers de Martial :

> Dum puer es, redeas; dum vultus lubricus, et te
> Non Libye faciat, sed tua Roma virum.
> Lib. 9, epig. 57.

50. *Dans Artaxate*, etc., v. 170. Cette ville était alors la capitale de l'Arménie : *Caput gentis Artaxata*. TACIT.

SATIRA III.

Urbis incommoda.

Quamvis digressu veteris confusus amici,
Laudo tamen vacuis quod sedem figere Cumis
Destinet, atque unum civem donare Sibyllae.
Janua Baiarum est, et gratum litus amoeni
Secessus. Ego vel Prochytam praepono Suburrae.
Nam quid tam miserum, tam solum vidimus, ut non
Deterius credas horrere incendia, lapsus
Tectorum assiduos, ac mille pericula saevae
Urbis, et Augusto recitantes mense poetas?

Sed dum tota domus rheda componitur una,
Substitit ad veteres arcus, madidamque Capenam;
Hic, ubi nocturnae Numa constituebat amicae:
Nunc sacri fontis nemus et delubra locantur
Judaeis, quorum cophinus foenumque supellex:
Omnis enim populo mercedem pendere jussa est
Arbor, et ejectis mendicat silva Camenis.
In vallem Egeriae descendimus, et speluncas
Dissimiles veris. Quanto praestantius esset

SATIRE III.

Les embarras de Rome [1].

Quoique très-affligé du départ de mon ancien ami, j'approuve néanmoins le parti qu'il a pris de se retirer à Cumes, ville peu fréquentée [2], et de donner un nouveau citoyen à la Sibylle. C'est à la porte de Baies, sur un charmant rivage et dans une retraite délicieuse. Pour moi, j'aimerais mieux habiter l'île même de Prochyta [3], que le quartier de Suburre. Un désert, en effet, n'est-il pas plus supportable qu'une ville où les incendies, la chute fréquente des maisons [4], et mille autres dangers font renaître la terreur à chaque pas, sans compter la frénésie des poètes, dont, au mois d'août, il nous faut essuyer les importunités?

Tandis qu'on chargeait tout son bagage sur un seul chariot, il s'arrêta près des vieux arcs de la porte Capène [5], dans cet asile où Numa donnait des rendez-vous nocturnes à sa nymphe Égérie [6]. Le temple et les bosquets de la fontaine sacrée sont loués à des Juifs, dont quelques corbeilles remplies de foin forment tout l'attirail; ils sont contraints en effet de payer au peuple romain, jusqu'à l'ombre des arbres de cette forêt dont nous avons chassé les Muses, et qui n'est plus aujourd'hui qu'un repaire de mendians. Nous descendons le vallon d'Égérie, jusqu'à ces grottes, si différentes des grottes

Numen aquæ, viridi si margine clauderet undas
Herba, nec ingenuum violarent marmora tofum!

Hic tunc Umbritius : Quando artibus, inquit, honestis
Nullus in Urbe locus, nulla emolumenta laborum,
Res hodie minor est here quam fuit, atque eadem cras
Deteret exiguis aliquid, proponimus illuc
Ire, fatigatas ubi Dædalus exuit alas,
Dum nova canities, dum prima et recta senectus,
Dum superest Lachesi quod torqueat, et pedibus me
Porto meis, nullo dextram subeunte bacillo.

Cedamus patria : vivant Artorius istic
Et Catulus : maneant qui nigra in candida vertunt,
Queis facile est ædem conducere, flumina, portus,
Siccandam eluviem, portandum ad busta cadaver,
Et præbere caput domina venale sub hasta.
Quondam hi cornicines, et municipalis arenæ
Perpetui comites, notæque per oppida buccæ,
Munera nunc edunt, et verso pollice vulgi
Quemlibet occidunt populariter : inde reversi
Conducunt foricas. Et cur non omnia, quum sint
Quales ex humili magna ad fastigia rerum
Extollit, quoties voluit Fortuna jocari?

SATIRE III.

naturelles. Oh! que la divinité qui préside à la fontaine, semblerait plus auguste [7], si l'onde était encore bordée d'un vert gazon, et si le marbre sacrilége n'avait point couvert le tuf indigène !

« Puisque les ressources honnêtes [8], me dit alors Um-
« britius [9], sont enfin bannies de Rome, puisque les tra-
« vaux y sont sans récompense, et que ma fortune moin-
« dre aujourd'hui qu'elle ne l'était hier, doit y décroître
« chaque jour, j'ai résolu de me retirer aux lieux où Dé-
« dale détacha ses ailes fatiguées, tandis que l'âge com-
« mence à peine à blanchir mes cheveux, que droit et
« ferme sur mes jambes je marche sans bâton, et qu'il
« reste encore à la Parque de quoi filer [10].

« Quittons cette ville; qu'Artorius y vive, et Catulus
« aussi [11]; qu'elle soit habitée par ceux qui savent donner
« au crime les couleurs de l'innocence [12]; par ces merce-
« naires, ces entrepreneurs avides à qui tout est facile,
« soit qu'il s'agisse de réparer les bâtimens publics, de
« nettoyer les ports, les fleuves, les cloaques, de porter
« les cadavres au bûcher, et de vendre les esclaves en
« place publique [13]. Autrefois, joueurs de cor, on les vit
« courir de ville en ville, faisant résonner l'airain dans
« les spectacles de l'arène. A présent ils donnent des
« jeux où, pour flatter le peuple, ils font au moindre
« signal couler le sang du gladiateur vaincu [14]. Au sortir
« de la fête, ils affermeront les latrines publiques [15].
« Pourquoi non ? ne sont-ils pas de ceux que la Fortune,
« en se jouant, se plaît à tirer du rang le plus abject,
« pour les élever au faîte des grandeurs ?

Quid Romæ faciam? mentiri nescio: librum,
Si malus est, nequeo laudare et poscere; motus
Astrorum ignoro; funus promittere patris
Nec volo, nec possum; ranarum viscera nunquam
Inspexi. Ferre ad nuptam, quæ mittit adulter,
Quæ mandat, norint alii: me nemo ministro
Fur erit. Atque ideo nulli comes exeo, tanquam
Mancus et exstincta corpus non utile dextra.
Quis nunc diligitur, nisi conscius, et cui fervens
Æstuat occultis animus sempérque tacendis?
Nil tibi se debere putat, nil conferet unquam,
Participem qui te secreti fecit honesti.
Carus erit Verri, qui Verrem tempore, quo vult,
Accusare potest. Tanti tibi non sit opaci
Omnis arena Tagi, quodque in mare volvitur aurum,
Ut somno careas, ponendaque præmia sumas
Tristis, et a magno semper timearis amico.

Quæ nunc divitibus gens acceptissima nostris
Et quos præcipue fugiam, properabo fateri,
Nec pudor obstabit. Non possum ferre, Quirites,
Græcam urbem: quamvis quota portio fæcis Achææ?
Jam pridem Syrus in Tiberim defluxit Orontes,
Et linguam, et mores, et cum tibicine chordas

« Que ferais-je à Rome? je ne sais pas mentir [16] :
« quand un livre est mauvais, je ne sais ni l'approuver,
« ni demander à en prendre copie [17]. Je ne sais point lire
« dans les astres : je ne puis ni ne veux promettre au fils
« impatient le trépas de son père. On ne me vit jamais
« chercher des poisons dans les entrailles d'un reptile.
« Que d'autres portent à une épouse les présens et les
« lettres de son amant; pour moi, je ne favoriserai ja-
« mais l'adultère [18]. Aussi je pars tout seul, comme un
« manchot, un perclus [19], inutile au reste des humains.
« Qui maintenant caresse-t-on, si ce n'est le confident
« d'un crime clandestin, tourmenté par le secret qu'il
« cache et qu'il doit taire à jamais? Quiconque te fit part
« d'un projet honnête, croit ne te rien devoir; n'en at-
« tends rien de plus. Celui qui peut à chaque instant dé-
« poser contre Verrès, sera cher à Verrès. Quand l'on
« t'offrirait tout l'or que le Tage roule au sein de l'Océan,
« ne reçois pas ces confidences coupables [20]; elles t'ôte-
« raient le sommeil [21] : et que te donneraient-elles en
« échange? un ami puissant qui te craindrait sans cesse,
« des richesses que tu n'accepterais pas sans remords et
« dont tu serais bientôt dépouillé.

« Je vais, en peu de mots et sans réserve, te peindre
« ceux qui sont aujourd'hui le plus agréables à nos riches,
« et que, moi, je fuis plus que tout le reste. Romains,
« je ne puis souffrir une ville remplie de Grécs. Que dis-
« je? cette lie Achéenne [22] n'est que la moindre partie des
« étrangers qui fondent ici de toutes parts. Ce n'est pas
« d'aujourd'hui que l'Oronte Syrien a transmis au Tibre

Obliquas, nec non gentilia tympana secum
Vexit, et ad circum jussas prostare puellas.
Ite, quibus grata est picta lupa barbara mitra.

Rusticus ille tuus sumit trechedipna, Quirine,
Et ceromatico fert niceteria collo.
Hic alta Sicyone, ast hic Amydone relicta,
Hic Andro, ille Samo, hic Trallibus aut Alabandis,
Esquilias dictumque petunt a vimine collem,
Viscera magnarum domuum dominique futuri.
Ingenium velox, audacia perdita, sermo
Promptus, et Isæo torrentior. Ede, quid illum
Esse putes? quemvis hominem secum attulit ad nos;
Grammaticus, rhetor, geometres, pictor, aliptes,
Augur, schœnobates, medicus, magus: omnia novit:
Græculus esuriens in cœlum, jusseris, ibit.
Ad summam, non Maurus erat, nec Sarmata, nec Thrax,
Qui sumsit pennas, mediis sed natus Athenis.

Horum ego non fugiam conchylia? me prior ille
Signabit? fultusque toro meliore recumbet
Advectus Romam, quo pruna et coctona vento?
Usque adeo nihil est, quod nostra infantia cœlum
Hausit Aventini bacca nutrita Sabina?

« le langage, les mœurs et les instrumens du climat qu'il
« arrose, ainsi que les courtisanes dévouées à la prosti-
« tution aux environs du cirque : accourez à elles, vous
« dont les yeux sont fascinés par la mitre peinte dont
« leurs têtes sont ornées.

« CEPENDANT, Romulus, tu souffres que tes rustiques
« enfans suspendent à leur cou frotté de l'huile des
« athlètes les futiles témoignages de leurs victoires [23]. Ce-
« pendant les Grecs partis en foule, les uns de Sicyone
« et d'Amydon, les autres d'Andros, de Samos, de Tralles
« ou d'Alabande, viennent se poster d'abord sur les Es-
« quilies ou sur le mont Viminal, afin de s'introduire
« dans les maisons des grands dont ils méditent la con-
« quête : leur génie est ardent, leur audace effrénée,
« leur débit précipité et plus rapide encore que celui
« d'Isæus [24]. Savez-vous ce que c'est qu'un Grec? Quand
« l'un d'eux nous arrive, il apporte avec lui les talens
« et les vices de tous les autres hommes : il est grammai-
« rien, rhéteur [25], géomètre, peintre, baigneur, augure,
« danseur de corde, médecin et magicien : que n'est-il
« point? un Grec affamé monterait au ciel si tu le lui
« ordonnais. Enfin, celui qui s'attacha des ailes [26] n'était
« ni Thrace, ni Maure, ni Sarmate ; il était Athénien.

« ET je ne fuirais pas leur pourpre insolente ! un Grec
« signerait avant moi ! un misérable, qui débarqua dans
« Rome avec des ballots de figues et de pruneaux, serait
« dans un festin couché plus honorablement que moi !
« N'est-ce donc rien que d'avoir en naissant respiré l'air

Quid, quod adulandi gens prudentissima laudat
Sermonem indocti, faciem deformis amici,
Et longum invalidi collum cervicibus æquat
Herculis, Antæum procul a tellure tenentis?
Miratur vocem angustam, qua deterius nec
Ille sonat, quo mordetur gallina marito.

Hæc eadem licet et nobis laudare; sed illis
Creditur. An melior, quum Thaida sustinet, aut quum
Uxorem comœdus agit, vel Dorida nullo
Cultam palliolo? mulier nempe ipsa videtur,
Non persona loqui: vacua et plana omnia dicas
Infra ventriculum, et tenui distantia rima.
Nec tamen Antiochus, nec erit mirabilis illic
Aut Stratocles, aut cum molli Demetrius Hæmo:
Natio comœda est. Rides? majore cachinno
Concutitur: flet, si lacrimas conspexit amici,
Nec dolet: igniculum brumæ si tempore poscas,
Accipit endromiden: si dixeris, Æstuo, sudat.

Non sumus ergo pares: melior, qui semper et omni
Nocte dieque potest alienum sumere vultum,
A facie jactare manus, laudare paratus
Si bene ructavit, si rectum minxit amicus,
Si trulla inverso crepitum dedit aurea fundo.

« à du climat Aventin, que d'avoir été nourri des fruits du
« Latium? Ajoutez que, flatteurs intrépides, un sot opu-
« lent est sûr de leurs éloges ; qu'à leurs regards serviles
« la laideur se transforme en beauté, la faiblesse en vi-
« gueur : un malade efflanqué est un Hercule ; c'est Her-
« cule lui-même, étouffant le redoutable Antée, qu'il te-
« nait éloigné des secours de sa mère [27]. Ils se pâment
« de plaisir au son d'une voix plus aigre que le chant du
« coq amoureux, prêt à pincer la crête de sa femelle.

« Comme eux nous pouvons flatter, mais le Grec seul
« persuade. Où trouver son égal, soit qu'il joue le rôle
« de Thaïs, soit qu'il représente une matrone vénérable,
« ou Doris toute nue sortant du sein des ondes? L'acteur
« disparaît; c'est la voix d'une femme qui frappe mon
« oreille, et je crois distinguer les marques de son sexe.
« Ce talent merveilleux néanmoins n'appartient pas ex-
« clusivement [28] à Antiochus, à Démétrius, à Stratoclès
« et au lascif Hæmus; c'est le talent de la nation. Le
« Grec naît comédien. Tu ris, il éclate. Pleures-tu, ses
« larmes coulent sans effort et sans douleur. Si tu fais
« allumer un peu de feu dans l'arrière-saison, il endosse
« un manteau. J'ai chaud, dis-tu? mon homme sue.

« N'ayant pas leur souplesse, cédons à qui peut nuit
« et jour composer son visage [29], envoyer des baisers,
« et applaudir même aux fonctions animales d'un patron
« grossier [30]. D'ailleurs, rien n'est sacré pour eux, rien
« n'est à couvert de leur lubricité; ni la mère, ni la fille
« encore vierge, ni l'époux encore jeune, ni le fils intact

Præterea sanctum nihil est, et ab inguine tutum,
Non matrona laris, non filia virgo, neque ipse
Sponsus levis adhuc, non filius ante pudicus.
Horum si nihil est, aviam resupinat amici.
Scire volunt secreta domus, atque inde timeri.
Et quoniam cœpit Græcorum mentio, transi
Gymnasia, atque audi facinus majoris abollæ.
Stoicus occidit Baream, delator amicum,
Discipulumque senex, ripa nutritus in illa,
Ad quam Gorgonei delapsa est penna caballi.

Non est Romano cuiquam locus hic, ubi regnat
Protogenes aliquis, vel Diphilus, aut Erimarchus;
Qui, gentis vitio, nunquam partitur amicum;
Solus habet. Nam, quum facilem stillavit in aurem
Exiguum de naturæ patriæque veneno,
Limine submoveor; perierunt tempora longi
Servitii : nusquam minor est jactura clientis.
Quod porro officium, ne nobis blandiar, aut quod
Pauperis hic meritum, si curet nocte togatus
Currere, quum prætor lictorem impellat, et ire
Præcipitem jubeat, dudum vigilantibus orbis,
Ne prior Albinam et Modiam collega salutet?
Divitis hic servi claudit latus ingenuorum
Filius : alter enim, quantum in legione tribuni
Accipiunt, donat Calvinæ vel Catienæ,
Ut semel atque iterum super illam palpitet : at tu,

« jusqu'alors. A défaut de ceux-ci, ils attaqueront la
« grand'mère de leur ami [31]. Ils veulent connaître les se-
« crets des familles, et obtenir par là qu'on les craigne.
« Puisqu'il s'agit des Grecs, écoute, non pas le crime d'un
« élève, mais l'attentat réfléchi d'un grave philosophe.
« Le stoïcien Egnatius, ce perfide vieillard, né sur les
« bords du fleuve qui vit tomber une aile de Pégase, fit
« périr, par un faux témoignage, Bareas, son disciple et
« son ami.

« L'accès nous est interdit partout où les Protogènes,
« les Érimarques et les Diphiles ont établi leur empire :
« ces hommes jaloux, car c'est le caractère de la nation,
« ne savent point partager un ami; ils le veulent tout
« entier pour eux seuls. Dès que l'un d'eux, en effet, a
« versé dans la crédule oreille du patron quelques gouttes
« du poison dont les Grecs sont pourvus par la nature,
« je suis éconduit, la mémoire de mes anciens services
« est abolie; car, nulle part aussi légèrement qu'à Rome,
« on ne sacrifie un malheureux client. Ne nous flattons
« pas : quels sont nos titres auprès des riches, à nous
« autres indigens? Serait-ce le zèle qui, tout habillés, nous
« chasse de nos maisons avant le point du jour? mais le
« préteur, instruit que les veuves sans enfans sont éveil-
« lées, presse déjà ses licteurs de courir chez Albine ou
« chez Modie, pour les saluer avant son collègue. On
« voit ici les fils de nos patriciens escorter un esclave en-
« richi. Pourquoi non? puisque ses pareils, afin de sou-
« pirer une ou deux fois sur le sein de Calvina ou de
« Catiena, prodiguent autant d'argent qu'un tribun de

Quum tibi vestiti facies scorti placet, hæres,
Et dubitas alta Chionen deducere sella.

Da testem Romæ tam sanctum, quam fuit hospes
Numinis Idæi : procedat vel Numa, vel qui
Servavit trepidam flagranti ex æde Minervam;
Protinus ad censum : de moribus ultima fiet
Quæstio : quot pascit servos? quot possidet agri
Jugera? quam multa magnaque paropside cœnat?
Quantum quisque sua nummorum servat in arca,
Tantum habet et fidei. Jures licet et Samothracum,
Et nostrorum aras, contemnere fulmina pauper
Creditur, atque deos, dis ignoscentibus ipsis.

Quid, quod materiam præbet caussasque jocorum
Omnibus hic idem, si fœda et scissa lacerna,
Si toga sordidula est, et rupta calceus alter
Pelle patet; vel si, consuto vulnere, crassum
Atque recens linum ostendit non una cicatrix?
Nil habet infelix paupertas durius in se,
Quam quod ridiculos homines facit. Exeat, inquit,
Si pudor est, et de pulvino surgat equestri,
Cujus res legi non sufficit, et sedeant hic
Lenonum pueri, quocunque in fornice nati.
Hic plaudat nitidi præconis filius inter
Pinnirapi cultos juvenes, juvenesque lanistæ.

« légion en reçoit pour sa solde : et toi, quand tu dé-
« sires les faveurs de la moindre courtisane, de Chioné,
« tu hésites, tu crains de la faire descendre du siége
« exhaussé qui l'expose aux passans [32].

« Produis un témoin aussi vertueux que l'hôte de
« Cybèle, un autre Numa, un homme tel que celui
« qui sauva Minerve tremblante du temple embrasé de
« Vesta [33]; on demandera d'abord, est-il riche ? combien
« a-t-il d'esclaves ? combien d'arpens de terre ? sa table
« est-elle splendide et délicate ? mais, a-t-il des mœurs ?
« cette question est toujours la dernière. Plus on a d'ar-
« gent dans son coffre, plus on paraît digne de foi. En
« vain attesterais-tu les autels de Samothrace [34] et nos
« propres autels; on croit toujours que le pauvre mé-
« prise la foudre et les dieux, et que les dieux dédaignent
« de le punir.

« Une robe est-elle sale ou déchirée, un soulier com-
« mence-t-il à s'entr'ouvrir, ou bien un fil grossier em-
« ployé récemment en trahit-il les nombreuses cicatrices,
« on est de toutes parts en butte aux railleries. Triste
« pauvreté ! tu rends les hommes ridicules ; de tes ri-
« gueurs c'est la plus insupportable. Sortez, s'écrie-t-
« on [35], sortez du rang des chevaliers, vous qui n'avez
« pas la fortune voulue par la loi ; il n'appartient qu'aux
« rejetons équivoques de la prostitution de siéger ici :
« c'est aux superbes fils d'un crieur qu'il convient d'y ap-
« plaudir parmi l'élégante postérité de nos gladiateurs
« et de nos maîtres d'escrime [36]. Voilà ce qu'a produit
« la vanité d'Othon par ses distinctions odieuses [37]. Vit-

Sic libitum vano, qui nos distinxit, Othoni.
Quis gener hic placuit censu minor, atque puellæ
Sarcinulis impar? quis pauper scribitur heres?
Quando in consilio est ædilibus? agmine facto
Debuerant olim tenues migrasse Quirites.
Haud facile emergunt, quorum virtutibus obstat
Res angusta domi: sed Romæ durior illis
Conatus. Magno hospitium miserabile, magno
Servorum ventres, et frugi cœnula magno.
Fictilibus cœnare pudet; quod turpe negabit
Translatus subito ad Marsos, mensamque Sabellam,
Contentusque illic veneto duroque cucullo.
Pars magna Italiæ est, si verum admittimus, in qua
Nemo togam sumit, nisi mortuus. Ipsa dierum
Festorum herboso colitur si quando theatro
Majestas, tandemque redit ad pulpita notum
Exodium, quum personæ pallentis hiatum
In gremio matris formidat rusticus infans:
Æquales habitus illic, similesque videbis
Orchestram et populum: clari velamen honoris,
Sufficiunt tunicæ summis ædilibus albæ.
Hic ultra vires habitus nitor: hic aliquid plus,
Quam satis est; interdum aliena sumitur arca.
Commune id vitium est; hic vivimus ambitiosa
Paupertate omnes. Quid te moror? omnia Romæ
Cum pretio. Quid das, ut Cossum aliquando salutes?

« on jamais un père agréer pour gendre un homme moins
« riche que sa fille ? Vit-on jamais le pauvre couché sur
« un testament, ou consulté par l'édile ? Nos ancêtres
« plébéiens auraient dû jadis se réunir pour fuir à
« jamais leur patrie [38]. Sans doute le mérite indigent a
« toujours peine à se faire jour : mais c'est à Rome
« que les efforts sont le plus pénibles : un misérable ré-
« duit, la nourriture des esclaves, et le repas le plus fru-
« gal, y sont à si haut prix ! On rougirait à présent de
« manger dans l'argile : aurait-il cette délicatesse [39],
« celui qui serait subitement transporté chez les Marses
« ou les Samnites ? il saurait s'y contenter des alimens les
« plus communs, des habits les plus grossiers. Dans une
« grande partie de l'Italie, il faut en convenir, on n'en-
« dosse la toge [40] que pour être porté sur le bûcher. Si
« quelquefois, pour célébrer une fête solennelle, on
« élève un théâtre de gazon ; si l'on rejoue quelque
« vieille farce [41] dont les acteurs, avec leurs masques
« pâles et grotesques, effraient le nourrisson penché
« sur le sein de sa mère, vous verrez les grands et les
« petits confondus ensemble et sans distinction d'ha-
« bits [42] : une tunique blanche suffit aux édiles pour
« annoncer leur suprême magistrature. Ici, le faste des
« habits surpasse les moyens ; ici, ce qui suffit laisse
« encore à désirer, et l'on puise quelquefois dans le
« coffre d'autrui. Notre vice commun, c'est de vivre
« tous au gré d'une pauvreté ambitieuse. Abrégeons.
« Tout est vénal à Rome. Combien donneras-tu pour être
« admis de temps en temps au lever de Cossus ? combien,
« pour que Véienton t'honore d'un regard, mais sans

Ut te respiciat clauso Veiento labello?
Ille metit barbam, crinem hic deponit amati;
Plena domus libis venalibus. Accipe, et istud
Fermentum tibi habe: praestare tributa clientes
Cogimur, et cultis augere peculia servis.

Quis timet aut timuit gelida Praeneste ruinam,
Aut positis nemorosa inter juga Volsiniis, aut
Simplicibus Gabiis, aut proni Tiburis arce?
Nos urbem colimus tenui tibicine fultam
Magna parte sui: nam sic labentibus obstat
Villicus, et, veteris rimae quum texit hiatum,
Securos pendente jubet dormire ruina.
Vivendum est illic, ubi nulla incendia, nulli
Nocte metus. Jam poscit aquam, jam frivola transfert
Ucalegon; tabulata tibi jam tertia fumant:
Tu nescis. Nam si gradibus trepidatur ab imis,
Ultimus ardebit, quem tegula sola tuetur
A pluvia, molles ubi reddunt ova columbae.

Lectus erat Codro Procula minor, urceoli sex,
Ornamentum abaci, nec non et parvulus infra
Cantharus, et recubans sub eodem marmore Chiron:
Jamque vetus Graecos servabat cista libellos,
Et divina opici rodebant carmina mures.
Nil habuit Codrus. Quis enim negat? et tamen illud

« t'adresser un mot [43]? Qu'un patron fasse, pour la pre-
« mière fois, couper la barbe ou les cheveux d'un esclave
« chéri [44], la maison se remplit de présens que l'on re-
« vend bientôt. C'est ainsi, ô révoltante tyrannie! qu'on
« nous force de payer un tribut, et d'accroître le pécule
« de ces esclaves fortunés [45].

« Craint-on, dans les frais asiles de Préneste [46], sous
« les ombrages qui couvrent Volsinium, parmi les bons
« habitans de Gabie, ou sur le coteau de Tibur, craint-
« on et craignit-on jamais d'être enseveli sous des ruines?
« A Rome, la plupart des maisons ne se soutiennent qu'à
« l'aide de quelques faibles étais. Sont-ils posés, a-t-on
« recrépi de vieux murs entr'ouverts [47], on vous dit,
« Dormez tranquilles; cependant l'édifice est près de s'é-
« crouler. Je veux vivre où l'on n'ait point à redouter les
« incendies, où les nuits soient sans alarmes. Ucalégon
« crie au feu [48], il déménage; le troisième plancher de
« ta maison fume : et tu l'ignores. Quand tout est en
« combustion au bas du logis, le malheureux caché sous
« la tuile où la colombe amoureuse vient déposer ses
« œufs, n'aura que le triste privilége d'être rôti le der-
« nier.

« Codrus avait un grabat plus court que sa petite
« épouse : six coupes mesquines décoraient son buffet [49],
« sous lequel était un petit vase, près d'une statue cou-
« chée du centaure Chiron : de plus, un vieux coffre dé-
« labré contenait des poésies grecques, que rongeaient
« des rats ignorans, sans égard pour leur sublimité. —
« Codrus n'avait rien. — Soit; mais ce rien, la flamme

Perdidit infelix totum nihil. Ultimus autem
Ærumnæ cumulus, quod nudum et frusta rogantem
Nemo cibo, nemo hospitio tectoque juvabit.
Si magna Asturii cecidit domus, horrida mater;
Pullati proceres; differt vadimonia prætor.
Tunc gemimus casus urbis; tunc odimus ignem.
Ardet adhuc, et jam occurrit qui marmora donet,
Conferat impensas : hic nuda et candida signa;
Hic aliquid præclarum Euphranoris et Polycleti,
Phæcasianorum vetera ornamenta deorum;
Hic libros dabit et forulos, mediamque Minervam;
Hic modium argenti : meliora et plura reponit
Persicus orborum lautissimus, ut merito jam
Suspectus, tanquam ipse suas incenderit ædes.

Si potes avelli circensibus, optima Soræ,
Aut Fabrateriæ domus, aut Frusinone paratur,
Quanti nunc tenebras unum conducis in annum.
Hortulus hic, puteusque brevis, nec reste movendus,
In tenues plantas facili diffunditur haustu.
Vive bidentis amans, et culti villicus horti,
Unde epulum possis centum dare Pythagoreis.
Est aliquid, quocunque loco, quocunque recessu,
Unius sese dominum fecisse lacertæ.
Plurimus hic æger moritur vigilando : sed illum

« le lui ravit tout entier. Pour comble de détresse, ayant
« faim, étant nu, il n'obtiendra de personne un asile et
« du pain. Si le feu prend au palais d'Asturius, les dames
« romaines font éclater leur désespoir, la noblesse est en
« deuil [50], le préteur interrompt ses audiences. C'est alors
« qu'on gémit du malheur de la ville, c'est alors qu'on
« déteste le feu [51]. Le palais brûle encore, et déjà l'un
« vient offrir le marbre pour le reconstruire, l'autre veut
« le faire relever à ses frais. Celui-ci promet les statues
« les plus rares et les mieux conservées : celui-là, de su-
« perbes morceaux de Polyclète et d'Euphranor. D'au-
« tres proposeront les antiques et précieuses dépouilles
« des temples de la Grèce [52]. C'est à qui donnera des
« livres, des tablettes, un buste de Minerve et des bois-
« seaux d'argent. Persicus, dans une pareille conjonc-
« ture, est encore mieux traité, comme le plus opulent
« des vieillards sans héritiers ; de sorte qu'on pourrait,
« à juste titre, le soupçonner d'avoir lui-même embrasé
« sa maison [53].

« Quiconque aurait la force de s'arracher aux jeux du
« cirque [54], achèterait à Sore, à Fabratère, ou à Fru-
« sinone, un manoir agréable, au même prix que lui coûte
« à Rome le loyer annuel d'un réduit ténébreux. Là, il
« aurait un petit jardin et une source où il pourrait pui-
« ser avec la main, pour arroser sans effort ses légumes
« naissans. Aimez le travail des champs, aimez à cul-
« tiver vous-même un jardin qui fournisse de quoi ré-
« galer cent Pythagoriciens [55]. C'est quelque chose de
« pouvoir se dire le maître du moindre coin de terre,

Languorem peperit cibus imperfectus, et hærens
Ardenti stomacho : nam quæ meritoria somnum
Admittunt? magnis opibus dormitur in urbe.
Inde caput morbi. Rhedarum transitus arcto
Vicorum in flexu, et stantis convicia mandræ
Eripient somnum Druso vitulisque marinis.
Si vocat officium, turba cedente, vehetur
Dives, et ingenti curret super ora Liburno,
Atque obiter leget aut scribet, vel dormiet intus :
Namque facit somnum clausa lectica fenestra.
Ante tamen veniet : nobis properantibus obstat
Unda prior; magno populus premit agmine lumbos
Qui sequitur; ferit hic cubito, ferit assere duro
Alter; at hic tignum capiti incutit, ille metretam.
Pinguia crura luto; planta mox undique magna
Calcor, et in digito clavus mihi militis hæret.

Nonne vides quanto celebretur sportula fumo?
Centum convivæ; sequitur sua quemque culina.
Corbulo vix ferret tot vasa ingentia, tot res
Impositas capiti, quot recto vertice portat
Servulus infelix, et cursu ventilat ignem :
Scinduntur tunicæ sartæ. Modo longa coruscat
Sarraco veniente abies, atque altera pinum

« dans quelque lieu qu'il soit situé. Ici, la plupart des
« malades succombent à l'insomnie [56].— Mais cette lan-
« gueur vient de ce que les alimens, mal digérés, s'arrê-
« tent et fermentent dans l'estomac. — Quoi qu'il en
« soit, fussiez-vous plus tempérans, vous n'en dormiriez
« pas davantage; car, où trouver un asile favorable au
« sommeil ? Ce n'est qu'à grand prix qu'on dort en cette
« ville; voilà ce qui nous tue. Drusus et les veaux ma-
« rins [57] ne se réveilleraient-ils pas, au bruit de ces
« chars embarrassés dans un passage étroit, ou des im-
« précations de ce muletier contraint de s'arrêter? Si le
« riche a quelqu'affaire, il est porté, par de grands Li-
« burniens [58], à travers le peuple qui s'écarte. Chemin
« faisant il lit, il écrit, il dort; car une litière fermée
« provoque le sommeil [59] : et tout en dormant, il arrive
« avant nous; retardés par la foule qui nous précède,
« nous sommes accablés par celle qui nous suit. L'un me
« heurte du coude, l'autre d'un ais qu'il porte : ma tête,
« frappée par une solive, va donner contre une amphore:
« on m'éclabousse jusqu'à la ceinture : et bientôt mes
« pieds, écrasés par des pieds énormes, sont encore dé-
« chirés par les clous de la chaussure d'un soldat [60].

« Vois-tu comme on se presse autour de la sportule
« fumant à la porte des grands? Je compte cent convives :
« chacun traîne après soi sa batterie de cuisine. Corbulon
« soutiendrait à peine autant de vases et d'ustensiles
« qu'en porte sur sa tête roidie ce misérable esclave, qui
« rallume en courant les charbons de son réchaud : sa
« tunique, nouvellement recousue, en est réduite en lam-

Plaustra vehunt; nutant altæ, populoque minantur.
Nam si procubuit, qui saxa Ligustica portat
Axis, et eversum fudit super agmina montem,
Quid superest de corporibus? quis membra, quis ossa
Invenit? obtritum vulgi perit omne cadaver,
More animæ. Domus interea secura patellas
Jam lavat, et bucca foculum excitat, et sonat unctis
Striglibus, et pleno componit lintea gutto.
Hæc inter pueros varie properantur: at ille
Jam sedet in ripa, tetrumque novicius horret
Porthmea; nec sperat coenosi gurgitis alnum
Infelix, nec habet, quem porrigat, ore trientem.

RESPICE nunc alia ac diversa pericula noctis:
Quod spatium tectis sublimibus, unde cerebrum
Testa ferit, quoties rimosa et curta fenestris
Vasa cadunt; quanto percussum pondere signent
Et lædant silicem. Possis ignavus haberi,
Et subiti casus improvidus, ad coenam si
Intestatus eas: adeo tot fata, quot illa
Nocte patent vigiles, te prætereunte, fenestræ!
Ergo optes, votumque feras miserabile tecum,
Ut sint contentæ patulas defundere pelves.

EBRIUS ac petulans, qui nullum forte cecidit,
Dat poenas, noctem patitur lugentis amicum
Pelidæ, cubat in faciem, mox deinde supinus.

« beaux [61]. Surviennent des chariots; l'un est chargé
« d'une longue poutre, l'autre d'un énorme pin : ces
« masses se balancent sur la tête des citoyens et menacent
« de les écraser. Et si l'essieu qui porte le marbre de Li-
« gurie, venant à se briser, renversait sur la foule sa
« montagne ambulante, comment retrouver les corps, les
« membres, les os de tant de victimes ? il ne resterait
« rien de tous ces plébéiens, évanouis comme un souffle.
« Cependant l'on attend ces infortunés au logis [62] : cha-
« cun vaquant à son ouvrage, lave les plats, ranime le
« feu, prépare les frottoirs [63] et l'huile destinée pour le
« bain; tandis qu'assis déjà sur la rive du Styx, ils sont
« saisis d'horreur à l'aspect nouveau du sombre Caron, et
« désespèrent, faute d'un denier, de passer dans sa barque.

« Considère maintenant à combien de dangers on est
« exposé pendant la nuit. Contemple la hauteur des mai-
« sons d'où la tuile qui pleut, d'où les vases fêlés et rom-
« pus que l'on jette par les fenêtres, menacent de fou-
« droyer nos têtes; vois quelles traces profondes la chute
« accélérée de ces masses pesantes imprime sur les
« pavés. On pourrait accuser d'imprévoyance quiconque
« irait souper sans avoir fait son testament : autant il
« trouvera sur son passage de fenêtres éclairées, autant
« il a de morts à redouter : le seul vœu raisonnable dans
« cette conjoncture, c'est de n'être qu'arrosé [64].

« Autre incident : un furieux, ivre de vin et de co-
« lère, s'il n'a encore battu personne, ne dormira pas
« plus qu'Achille déplorant la mort de son ami : couché

Ergo non aliter poterit dormire? Quibusdam
Somnum rixa facit : sed, quamvis improbus annis,
Atque mero fervens, cavet hunc, quem coccina læna
Vitari jubet, et comitum longissimus ordo,
Multum præterea flammarum, et aenea lampas.
Me, quem luna solet deducere, vel breve lumen
Candelæ, cujus dispenso et tempero filum,
Contemnit. Miseræ cognosce prooemia rixæ,
Si rixa est, ubi tu pulsas, ego vapulo tantum.
Stat contra, starique jubet : parere necesse est.
Nam quid agas, quum te furiosus cogat, et idem
Fortior? Unde venis? exclamat : cujus aceto,
Cujus conche tumes? quis tecum sectile porrum
Sutor, et elixi vervecis labra comedit?
Nil mihi respondes? aut dic, aut accipe calcem.
Ede ubi consistas? in qua te quæro proseucha?
Dicere si tentes aliquid, tacitusve recedas,
Tantumdem est, feriunt pariter : vadimonia deinde
Irati faciunt. Libertas pauperis hæc est :
Pulsatus rogat, et pugnis concisus adorat,
Ut liceat paucis cum dentibus inde reverti.

Nec tamen hæc tantum metuas : nam qui spoliet te
Non deerit, clausis domibus, postquam omnis ubique
Fixa catenatæ siluit compago tabernæ.
Interdum et ferro subitus grassator agit rem,

« tantôt sur le ventre, tantôt sur le dos [65], il s'agite et
« se tourmente. — Quoi! il ne pourra dormir sans une
« querelle [66]? — Non : pour quelques-uns, c'est un pré-
« lude nécessaire au sommeil. Ne crois pas que, malgré
« sa jeunesse et le vin qui fermente dans son estomac, il
« s'adresse à celui qu'un manteau de pourpre, une escorte
« nombreuse, et la lumière de vingt flambeaux [67] l'aver-
« tissent d'éviter. C'est à moi qu'il en veut, à moi qui,
« pour m'éclairer, n'ai, le plus souvent, que la lune ou
« la lueur douteuse d'une lampe dont j'économise la
« mèche. Veux-tu savoir comment s'engage la querelle?
« si je puis nommer querelle une rencontre où je reçois,
« sans me défendre, les coups de ce brutal. D'abord il
« se plante devant moi. Arrête, s'écrie-t-il. Que faire?
« il faut obéir quand la fureur et la force commandent.
« — D'où viens-tu? où t'es-tu farci de fèves et de vi-
« naigre? quel cordonnier daigna partager avec toi ses
« poireaux et sa tête de mouton bouillie? Tu ne dis
« rien? parle, sinon d'un coup de pied..... Où loges tu?
» dans quel bouge [68]? — Soit que je médite ma ré-
« ponse ou ma retraite, il n'en frappe pas moins, et l'en-
« ragé court encore m'intenter un procès. Battu, meurtri,
« je le presse et le conjure de me laisser du moins partir
« avec quelques dents. Voilà cette liberté tant vantée dont
« le pauvre, dit-on, jouit en cette ville.

« Que d'autres risques à courir! on guette votre dé-
« pouille, dès que chacun a fermé sa maison, barricadé
« sa boutique, et qu'un profond silence règne dans la
« ville au milieu des ténèbres. Alors un essaim de voleurs,

Armato quoties tutæ custode tenentur
Et Pomptina palus, et Gallinaria pinus :
Sic inde huc omnes, tanquam ad vivaria, currunt.
Qua fornace graves, qua non incude catenæ?
Maximus in vinclis ferri modus, ut timeas ne
Vomer deficiat, ne marræ et sarcula desint.
Felices proavorum atavos, felicia dicas
Sæcula, quæ quondam sub regibus atque tribunis
Viderunt uno contentam carcere Romam!

His alias poteram et plures subnectere caussas :
Sed jumenta vocant, et sol inclinat; eundum est :
Nam mihi commota jam dudum mulio virga
Adnuit. Ergo vale nostri memor; et, quoties te
Roma tuo refici properantem reddet Aquino,
Me quoque ad Helvinam Cererem vestramque Dianam
Convelle a Cumis : satirarum ego, ni pudet illas,
Adjutor gelidos veniam caligatus in agros.

« évitant nos gardes qui les cherchent dans la forêt Gal-
« linaire et le long des marais Pontins, se replient sur
« Rome, où ils accourent comme au pillage. Cependant
« aujourd'hui quelles enclumes, quels fourneaux ne sont
« pas employés à forger des chaînes? tant de fer est
« consacré à cet usage, qu'on peut craindre de voir man-
« quer la bêche et le soc. Qui ne regretterait pas les siè-
« cles fortunés des aïeux de nos ancêtres, en songeant
« qu'une seule prison suffit à Rome [69] gouvernée par
« des rois et des tribuns ?

« Je pourrais, par bien d'autres motifs, justifier mon
« départ; mais le soleil baisse, mes mules s'impatientent,
« il faut nous séparer : déjà, à plusieurs reprises, le mu-
« letier, en agitant son fouet, a donné le signal du dé-
« part [70]. Adieu donc, souviens-toi d'Umbritius; et, lors-
« que tu viendras dans Aquinum [71] respirer l'air natal,
« fais-le savoir à ton ami, afin qu'il sacrifie avec toi à ta
« Cérès et à ta Diane. Au moindre avis, je pars de Cumes,
« et, volant dans tes froides campagnes, j'irai t'aider à
« combattre, si tu m'en juges digne, les vices de notre
« siècle. »

NOTES

SUR LA SATIRE III.

---

1. ARGUMENT. Umbritius déclare à Juvénal qu'il abandonne le séjour de Rome, parce que les talens et la probité n'y sont plus de saison; parce que la ville est en proie aux intrigans et aux Grecs; que la pauvreté est suspecte; que le luxe triomphe; que tout est vénal, et qu'on risque à chaque instant d'être écrasé, brûlé, volé, battu, etc.

2. *De se retirer à Cumes, ville peu fréquentée*, v. 2. L'espoir de parvenir, l'attrait des jeux, des plaisirs de toute espèce, et tout ce que suggère la cupidité, amenait dans Rome, sous les règnes des premiers empereurs, les habitans un peu fortunés des villes voisines : c'est pourquoi Juvénal emploie si souvent les épithètes de *solitaires*, *vides* et *désertes*, quand il parle de Gabie, de Fidènes, d'Ulubre, etc.

Les Sibylles étaient des femmes que l'on croyait douées du don de prédire l'avenir. Différens siècles et différens pays avaient eu leurs Sibylles. Virgile (*Enéide*, liv. VI) a célébré celle de Cumes.

3. *Pour moi j'aimerais mieux habiter l'île même de Prochyta*, v. 5. Prochyta, île de la mer Tyrrhène, dans le golfe de Naples, près de la ville Anaria, dont Pline dit qu'elle avait été séparée par un tremblement de terre. Quelques-uns écrivent *Porchyta*, au lieu de *Prochyta*. Cette île s'appelle aujourd'hui *Procita*.

4. *La chute fréquente des maisons*, v. 7. Après la dernière guerre Punique, l'affluence des étrangers fut si grande à Rome, que

non-seulement on en élargit l'enceinte, mais qu'on en exhaussa les édifices. Auguste publia une ordonnance qui défendait de donner aux maisons plus de soixante-dix pieds de hauteur. On lit dans Tacite (liv. xv de ses *Annales*) qu'après l'incendie qui consuma les deux tiers de la ville, Néron fit plusieurs réglemens sur sa reconstruction; mais il ne marque pas à quelle élévation il avait fixé la hauteur des maisons. Trajan la réduisit à soixante pieds.

5. *Près des vieux arcs de la porte Capène*, v. 11. On croit que ces arcs avaient été élevés en mémoire du combat des trois Horaces. Quoi qu'il en soit, il est évident qu'ils servaient d'aqueducs: l'épithète de *madidam* l'indique, et ce vers de Martial le prouve:

Capenæ grandi porta qua pluit gutta.

La porte Capène était ainsi appelée, parce qu'on sortait par cette porte pour aller à une petite ville voisine, du même nom. On l'appelait, par une raison semblable, *Porta Appia* et *Porta triumphalis* : maintenant *di San Sebastiano*.

6. *Égérie*, v. 12. Nymphe de la forêt d'Aricie, voisine de Rome, qu'Ovide (*Métam.*, liv. xv) donne pour épouse à Numa Pompilius, mais qui, selon d'autres, n'était qu'une divinité tutélaire, qu'il feignait de consulter, dans sa retraite, sur les lois qu'il proposait aux Romains. Après la mort de Numa, ceux-ci, persuadés que le pieux et sage législateur s'entretenait avec Égérie, allèrent chercher la nymphe dans sa forêt, où ils ne trouvèrent qu'une fontaine, en laquelle ils s'imaginèrent qu'elle avait été métamorphosée par la commisération de Diane, touchée des pleurs qu'elle répandait depuis la mort de Numa. Plutarque (*Vie de Numa*) met au rang des fables tout ce qui regarde Égérie.

7. *Semblerait plus auguste*, v. 18. J'ai rétabli dans le texte la leçon des anciennes éditions et des manuscrits. Dusaulx, d'après Heinsius, avait introduit *præsentius*, et avait traduit, *O que la divinité qui préside à la fontaine s'y plairait davantage....* Ce changement est au moins inutile. J. P.

8. *Puisque les ressources honnêtes*, etc., v. 21. Ces vers de Juvénal et beaucoup d'autres détails de cette satire ont été imités par Boileau, dans sa satire première :

> Puisqu'en ce lieu, jadis aux muses si commode,
> Le mérite et l'esprit ne sont plus à la mode.... J. P.

9. *Me dit alors Umbritius*, v. 21. Il importe peu que cet Umbritius soit un personnage feint ou réel; mais Juvénal s'est bien gardé de choisir un homme diffamé pour faire la satire de Rome; au lieu que Boileau met celle de Paris dans la bouche d'un gredin contraint de s'exiler :

> Sans attendre qu'ici la Justice ennemie
> L'enferme en un cachot le reste de sa vie;
> Ou que du bonnet vert le salutaire affront
> Flétrisse les lauriers qui lui couvrent le front.
>   BOILEAU, sat. 1, vers 13.

10. *Tandis que l'âge commence à peine à blanchir mes cheveux*, etc. v. 26. BOILEAU, sat. I, v. 29 :

> Tandis que, libre encor malgré les destinées,
> Mon corps n'est point courbé sous le faix des années,
> Qu'on ne voit point mes pas sous l'âge chanceler,
> Et qu'il reste à la parque encor de quoi filer.... J. P.

11. *Qu'Artorius y vive*, v. 29. BOILEAU, sat. 1, v. 34 :

> Que George vive ici, puisque George y sait vivre.... J. P.

12. *Ceux qui savent donner au crime les couleurs de l'innocence*, v. 30. BOILEAU, sat. I, v. 122 :

> Ce qui fut blanc au fond rendu noir par les formes.... J. P.

13. *De vendre les esclaves en place publique*, v. 33. C'est, je crois, le sens du latin. Dusaulx avait traduit, *de se mettre eux-mêmes à l'enchère;* ce qui s'accordait moins bien avec les détails précédens. J. P.

La vente des esclaves à Rome se faisait de trois manières. La première s'appelait *sub hasta*, parce qu'on plantait une javeline ou un court esponton dans l'endroit où étaient les crieurs qui faisaient la vente au plus offrant et dernier enchérisseur. C'est ainsi

SUR LA SATIRE III.

que se vendaient les prisonniers de guerre. La seconde, *sub corona*. Quand les marchands exposaient des esclaves en vente dans les marchés, ils leur mettaient sur la tête une espèce de couronne de fleurs, pour annoncer qu'ils étaient à vendre; ou bien, comme le prétend Aulugelle, ces mots, *sub corona*, exprimaient la manière dont se vendaient les esclaves pris à la guerre, parce que les soldats les environnaient et faisaient un cercle pour les empêcher de s'échapper. La troisième consistait à leur mettre sur la tête une espèce de bonnet ou de chapeau; ce qu'ils appelaient *sub pileo venire*. Ce chapeau signifiait qu'on ne les garantissait pas.

14. *Des jeux où, pour flatter le peuple, ils font au moindre signal couler le sang du gladiateur vaincu*, v. 36. C'était ordinairement le peuple qui décidait de la vie ou de la mort du gladiateur blessé : s'il s'était conduit avec adresse et courage, sa grâce lui était presque toujours accordée; mais s'il s'était comporté lâchement dans le combat, son arrêt de mort était rarement douteux. Le peuple ne faisait que montrer la main avec le pouce plié sous les doigts, pour indiquer qu'il sauvait la vie du gladiateur; et, pour porter son arrêt de mort, il lui suffisait de montrer sa main avec le pouce levé, et dirigé contre le malheureux.

> . . . . Pectusque jacentis
> Virgo modesta jubet, converso pollice, rumpi.
>
> PRUDENT., *de Vestal.*

15. *Ils affermeront les latrines publiques*, v. 38. *Foricæ* étaient des latrines publiques; d'où sont appelés, dans le droit, *foricarii*, ceux qui les affermaient. Ces fermiers payaient au fisc le prix de leur bail : cela est prouvé par la loi 17, *Digest.*, lib. XII, tit. 1. *Fiscus ex suis contractibus usuras non dat : sed ipse accipit, ut solet a foricariis qui tardius pecuniam inferunt.* Il paraît que ces sortes de fermiers recevaient un petit droit de ceux qui avaient recours à ces lieux publics.

16. *Que ferais-je à Rome? je ne sais pas mentir*, v. 41. BOILEAU, sat. 1, v. 42 :

> Mais moi, vivre à Paris! Eh! qu'y voudrais-je faire?
> Je ne sais ni tromper, ni feindre, ni mentir;
> Et, quand je le pourrais, je n'y puis consentir.

17. *Je ne sais ni l'approuver, ni demander à en prendre copie*, v. 42. C'est ici ce que signifie *poscere*. Dans ce temps où les livres étaient fort rares, quand on voulait flatter un auteur, on empruntait son manuscrit pour le copier soi-même ou le faire copier.

18. *Je ne favoriserai jamais l'adultère*, v. 46. En fait de galanterie, *adulter* et *fur* signifient presque toujours la même chose: ce dernier n'a point ici la signification de « voleur. » *Furtivis operam dare*, c'est-à-dire *adulteriis*.

19. *Comme un manchot, un perclus*, etc., v. 48. J'ai suivi la correction de Britannicus et de Markland, qui mettent *exstincta* et *dextra*, au lieu de *exstinctæ* et *dextræ*. — BOILEAU, sat. I, v. 55 :

> Et je suis, à Paris, triste, pauvre et reclus,
> Ainsi qu'un corps sans âme, ou devenu perclus.

20. *Ne reçois pas ces confidences coupables*, v. 54. J'ai changé tout cet endroit, où Dusaulx a cru devoir ajouter des phrases entières au texte latin, et déranger totalement l'ordre des idées.

J. P.

Prince, disait à Lysimaque le comédien Phillipidas, de tous les biens que vous m'offrez, le seul que je redoute, c'est le dangereux honneur de votre confidence (PLUTARQUE, *de la Curiosité*). Martial dit au contraire :

> Vis fieri dives, Bithynice? conscius esto.
> Lib. VII, epigr. 49.

21. *Elles t'ôteraient le sommeil*, v. 56. Mot terrible et sublime. On le retrouve, ce mot foudroyant, dans l'une des tragédies de Shakspeare; mais je doute que cet homme de génie, qui n'imitait personne, ait fait l'emprunt dont il s'agit : j'avouerai même que dans l'auteur latin, *ut somno careas*, n'a pas la même énergie que l'apostrophe du poète anglais ; et qu'il est possible que, par réminiscence, j'aie rapproché Juvénal de Shakspeare.

22. *Cette lie Achéenne*, v. 61. C'est-à-dire, ces misérables Grecs. L'Achaïe est le nom d'une ancienne province de Grèce; on la nomme aujourd'hui Livadie, ou la province du Péloponnèse.

23. *De leurs victoires*, v. 67. Pour comprendre ces deux vers, qui n'ont encore été bien expliqués que par Martinius, il faut savoir que ceux qui sortaient vainqueurs des jeux du cirque avaient part aux sportules des empereurs; et qu'afin d'être reconnus par ceux qui distribuaient ces sportules, ils portaient au cou le symbole de leur victoire. Voyez *Martinii Lexicon philologicum*, au mot *Trechedipnus*.

24. *Isæus*, v. 74. Célèbre orateur grec, natif de Chalcide en Syrie, fut disciple de Lysias, et maître de Démosthène. Il enseigna l'éloquence dans Athènes avec succès, environ trois cent quarante-quatre ans avant Jésus-Christ. On lui attribuait soixante-quatre harangues; mais il n'en avait composé que cinquante, dont il ne nous reste que dix. Il ne faut pas le confondre avec un orateur du même nom, qui vivait à Rome du temps de Pline le jeune, vers l'an 97 de Jésus-Christ, quoique Quintilien (liv. x) attribue à celui-ci une promptitude singulière.

25. *Il est grammairien, rhéteur*, etc., v. 76. Rousseau a tiré de ce passage une jolie épigramme, qui commence par ces vers :

> Chrysologue toujours opine;
> C'est le vrai Grec de Juvénal :
> Tout ouvrage, toute doctrine,
> Ressortit à son tribunal, etc.

26. *Celui qui s'attacha des ailes*, v. 80. Ce trait tombe moins sur Dédale que sur un certain Grec qui, du temps de Néron, voulant imiter le père d'Icare, éprouva le sort de celui-ci ; et c'est pourquoi Suétone (*Vie de Néron*) l'appelle Icare : *Icarus primo statim conatu, juxta cubiculum ejus decidit, ipsumque cruore respersit.*

27. *Antée, qu'il tenait éloigné des secours de sa mère*, v. 89. On sait qu'Antée était un géant, fils de Neptune et de la Terre. Hercule le combattit, le terrassa trois fois, mais en vain; sa mère lui rendait des forces nouvelles lorsqu'il la touchait. Enfin, ce héros l'enleva, et l'étouffa entre ses bras.

> . . . . Quum fraude reperta,
> Raptus in excelsum, nec jam spes ulla cadendi,
> Nec licet extrema matrem contingere planta.
>
> Stat., *Thebaid.*, lib. vi.

28. *N'appartient pas exclusivement*, etc., v. 98. Ce passage est ainsi traduit dans les dernières éditions de la version de Dusaulx. Mais dans la note correspondante des mêmes éditions, je trouve : *N'appartient plus exclusivement*, etc. « Je suis convaincu, ajoute « Dusaulx, que c'est là le véritable sens, quoique j'aie contre « moi tous les commentateurs ; ils n'ont pas fait attention que ces « quatre noms sont des noms grecs, et que la comparaison des « Grecs avec d'autres Grecs ne convient ni à ce qui précède ni à « ce qui suit. » Il faut d'abord s'étonner de la négligence des nouveaux éditeurs, qui admettent ainsi, sans observations, deux versions si différentes du même passage. Quant à ces deux versions, je crois que la première seule est admissible : l'autre me paraît aussi peu naturelle, que la note qui l'accompagne est peu concluante. J. P.

29. *Composer son visage*, v. 105. J'ai rétabli dans le texte, selon toutes les éditions, *alienum sumere vultum, A facie jactare manus* : cette leçon me semble plus naturelle que celle que Dusaulx a introduite, d'après Markland, *alienum sumere vultum A facie, jactare manus*. Changeant le texte, j'ai dû changer la traduction. J. P.

Les vers suivans offrent trois circonstances qu'il n'était pas facile de rendre d'une manière décente, quoique Molière en eût imité une dans son Tartuffe :

Et s'il vient à roter, il lui dit : Dieu vous aide.

30. *Applaudir même aux fonctions animales d'un patron grossier*, v. 107. Il m'a semblé impossible de traduire exactement les sales particularités du texte latin. Dusaulx a voulu, avec quelques commentateurs, expliquer *trulla inverso*, etc., d'une manière plus décente ; mais que devient alors la gradation des idées, toujours si bien observée dans Juvénal ? Après *bene ructavit* et *rectum minxit*, quelle force y aurait-il dans le *crepitum trulla dedit*, si modestement interprété ? J'expliquerai mon sentiment en empruntant une note latine à M. Achaintre, qui me paraît avoir saisi le vrai sens du passage : « *Sensus est : Si trulla aurea, lasanum, sella familiarica*, la chaise percée, *crepitum dedit sub fundo, ano divitis alvum exonerantis*, inverso, *ima spectante ; si igitur dives amicus*

alvum exonerans, crepitum recte dederit. Ita nos, ex auctoritate vet. schol. et nonnullorum interpp. quod reipsa melius cum præcedentibus cohæret. Sic Græcus noster amicum, quavis occasione, laudat : si bene ructavit, si rectum minxit, si bene crepitum edens, alvum exoneravit. Alii vero, his volunt, honestiore fateor de causa, significari trullam auream, calicem aureum, de manu divitis cadentem, et sonitum edentem : alii, bibacitatem divitis trullam exhaurientis, et labellorum crepitu id testantis : alii denique, lusum cottaborum, κοτ-ταϐὸν, *qui ita fit, quum reliquum vini in pavimentum ejectum (id inverso poculo evenit), clarum edit sonum, quod felicis amoris indicium est. Sed hæ minus ad rem veniunt explicationes.* » J. P.

31. *Attaqueront la grand'mère de leur ami*, etc., v. 112. La plupart des éditions portent : *Aulam resupinat amici*. Les savans que j'ai consultés prétendent que cela n'est pas latin. Au reste, la leçon de l'ancien scholiaste que j'ai suivie, est sans contredit la meilleure. Cette grand'mère est ici le coup de force. Je ne sais pourquoi quelques-uns ont substitué *ancillam* à *aviam*; et voici comme ils écrivent :

Horum si nihil, ancillam resupinat amici.

32. *Tu crains de la faire descendre du siège exhaussé qui l'expose aux passans*, v. 136. Umbritius oppose ici la fortune des esclaves parvenus, à la misère de certains nobles. Les uns, dit-il, sont si riches, qu'ils peuvent acheter les faveurs des femmes les plus illustres, tandis que les autres sont trop pauvres pour payer de viles courtisanes, celles qui s'exposent à leurs portes sur des chaises élevées, afin de se faire remarquer des passans. La difficulté des cinq vers précédens, qui n'ont été bien entendus que par Ferrarius, vient de ce qu'on n'a pas senti l'opposition qui est entre *dives servus* et *ingenuorum filius*. Vers 131, *hic* est adverbe : « Ici, à Rome. » Vers 132, *alter enim*, etc., *enim* se rapporte à *quid mirum?* qui est sous-entendu : c'est-à-dire, pourquoi non ? car l'un est si riche, qu'il donne des sommes ; l'autre est si pauvre, qu'il ne peut rien donner.

33. *Produis un témoin aussi vertueux*, etc., v. 137. Cybèle, ou la mère Idée, fut envoyée de Pessinunte à Rome, sous la forme

d'une pierre brute, pour satisfaire aux livres sibyllins. Ces livres déclaraient que l'expulsion des Carthaginois dépendait de l'établissement de son culte en Italie. Ils ordonnaient encore que Cybèle fût reçue à son arrivée par le plus honnête homme : le choix tomba sur Scipion Nasica. « Celui qui sauva Minerve, etc. » Ce fut Lucius Cæcilius Metellus : ce trait de piété lui coûta les deux yeux; il fut aveuglé par les flammes.

34. *En vain attesterais-tu les autels de Samothrace*, v. 144. Samothrace est une île de l'Archipel, à l'embouchure de l'Èbre. La capitale de cette île portait le même nom : elle est fameuse par un temple dont les mystères n'étaient pas moins respectés que ceux d'Éleusis. Les dieux Cabires y étaient adorés, et ce culte tirait son origine de Phénicie. Les dieux Cabires étaient ceux que les Romains appelaient *divos potes*, les dieux puissans. Ces dieux étaient, *Axioros*, c'est-à-dire Cérès; *Axiokersa*, Proserpine; *Axiokerse*, Pluton; et *Casmilus*, Mercure, qui était comme leur ministre. Les plus grands personnages des pays étrangers avaient soin de se faire initier au culte de ces différens dieux. *Voyez* Plutarque, *Vie de Camillus*.

35. *Sortez, s'écrie-t-on*, v. 153. Les jeux romains, non moins fameux que ceux des Grecs, furent portés à un point incroyable de grandeur et de magnificence. On les distingua par le lieu où ils étaient célébrés, ou par la qualité du dieu à qui on les avait dédiés. Il y avait des jeux sous le nom de *circenses* et de *scenici*, parce que les uns étaient célébrés dans le cirque, et les autres sur la scène. A l'égard des jeux consacrés aux dieux, on les divisait en *jeux sacrés*, en *jeux votifs*, parce qu'on les célébrait pour implorer les dieux. Nous donnerons la notice des différens jeux dont notre auteur fera mention.

36. *Parmi l'élégante postérité de nos gladiateurs et de nos maîtres d'escrime*, v. 156. Ces derniers s'appelaient *lanistæ*, lanistes. Leur métier consistait à instruire dans l'art gladiatoire les prisonniers, les criminels, les esclaves coupables qu'on remettait entre leurs mains. Quand les préteurs qui furent, après les édiles, chargés de l'intendance des jeux, avaient besoin de gladiateurs,

ils s'adressaient aux lanistes, qui les leur fournissaient par paires, pour un prix convenu, à raison des différentes classes. Outre les gladiateurs forcés, il y en avait de volontaires, que la misère, la dépravation ou la flatterie (car c'était un moyen de faire sa cour à Néron et à Domitien) faisaient descendre sur l'arène. Le maître d'escrime ne recevait point les hommes libres sans leur faire jurer qu'ils combattraient jusqu'à la mort.

37. *Voilà ce qu'a produit la vanité d'Othon par ses distinctions odieuses*, v. 159. L'an de Rome 685, Luc. Roscius Otho, tribun du peuple, porta une loi par laquelle il était défendu de prendre place sur l'un des quatorze gradins réservés aux chevaliers, quand on n'avait pas quatre cent mille sesterces de bien. L'empereur qui porta le même nom que ce tribun, s'appelait Salvius. On retrouve encore le nom d'Othon dans la famille Junia.

38. *Pour fuir à jamais leur patrie*, v. 163. L'an de Rome 261, le peuple, tourmenté par ses créanciers, se retira sur le Mont-Sacré. Menenius Agrippa fut député par le sénat pour le haranguer. Les mécontens consentirent enfin à se réconcilier avec les patriciens, mais à des conditions : la principale fut l'institution du tribunat.

(Il n'est pas sûr que Juvénal fasse allusion à la retraite du peuple sur le Mont-Sacré : et quand ce serait là le sens du texte, la traduction de Dusaulx me paraîtrait encore inexacte et emphatique : *Nos ancêtres plébéiens, attroupés sous le drapeau de la liberté, auraient dû, fuyant les oppresseurs, à jamais s'expatrier.* J. P.)

39. *Aurait-il cette délicatesse*, v. 168. Je suis de l'avis de Ferrarius, qui veut qu'on lise *negabit*, au lieu de *negavit*. *Nimis longe arcessita sunt*, dit-il, *quæ interpretes de Curio Dentato aut Scipione afferunt*. En effet, Juvénal compare ici le luxe de Rome avec l'ancienne simplicité qui s'était conservée dans les petites villes d'Italie : cette comparaison commence au vers 168, et se prolonge jusqu'au vers 179 inclusivement.

40. *On n'endosse la toge*, v. 173. La toge était une robe longue et sans manches, qui se mettait par dessus les autres vêtemens. *Togatus* et *Romanus* étaient deux termes tellement syno-

nymes, que Virgile appelle les Romains *gens togata*. Ceux à qui ils permettaient de la porter étaient censés jouir du droit de bourgeoisie. Le nom de *togatus* était si bien affecté aux Romains, que pour distinguer les pièces de théâtre dont le sujet était romain, des pièces grecques, les premières, comme je l'ai dit, étaient appelées *togatæ*, et les autres *palliatæ*. Ce qui tenait lieu de toge aux femmes s'appelait *stola*. La toge différait selon les âges, les dignités et les circonstances.

41. *Si l'on rejoue quelque vieille farce*, etc., v. 174. Juvénal entend ici l'*exodium*. Exode signifie issue; ce nom lui fut donné à l'imitation des Grecs, qui nommaient *exodion* le dernier chant après la pièce finie. L'acteur était appelé *exodiarius*, l'exodiaire. Il entrait sur le théâtre à la fin des pièces sérieuses, pour dissiper la tristesse causée par la tragédie ; et il jouait cependant la pièce comique avec le même masque et les mêmes habits qui lui avaient servi dans la pièce sérieuse. Je doute que, dans les bourgades dont parle l'auteur, l'exode fût précédé d'une tragédie. Il ne consistait quelquefois qu'en une simple pantomime.

42. *Sans distinction d'habits*, v. 177. J'ai remplacé ainsi les *habits uniformes* de Dusaulx, qui présentent un autre sens. J'ai cru devoir encore supprimer la liaison, *excepté les édiles*, qui ne se trouve pas dans le texte. J. P.

43. *Sans t'adresser un mot*, v. 185. C'est là le sens de *clauso labello*. Dusaulx a traduit, mal à propos, je crois, *le morne Véienton*. J. P.

44. *Qu'un patron fasse, pour la première fois, couper la barbe ou les cheveux d'un esclave chéri*, v. 186. Pline observe que les Romains ne commencèrent à se raser que l'an de Rome 454, quand Ticinius Menas leur amena des barbiers de Sicile : il ajoute que Scipion l'Africain fut le premier qui fit venir la mode de se raser chaque jour. Quand on faisait pour la première fois les cheveux ou la barbe à ses enfans, il était d'usage de faire des visites, de donner des repas et d'envoyer des présens. Nous voyons par ce vers de Juvénal, que de son temps c'était tout le contraire. On ne se faisait raser et couper les cheveux que depuis vingt-un ans jus-

qu'à quarante-neuf. Passé ce temps, il fallait, selon Pline, porter la barbe longue. On renfermait la première barbe dans une petite boîte d'or ou d'argent, que l'on consacrait à quelque divinité, et surtout à Jupiter Capitolin, comme Suétone le remarque de Néron. Les quatorze premiers empereurs se firent raser; mais Adrien rétablit l'usage de porter la barbe. Plutarque dit que le motif de ce prince fut de cacher les cicatrices qu'il avait au visage.

45. *Qu'on nous force d'accroître le pécule de ces esclaves fortunés*, v. 186. Le pécule des fils de famille et des esclaves était une légère portion des biens du père ou du maître : c'était aussi le produit de l'industrie. Le fils et l'esclave ne conservaient la propriété de ces deux sortes de pécule qu'autant que le père et le maître y consentaient; autrement ceux-ci pouvaient à leur gré retirer leurs bienfaits, et les priver des fruits de leurs travaux. On sépara dans la suite le pécule des fils de famille de celui des esclaves.

46. *Craint-on, dans les frais asyles de Préneste*, etc., v. 190. Dusaulx a retranché les épithètes et les accessoires ajoutés aux noms de Préneste, de Volsinium, de Gabie et de Tibur : il m'a semblé que ces détails, d'ailleurs pleins de poésie, importaient beaucoup au sens de la phrase. Juvénal doit peindre des plus agréables couleurs les lieux dont il préfère le séjour à celui de Rome. J. P.

47. *A-t-on recrépi de vieux murs entr'ouverts?* v. 195. Il m'a paru nécessaire, pour le sens, d'adopter la leçon approuvée par Ruperti, qui la trouve dans plusieurs de ses manuscrits, *quum texit*, au lieu de *contexit*. Je la trouve également dans plusieurs manuscrits de la Bibliothèque royale, dans le manuscrit 8070, qui est en partie du dixième, en partie du onzième siècle, dans le manuscrit 4883, qui est du onzième siècle, dans le manuscrit 8285, du douzième siècle. J'ai remarqué que les plus anciens manuscrits portaient généralement *cum texit*; ce n'est que dans les plus récens que se montre la leçon *contexit*. Ainsi, l'autorité des manuscrits s'accorde en ceci avec la netteté du sens et la régularité de la phrase. Je m'étonne avec Ruperti que M. Achaintre, qui a pu

consulter les manuscrits de Paris, ait admis dans son édition *contexit*, sans dire un mot de la leçon importante des anciens textes.
J. P.

48. *Ucalegon crie au feu*, etc., v. 199. J'avais oublié précédemment d'avertir de l'allusion à ce vers de Virgile, passé en proverbe : *Proximus ardet Ucalegon*, etc. (*Æneid.*, lib. II). Ucalégon signifie ici le voisin de la maison embrasée dont a parlé Juvénal.

49. *Six coupes mesquines décoraient son buffet*, etc., v. 203. *Urceoli*, ou *cyathi*, étaient de petits gobelets avec lesquels on mesurait le vin et l'eau que l'on mettait dans la tasse. *Cantharus* était une coupe à deux anses. Le buffet était soutenu par une console ou pied qui représentait le centaure Chiron : le tout était de marbre, chose très-commune à Rome, et dédaignée par les riches qui avaient des tables ou des buffets de bois de citre, soutenus sur des pieds d'ivoire. *Voyez*, sur l'usage des petits gobelets dont il est ici question, l'*Hist. de l'Acad. des Inscript.*, t. I, p. 136.

50. *La noblesse en deuil*, v. 213. A Rome, le noir, ou le très-brun fut dans le commencement la couleur des habits de deuil pour les deux sexes. Dans la suite les femmes portèrent un voile blanc, et le reste de l'habillement noir, sans aucun ornement. Les hommes négligeaient leur barbe, la laissaient croître avec leurs cheveux, et observaient de ne point mettre de couronne sur leur tête, ni dans les fêtes publiques, ni dans les festins. Le plus long deuil, c'est-à-dire celui que portaient les enfans pour leurs pères, les maris pour leurs femmes, et les femmes pour leurs maris, n'était que de dix mois. Tant que ce deuil durait, une veuve ne pouvait se remarier sans encourir une note d'infamie. Il n'en était pas de même pour les hommes, qui pouvaient prendre une autre femme quand ils le voulaient. Il y avait à Rome des deuils publics qui duraient plus ou moins de temps, selon l'affection que l'on portait aux morts. On lit dans Tite-Live que les dames romaines portèrent le deuil et pleurèrent le consul Brutus pendant une année entière : *Matronæ annum, ut parentem, eum luxerunt* (1 Dec., lib. II, n. 7).

(Je dois remarquer, à propos de cette note de Dusaulx, qu'on a très-faussement soutenu, dans ces derniers temps, que les vêtemens de deuil chez les anciens étaient ordinairement d'une couleur blanche (ROBINSON, *Antiquités grecques*, vol. II, pag. 218). Chez les Grecs, ils furent toujours noirs : ils furent noirs aussi chez les Romains, tant que dura la république. Seulement sous les empereurs, il paraît, d'après le témoignage de Plutarque, *Quest. Rom.* 26, que les dames portèrent pendant quelque temps le deuil en blanc. *Voyez*, sur ces différens points, HOMER., *Iliad.* XXIV, 93; HÉRODIEN, IV, 3; OVID., *Metam.* VI, 288, et VIII, 447; WINCKELM., *Hist. de l'art*, IV, 5; NORIS, *Cœnotaph. Pisan.*, p. 357; KIRCHMANN, *de Funerib. Rom.* II, 17; JUSTE LIPSE, *Excurs. ad Tacit. Annal.* II. J. P.)

Le temps du deuil fut abrégé en plusieurs occasions. Après la bataille de Cannes, la république ordonna qu'on ne le porterait que trente jours, afin d'oublier plus tôt la perte qu'elle avait faite. Il y avait des circonstances où on l'interrompait dans les familles : c'était souvent pour la naissance d'un enfant, pour quelque distinction honorable à laquelle on parvenait, pour certaines fêtes des dieux, pour la dédicace d'un temple. Excepté ces circonstances, les Romains se faisaient un devoir de religion de le porter le temps prescrit.

51. *On déteste le feu*, v. 214. L'ancien scholiaste dit que ces mots, *Tunc odimus ignem*, se rapportent moins aux incendies qu'à l'élément qui les produit, et il observe que les Romains, dans les grandes calamités, ne permettaient point de feu dans les maisons.

52. *Les antiques et précieuses dépouilles des temples de la Grèce*, v. 218. Les éditeurs modernes ont mal à propos changé l'ancienne leçon qu'ils ne comprenaient pas. Les premières éditions et les manuscrits portent : *Phæcasianorum vetera ornamenta deorum*. A *Phæcasianorum*, les uns ont substitué *hic Asianorum ;* les autres, *hæc Asianorum ;* et ceux-ci prétendent que *hæc* est employé pour faire entendre que les femmes, aussi bien que les hommes, apportaient des présens à Asturius, dont la maison avait été dévorée par les flammes : ce qui est pitoyable. Le vers que je viens de citer

est mis par apposition ; il se rapporte aux statues et aux tableaux désignés dans les deux vers précédens. *Phœcasiani dei*, sont les dieux de la Grèce, soit qu'on les représentât avec la chaussure appelée *phœcasium*, soit que leurs prêtres et leurs ministres portassent cette espèce de chaussure. Le *phœcasium* était propre aux Grecs, ainsi que le *pallium*, comme la toge était propre aux Romains. S'il y avait eu quelque chose à changer, ç'aurait été en écrivant *phœcasiatorum*; mais l'ancienne leçon le défend; d'ailleurs Cicéron a dit *minianus* pour *miniatus* (Voyez *Turnebi Adversaria*, pag. 341; *Balduini Calceus antiquus*, page 177).

53. *On pourrait, à juste titre, le soupçonner d'avoir lui-même embrasé sa maison*, v. 222. Après un semblable désastre, dit Martial, Tongilianus reçut dix fois la valeur de ce qu'il avait perdu; et il ajoute :

> . . . . . . Rogo, non potes ipse videri
> Incendisse tuam, Tongiliane, domum?
> Mart.; lib. iii, epig. 52.

Plusieurs interprètes croient que le Persicus du vers 221 est le même que l'Asturius du vers 222. Mais ces deux comparatifs *meliora* et *plura* prouvent qu'il s'agit ici de deux personnes différentes.

(Ceux qui ont cru que Persicus et Asturius étaient le même personnage, n'en ont pas moins bien expliqué *meliora* et *plura* : *Asturius, le plus riche des Romains sans enfans, va retrouver mieux et plus qu'il n'a perdu.* Les comparatifs ne prouvent donc rien. Mais j'avoue que je ne vois pas pourquoi Juvénal se serait servi de ces deux noms pour désigner le même homme. J. P.)

54. *Quiconque aurait la force de s'arracher aux jeux du cirque*, v. 223. Jeux du cirque, terme générique sous lequel on comprenait tous les combats du cirque, de quelque nature qu'ils fussent, à pied, à cheval, sur des chars, à coups d'épées, de dards, de piques, de flèches, contre des hommes ou des animaux, dans l'arène ou sur de grands réservoirs d'eau : ces derniers s'appelaient naumachies, ou représentations de batailles navales. Dans leur origine ces jeux n'étaient que différentes sortes de courses,

auxquelles on joignit ensuite les autres combats athlétiques. Ceux des gladiateurs étaient les plus usités. La plupart des fêtes des Romains étaient accompagnées de jeux du cirque, et les magistrats donnaient souvent de ces sortes de spectacles au peuple. Les grands jeux, nommés proprement *circenses*, duraient cinq jours, et commençaient le 15 septembre.

55. *Aimez à cultiver vous-même un jardin qui fournisse de quoi régaler cent Pythagoriciens*, v. 228. Pythagoriciens, philosophes qui suivaient la doctrine de Pythagore de Samos. On appelait aussi cette secte *italique*, parce que Pythagore, ayant quitté son pays, se retira dans la partie orientale de l'Italie qu'on nommait la grande Grèce, et s'établit à Crotone, où il enseigna la philosophie et forma sa secte. Il croyait qu'aucune âme ne périssait; mais qu'après un certain nombre de révolutions, elle animait un nouveau corps, et que, de transmigration en transmigration, elle redevenait ce qu'elle avait été. En conséquence il défendait de manger de tout ce qui avait eu vie. Notre auteur (Sat. 15) dit que ce philosophe ne se permettait pas de manger indistinctement de toutes sortes de légumes. En effet, l'usage des fèves était interdit aux Pythagoriciens; leur maître leur avait enseigné que la fève était née en même temps que l'homme, et formée de la même corruption : car, disait-il, quand on renferme dans un vaisseau une fleur de fève ou une fève même, et qu'on le bouche bien, si l'on vient à l'ouvrir quelques jours après, on la trouve convertie en chair ou en sang. Ainsi ils n'avaient pas moins d'aversion pour la fève que pour la chair humaine. C'est en ce sens qu'Horace l'appelle parente de Pythagore : *Faba Pythagoræ cognata.*

56. *Succombent à l'insomnie. — Mais*, etc., v. 232. J'ai adopté la traduction de Dusaulx; mais il m'a paru que la liaison des idées est plus naturelle, si l'on suppose que *mais cette langueur*, etc., est une objection. Cette forme se rencontre à chaque instant dans Juvénal. J. P.

Il me paraît que l'on n'a point encore saisi le vrai sens de ce passage : *Plurimus hic æger moritur vigilando*, proposition générale. *Sed illum languorem peperit cibus imperfectus*, etc., cela regarde l'intempérance. On lit ensuite, *nam quæ meritoria somnum admittunt?* à quoi se rapporte ce *nam*, si ce n'est à la phrase que j'ai suppléée ? Juvénal est extrêmement concis ; et c'est presque toujours avant *enim* ou *nam* qu'il y a des mots ou des phrases sous-entendues. J'ai déjà fait la même observation sur le vers 131.

57. *Drusus et les veaux marins*, v. 238. Ces veaux marins, quoique grands dormeurs, selon Pline et Virgile, répugnent à Grævius, qui les convertit en vieux maris, *vetulisque maritis*. D'un autre côté, Britannicus ne voulant point que l'on associe des veaux marins à Drusus, fait un ours de celui-ci, et met *urso* au lieu de *Druso*. Cependant il ne convient point de changer le texte sans autorité, à moins qu'il ne soit absurde, ou qu'il n'implique contradiction. On doit toujours supposer, lorsqu'on explique un auteur ancien, et surtout un satirique, qu'il y a bien des allusions dont la trace est perdue faute de monumens.

58. *Porté par de grands Liburniens*, v. 240. Les Romains avaient deux sortes de voitures portatives, dont les formes étaient différentes, et qui étaient différemment portées, savoir, l'une par des mulets, on l'appelait *basterna*, et l'autre par des hommes, on la nommait *lectica* : pour cette dernière, on employait plus ou moins de porteurs, deux, quatre, six, huit. La litière, *lectica*, portée par quatre esclaves, s'appelait tétraphore, *tetraphorum*; la litière portée par six, s'appelait exaphore, *exaphorum*; et la litière portée par huit, se nommait octophore, *octophorum*. L'invention de ces voitures portatives venait des rois de Bithynie : l'usage en devint si commun à Rome, que sous Tibère les esclaves se faisaient porter en litière par d'autres esclaves inférieurs. Enfin, cette mode s'abolit sous Alexandre Sévère, pour faire place à celle des chars, qui s'introduisit jusque chez les gens du menu peuple, à qui l'empereur permit de les décorer à leur fantaisie.

Les esclaves dont il s'agit ici étaient de la Liburnie, province de l'Illyrie, le long de la mer Adriatique, aux confins de l'Italie.

59. *Car une litière fermée provoque le sommeil*, v. 242. La litière appelée *lectica* était communément ouverte; mais les voluptueux

la faisaient construire de manière qu'ils pouvaient la fermer quand ils le voulaient. Les femmes ne se servirent point de cette sorte de voiture jusqu'au règne de Claude; elles usaient de la basterne, dont l'épigramme suivante donnera la description:

> Aurea matronas claudit basterna pudicas,
> Quæ radians latum gestat utrumque latus.
> Hanc geminus portat duplici sub robore burdo,
> Provehit et modice pendula septa gradu.
> Provisum est caute, ne, per loca publica pergens,
> Fucetur visis casta marita viris.

60. *Mes pieds*, etc., *sont encore déchirés par les clous de la chaussure d'un soldat*, v. 248. La chaussure militaire que les Romains appelaient *caliga*, était faite d'une grosse semelle d'où partaient des bandes de cuir qui se croisaient sur le pied, dont elles laissaient voir par intervalles la chair nue: quelquefois une de ces bandes passait entre le gros orteil et le suivant, pour tenir la chaussure plus ferme : souvent on attachait des clous sous la semelle, probablement afin d'empêcher que le soldat ne glissât, quand il gravissait ou descendait les montagnes. Au reste, la chaussure des Romains différait peu de celle des Grecs. Il y en avait de plusieurs sortes, qui étaient relatives aux différens états, et distinguées par des noms différens, le *calceus*, le *mulleus*, le *pero* et le *phœcasium*, qui couvraient entièrement le pied; le *solea*, le *crepida*, le *baxeæ* et le *sandalium*, qui laissaient en partie le dessus du pied à découvert. Les sénateurs portaient une chaussure à *lunule*, dont il sera parlé satire 7.

61. *Sa tunique, nouvellement recousue, en est réduite en lambeaux*, v. 254. Les Romains ne portèrent d'abord qu'une seule tunique de laine sur la chair; mais dans la suite ils en portèrent deux comme les Grecs, et quelquefois trois. La première, qui leur tenait lieu de chemise, et qui était quelquefois de lin (car le linge leur était inconnu), s'appelait *tunica interior*; elle était fine, sans manches, et ne descendait qu'au dessus des genoux. Celle des femmes était plus ample et plus longue. La seconde, appelée *tunica exterior*, tunique extérieure, avait plus d'ampleur et de longueur que l'autre; les manches en étaient fort larges, mais si

courtes qu'elles n'allaient pas jusqu'au coude. Ces deux tuniques étaient communes aux deux sexes. Elles étaient l'une et l'autre justes au cou, de sorte que les femmes qui les laissaient ouvertes par le haut, passaient pour indécentes. C'était sur la tunique extérieure que se mettait la toge. Comme cette tunique était fort ample, on prenait une ceinture pour l'arrêter, pour la retrousser par devant et par les côtés. Ceux qui faisaient peu d'usage de leur ceinture, affectaient un air de négligence ou de mollesse trop marqué; de là ces expressions *alte cincti* et *discincti*, pour peindre le caractère d'un homme courageux ou efféminé. C'est un reproche que Cicéron fait aux complices de Catilina, parce qu'ils portaient des tuniques qu'ils laissaient tomber sur leurs talons: *cum tunica talari*. Il n'y avait que le peuple qui portât la tunique sans robe, comme le dit Horace: *popellus tunicatus.....* Un patricien n'aurait osé paraître à Rome en tunique sans toge.

62. *Cependant l'on attend ces infortunés au logis*, v. 261. J'ai trouvé dans la traduction: *Cependant les compagnons de l'un de ces infortunés l'attendent au logis*. Pourquoi *de l'un de ces infortunés?* N'est-il pas évident que le poète parle d'une manière générale, quoiqu'il emploie le singulier? J. P.

63. *Chacun vaquant à son ouvrage.... prépare les frottoirs*, v. 262. Il s'agit ici d'un instrument de bain appelé *strigilis*, étrille. La matière de cette espèce de racloir était la corne, l'ivoire ou le métal. On y distinguait deux parties, le manche, *capulus*, dans le vide duquel on pouvait, par les côtés, engager la main dont on empoignait l'instrument; et la languette, *ligula*, courbée en demi-cercle, creusée en façon de gouttière, et arrondie dans son extrémité la plus éloignée du manche; ce qui faisait une espèce de canal pour l'écoulement de l'eau, de la sueur, de l'huile, et de tout ce qui se séparait de la peau par le mouvement de cette sorte d'étrille. Spartien raconte que l'empereur Adrien, qui se baignait souvent avec le peuple, aperçut un vieux soldat qui, n'ayant personne pour lui racler la peau, se frottait le dos contre le mur du bain: l'empereur lui rendit le service dont il avait besoin, et lui procura de quoi se faire servir désormais. Le lendemain plusieurs vieillards tentèrent le même moyen pour attirer sur eux les

regards et la libéralité du prince ; mais cette fois il se contenta de leur faire distribuer des étrilles, et leur ordonna de s'étriller réciproquement les uns les autres.

64. *Le seul vœu raisonnable dans cette conjoncture, c'est de n'être qu'arrosé*, v. 277. Le P. Tarteron rend cet endroit avec sa naïveté ordinaire : « Ce que vous pouvez souhaiter de mieux, dit-il, est « qu'on ne vous casse pas la tête avec le pot, mais qu'on se con-« tente de vous coiffer de ce qui est dedans. »

Au lieu d'*effundere*, il faut écrire *defundere* ; c'est, suivant Turnèbe, la leçon des anciens manuscrits.

65. *Couché tantôt sur le ventre, tantôt sur le dos*, etc., v. 280. Cet endroit est imité de deux vers d'Homère dont voici la traduction latine :

Nunc lateri incumbens, iterum post paulo supinus
Corpore, tum pronus, tum surgens, denique rectus.

Iliad., lib. xxiv.

66. *Quoi ! il ne pourra dormir sans une querelle ?* v. 181. Grangæus propose de mettre un point d'interrogation après *dormire*. Je ne crois pas qu'il y ait à balancer : ce point coupe le récit d'Umbritius ; ce qui est très-conforme au style de Juvénal.

67. *Et la lumière de vingt flambeaux*, v. 285. Les flambeaux des anciens étaient de bois séché au feu ou autrement : ils en employaient de différentes sortes ; celui dont on se servait le plus ordinairement était le pin. Pline rapporte que de son temps on employait aussi à cet usage le chêne, l'orme et le coudrier. Dans le septième livre de l'Énéide, il est parlé d'un flambeau de pin : et Servius remarque sur ce passage, que l'on en faisait aussi de cornouiller.

68. *Où loges-tu, dans quel bouge ?* v. 296. *Proseucha* était le lieu où les Juifs s'assemblaient pour prier ; et c'est aujourd'hui ce que nous appelons synagogue, dans les villes où les Juifs sont tolérés (Voyez *P. Leopardi emendationes*, p. 65). L'ivrogne en question, pour insulter son concitoyen, lui parle comme à un Juif, dont la nation était fort méprisée chez les Romains. Il lui parle de synagogue. On voit dans Philon (tom. II, p. 568) que les Juifs

en avaient déjà plusieurs à Rome du temps d'Auguste : *Magnam partem urbis Romæ trans Tiberim non ignoravit teneri et habitari a Judæis.... Norat esse iis proseuchas in quibus convenirent septenis maxime diebus, quo tempore publice instituantur de avita sapientia.*

69. *Une seule prison suffit à Rome*, etc., v. 314. La construction de la prison dont il s'agit ici fut commencée par Ancus Martius, et finie par Servius Tullius, sixième roi de Rome. On l'appelait *carcer Tullianus*. Elle fut encore nommée *carcer Mamertinus*, parce que le préteur L. Pinarius Mamertinus l'avait fait réparer. Elle est, dit Salluste, ténébreuse, fétide, et d'un aspect terrible : *Inculta tenebris et odore fœdo, atque terribilis ejus facies est.* On a bâti sur ces antiques cachots, qui existent encore au pied du mont Capitolin, une église dédiée à saint Joseph.

Qu'aurait dit Juvénal de l'époque récente et funeste où la plupart des édifices de la France furent convertis en prisons ? de la France couverte de sang et de scellés ? L'histoire le dira, la postérité n'en voudra rien croire.

70. *Déjà, à plusieurs reprises, le muletier, en agitant son fouet, a donné le signal du départ*, v. 317. J'ai rétabli *adnuit*, qui se trouve dans la plupart des manuscrits, et qui s'explique fort bien. J'ai cru devoir aussi changer la version de Dusaulx. Il a traduit, *Le muletier m'a fait signe de son fouet à plusieurs reprises.* Je pense que Juvénal a voulu parler seulement des coups de fouet répétés, que les muletiers de son temps, comme les cochers du nôtre, faisaient entendre à leur départ. J. P.

71. *Lorsque tu viendras dans Aquinum*, v. 318. *Aquinum*, cité des Volsques, dans la Campanie, et patrie de Juvénal ; maintenant *Aquino*, ville épiscopale de la terre de Labour, au royaume de Naples.

SATIRA IV.

Rhombus.

Ecce iterum Crispinus, et est mihi sæpe vocandus
Ad partes; monstrum nulla virtute redemptum
A vitiis; æger solaque libidine fortis:
Delicias viduæ tantum aspernatur adulter.
Quid refert igitur quantis jumenta fatiget
Porticibus? quanta nemorum vectetur in umbra?
Jugera quot vicina foro, quas emerit ædes?
Nemo malus felix, minime corruptor, et idem
Incestus, cum quo nuper vittata jacebat
Sanguine adhuc vivo terram subitura sacerdos.

Sed nunc de factis levioribus: et tamen alter
Si fecisset idem, caderet sub judice morum.
Nam quod turpe bonis, Titio Seioque, decebat
Crispinum. Quid agas, quum dira et fœdior omni
Crimine persona est? Mullum sex millibus emit,
Æquantem sane paribus sestertia libris,
Ut perhibent qui de magnis majora loquuntur.
Consilium laudo artificis; si munere tanto
Præcipuam in tabulis ceram senis abstulit orbi.
Est ratio ulterior, magnæ si misit amicæ,

SATIRE IV.

Le Turbot [1].

Voici de nouveau Crispinus, et je le citerai souvent : c'est un monstre dont les vices ne sont rachetés par aucune vertu ; énervé et débile, il n'a d'élans que ceux de la débauche : ses feux adultères n'épargnent que les veuves. Qu'importent donc et ses portiques, assez longs [2] pour y lasser ses chevaux, et les vastes forêts à l'ombre desquelles il se fait traîner? Qu'importent les palais et les jardins qu'il acheta près du forum [3] ? Un méchant ne saurait être heureux ; encore moins un corrupteur, un incestueux, qui naguère entraîna dans son lit une prêtresse de Vesta, destinée à descendre bientôt toute vivante dans les entrailles de la terre [4].

Mais aujourd'hui je vais parler de moindres délits [5] ; si quelque autre cependant s'en fût rendu coupable, il subirait les rigueurs de la censure [6]. Mais ce qui flétrirait les gens de bien, les Titius, les Seius, honore Crispinus. Que faire, lorsqu'il n'est point de crime qui ne soit au dessous de la turpitude de l'homme? Il a compté six mille sesterces pour un surmulet [7] : il est vrai que le poisson pesait six livres, s'il faut en croire ceux qui se plaisent à grossir le merveilleux. Qu'il eût voulu, par ce beau présent, acheter la succession d'un vieillard sans enfans, ou la bienveillance de cette riche matrone que l'on promène

Quæ vehitur clauso latis specularibus antro.
Nil tale exspectes; emit sibi. Multa videmus,
Quæ miser et frugi non fecit Apicius. Hoc tu
Succinctus patria quondam, Crispine, papyro!
Hoc pretium squamæ! Potuit fortasse minoris
Piscator quam piscis emi. Provincia tanti
Vendit agros, et majores Apulia vendit.

Quales tunc epulas ipsum glutisse putemus
Endoperatorem, quum tot sestertia, partem
Exiguam, et modicæ sumptam de margine cœnæ,
Purpureus magni ructarit scurra palati,
Jam princeps equitum, magna qui voce solebat
Vendere municipes pacta mercede siluros?
Incipe, Calliope; licet hic considere : non est
Cantandum; res vera agitur. Narrate, puellæ
Pierides; prosit mihi vos dixisse puellas.

Quum jam semianimum laceraret Flavius orbem
Ultimus, et calvo serviret Roma Neroni,
Incidit Adriaci spatium admirabile rhombi
Ante domum Veneris, quam Dorica sustinet Ancon,
Implevitque sinus : neque enim minor hæserat illis,
Quos operit glacies Mæotica, ruptaque tandem
Solibus effundit torpentis ad ostia Ponti
Desidia tardos, et longo frigore pingues.

en litière fermée [8], j'approuverais sa politique. Mais rien de tel; il acheta le poisson pour lui seul. Nous voyons maintenant des excès inconnus à l'économe, au frugal Apicius [9]. Six mille sesterces pour un surmulet! et c'est toi, Crispinus, qui les paies, toi que l'on vit autrefois revêtu de grosse toile d'Égypte [10]! Le pêcheur t'eût moins coûté peut-être : la province offre des terres au même prix, et la Pouille t'en donnerait à meilleur compte.

Comment se figurer l'intempérance de l'empereur et la profusion de ses festins, quand son vil bouffon, revêtu depuis de la pourpre, et placé à la tête de l'ordre équestre, quand un misérable qui parcourait la ville en criant des poissons à vendre en détail [11], n'a pu, malgré tant de sesterces, procurer à sa voracité que le moindre des mets qu'on eût pris au hasard sur les bords de la table de son prodigue maître? Calliope, viens à mon aide : arrêtons-nous ici; il ne s'agit pas d'une fiction; le fait est réel. Et vous, vierges Piérides, inspirez-moi dans ce récit, ne fût-ce que pour vous avoir décorées du nom de vierges.

Le dernier des Flaviens déchirait l'univers expirant : Rome gémissait sous le joug de ce Néron à tête chauve [12], lorsqu'au sein de la mer Adriatique, et non loin du temple de Vénus, adorée dans Ancône, un turbot monstrueux fut pris par un pêcheur dont il remplit le filet : il ne le cédait point en grosseur à ceux que les Méotides engraissent pendant l'hiver, et qu'ils versent tout engourdis dans l'onde immobile du Pont-Euxin, quand le soleil a fondu les glaces qui les retenaient. Le maître de la bar-

18.

Destinat hoc monstrum cymbae linique magister
Pontifici summo. Quis enim proponere talem,
Aut emere auderet? quum plena et litora multo
Delatore forent; dispersi protinus algae
Inquisitores agerent cum remige nudo;
Non dubitaturi fugitivum dicere piscem,
Depastumque diu vivaria Caesaris, inde
Elapsum, veterem ad dominum debere reverti.
Si quid Palfurio, si credimus Armillato,
Quidquid conspicuum, pulchrumque est aequore toto,
Res fisci est, ubicunque natat. Donabitur ergo,
Ne pereat. Jam letifero cedente pruinis
Autumno, jam quartanam sperantibus aegris,
Stridebat deformis hiems, praedamque recentem
Servabat; tamen hic properat, velut urgeat Auster.

Utque lacus suberant, ubi, quanquam diruta, servat
Ignem Trojanum, et Vestam colit Alba minorem,
Obstitit intranti miratrix turba parumper:
Ut cessit, facili patuerunt cardine valvae.
Exclusi exspectant admissa obsonia patres.
Itur ad Atridem. Tum Picens, Accipe, dixit,
Privatis majora focis; genialis agatur
Iste dies; propera stomachum laxare saginis,
Et tua servatum consume in saecula rhombum.
Ipse capi voluit. Quid apertius? et tamen illi

que et du filet, étonné de sa proie, la destine au souverain pontife [13]. Qui eût osé la vendre ou l'acheter? Les rivages voisins étaient couverts de délateurs, et les inspecteurs de la côte n'auraient pas manqué d'intenter un procès au pauvre pêcheur; ils eussent prouvé que ce turbot, long-temps nourri dans les étangs de César, s'en était échappé, et devait retourner à son ancien maître. Consultez Palfurius et Armillatus; ils vous diront que la mer n'a rien de beau et de rare, dans aucun de ses parages, qui n'appartienne au fisc [14]. Que faire du poisson? le donner, pour ne pas le perdre tout à fait [15]. Déjà l'automne, avec son souffle empoisonné [16], faisait place aux frimas, et déjà les malades attendaient la fièvre quarte [17] : les vents d'hiver sifflaient, et préservaient de la corruption cette proie récente : cependant le pêcheur se hâte, comme s'il avait à craindre les vents du midi.

Il a déjà franchi le lac voisin d'Albe [18]; déjà il est entré dans cette ville presque détruite [19], dont les habitans nourrissent encore l'ancien feu des Troyens dans le temple de Vesta, que nous honorons à Rome avec plus de magnificence : il est un moment retardé par la foule étonnée : elle s'écoule, et les portes du salon impérial [20] s'ouvrent aussitôt à son aspect. Les sénateurs attendent en dehors que leur maître ait reçu l'offrande. On s'approche du nouvel Atride [21] : « Agréez, dit le pêcheur, un « morceau trop considérable pour des foyers vulgaires ; « consacrez ce jour à votre bon génie [22], et que votre esto-

Surgebant cristæ. Nihil est, quod credere de se
Non possit, quum laudatur dis æqua potestas.

Sed deerat pisci-patinæ mensura. Vocantur
Ergo in consilium proceres, quos oderat ille,
In quorum facie miseræ magnæque sedebat
Pallor amicitiæ. Primus, clamante Liburno,
Currite, jam sedit, rapta properabat abolla
Pegasus, attonitæ positus modo villicus urbi.
Anne aliud tunc præfecti ? quorum optimus, atque
Interpres legum sanctissimus, omnia quanquam
Temporibus diris tractanda putabat inermi
Justitia. Venit et Crispi jucunda senectus,
Cujus erant mores, qualis facundia, mite
Ingenium. Maria ac terras populosque regenti
Quis comes utilior, si clade et peste sub illa
Sævitiam damnare, et honestum afferre liceret
Consilium? Sed quid violentius aure tyranni,
Cum quo de pluviis, aut æstibus, aut nimboso
Vere locuturi fatum pendebat amici ?
Ille igitur nunquam direxit brachia contra
Torrentem; nec civis erat, qui libera posset
Verba animi proferre, et vitam impendere vero.
Sic multas hiemes, atque octogesima vidit

« mac, à l'instant nettoyé, se remplisse à loisir de ce tur-
« bot que les dieux réservaient à votre siècle : il s'est jeté
« de lui-même dans mon filet. » Flatterie grossière! cependant la crête lui dressait. Louez le pouvoir suprême; il
n'est pas d'éloge auquel vous ne puissiez le faire souscrire.

Mais où trouver un vase capable de contenir le poisson? Ce point méritait qu'on en délibérât. Les grands
sont convoqués au nom de l'empereur; les grands, qu'il
détestait, et sur le front pâlissant desquels était empreinte la défiance [23], inséparable d'un commerce si élevé et
si redoutable. Le premier qui parut, après que le Liburnien eut crié, « Accourez [24], l'empereur vous attend, »
fut Pégasus qui se pressait d'arriver en rajustant sa
robe endossée à la hâte. Depuis peu, et au grand étonnement des citoyens [25], il avait été créé fermier de la
ville : car les préfets méritaient-ils un autre titre? Rome
n'avait point vu de courtisan plus honnête, de magistrat plus intègre; mais il croyait nécessaire, dans ces
jours désastreux, d'ôter à Thémis son glaive et sa balance. Venait ensuite Crispus, cet aimable vieillard [26],
dont le caractère et les mœurs, conformes à son éloquence, respiraient la douceur. Qui méritait mieux d'aider de ses conseils un maître de l'univers, s'il eût été
permis, sous ce fléau du genre humain, de blâmer la
cruauté et d'ouvrir un avis généreux? Mais quoi de plus
irritable que l'oreille de ce tyran, qui, pour un mot,
sacrifiait ses amis, ne l'eussent-ils entretenu que des
pluies de l'automne ou des orages du printemps? Crispus
sentit donc qu'il était inutile de s'opposer au torrent,

Solstitia. His armis illa quoque tutus in aula,
Proximus ejusdem properabat Acilius ævi,
Cum juvene indigno quem mors tam sæva maneret,
Et domini gladiis jam designata : sed olim
Prodigio par est cum nobilitate senectus;
Unde fit ut malim fraterculus esse gigantum.
Profuit ergo nihil misero, quod cominus ursos
Figebat Numidas, Albana nudus arena
Venator. Quis enim jam non intelligat artes
Patricias? quis priscum illud miretur acumen,
Brute, tuum? Facile est barbato imponere regi.

Nec melior vultu, quamvis ignobilis, ibat
Rubrius, offensæ veteris reus atque tacendæ,
Et tamen improbior satiram scribente cinædo.
Montani quoque venter adest abdomine tardus,
Et matutino sudans Crispinus amomo,
Quantum vix redolent duo funera. Sævior illo
Pompeius tenui jugulos aperire susurro,
Et, qui vulturibus servabat viscera Dacis,
Fuscus, marmorea meditatus prælia villa,
Et cum mortifero prudens Veiento Catullo,

alors que chacun retenait dans son sein la vérité captive, et n'osait la dire au péril de sa vie. Ce fut par là qu'il vit tant de fois le soleil recommencer sa course, et qu'il parvint à son seizième lustre. La même politique soutint Acilius [27] au milieu de cette cour dangereuse : à peu près du même âge que Crispus, il accourait accompagné d'un jeune homme qui ne méritait pas la mort cruelle qui l'attendait; mais la victime était déjà réservée au glaive impérial [28]. Depuis long temps c'est un prodige que de voir un noble parvenir à la vieillesse : aussi aimerais-je mieux n'être que l'un des fils de la Terre, et le dernier de la race des géans. Il fut donc inutile à ce malheureux adolescent d'avoir affronté tout nu, sur l'arène d'Albe, la fureur des lions de Numidie [29]. Qui ne pénètre pas aujourd'hui les motifs secrets de nos patriciens? qui serait, ô Brutus, la dupe de ton vieux stratagème [30]? Il était plus facile d'en imposer à nos antiques rois.

Malgré la bassesse de son extraction, Rubrius n'arrivait pas avec plus d'assurance [31]; il se sentait coupable d'un ancien outrage qu'il fallait toujours taire; et cependant il avait l'effronterie d'un débauché écrivant contre les mœurs du siècle [32]. On vit aussi paraître, et Montanus retardé par son gros ventre, et Crispinus dégouttant de plus de parfums qu'il n'en faudrait pour embaumer deux cadavres. Plus cruel que ce dernier, venait Pompeius habile à faire couler le sang par de secrètes calomnies, et Fuscus qui devait bientôt porter ses entrailles aux vautours des Daces, après avoir vainement médité

Qui nunquam visæ flagrabat amore puellæ,
Grande et conspicuum nostro quoque tempore monstrum,
Cæcus adulator, dirusque a ponte satelles,
Dignus Aricinos qui mendicaret ad axes,
Blandaque devexæ jactaret basia rhedæ.
Nemo magis rhombum stupuit : nam plurima dixit
In lævum conversus; at illi dextra jacebat
Bellua. Sic pugnas Cilicis laudabat, et ictus,
Et pegma, et pueros inde ad velaria raptos.
Non cedit Veiento, sed ut fanaticus œstro
Percussus, Bellona, tuo divinat; et, Ingens
Omen habes, inquit, magni clarique triumphi.
Regem aliquem capies, aut de temone Britanno
Excidet Arviragus : peregrina est bellua : cernis
Erectas in terga sudes? Hoc defuit unum
Fabricio, patriam ut rhombi memoraret et annos.

QUIDNAM igitur censes? conciditur? Absit ab illo
Dedecus hoc, Montanus ait : testa alta paretur,
Quæ tenui muro spatiosum colligat orbem.
Debetur magnus patinæ subitusque Prometheus.
Argillam atque rotam citius properate : sed ex hoc
Tempore jam, Cæsar, figuli tua castra sequantur.
Vicit digna viro sententia. Noverat ille

l'art de la guerre au milieu des marbres de sa maison de plaisance. L'artificieux Véienton accompagnait l'assassin Catullus [33], qui brûlait d'amour pour une jeune fille que n'entrevirent jamais ses prunelles éteintes, Catullus, monstre d'infamie, même dans notre siècle, flatteur quoique aveugle, qui de mendiant devint satellite, et ne méritait que de poursuivre en suppliant [34] les chars qui descendent la colline d'Aricie. Personne ne parut plus émerveillé à l'aspect du turbot : le poisson est à droite, il l'admire à gauche [35]. C'est ainsi qu'il jugeait des combats et des coups du gladiateur Cilicien, du jeu des machines, quand elles soulevaient les enfans jusqu'aux voiles du théâtre [36]. Véienton, non moins ardent que Catullus, et tel qu'un fanatique pressé des aiguillons de Bellone, prononce cet oracle : « Prince, voici le présage certain
« du triomphe le plus mémorable et le plus éclatant ;
« vous ferez quelque roi prisonnier, ou bien Arviragus
« tombera du trône Britannique. Le monstre est étranger.
« Voyez-vous de quels dards son dos est hérissé [37] ? » Il ne manquait à Véienton que de dire le pays et l'âge du turbot.

Quel est donc votre avis ? demande l'empereur : faut-il le mettre en pièces ? — « Gardons-nous, répondit Mon-
« tanus, de lui faire cet affront : que l'on fabrique un
« bassin assez profond, et qui soit assez large pour le re-
« cevoir tout entier dans ses minces parois. Ce grand
« œuvre exige l'art et l'activité d'un nouveau Prométhée.
« Que l'on prépare au plus tôt et la roue et l'argile. A
« compter d'aujourd'hui, César, que des potiers suivent

Luxuriam imperii veterem, noctesque Neronis
Jam medias, aliamque famem, quum pulmo Falerno
Arderet. Nulli major fuit usus edendi
Tempestate mea. Circæis nata forent, an
Lucrinum ad saxum, Rutupinove edita fundo,
Ostrea, callebat primo deprendere morsu,
Et semel aspecti litus dicebat echini.

Surgitur, et misso proceres exire jubentur
Concilio, quos Albanam dux magnus in arcem
Traxerat attonitos et festinare coactos,
Tanquam de Cattis aliquid torvisque Sicambris
Dicturus, tanquam diversis partibus orbis
Anxia præcipiti venisset epistola penna.
Atque utinam his potius nugis tota illa dedisset
Tempora sævitiæ, claras quibus abstulit urbi
Illustresque animas impune et vindice nullo!
Sed periit, postquam cerdonibus esse timendus
Cœperat : hoc nocuit Lamiarum cæde madenti.

« toujours votre camp. » Cet avis, digne de l'auteur, l'emporta. Montanus se souvenait de l'intempérance des premiers empereurs [38], et des orgies que continuait jusqu'au milieu des nuits ce Néron, si habile à renouveler sa faim, quand ses poumons étaient embrasés par le Falerne. Nul autre de notre temps n'eut le tact plus fin, le palais plus délicat : il distinguait du premier coup de dent l'huître de Circé de celle des rochers de Lucrin, ou du promontoire de Rutupe ; du premier coup d'œil, il pouvait dire de quels parages venait un hérisson de mer.

Chacun se lève : le conseil est fini, et l'on fait sortir tous ces grands que leur sublime maître avait forcés d'accourir en désordre et pleins d'effroi dans sa citadelle d'Albe, comme s'il se fût agi des Cattes ou des Sicambres ; comme si de fâcheuses nouvelles fussent arrivées subitement des quatre points du globe. Que n'a-t-il consumé dans ces extravagances la durée d'un règne qui ravit impunément à la patrie, et sans qu'il s'élevât un vengeur, tant de citoyens illustres et généreux ! Mais il périt à son tour, et ce fut quand les derniers artisans de Rome [39] commencèrent à le craindre ; voilà ce qui purgea la terre d'un monstre couvert du sang des Lamia [40].

NOTES

SUR LA SATIRE IV.

1. ARGUMENT. Le satirique commence par reprocher à Crispinus sa scélératesse et son intempérance. Un surmulet, que ce monstre avait acheté six mille sesterces, rappelle, ou fait supposer à Juvénal, qu'un turbot d'une grosseur prodigieuse ayant été offert à Domitien, cet imbécille fit convoquer les sénateurs et les grands, afin de délibérer, dans un conseil extraordinaire, sur les moyens d'apprêter dignement ce superbe et friand morceau. Chacun des conseillers est caractérisé par un trait d'éloge ou de blâme, qui fait également la censure du tyran.

2. *Qu'importent donc et ses portiques assez longs*, etc., vers 5. On comptait à Rome, du temps d'Auguste, plus de quarante-cinq portiques publics, remplis de boutiques de marchands qui vendaient toutes sortes de bijoux. Entre les portiques des princes, ceux qui portaient le nom de portique palatin, portique d'Apollon, de Pompée, de Livie, d'Octavie, d'Agrippa, étaient les plus superbes. Il y en avait de publics qui servaient à l'ornement des théâtres et des basiliques; et on en voyait de particuliers, qui servaient à la commodité des palais voisins. Un peu avant Caton, les particuliers n'avaient point encore de grands portiques qui regardassent le septentrion. Mais ce peuple, si pauvre, si simple dans son origine, devint si délicat après ses conquêtes de Grèce et d'Asie, qu'il ne put ni se reposer ni se promener qu'à couvert. C'est ce qu'on verra dans la satire 7.

3. *Les palais et les jardins qu'il acheta près du forum*, v. 8. Am-

mien Marcellin rapporte que les jardins des Romains, dans le temps de leur opulence, étaient, pour me servir de ses expressions, *instar villarum, quibus vivaria includi solebant*. On prisait, entre autres, pour leur magnificence, les jardins de Pompée, de Luculle et de Mécène. Ils n'offraient pas seulement en spectacle au milieu de Rome des terres labourables, des viviers, des vergers, des potagers, des parterres, mais de superbes palais et de grands lieux de plaisance, ou maisons champêtres faites pour s'y reposer agréablement du tumulte des affaires. *Jam quidem* (dit Pline, liv. XXIX, chap. 4) *hortorum nomine, in ipsa urbe, delicias, agros villasque possident.*

4. *Une prêtresse de Vesta, destinée à descendre bientôt toute vivante dans les entrailles de la terre*, v. 10. Dusaulx a traduit : *Une vestale couronnée de bandelettes, malheureuse prêtresse qu'il exposait à descendre*, etc. Le latin fait entendre qu'elle n'échappera pas au supplice, *subitura*, et l'opposition en a bien plus de force. J. P.

Les Romains punissaient l'incontinence des vestales en les faisant inhumer toutes vives. L'origine de ce supplice remonte jusqu'à Tarquin.

Le jour de l'exécution, les affaires tant publiques que particulières étaient interrompues : la ville était dans le trouble et dans la consternation. Le grand-prêtre, suivi des autres pontifes, se rendait au temple de Vesta, où il dépouillait la vestale coupable de ses ornemens sacrés.

Ultima virgineis tum flens dedit oscula vittis.

Ensuite il lui présentait des vêtemens conformes à son malheur. Bientôt le convoi se mettait en marche : après un trajet assez long, on arrivait à la porte Colline, auprès de laquelle était une butte ou éminence destinée à ces sortes d'exécutions. Alors l'exécuteur tirait la vestale de la litière dans laquelle on l'avait transportée; il la déliait et la remettait au grand-prêtre. Celui-ci adressait quelques prières au dieu, et conduisait l'infortunée au caveau fatal, dont on bouchait l'entrée dès qu'elle y était descendue (PLUTARQUE, *Vie de Numa*). *Voyez* encore l'Essai sur le feu sacré et sur les vestales, par l'auteur de la *Vestale*, tragédie dont la représentation n'est tolérée que dans nos provinces, où elle a le plus grand succès.

5. *Je vais parler de moindres délits*, v. 11. Dusaulx a certainement fait un contre-sens à cet endroit : il a traduit : *Ce ne sont là que ses moindres délits*. Il est évident que *factis levioribus* se rapporte au trait que Juvénal va citer, au surmulet payé six mille sesterces. J. P.

6. *Il subirait les rigueurs de la censure*, v. 12. M. Achaintre pense que Juvénal fait allusion à Domitien, qui avait usurpé le titre de *juge des mœurs*, afin de faire périr ceux qui lui déplaisaient. J'ai suivi le sentiment d'autres commentateurs, dont l'interprétation m'a paru plus naturelle et plus simple. J. P.

7. *Surmulet*, etc. v. 15. Ce que les Romains appelaient *mullus*, était un poisson de mer dont ils étaient si friands, qu'ils allaient le pêcher dans les pays les plus lointains; ils faisaient cas surtout de la tête et du foie. Tibère, selon Suétone, se plaignit de ce qu'on lui en avait servi un d'un prix exorbitant. Voici quelques circonstances rapportées par Sénèque (*Quest. natur.* liv. III, ch. 17) : « Un surmulet, dit-il, ne paraît pas frais s'il ne meurt dans les mains des convives. On l'expose à la vue dans des vases de verre : on observe les différentes couleurs par lesquelles une agonie lente et douloureuse le fait passer successivement. Ils en tuent d'autres dans la sausse, et les font confire tout vivans, etc. » Trad. de Lagrange. Pline (liv. IX, chap. 17) attribue ce dernier raffinement au fameux Apicius.

8. *En litière fermée*, v. 21. Les Romains suppléaient au verre qui leur manquait avec la pierre spéculaire, composée de feuilles brillantes comme celles du talc. *Latis specularibus*, que je n'ai point traduit, signifie que la litière en question avait des panneaux de pierre spéculaire, etc. Sur les différentes sortes de litières, *voyez* Satire 3, not. sur le vers 240.

9. *Au frugal Apicius*, v. 23. Apicius, nom de trois Romains fameux par leur gourmandise. Le premier vécut avant l'extinction de la république; le second sous Auguste et Tibère, et le troisième sous Trajan. Le plus célèbre est le second, qui inventa une espèce de pâtisserie appelée de son nom. Il tint à Rome une école

publique de gourmandise, dépensa des sommes immenses pour satisfaire la sienne, et composa un traité dans lequel il enseignait la manière d'aiguiser l'appétit : *De gulœ irritamentis*. On dit que n'ayant plus qu'une fortune ordinaire, il s'empoisonna de désespoir. Pline l'appelle *nepotum omnium altissimus gurges*. Le troisième, qui vivait sous Trajan, se piquait d'avoir un secret admirable pour conserver les huîtres dans leur fraîcheur : il en régala l'empereur dans le pays des Parthes, à plusieurs journées de la mer. Il est probable que Juvénal parle ici du second.

10. *Toi que l'on vit autrefois revêtu de grosse toile d'Égypte*, v. 24. Le papyrus s'employait à plusieurs usages. De sa tige, entrelacée en façon de tissu, les Égyptiens construisaient des barques ; et de l'écorce intérieure ou *liber*, ils faisaient des voiles, des habillemens, des couvertures de lits et des cordes.

11. *En criant des poissons à vendre en détail*, v. 33. On lui faisait une remise sur chaque poisson : voilà ce que signifie *pacta mercede*; ce sens est clair. On trouve dans le vieux scoliaste, *fracta de merce*; je n'entends point ce latin-là, et je le crois inintelligible. Saumaise lisait *pharia de merce*; cela ne vaut guère mieux. J'ai suivi la leçon de Grævius.

12. *Le dernier des Flaviens déchirait l'univers expirant : Rome gémissait sous le joug de ce Néron à tête chauve*, v. 37. La famille des Flaviens fournit trois empereurs à Rome; savoir : Vespasien, son fils Titus, et Domitien, frère de Titus. — *Ce Néron à tête chauve*, signifie que Domitien était un second Néron, et qu'il ne différait du premier qu'en ce qu'il était chauve. Il fut le premier des empereurs, dit Eutrope, qui se fit appeler maître et dieu : c'est pourquoi Juvénal emploie le mot *serviret*. Maître, se disait des esclaves; empereur, des soldats; et prince, des citoyens.

13. *Le maître de la barque et du filet, étonné de sa proie, la destine au souverain pontife*, etc. v. 46 ; c'est-à-dire à Domitien. Les Césars eurent soin de joindre cette importante dignité à la puissance impériale. Cette qualification rappelle que Domitien avait fondé dans la ville d'Albe un collège de prêtres qui lui étaient consacrés :

peut-être aussi qu'elle fait allusion aux festins des pontifes, *pontificum cœnas*, qui étaient passés en proverbe.

14. *Consultez Palfurius et Armillatus ; ils vous diront que la mer n'a rien de beau et de rare, dans aucun de ses parages, qui n'appartienne au fisc*, v. 53. Palfurius et Armillatus, fameux jurisconsultes qui se laissèrent corrompre, et vendirent le peuple au tyran. Démosthène disait, en parlant de leurs semblables : Ce sont de ces hommes sur le front desquels on croit lire en gros caractères : A LOUER, A VENDRE. *De fals. leg.* — *Qui n'appartienne au fisc.* Sous les premiers empereurs romains on appelait *œrarium* les revenus publics, ceux de l'épargne destinés aux besoins et aux charges de l'état ; et on nommait *fiscus* ceux qui ne regardaient que l'entretien du prince en particulier : mais, bientôt après, ces deux mots furent confondus chez les Romains, excepté sous les bons empereurs. Trajan, disait Pline le jeune, voit des biens dont il n'a point la propriété ; et son domaine est aujourd'hui moins étendu que son empire.

15. *Pour ne pas le perdre tout à fait*, v. 56. C'est le sens de *pereat*, et Dusaulx a traduit à tort *de crainte qu'on ne l'arrache*. Cicéron a dit dans le même sens (*ad Attic.* II, 17) : *Ne et oleum et opera philologiæ nostræ perierit*. Et Sénèque le tragique (*Herc. Œt.* v. 1175) : *Herculis vestri placet mortem perire?* J. P.

16. *Avec son souffle empoisonné*, v. 56. La traduction de Dusaulx, *en trépas si féconde*, n'est pas d'accord avec le sens du passage. Juvénal veut dire que dans l'automne tout se corrompt plus promptement. J. P.

17. *Déjà les malades attendaient la fièvre quarte*, v. 57. Les commentateurs ne s'accordent point sur la valeur intrinsèque de *sperantibus*. Comme *sperare*, dans les bons auteurs, signifie tantôt espérer, et tantôt craindre, quelques-uns préfèrent la seconde signification, disant que la fièvre quarte, qui durait quelquefois plus de sept ans avant la découverte du quinquina, ne pouvait pas être un sujet d'espérance. Il s'agit ici, non du fait, mais de l'opinion qu'en avaient les anciens. Or, voici ce que Cicéron écri-

vait à Tiron : « Votre maladie m'afflige ; cependant, puisqu'elle s'est changée en fièvre quarte, comme je l'apprends de Curius, j'espère qu'avec un peu de soin vous n'en serez que plus fort après votre guérison. » *Quum in quartanam conversa vis est morbi (sic enim scribit Curius) spero te, diligentia adhibita, etiam firmiorem fore.* (*Epist. Famil.* lib. XVI, epist. 11.) Il est possible que Juvénal n'ait parlé que des maladies dangereuses ; dans ce cas, *sperantibus* signifierait « espéraient. » En attendant que je sois plus décidé, je me sers d'un terme relatif à l'espérance et à la crainte.

18. *Il a déjà franchi le lac voisin d'Albe*, etc., v. 60. Toutes les éditions portent *utque lacus suberant*. Marckland (*Stace*, page 8) corrige *utque lacus superat*. Premièrement il faut un singulier. Juvénal, en parlant du pêcheur, dit : *Hic properat*, etc. ; *obstitit intranti*, etc. Secondement, *subire lacum, mare, portum*, se dit de ceux qui voyagent par eau : mais celui qui fait route par terre, et qui laisse derrière lui un lac, *non subit, sed superat lacum*. Cela paraît évident, mais ce n'est qu'une correction idéale.

19. *Dans cette ville presque détruite*, etc., v. 60. Ascagne, fils d'Énée, avait fondé la ville d'Albe : elle fut détruite de fond en comble, excepté les temples des dieux, par Tullus Hostilius, troisième roi de Rome. *Egressis urbe Albanis, Romanus passim publica privataque omnia tecta adæquat solo ; unaque die quadringentorum opus annorum, quibus Alba steterat, excidio ac ruinis dedit. Templis tamen deum, ita enim edictum a rege fuerat, temperatum est.* (*Voyez* Tite-Live, lib. I.) Le culte de Vesta et du feu y avait été apporté de Phrygie par Énée et par les Troyens qui abordèrent en Italie. Il paraît, par quelques vers d'Horace et d'Ovide, que Vesta avait plusieurs temples dans Rome. Le plus célèbre fut celui qu'avait construit Numa.

20. *Les portes du salon impérial*, v. 63. Il faut savoir, pour l'intelligence de ces trois ou quatre derniers vers, que Domitien avait sa maison de campagne près d'Albe (SUETON. *in Domit.* §. 19) : *Centenas varii generis feras sæpe in Albano recessu conficientem spectavere plerique.* Voyez la description que Stace a faite de cette maison de campagne. *Silv.* IV, 2, 18 et seq. J. P.

21. *Du nouvel Atride*, v. 55. Cette comparaison, d'un homme tel que Domitien avec le superbe Agamemnon, qu'Homère appelle roi des rois, est bien mordante; cependant ils eurent un malheur commun; tous deux périrent par des embuches domestiques.

22. *Consacrez ce jour à votre bon génie*, v. 66. On croyait dans le paganisme que des esprits d'une nature très-subtile et très-déliée présidaient à la naissance des hommes, les accompagnaient dans le cours de leur vie, et veillaient à leur conduite jusqu'à l'instant de la mort. On se figurait qu'il y avait un bon et un mauvais génie attachés à chaque personne. Le bon génie était censé procurer toutes sortes de félicités; le mauvais, causer tous les malheurs. Ainsi, le sort de chacun dépendait de la supériorité de l'un de ces génies sur l'autre : c'est pourquoi le bon génie était fort honoré. Les Romains donnaient, dans leur langue, le nom de génies à ceux-là seulement qui gardaient les hommes ; et le nom de Junons, aux génies gardiens des femmes. Il y avait les génies propres à chaque lieu; les génies des peuples, les génies des provinces, ceux des villes qu'on appelait les grands génies. On adorait encore le génie public, c'est-à-dire la divinité tutélaire de l'empire. Après l'extinction de la république, la flatterie fit jurer par le génie de l'empereur, comme les esclaves juraient par celui du maître. Apaiser son génie, selon les poètes de ce temps, c'était se réjouir, boire et faire bonne chère. Chaque saison avait son génie, qui invitait à profiter du temps.

. . . . Inter se læti convivia curant,
Invitat genialis hiems, curasque resolvit.
VIRG., *Georg.*, lib. I.

23. *Et sur le front pâlissant desquels était empreinte la défiance*, v. 74. BOILEAU, *Art poétique*, II, v. 163 :

Soit qu'il fasse au conseil courir les sénateurs,
D'un tyran soupçonneux pâles adulateurs...... J. P.

24. *Le premier qui parut après que le Liburnien eut crié, Accourez*, etc. v. 75. M. le chevalier de Jaucourt prétend qu'il ne

faut point traduire *Liburnus* par « crieur public; » il s'appuie d'un passage de Martial, et d'une loi de l'empereur Antonin, par laquelle il est évident que ce *Liburnus* était un huissier chargé d'appeler les causes qu'on devait plaider au barreau. Cet endroit de Juvénal montre aussi qu'il avait des fonctions dans le palais de l'empereur.

Ex Liburnia, dit M. Achaintre, *servi procerœ staturœ mittebantur, qui quidem essent quoque sonora et valida voce*. J. P.

25. *Au grand étonnement des citoyens*, v. 77. Dans une dissertation de Ch. de Valois (*Hist. de l'Acad. des Inscript.*; tome I, p. 140 et suiv.), *attonitœ* est expliqué d'une autre manière : on croit que Juvénal veut relever par ce mot l'indolence et la lâcheté de Domitien, qui s'amusait à tenir conseil sur un incident ridicule, dans le temps que toute la ville était *consternée* de la fâcheuse nouvelle du soulèvement de Lucius Antonius dans la Germanie supérieure. Pour peu qu'on fasse attention à la place d'*attonitœ*, on se convaincra que ce sens ne peut être admis; car il ne se rapporte nullement à la circonstance *positus modo villicus*. J'aime mieux croire que Juvénal a voulu exprimer l'étonnement des Romains, lorsqu'ils virent un homme de mérite et de nom accepter cette charge de préfet de Rome, devenue si vile sous Domitien. J. P.

26. *Venait ensuite Crispus, cet aimable vieillard*, etc., v. 81. Quelqu'un demandait un jour à ce galant homme si l'empereur était seul ou en compagnie. Il n'a pas même une mouche auprès de lui, répondit-il. Remarquez qu'un des passe-temps de Domitien était d'enfiler des mouches avec une aiguille d'or. Quintilien (Liv. x.) donne à Crispus la même épithète que Juvénal : *Vibius Crispus compositus, et jucundus, et delectationi natus; privatis tamen caussis, quam publicis, melior.*

27. *La même politique soutint Acilius*, etc., v. 93. J'ai fermé la phrase après *solstitia*, parce que *his armis*, que la plupart des éditeurs rapportent à Crispus, se rapporte évidemment à Acilius. En effet, Juvénal a soin, dans cette satire, de caractériser tous ses personnages : or, celui-ci le serait bien faiblement par le jeune

homme dont il était accompagné. Quelques-uns, pour rendre cette circonstance plus intéressante, supposent que ce jeune homme était son fils : mais tous les interprètes conviennent qu'on n'en saurait trouver la preuve dans les monumens historiques.

28. *La victime était déjà réservée au glaive impérial*, v. 96. La plupart des éditions ont *Et domini gladiis tam festinata*. L'édition de Junte, de 1513, l'une des plus anciennes que je connaisse, porte *destinata*. On a rejeté *destinata*, la seconde syllabe étant communément brève, comme dans le vers 45 de cette satire. Il se pourrait cependant que Juvénal ne se fût pas arrêté à l'usage. Plus d'un exemple prouve que les poètes ont varié sur la quantité d'un même mot. Au reste, il paraît que c'est Lubin qui le premier a substitué *designata* à *destinata*. C'était, en rejetant cette dernière leçon, ce qu'il y avait de mieux à faire, d'autant plus que *designare* et *destinare* ont souvent la même signification. *Voyez* Quinte-Curce, liv. XI, chap. 6.

29. *La fureur des lions de Numidie*, v. 99. *Ursus*, quand il est seul, veut dire un ours; mais *ursus Numidicus* signifie un lion, comme l'a très-bien prouvé Juste Lipse, tome 1 de ses œuvres, page 303 de l'édition *in-folio*. Suétone dit que Domitien perçait quelquefois jusqu'à cent lions, *ursas numidas*. Les naturalistes prétendent qu'il n'y a point d'ours dans la Numidie ni dans la Libye, quoiqu'on lise dans Virgile *pelle Libystidis ursæ*. Les Romains avaient improprement donné le nom d'ours aux premiers lions qui leur étaient arrivés d'Afrique. *Voyez* Pline, liv. VIII, chap. 6.

30. *Qui serait, ô Brutus, la dupe de ton vieux stratagème*, v. 102. Lucius Junius Brutus, fils de M. J. Brutus, et d'une sœur de Tarquin-le-Superbe, contrefit l'insensé, afin de pouvoir un jour venger son père et son frère que Tarquin avait fait mourir, ne doutant point qu'un pareil sort ne l'attendît lui-même, si ce prince cruel remarquait en lui du nerf et du courage.

31. *Rubrius n'arrivait pas avec plus d'assurance*, v. 104. On ne sait pas au juste ce que Domitien pouvait lui reprocher : quel-

ques commentateurs présument que l'impératrice lui avait accordé ses faveurs.

32. *Il avait l'effronterie d'un débauché écrivant contre les mœurs du siècle*, v. 106. Faut-il supposer, comme Dusaulx l'a pensé, que Juvénal veut parler de Néron, qui osa composer une satire contre Quintianus, et lui donner les noms de mou et d'efféminé? Cette allusion me semblerait bien forcée. J'aime mieux croire que l'expression latine est générale et peut-être proverbiale. Voici, au reste, la traduction de Dusaulx : *Et cependant, tel que ce monstre qui, tout souillé d'ordures, osait encore composer des satires, il n'en était que plus mordant.* Qui reconnaîtrait le texte dans cette version? J. P.

33. *L'artificieux Véienton accompagnait l'assassin Catullus*, etc., v. 113. Pline le jeune (liv. IV, épître 22) traite fort mal le premier, et parle ainsi du second : « La conversation tomba sur Catullus Messalinus, qui, cruel naturellement, avait, en perdant la vue, achevé de perdre tout sentiment d'humanité : il ne connaissait ni l'honneur, ni la honte, ni la pitié. Il était entre les mains de Domitien, comme un trait toujours prêt à être lancé contre les plus gens de bien.

Martial raille ainsi les amours d'un nommé Asper, qui était aveugle comme Catullus :

>Formosam plane, sed cæcus, diligit Asper.
>Plus ergo, ut res est, quam videt Asper amat.
>MART., lib. VIII, epig. 49.

34. *Et ne méritait que de poursuivre en suppliant*, etc., v. 117. *Jactare basia* signifie ici porter d'abord la main à la bouche, et l'étendre ensuite d'un air suppliant vers ceux que l'on sollicite. Juvénal ajoute : « Les chars qui descendent la colline d'Aricie. » Martial parle aussi de cette colline, sur laquelle il paraît qu'il y avait beaucoup de mendians.

>Debet Aricino conviva recumbere clivo,
>Quem tua felicem, Zoile, cœna facit.
>MART., lib. II, epig. 19.

35. *Il l'admire à gauche*, v. 120. Si l'on traduit, comme Du-

saulx, *il se tourne à gauche pour en faire l'éloge*, il me semble qu'on pourra prendre le change, et ne pas comprendre l'intention de Juvénal. J. P.

36. *C'est ainsi qu'il jugeait... du jeu des machines, quand elles soulevaient les enfans jusqu'aux voiles du théâtre*, v. 122. Les Romains avaient plusieurs sortes de machines à l'usage de leurs théâtres. Outre celles qui étaient sous les portes des retours, pour introduire d'un côté les dieux des bois et des campagnes, et de l'autre les divinités de la mer, il y en avait d'autres au dessus de la scène pour les dieux célestes, et des troisièmes sous le théâtre pour les Ombres, les Furies et les autres divinités infernales. Ces dernières machines étaient à peu près semblables à celles dont nous nous servons; elles consistaient en des espèces de trapes qui élevaient les acteurs jusqu'au niveau de la scène, et souvent bien plus haut, et qui redescendaient ensuite sous le théâtre par le relâchement des forces qui les avaient fait monter. Sur la machine appelée *pegma*, voyez Juste Lipse, tome III de ses œuvres, page 581.

37. *Voyez-vous de quels dards son dos est hérissé?* v. 127. Ce qui annonçait, selon Véienton, que les ennemis de Domitien seraient percés de flèches.

38. *Montanus se souvenait de l'intempérance des premiers empereurs*, etc., v. 136. Vers la fin de la république, le plaisir de manger fut tel, que les riches se faisaient vomir avant et après le repas. Ils prennent un vomitif, dit Sénèque, afin de mieux manger, et ils mangent afin de prendre un vomitif. Cicéron nous apprend que César pratiquait souvent cette sale coutume.

39. *Quand les derniers artisans de Rome*, v. 153. C'est le vrai sens de *cerdo*, qui signifie un ouvrier obscur et pauvre, vivant de son travail (κέρδος, *lucrum*). Je n'ai pas cru nécessaire de traduire ce mot par *cordonnier*, comme Dusaulx l'a rendu. J. P.

40. *Voilà ce qui purgea la terre d'un monstre couvert du sang des Lamia*, v. 154. Domitien se préparait à de nouvelles cruautés,

lorsqu'il fut tué par Étienne, affranchi de sa femme Domitia, le 18 septembre 96 de Jésus-Christ, à quarante-quatre ans. On débite qu'à l'heure même qu'on assassinait ce prince à Rome, Apollonius de Tyane, haranguant le peuple à Éphèse, s'écria : «Frappe, « frappe le tyran ! » Horace (ode 21, liv. 1) a célébré l'illustre famille des Lamia.

SATIRA V.

Parasiti.

Si te propositi nondum pudet, atque eadem est mens,
Ut bona summa putes aliena vivere quadra;
Si potes illa pati, quæ nec Sarmentus iniquas
Cæsaris ad mensas, nec vilis Galba tulisset,
Quamvis jurato metuam tibi credere testi.

Ventre nihil novi frugalius : hoc tamen ipsum
Defecisse puta, quod inani sufficit alvo;
Nulla crepido vacat? nusquam pons? et tegetis pars
Dimidia brevior? tantine injuria cœnæ?
Tam jejuna fames? quum possis honestius illic
Et tremere, et sordes farris mordere canini?

Primo fige loco, quod tu discumbere jussus
Mercedem solidam veterum capis officiorum.
Fructus amicitiæ magnæ cibus: imputat hunc rex,
Et, quamvis rarum, tamen imputat. Ergo duos post
Si libuit menses neglectum adhibere clientem,
Tertia ne vacuo cessaret culcita lecto;

SATIRE V.

Les Parasites [1].

FAIRE consister le souverain bien à vivre aux dépens d'autrui; souffrir des affronts que Sarmentus et le vil Galba [2] n'eussent point endurés, même à la table injurieuse de César [3]; et m'assurer, Trébius, que ce genre de vie n'a rien qui te répugne, quand tu le jurerais, je ne t'en croirais pas.

PEU de chose suffit pour vivre; mais quand ce peu te manquerait, n'est-il plus de ponts, plus de quais, où tu puisses mendier sur une natte de joncs en lambeaux [4]? Attaches-tu tant de prix aux outrages que tu essuies à ces repas? Quelle inconcevable avidité te les fait endurer, quand tu vivrais plus honorablement grelottant de froid et mangeant le pain grossier qu'on jette aux chiens?

D'ABORD, persuade-toi bien qu'en te permettant de t'asseoir à sa table, un patron te croit assez payé de tes anciens services. Le fruit de l'amitié des grands se borne à quelques repas. Ton monarque les compte; quoique rares, il te les fait valoir. Après t'avoir négligé pendant deux mois, s'il s'avise enfin de t'inviter, toi, son client [5], afin qu'il n'y ait point de place vide sur le troisième lit; s'il

Una simus, ait. Votorum summa : quid ultra
Quæris ? Habet Trebius propter quod rumpere somnum
Debeat, et ligulas dimittere, sollicitus ne
Tota salutatrix jam turba peregerit orbem,
Sideribus dubiis, aut illo tempore, quo se
Frigida circumagunt pigri sarraca Bootæ.

Qualis cœna tamen! Vinum quod succida nolit
Lana pati : de conviva Corybanta videbis.
Jurgia proludunt; sed mox et pocula torques
Saucius, et rubra deterges vulnera mappa :
Inter vos quoties libertorumque cohortem
Pugna Saguntina fervet commissa lagena ?
Ipse capillato diffusum consule potat,
Calcatamque tenet bellis socialibus uvam,
Cardiaco nunquam cyathum missurus amico.
Cras bibet Albanis aliquid de montibus, aut de
Setinis, cujus patriam titulumque senectus
Delevit multa veteris fuligine testæ;
Quale coronati Thrasea Helvidiusque bibebant
Brutorum et Cassi natalibus. Ipse capaces
Heliadum crustas, et inæquales beryllos
Virro tenet phialas : tibi non committitur aurum;
Vel, si quando datur, custos affixus ibidem,
Qui numeret gemmas, unguesque observet acutos.
Da veniam; præclara illic laudatur iaspis.

te dit, Soupons ensemble, tes vœux sont comblés : que pourrais-tu désirer de plus ? C'en est assez pour que Trébius se réveille en sursaut, et s'élance, sans prendre le temps de nouer sa chaussure [6], de crainte d'être prévenu par ses rivaux au lever du patron, quoique le jour luise à peine, et que le Boôtès paresseux traîne lentement son chariot glacé [7].

QUELLE chère cependant ! On vous donne d'un vin qui ne serait pas bon à dégraisser la laine [8]; et, grâce aux vapeurs qu'il exhale, de convives vous voilà Corybantes. L'on prélude par les injures; mais bientôt les coupes volent, et les serviettes se rougissent du sang qu'elles étanchent [9]. Combien de fois, armés de bouteilles Sagontines [10], n'avez-vous pas livré ces combats avec la cohorte des affranchis ! Le patron s'abreuve d'un vin mis en réserve depuis le temps de nos anciens consuls ou de la guerre sociale [11] : il n'en sacrifierait pas un seul verre pour réchauffer l'estomac délabré de son ami. Demain il boira du vin des coteaux d'Albe ou de Sétines [12], conservés dans des vases tellement noircis de vétusté, qu'on n'y reconnaît plus ni le nom du pays ni la date du consulat; des vins tels qu'en buvaient Helvidius et Thraseas [13], lorsque, couronnés de fleurs, ils célébraient la naissance de Brutus et de Cassius. Virron se sert d'une large coupe d'ambre, enrichie de pierreries. A toi, l'on ne te confie point de coupe d'or : si par hasard on t'en donne une, on a soin de mettre à tes côtés un gardien chargé d'en compter les diamans, et de suivre de l'œil tes ongles recourbés. N'en sois pas choqué,

Nam Virro, ut multi, gemmas ad pocula transfert
A digitis, quas in vaginæ fronte solebat
Ponere zelotypo juvenis prælatus Hiarbæ.
Tu Beneventani sutoris nomen habentem
Siccabis calicem nasorum quatuor, ac jam
Quassatum, et rupto poscentem sulphura vitro.

Si stomachus domini fervet vinoque ciboque,
Frigidior Geticis petitur decocta pruinis.
Non eadem vobis poni modo vina querebar;
Vos aliam potatis aquam : tibi pocula cursor
Gætulus dabit, aut nigri manus ossea Mauri,
Et cui per mediam nolis occurrere noctem,
Clivosæ veheris dum per monumenta Latinæ.
Flos Asiæ ante ipsum, pretio majore paratus
Quam fuit et Tulli census pugnacis, et Anci;
Et, ne te teneam, Romanorum omnia regum
Frivola. Quod quum ita sit, tu Gætulum Ganymedem
Respice, quum sities : nescit tot millibus emptus
Pauperibus miscere puer; sed forma, sed ætas
Digna supercilio. Quando ad te pervenit ille?
Quando vocatus adest calidæ gelidæque minister?
Quippe indignatur veteri parere clienti,
Quodque aliquid poscas, et quod se stante recumbas.
Maxima quæque domus servis est plena superbis.
Ecce alius quanto porrexit murmure panem

cette coupe est ornée d'une pierre fameuse; car, à l'exemple de tant d'autres, Virron, pour orner ses coupes, dépouille ses doigts des diamans que portait au pommeau de son épée ce jeune Troyen préféré jadis au jaloux Hiarbe. Toi, tu n'auras qu'une tasse à quatre becs [14], et désignée par le nom d'un cordonnier de Bénévent; tasse fêlée, bonne à troquer contre des allumettes.

Si les alimens et le vin fermentent dans l'estomac du maître, on lui verse d'une eau glacée, plus froide que les frimas des Gètes. Je vous plaignais à l'instant de ne pas boire du même vin : vous buvez encore d'une eau différente, et vous la recevez d'un piéton de Gétulie, ou de la main décharnée d'un noir Africain qu'on ne voudrait pas rencontrer, pendant la nuit, près des tombeaux qui bordent la voie Latine. Virron est servi par un esclave, la fleur des esclaves d'Asie. Les revenus d'Ancus, ceux du belliqueux Tullus, enfin tout ce que les autres rois de Rome possédaient de rare et de précieux [15], n'auraient pas suffi pour en faire l'emplette. Souviens-toi donc, lorsque la soif te pressera, de t'adresser à ton Ganymède Gétulien : cet esclave qui coûta tant de sesterces ne sait pas servir un pauvre; sa jeunesse et sa beauté le rendent dédaigneux. Quand cet enfant s'est-il seulement approché de toi? est-il jamais venu te verser l'eau froide et l'eau chaude [16], lorsque tu l'appelais? Non : il rougirait d'obéir, fût-ce au client le plus ancien; il est indigné que tu oses lui demander quelque chose, et que tu sois couché tandis qu'il est debout. Les maisons des riches ne sont remplies que d'esclaves insolens. Ne vois-tu pas cet

Vix fractum, solidæ jam mucida frusta farinæ,
Quæ genuinum agitent, non admittentia morsum!
Sed tener et niveus, mollique siligine factus,
Servatur domino. Dextram cohibere memento;
Salva sit artoptæ reverentia. Finge tamen te
Improbulum; superest illic qui ponere cogat.
Vis tu consuetis, audax conviva, canistris
Impleri, panisque tui novisse colorem?
Scilicet hoc fuerat, propter quod, sæpe relicta
Conjuge, per montem adversum gelidasque cucurri
Esquilias, fremeret sæva quum grandine vernus
Jupiter, et multo stillaret pænula nimbo!

Aspice quam longo distendat pectore lancem,
Quæ fertur domino, squilla; et quibus undique septa
Asparagis, qua despiciat convivia cauda,
Quum venit excelsi manibus sublata ministri.
Sed tibi dimidio constrictus cammarus ovo
Ponitur, exigua feralis cœna patella.
Ipse Venafrano piscem perfundit; at hic, qui
Pallidus affertur misero tibi caulis, olebit
Laternam: illud enim vestris datur alveolis, quod
Canna Micipsarum prora subvexit acuta;
Propter quod Romæ cum Bocchare nemo lavatur,
Quod tutos etiam facit a serpentibus atris.
Mullus erit domino, quem misit Corsica, vel quem

autre qui te jette en murmurant un morceau de pain, ou plutôt de farine moisie, et tellement compacte, que tu ne saurais l'entamer sans t'ébranler les dents? Mais le pain tendre et blanc comme la neige, le pain formé de la fleur du froment le plus pur, est réservé pour la bouche du maître. N'oublie pas de contenir tes mains et de respecter cette croûte dorée : feins seulement d'y toucher; quelqu'un est là qui te fera lâcher prise. — « Convive audacieux, ne saurais-tu te remplir de ton pain ordinaire, et le reconnaître à sa couleur? » — Voilà donc pourquoi, délaissant mon épouse long-temps avant l'aurore, j'affrontai tant de fois la grêle, la pluie, et, percé jusqu'aux os, je gravis en trébuchant les froides Esquilies [17] !

Considère ce poisson apporté fastueusement et posé en face de Virron : vois comme il remplit un immense bassin, de quelles asperges il est couronné, comme sa queue semble narguer les convives [18]. Mais on ne te glisse à toi, sur un plat mesquin, qu'un misérable coquillage farci avec la moitié d'un œuf, offrande usitée pour les morts [19]. Le patron arrose son poisson avec de l'huile de Venafre [20] : le chou fané que l'on vous sert sentira la lampe; car l'huile qui vous est versée fut transportée d'Afrique sur des vaisseaux Libyens; c'est elle qui fait déserter à Rome les bains publics, quand Bocchoris s'y lave; c'est elle qui défend les Africains de la morsure des serpens. Le maître mangera d'un rouget de Corse ou de Sicile, puisqu'il serait inutile d'en attendre des parages voisins, depuis que les pêcheurs, animés par la voracité

Tauromenitanæ rupes, quando omne peractum est
Et jam defecit nostrum mare, dum gula sævit,
Retibus assiduis penitus scrutante macello
Proxima, nec patitur Tyrrhenum crescere piscem.
Instruit ergo focum provincia; sumitur illinc
Quod captator emat Lenas, Aurelia vendat.
Virroni muræna datur, quæ maxima venit
Gurgite de Siculo : nam dum se continet Auster,
Dum sedet, et siccat madidas in carcere pennas,
Contemnunt mediam temeraria lina Charybdim.
Vos anguilla manet longæ cognata colubræ,
Aut glacie aspersus maculis Tiberinus, et ipse
Vernula riparum, pinguis torrente cloaca,
Et solitus mediæ cryptam penetrare Suburræ.

Ipsi pauca velim, facilem si præbeat aurem.
Nemo petit modicis quæ mittebantur amicis
A Seneca, quæ Piso bonus, quæ Cotta solebat
Largiri : namque et titulis et fascibus olim
Major habebatur donandi gloria : solum
Poscimus, ut coenes civiliter. Hoc face, et esto,
Esto, ut nunc multi, dives tibi, pauper amicis.

Anseris ante ipsum magni jecur, anseribus par
Altilis, et flavi dignus ferro Meleagri
Fumat aper. Post huic radentur tubera, si ver
Tunc erit, et facient optata tonitrua coenas

des riches, ne cessent d'y jeter leurs filets jusque dans les moindres détroits, et ne laissent plus le temps aux poissons de grossir. Aussi les côtes étrangères fournissent-elles à nos marchés les excellens morceaux que l'intrigant Lénas achète pour Aurélie, qui les revend. On sert à Virron l'une des plus belles lamproies sorties des gouffres Siciliens ; car dès que l'auster se calme, et que retiré dans sa caverne il laisse sécher ses ailes, le pêcheur téméraire va lancer son filet au sein même de Charybde. Quant à vous, n'attendez qu'une anguille parente de la couleuvre, ou quelque sale poisson marqueté par la glace, et surpris sur les rives du Tibre dont il était le fidèle habitant ; hideux animal, engraissé des ordures d'un cloaque, par lequel il avait coutume de remonter jusqu'au quartier de Suburre.

J'aurais deux mots à dire à Virron, s'il daignait m'écouter. On n'exige point de toi des présens tels qu'en faisaient à leurs moindres amis un Sénèque, un Cotta, et Pison le bienfaisant : la gloire de donner l'emportait alors sur les titres et les faisceaux. Nous te demandons seulement un peu de bienséance à l'égard de tes convives [21]. Profite de cet avis, et sois ensuite, si tu le veux, sois, comme tant d'autres, riche pour toi, pauvre pour tes amis.

On met en face de Virron le foie d'une oie grasse, un chapon aussi gros qu'une oie, et un sanglier digne des traits du blond Méléagre. Viennent ensuite les truffes soigneusement préparées [22], si l'on est au printemps, et si le tonnerre, invoqué pour les mûrir, a permis d'en

Majores. Tibi habe frumentum, Alledius inquit,
O Libye; disjunge boves, dum tubera mittas.

STRUCTOREM interea, ne qua indignatio desit,
Saltantem spectes, et chironomonta volanti
Cultello, donec peragat dictata magistri
Omnia; nec minimo sane discrimine refert,
Quo gestu lepores, et quo gallina secetur!

DUCERIS planta, velut ictus ab Hercule Cacus,
Et ponere foris, si quid tentaveris unquam
Hiscere, tanquam habeas tria nomina. Quando propinat
Virro tibi, sumitque tuis contacta labellis
Pocula? quis vestrum temerarius usque adeo, quis
Perditus, ut dicat regi, Bibe? Plurima sunt quæ
Non audent homines pertusa dicere læna.
Quadringenta tibi si quis deus, aut similis dîs
Et melior fatis donaret homuncio, quantus
Ex nihilo fieres! quantus Virronis amicus!
Da Trebio, pone ad Trebium; vis, FRATER, ab istis
Ilibus? O nummi, vobis hunc præstat honorem!
Vos estis FRATRES. Dominus tamen, et domini rex
Si vis tu fieri, NULLUS TIBI PARVULUS AULA
LUSERIT ÆNEAS, nec filia dulcior illo.
Jucundum et carum sterilis facit uxor amicum.
Sed tua nunc Mycale pariat licet, et pueros tres

composer un nouveau plat. « Libye, détèle tes bœufs [23], « s'écriait Allédius, et garde tes moissons, pourvu que « tu nous envoies des truffes. »

REGARDE, pour surcroît d'indignation, et l'agilité de celui qui met sur table, et l'adresse avec laquelle cet écuyer tranchant, armé d'un coutelas, exécute rapidement jusqu'aux moindres leçons de son maître. C'est qu'il importe beaucoup de distinguer la manière de découper un lièvre et celle de découper un poulet.

ET garde-toi bien de risquer un seul mot, toi qui ne portes pas trois noms [24] : ou, tel que Cacus terrassé par Hercule, tu seras traîné par les pieds hors du logis. Quand Virron daigna-t-il te présenter sa coupe ou recevoir la tienne ? Qui de vous serait assez téméraire, assez impudent pour lui dire : « Mon patron veut-il boire ? » Que de paroles étouffées sous un mauvais habit ! Mais si quelque dieu, ou quelque parvenu [25], pour toi semblable aux dieux, et plus favorable que le destin, te comptait quatre cent mille sesterces ; de rien, quel homme tu deviendrais ! que tu serais cher à Virron ! — « Servez Trebius, « versez à Trebius : FRÈRE, voulez-vous de ce plat [26] ? » — Plutus, ce n'est qu'à toi qu'il rend hommage : toi seul es son véritable FRÈRE [27]. Veux-tu devenir le maître de ton roi ? QU'ON NE VOIE POINT FOLATRER DANS TA COUR UN PETIT ÉNÉE [28], ou une fille encore plus chère à tes yeux paternels. Rien ne rend un ami plus intéressant qu'une épouse stérile. Mais quand la tienne verserait d'une seule couche trois enfans dans ton sein, il paraî-

In gremium patris fundat simul, ipse loquaci
Gaudebit nido : viridem thoraca jubebit
Afferri, minimasque nuces, assemque rogatum,
Ad mensam quoties parasitus venerit infans.

Vilibus ancipites fungi ponentur amicis,
Boletus domino ; sed qualem Claudius edit
Ante illum uxoris, post quem nil amplius edit.
Virro sibi et reliquis Virronibus illa jubebit
Poma dari, quorum solo pascaris odore;
Qualia perpetuus Phæacum autumnus habebat,
Credere quæ possis subrepta sororibus Afris :
Tu scabie frueris mali, quod in aggere rodit,
Qui tegitur parma et galea, metuensque flagelli
Discit ab hirsuto jaculum torquere Capella.

Forsitan impensæ Virronem parcere credas :
Hoc agit, ut doleas. Nam quæ comœdia ! mimus
Quis melior plorante gula ? Ergo omnia fiunt,
Si nescis, ut per lacrimas effundere bilem
Cogaris, pressoque diu stridere molari.
Tu tibi liber homo, et regis conviva videris :
Captum te nidore suæ putat ille culinæ;
Nec male conjectat. Quis enim tam nudus, ut illum
Bis ferat, Etruscum puero si contigit aurum,
Vel nodus tantum, et signum de paupere loro ?
Spes bene cœnandi vos decipit : ecce dabit jam

trait encore s'amuser de leur jargon. Toutes les fois que ces parasites naissans le viendraient voir à table : « Qu'on « leur donne, dirait-il, une casaque verte, des noisettes « et quelques pièces de monnaie. »

Les mousserons suspects seront servis aux cliens subalternes, les champignons au maître; mais tels que les mangeait Claude [29], avant celui qu'il reçut de son épouse, après lequel il ne mangea plus rien. Virron fait apporter pour lui-même, et pour les Virrons ses confrères, des fruits dont vous n'aurez que le parfum, des fruits comme en produisait l'éternel automne des Phéaciens, des fruits qu'on croirait dérobés aux Hespérides. Pour toi, tu seras réduit à croquer quelques méchantes pommes, comme le soldat novice qui, le casque en tête, le bouclier au poing, tremble dans nos camps à l'aspect des lanières, lorsqu'il apprend d'un farouche centurion à lancer le javelot [30].

Vous croyez peut-être que Virron en use ainsi par économie? Non; il n'a dessein que de vous affliger. Quelle comédie pour lui! Les contorsions d'un mime [31] valent-elles la grimace avide d'un parasite en pleurs! Sache donc, si tu l'ignores, qu'il n'a d'autre but que d'arracher de tes yeux des larmes de désespoir; que d'entendre murmurer le dépit et la rage entre tes dents serrées. Tu te crois un personnage libre et le convive de ton patron : mais il pense que tu n'es attiré que par l'odeur de sa cuisine, et il ne se trompe pas. En effet, à quelle extrémité faut-il être réduit pour s'exposer deux fois à de tels outrages, si l'on a porté dans son enfance ou la bulle d'or

Semesum leporem, atque aliquid de clunibus apri;
Ad nos jam veniet minor altilis. Inde parato
Intactoque omnes, et stricto pane tacetis.
Ille sapit, qui te sic utitur. Omnia ferre
Si potes, et debes : pulsandum vertice raso
Præbebis quandoque caput, nec dura timebis
Flagra pati, his epulis et tali dignus amico.

Étrurienne, ou le simple nœud et le plus modeste cordon [32] ? Vous vous laissez abuser par l'espoir d'un bon souper. « Il nous fera passer, dites-vous, cette moitié de « lièvre et ces filets de sanglier ; ces débris de poulets ne « sauraient nous échapper. » — Et vous attendez en silence, réservant votre pain tout entier pour ce repas délicat. Que Virron est sage de vous traiter ainsi ! Puisque vous pouvez souffrir tous les affronts, il ne faut pas vous les épargner [33] : on vous verra bientôt livrer aux coups votre tête rasée, offrir vos épaules aux lanières, vils esclaves dignes de tels festins et d'un pareil ami.

NOTES

SUR LA SATIRE V.

1. ARGUMENT. Le but de cette satire est d'inspirer le dégoût et l'aversion que tout homme sensible et honnête doit naturellement ressentir pour le métier de parasite. Si les malheureux qui l'exercent, dit l'auteur, sont méprisables, les riches qui se plaisent à les maltraiter, à les avilir, ne le sont pas moins.

2. *Sarmentus et le vil Galba*, etc., v. 3. L'un fut bouffon d'Auguste, l'autre de Tibère. Horace a parlé du premier :

> . . . . Nunc mihi paucis,
> Sarmenti scurræ pugnas Messique cicerri,
> Musa, velim referas, etc.

et Martial du second :

> Qui Galbam salibus tuis, et ipsum
> Posses vincere Tectium Caballum.

3. *Même à la table injurieuse de César*, v. 4. Juvénal donne à cette table l'épithète d'*iniquas*, inégale, pour marquer que les conditions n'y étaient pas égales, ni les mets communs à tout le monde. Je n'ai pas pu trouver d'autre mot qu'*injurieuse*, pour exprimer l'inégalité des conditions, et les préférences qu'elles entraînaient.

4. *Sur une natte de jonc en lambeaux ?* etc., v. 8 et suiv. J'ai changé cette phrase et les suivantes. Dusaulx avait traduit : *N'est-il plus de ponts, plus de quais, où, mal vêtu, transi de froid, et dévorant du pain tel qu'on en jette aux chiens, tu ne puisses subsister*

plus décemment qu'à ces repas d'où tu sors couvert d'ignominie et presque à jeun? Je crois d'abord que *tegetis* n'avait pas été entendu, et que ce mot signifie, non pas un vêtement, mais la natte de paille ou de jonc sur laquelle le mendiant s'asseyait. De plus, l'ordre des phrases latines était interverti sans nécessité; l'énergie de ces interrogations, *tantine*, etc., *tam jejuna fames*, etc., avait disparu; enfin, *tam jejuna fames* avait été interprété d'une manière si extraordinaire et si forcée, que j'ai dû proposer un autre sens. J. P.

5. *S'il s'avise enfin de t'inviter, toi, son client*, etc., v. 16. L'esprit de l'institution du clientage dégénéra vers la fin de la république. Avant ce temps le patron assistait le client dans ses besoins, et le client donnait son suffrage au patron quand il briguait quelque magistrature ou pour lui-même ou pour ses amis. Les cliens devaient respecter leur patron, et le patron, de son côté, devait à ses cliens sa protection et son secours. Ce droit de patronage fut institué par Romulus, pour réunir les riches et les pauvres; de façon que les uns fussent exempts de mépris, et les autres à couvert de l'envie. Mais la condition des cliens devint peu à peu une espèce d'esclavage. Voyez sur les lits des Romains, sat. I, not. sur le v. 136.

6. *Sans prendre le temps de nouer sa chaussure*, v. 20. *Ligulæ* étaient des courroies qui retenaient le soulier. Il y en avait quatre qui se repliaient l'une sur l'autre, et que l'on attachait vers le milieu de la jambe.

7. *Et que le Boôtès paresseux traîne lentement son chariot glacé*, v. 23. Le Boôtès est une constellation voisine du pôle arctique et située près d'une autre constellation qu'on appelle le Chariot, de manière qu'on s'est figuré qu'elle hâtait les bœufs que l'on supposait attelés à ce chariot. De là lui vient le nom grec de Boôtès, qui signifie bouvier. L'auteur donne l'épithète de *paresseuse* à cette constellation, parce que, décrivant un cercle plus petit à mesure qu'elle s'approche du pôle, elle paraît se mouvoir plus lentement.

8. *D'un vin qui ne serait pas bon à dégraisser la laine*, v. 24. Lorsque les Romains se proposaient de teindre de la laine en couleur de pourpre, ils la lavaient dans du vin immédiatement après

qu'elle avait été tondue. Nous disons, en parlant du mauvais vin, qu'il n'est pas bon à laver les pieds des chevaux : il peut se faire que Juvénal n'ait aussi, dans cet endroit, employé qu'une manière de parler proverbiale, relative, non à la laine, mais seulement aux brebis. *Tonsas recentes*, dit Varron, *eodem die perungunt vino et oleo*, etc. *De Re rustica*, lib. 11, cap. 2.

9. *Les serviettes se rougissent du sang qu'elles étanchent*, v. 27. Les Romains nommaient une serviette *mappa* ; *mantile* était la nappe. Long-temps après le siècle d'Auguste, ce n'était point encore la mode que l'on fournît des serviettes aux convives ; ils en apportaient de chez eux.

« Personne, dit Martial, n'avait apporté de serviette, dans la crainte qu'on ne la lui volât. Que fit Hermogène ? il emporta la nappe. »

<blockquote>Attulerat mappam nemo, dum furta timentur :
Mantile e mensa sustulit Hermogenes.</blockquote>

10. *Armés de bouteilles Sagontines*, etc., v. 29. Sagonte, ville d'Espagne, était renommée par ses vases de terre. Pline (lib. XXXV, cap. 12) parle de ces vases ; et l'on trouve dans Martial : *Saguntini calices* et *Saguntini figuli*.

11. *Le patron s'abreuve d'un vin mis en réserve depuis le temps de nos anciens consuls*, etc., v. 30. Les Romains laissaient fermenter leur vin pendant un ou deux ans dans des tonneaux ; ensuite ils le soutiraient dans de grandes jarres vernissées en dedans avec de la poix fondue. On marquait sur le dehors de la cruche le nom du vignoble et celui du consulat sous lequel le vin avait été fait. Ce soutirage s'appelait *diffusio vinorum*. Ils avaient deux sortes de vaisseaux employés à cet usage, l'un se nommait *amphore*, et l'autre *cade*. L'amphore était de forme carrée ou cubique à deux anses, et contenait deux urnes, environ quatre-vingts pintes de liqueur : ce vaisseau se terminait par un col étroit qu'on bouchait avec de la poix ou du plâtre, pour empêcher le vin de s'éventer ; c'est ce que nous apprennent ces mots de Pétrone : *Amphoræ vitreæ diligenter gypsatæ allatæ sunt, quarum in cervicibus pittacia erant affixa, cum hoc titulo* :

<blockquote>Falernum Opimianum annorum centum.</blockquote>

« On apporta de grosses bouteilles de verre bien bouchées, au
« haut desquelles étaient attachés des écriteaux qui contenaient
« ces paroles : *Vin de Falerne de cent feuilles, sous le consulat*
« *d'Opimius.* » Le cade, *cadus*, avait à peu près la figure d'une
pomme de pin : c'était une espèce de tonneau qui contenait moitié
plus que l'amphore. On bouchait bien ces deux vaisseaux, et on
les mettait dans une chambre haute, exposée au midi. Cette
chambre s'appelait *horreum vinarium, apotheca vinaria*, le cellier
du vin. Comme ce fut depuis le consulat de L. Opimius que les
Romains se plurent à boire des vins vieux, il fallut multiplier
les celliers dans tous les quartiers de Rome, pour y mettre les
vins en garde et à demeure. Pétrone parle de vin de cent feuilles ;
mais Pline dit qu'on en buvait de près de deux cents ans, qui,
par la vieillesse, avaient acquis la consistance du miel : *Adhuc vina
ducentis fere annis jam in speciem redacta mellis asperi; etenim hæc
natura vini in vetustate est*, lib. XIV, cap. 4. Ils délayaient ce vin
avec de l'eau chaude pour le rendre fluide, et ensuite ils le passaient par la chausse ; c'est ce qui se nommait *saccatio vinorum*.

12. *Demain il boira du vin des coteaux d'Albe ou de Sétines*, etc.,
v. 33. Les Romains tiraient leurs meilleurs vins de la Campanie,
aujourd'hui la Terre de Labour, province du royaume de Naples.
Les autres vins d'Italie n'approchaient point de la bonté de ces
derniers. Cependant ceux d'Albe, de Sétines, de Gaurano, de
Faustinianum et de Sorrento, étaient fort recherchés du temps de
Pline. Martial (liv. X, épigr. 74) appelle le vin de Sétines, *delicatam uvam Setini clivi*.

13. *Helvidius et Thraseas*, etc., v. 36. Tous deux d'une vertu
digne des premiers temps de la république, et grands partisans de
la liberté. Néron fit mourir Thraseas Pœtus, et condamna son
gendre Helvidius à l'exil.

14. *Tu n'auras qu'une tasse à quatre becs*, etc., v. 47. Martial
(liv. XIV, épigr. 96) parle de ces espèces de coupes ou tasses
dont Vatinius, cordonnier de Bénévent, avait été l'inventeur, et
qui portaient son nom :

> Vilia sutoris calicem monumenta Vatini
> Accipe ; sed nasus longior ille fuit.

15. *Tout ce que les autres rois de Rome possédaient de rare et de précieux*, v. 58. C'est ainsi, je crois, qu'il faut entendre *frivola*, les objets de luxe. Dusaulx a traduit *tous les vases d'argile des autres rois de Rome*. J. P.

16. *Est-il venu te verser l'eau froide et l'eau chaude*, v. 63. J'ai pensé qu'il était toujours question dans cette phrase du jeune esclave dont il est parlé précédemment. L'enchaînement des idées, et surtout la ressemblance des tours *Quando ad te pervenit* et *Quando vocatus adest*, m'ont paru réclamer le changement que j'ai fait à la traduction. J. P.

Quoique les esclaves, à Rome, fussent tous de même condition, on les distinguait cependant par différens titres, dont l'énumération serait ici trop longue; on leur donnait des noms relatifs à leurs emplois. Les échansons, ceux qui versaient à boire, s'appelaient *pocillatores*, *ad cyathos*, et *ministratorios*. On peut voir dans Juste Lipse (*Elect.*, lib. 1, cap. 4) que les anciens aimaient beaucoup l'eau chaude, et qu'ils n'en faisaient pas moins d'usage que de la froide, comme on le remarque dans ce vers de Martial :

Frigida non desit, non deerit calda petenti.

17. *Je gravis, en trébuchant, les froides Esquilies*, v. 77. Le mont Esquilin est une des sept collines de l'ancienne Rome; c'est aujourd'hui le quartier de la montagne de Sainte-Marie-Majeure.

18. *Comme sa queue semble narguer les convives*, v. 82. Ici *convivia* est pour *convivas*. Juvénal a dit (satire 2, vers 119) *ingens cœna sedet*, pour désigner un grand nombre de convives; d'ailleurs, on voit qu'il s'agit plutôt ici de la satire des hommes que de celle des plats.

19. *Offrande usitée pour les morts*, v. 85. L'usage de mettre de la nourriture sur les sépulcres des morts est de la plus haute antiquité : il avait lieu chez les Grecs, chez les Romains, et dans presque tout l'Orient. On le voit encore aujourd'hui pratiqué dans la Syrie, la Babylonie et à la Chine. Chez les anciens on distinguait deux sortes de repas en l'honneur des défunts ; les uns se faisaient dans la maison du mort au retour du convoi, entre ses

parens et ses amis ; les autres étaient servis sur les tombeaux pour les âmes errantes.

20. *Le patron arrose son poisson avec de l'huile de Venafre*, v. 86. Venafre, ville d'Italie sur le Vulturne : on la nomme aujourd'hui *Venafro*. Elle était anciennement célèbre par la bonté de son huile d'olives. Horace en parle liv. II, ode 6. Pline (liv. XV, chap. 2), après avoir dit que l'Italie l'emporte sur tout le reste du monde, ajoute que l'huile de Venafre l'emporte sur celle du reste de l'Italie. Les Romains, pour dire de l'huile excellente, disaient simplement *Venafrum*.

21. *Nous te demandons seulement un peu de bienséance à l'égard de tes convives*, v. 112. Pline le jeune (liv. II, lettre 6) raconte de quelle manière un homme riche, chez lequel il avait soupé, traitait ses convives. « Il y avait, dit-il, trois sortes de vins dans « de petites bouteilles différentes, non pas pour en laisser le « choix, mais pour l'ôter. Le premier était pour la bouche du « maître de la maison, et pour nous qui étions aux premières « places ; le second pour les amis du second rang (car il aime « par étage) ; le dernier pour ses affranchis et pour les nôtres. « Quelqu'un qui se trouva près de moi me demanda si j'approu- « vais l'ordonnance de ce repas : je lui répondis que non. Et « comment donc en usez-vous ? dit-il. Je fais servir également « tout le monde ; car je rassemble mes amis pour les régaler, non « pour les offenser par des distinctions odieuses. La différence du « service ne distingue point ceux que ma table égale. « Quoi ! re- « prit-il, traitez-vous de même les affranchis ? — Pourquoi non ? « Dans ce moment je ne vois point en eux d'affranchis, je n'y « vois plus que des convives. — Cela vous coûte beaucoup ? « ajouta-t-il. — Point du tout. — Quel secret avez-vous donc ? « — Quel secret ? c'est que dans ces occasions je ne fais pas servir « de mon vin, mais du vin de mes affranchis. » (*Traduction de de Saci.*)

Pline, quoi qu'il en dise, n'en usait pas trop honnêtement avec ses convives : pour éviter une grossièreté, il tombait dans un excès non moins insupportable.

Quant à la bienséance recommandée par Juvénal, on peut dire

qu'elle maintient l'habitude des bonnes mœurs. Les mœurs en effet ont leurs formes comme les lois, et le mépris des formes détruit insensiblement tous les liens qui unissent les hommes.

22. *Viennent ensuite les truffes soigneusement préparées*, etc., v. 116. On lit dans toutes les éditions : *Post hunc raduntur tubera*. J'ai suivi la correction de N. Heinsius, qui me paraît plus latine et plus satirique : *Post huic radentur*, etc., c'est-à-dire à Virron, car les affranchis s'en passeront.

23. *Libye, dételle tes bœufs*, etc., v. 119. Les Romains tirèrent presque tous leurs blés d'Afrique, quand ils eurent fait la conquête des principaux royaumes qui la composent : c'est pourquoi elle fut appelée la mère nourrice de Rome et de l'Italie.

24. *Toi qui ne portes pas trois noms*, v. 127. Les Romains de distinction avaient plusieurs noms, ordinairement trois, et quelquefois quatre. Le premier était le prénom, qui servait à distinguer chaque personne; le second était le nom propre, qui désignait la race d'où l'on sortait; le troisième était le surnom, qui marquait la famille dont on était; enfin le quatrième était un autre surnom qui se donnait, ou à cause de l'adoption, ou pour quelque grande action, ou même pour quelque défaut.

Dans ce vers, *Tanquam habeas tria nomina*, Rigault et Grævius soutiennent qu'il faut dire *quanquam* au lieu de *tanquam*. Je ne vois pas qu'il y ait rien à changer. Les noms en imposaient beaucoup à Rome, même après l'extinction de la république; et Juvénal le fait sentir dans plusieurs autres circonstances.

25. *Si quelque dieu, ou quelque parvenu*, etc., v. 133. La virgule mise avant *homuncio* détruit le sens; mise après, elle le rétablit. Jouvenci et plusieurs autres éditeurs modernes ont suivi sur ce vers la vicieuse ponctuation de Lubin, qui n'est en général bon à suivre que lorsqu'il suit ceux qui l'ont précédé. Que l'on me pardonne si je me venge ici des mauvaises leçons que j'ai adoptées dans ma première édition, sur la foi de ce commentateur sans goût et sans critique, quoique très-instruit à plusieurs égards.

26. FRÈRE, *voulez-vous de ce plat?* v. 135. *Vis*, FRATER, *ab*

SUR LA SATIRE V.

ipsis ilibus? Servius cite ainsi ce vers dans son Commentaire sur l'Énéide, page 475 de l'édition de R. Étienne. Saumaise, dans ses notes sur l'*Histoire Auguste*, page 237, cite *ab imis ilibus.* Je ne sais où ila pris cette leçon : l'une et l'autre ne valent rien. Il faut ici un pronom démonstratif : Voulez-vous de ceci? en le montrant. L'édition de Junte porte *ab illis;* celles de Cambridge et de Baskerville, *ab istis*, ce qui est la véritable leçon. *Ilia* étaient des intestins farcis, et répondaient à ce que nous appelons des saucisses, ou à quelque chose de semblable. Servius dit que ce mets était fort recherché.

27. *Toi seul es son véritable frère*, etc., v. 137. Markland a prouvé qu'il était plus élégant d'écrire ici *frater* que *fratres.*

28. *Qu'on ne voie point folâtrer dans ta cour un petit Énée*, etc., v. 138. Ce vers en parodie un autre de l'Énéide, liv. IV, vers 328.

29. *Mais tels que les mangeait Claude*, etc., v. 147. Claude, cinquième empereur romain, aimait beaucoup les champignons; Agrippine lui en servit un qu'elle avait empoisonné.

30. *Lorsqu'il apprend d'un farouche centurion à lancer le javelot*, v. 155. Ceux qui écrivent *ab hirsuta capella* prétendent qu'il s'agit ici d'une chèvre. Ceux qui écrivent *ab hirsuto* l'entendent, comme moi, d'un centurion appelé Capella. Pour se conformer à la première leçon, voici comment il faudrait traduire : « Pour toi, tu « n'auras que de méchantes pommes, telles qu'en ronge ce singe « que l'on promène sur le rempart, monté sur une chèvre, « couvert d'un casque et d'un bouclier, et à qui l'on enseigne, à « coups de fouet, à lancer le javelot. » *Voyez* les commentateurs cités par Henninius, et surtout la note de Claverius, page 912.

31. *Les contorsions d'un mime*, etc., v. 157. Mime vient d'un mot grec qui signifie *imiter;* c'est un nom commun à une certaine espèce de poésie dramatique, aux auteurs qui la composaient, et aux acteurs qui la jouaient. Les Grecs eurent des mimes décentes et des mimes obscènes. Les mimes des Romains formaient la quatrième

espèce de leurs comédies. Les acteurs s'y distinguaient par une imitation licencieuse des mœurs du temps, comme on le voit par ce vers d'Ovide :

Scribere si fas est imitantes turpia mimos.

Ils y jouaient sans chaussure, ce qui faisait quelquefois nommer cette comédie *déchaussée*, au lieu que dans les trois autres, les acteurs chaussaient le brodequin. Aux funérailles, il y avait un archimime qui devançait le cercueil, et peignait par ses gestes les actions et les mœurs du défunt.

32. *La bulle d'or Étrurienne, ou le simple nœud et le plus modeste cordon*, v. 164. Par *Etruscum aurum*, Juvénal entend la bulle d'or que Tullus Hostilius fit porter aux enfans de condition libre, après qu'il eut vaincu les Étrusques. Mais il y avait une autre bulle réservée aux affranchis ; on l'appelait *bulla scortea*. (PLUTARCHUS, *Vita Romuli*.)

Un affranchi était originairement un esclave à qui son maître avait accordé la liberté, et qu'il avait fait agréger au nombre des citoyens. On l'appelait *libertus* ou *libertinus*. Le mot *libertus* était relatif au patron : on disait *libertus Ciceronis*, affranchi de Cicéron. *Libertinus* exprimait la condition ; *homo libertinus*, un homme de condition affranchie. Les affranchis avaient la tête rasée, et portaient une espèce de bonnet ou chapeau, qui était la marque de la liberté. Quoique les esclaves, par leur affranchissement, devinssent citoyens Romains, ils n'étaient admis, comme ceux qui étaient nés libres et que l'on appelait *ingenui*, ni parmi les chevaliers, ni parmi les sénateurs, quelque bien qu'ils eussent. Ils n'étaient associés qu'aux priviléges dont jouissaient les derniers citoyens ; aussi n'avaient-ils place que dans les tribus de la ville qui étaient les moins considérées.

33. *Puisque vous pouvez souffrir tous les affronts, il ne faut pas vous les épargner*, v. 170. Dusaulx avait adopté une autre leçon, d'après Grævius : il lisait : *Omnia ferre si potes, ut debes, pulsandum vertice*, etc., et il traduisait : *Puisque vous avez la bassesse de souffrir ces affronts trop mérités, on vous verra bientôt livrer aux*

soufflets, etc. Cette phrase a du sens ; mais pourquoi changer la leçon des manuscrits et des anciennes éditions? *Si potes, et debes* ne manque ni de clarté ni d'élégance : *et* est employé pour *etiam*, acception connue et familière, qu'il est inutile de justifier. J. P.

SATIRA VI.

Mulieres.

CREDO Pudicitiam, Saturno rege, moratam
In terris, visamque diu, quum frigida parvas
Præberet spelunca domos, ignemque Laremque,
Et pecus et dominos communi clauderet umbra;
Silvestrem montana torum quum sterneret uxor
Frondibus et culmo, vicinarumque ferarum
Pellibus; haud similis tibi, Cynthia, nec tibi, cujus
Turbavit nitidos exstinctus passer ocellos;
Sed potanda ferens infantibus ubera magnis,
Et sæpe horridior glandem ructante marito.
Quippe aliter tunc orbe novo cœloque recenti
Vivebant homines, qui rupto robore nati,
Compositive luto nullos habuere parentes.
Multa pudicitiæ veteris vestigia forsan,
Aut aliqua exstiterint et sub Jove, sed Jove nondum
Barbato, nondum Græcis jurare paratis
Per caput alterius; quum furem nemo timeret
Caulibus et pomis, et aperto viveret horto.
Paulatim deinde ad superos Astræa recessit
Hac comite, atque duæ pariter fugere sorores.

SATIRE VI.

Les Femmes [1].

Je veux croire que sous le règne de Saturne la Pudeur habita sur la terre [2]; qu'on y jouit long-temps de sa présence, lorsque de froides cavernes renfermaient, sous un abri commun, le foyer, les dieux Lares, les troupeaux et les pasteurs; lorsque les épouses, errantes sur les montagnes, n'avaient pour lits que des feuillages, des joncs entrelacés et les peaux des bêtes féroces dont elles vivaient entourées; lorsque, bien différentes de vous, Cynthie, et de celle [3] dont les beaux yeux versèrent tant de larmes sur la mort d'un moineau, farouches et d'un aspect souvent plus sauvage que leurs grossiers époux, elles abreuvaient de leurs mamelles gonflées de lait des enfans déjà robustes. Il est certain, en effet, que dans cette enfance du monde éclairé d'un soleil aussi jeune que lui, les premiers humains, nés sans pères, sortis du sein des chênes ou pétris de limon, vivaient bien autrement que nous. Peut-être distinguait-on encore quelques traces de l'antique pudeur sous Jupiter, mais sous le Jupiter dont la barbe n'avait pas encore ombragé le menton, mais avant que le Grec osât se parjurer [4], lorsqu'on ne craignait le voleur ni pour ses légumes ni pour ses fruits, et qu'il était inutile d'enclore son jardin [5]. Bientôt après, Astrée, suivie de la Pudeur, se rapprocha insensiblement de l'Olympe, et ces deux sœurs s'envolèrent en même temps [6].

SATIRA VI.

Antiquum et vetus est alienum, Postume, lectum
Concutere, atque sacri genium contemnere fulcri.
Omne aliud crimen mox ferrea protulit ætas:
Viderunt primos argentea sæcula mœchos.
Conventum tamen et pactum, et sponsalia nostra
Tempestate paras; jamque a tonsore magistro
Pecteris, et digito pignus fortasse dedisti.
Certe sanus eras. Uxorem, Postume, ducis!
Dic, qua Tisiphone, quibus exagitare colubris?
Ferre potes dominam, salvis tot restibus, ullam?
Quum pateant altæ caligantesque fenestræ?
Quum tibi vicinum se præbeat Æmilius pons?
Aut si de multis nullus placet exitus, illud
Nonne putas melius, quod tecum pusio dormit?
Pusio, qui noctu non litigat, exigit a te
Nulla jacens illic munuscula, nec queritur quod
Et lateri parcas, nec, quantum jussit, anheles.
Sed placet Ursidio lex Julia: tollere dulcem
Cogitat heredem, cariturus turture magno,
Mullorumque jubis, et captatore macello.
Quid fieri non posse putes, si jungitur ulla
Ursidio? si mœchorum notissimus olim
Stulta maritali jam porrigit ora capistro,
Quem toties texit perituri cista Latini?
Quid, quod et antiquis uxor de moribus illi
Quæritur? O medici! mediam pertundite venam.

SATIRE VI.

Il y a long-temps et très-long-temps, Postumus, qu'on a pour la première fois souillé le lit d'autrui, et méprisé le génie tutélaire de la couche nuptiale [7]. Le siècle de fer amena tous les autres crimes; mais le siècle d'argent vit les premiers adultères. Malgré nos mœurs, néanmoins, ta parole est donnée, ton contrat est tout prêt [8]; peut-être as-tu déjà passé par les mains du coiffeur; peut-être que déjà ta future porte au doigt le gage de ta promesse. On te croyait sage, et tu te maries! Quelle furie te poursuit? quels transports t'agitent? Tu supporterais un maître, tandis qu'il est tant de cordes, tant de fenêtres, tandis que le pont Æmilius est dans ton voisinage! Si tu ne goûtes aucun de ces expédiens, du moins ne vaut-il pas mieux avoir la nuit, à tes côtés, cet enfant soumis [9], paisible et désintéressé; cet enfant qui jamais ne te reproche d'avoir ménagé tes flancs et frustré son ardeur? — Mais Ursidius veut obéir à la loi Julia [10] : jaloux d'élever un héritier, il renonce aux grands tourtereaux, aux surmulets [11], et à tous les bons morceaux que ses politiques amis lui apportent du marché. —Tout est possible, si ce projet s'achève, si l'adultère le plus fameux, et qui fut réduit tant de fois, comme Latinus [12], à se cacher dans un coffre, est assez insensé pour subir le joug de l'hyménée. Ce n'est pas tout : il lui faut une épouse de mœurs antiques. L'extravagant! ouvrez-lui la veine. Pour toi, Postumus, cours te prosterner à l'entrée du Capitole; sacrifie à Junon une génisse aux cornes dorées, si jamais tu deviens l'époux d'une femme pudique. Je n'en sache guère aujourd'hui qui soient dignes de toucher les bandelettes de Cérès [13], et dont un

Delicias hominis! Tarpeium limen adora
Pronus, et auratam Junoni cæde juvencam,
Si tibi contigerit capitis matrona pudici.
Paucæ adeo Cereris vittas contingere dignæ,
Quarum non timeat pater oscula. Necte coronam
Postibus, et densos per limina tende corymbos.
Unus Iberinæ vir sufficit? Ocius illud
Extorquebis, ut hæc oculo contenta sit uno.
Magna tamen fama est cujusdam rure paterno
Viventis. Vivat Gabiis, ut vixit in agro;
Vivat Fidenis, et agello cedo paterno.
Quis tamen affirmat, nil actum in montibus aut in
Speluncis? adeo senuerunt Jupiter et Mars?

Porticibusne tibi monstratur femina voto
Digna tuo? cuneis an habent spectacula totis
Quod securus ames, quodque inde excerpere possis?
Chironomon Ledam molli saltante Bathyllo,
Tuccia vesicæ non imperat; Appula gannit,
Sicut in amplexu, subitum et miserabile; longum
Attendit Thymele; Thymele tunc rustica discit.
Ast aliæ, quoties aulæa recondita cessant,
Et vacuo clausoque sonant fora sola theatro,
Atque a Plebeiis longe Megalesia, tristes
Personam thyrsumque tenent et subligar Acci.
Urbicus exodio risum movet Attellanæ
Gestibus Autonoes. Hunc diligit Ælia pauper:

père ne redoutât les embrassemens [14]. N'importe, couronne ta porte de guirlandes et de lierre. — Un seul homme ne suffit-il pas à Ibérina? — Un seul! tu la réduirais plutôt à se contenter d'un seul œil. — J'en entends vanter une, contente, dit-on, de vivre dans les champs paternels. —Qu'elle vive seulement dans Fidène ou dans Gabie, comme elle a vécu dans les champs [15], et j'accorde tout. Encore, qui me garantira qu'il ne s'est rien passé sur les montagnes et dans les grottes? Jupiter et Mars sont-ils si décrépits?

Est-ce sous nos portiques qu'on te montrera une femme digne de tes vœux? les gradins de nos amphithéâtres en offrent-ils une seule que tu puisses aimer avec confiance et conduire sans crainte dans ta maison? Dès que le lascif Bathylle commence à danser la Léda, Tuccia est en feu, Apulla soupire avec tendresse comme entre les bras d'un amant [16]; Thymèle est immobile d'attention, l'innocente Thymèle prend leçon [17]. Mais quand le théâtre est fermé, que le seul barreau retentit de la voix des orateurs, pendant le long intervalle qui sépare les jeux Plébéiens des Mégalésiens [18], nos citoyennes affligées se consolent avec le masque, le thyrse et la ceinture d'Accius [19]; le bouffon Urbicus les amuse, en leur jouant le rôle d'Autonoé dans l'exode d'une Atellane [20]. L'indigente Ælia désire sa conquête, quoique

Solvitur his magno comoedi fibula. Sunt quae
Chrysogonum cantare vetent. Hispulla tragoedo
Gaudet : an exspectas ut Quintilianus ametur?
Accipis uxorem, de qua citharoedus Echion
Aut Glaphyrus fiat pater, Ambrosiusque choraules.
Longa per angustos figamus pulpita vicos,
Ornentur postes et grandi janua lauro,
Ut testudineo tibi, Lentule, conopeo
Nobilis Euryalum mirmillonem exprimat infans.

Nupta senatori comitata est Hippia ludium
Ad Pharon et Nilum, famosaque moenia Lagi,
Prodigia et mores urbis damnante Canopo.
Immemor illa domus, et conjugis atque sororis,
Nil patriae indulsit, plorantesque improba natos,
Utque magis stupeas, ludos Paridemque reliquit.
Sed quanquam in magnis opibus, plumaque paterna,
Et segmentatis dormisset parvula cunis,
Contempsit pelagus : famam contempserat olim,
Cujus apud molles minima est jactura cathedras.
Tyrrhenos igitur fluctus, lateque sonantem
Pertulit Ionium constanti pectore, quamvis
Mutandum toties esset mare. Justa pericli
Si ratio est et honesta, timent, pavidoque gelantur
Pectore, nec tremulis possunt insistere plantis :

ce ne soit qu'à grands frais que les femmes peuvent briser la boucle d'un comédien [21]. Quelques-unes ont ruiné la voix de Chrysogon. Un acteur tragique est l'amant d'Hispulla. Ne voudrais-tu point qu'elles fussent éprises d'un Quintilien? Tu te maries : les véritables pères de tes enfans seront le joueur de harpe Echion, Glaphiras, ou le joueur de flûte Ambrosius. Et toi, Lentulus, pour qui les flambeaux de l'hymen vont aussi s'allumer, fais dresser des théâtres, décore ta maison, et mets à ta porte un superbe laurier, afin qu'un digne rejeton t'offre, dans son riche berceau, les traits du gladiateur Euryalus.

HIPPIA, femme d'un sénateur, suivit un histrion [22] jusqu'au Phare, jusqu'au Nil, jusqu'à la ville trop fameuse de Lagus, où la monstrueuse turpitude de nos mœurs révolta les habitans même de Canope [23]. Oubliant sa maison, son époux, ses sœurs, la cruelle quitte sans regret sa patrie, ses enfans éplorés. Ce qui va t'étonner encore plus, elle abandonne les jeux, elle renonce à Pâris [24]. Quoique élevée au sein des richesses, dans la maison paternelle, où son enfance avait reposé sur le duvet d'un berceau magnifique, elle brave les flots : elle avait déjà bravé l'honneur, que ses pareilles sacrifient sans regret. Elle affronte avec intrépidité et la mer Tyrrhénienne et les ondes mugissantes de celle d'Ionie; rien ne l'effraie au milieu de tant de mers qu'elle franchit. Survient-il un motif honnête et légitime de s'exposer au danger, la terreur glace les femmes; leurs genoux chancèlent et fléchissent, courageuses seulement lorsqu'il s'agit

Fortem animum præstant rebus quas turpiter audent.
Si jubeat conjux, durum est conscendere navim;
Tunc sentina gravis, tunc summus vertitur aer.
Quæ mœchum sequitur, stomacho valet. Illa maritum
Convomit; hæc inter nautas et prandet, et errat
Per puppim, et duros gaudet tractare rudentes.
Qua tamen exarsit forma, qua capta juventa
Hippia? quid vidit, propter quod ludia dici
Sustinuit? Nam Sergiolus jam radere guttur
Cœperat, et secto requiem sperare lacerto.
Præterea multa in facie deformia; sicut
Attritus galea mediisque in naribus ingens
Gibbus, et acre malum semper stillantis ocelli.
Sed gladiator erat; facit hoc illos Hyacinthos.
Hoc pueris patriæque, hoc prætulit illa sorori
Atque viro : ferrum est quod amant. Hic Sergius idem,
Accepta rude, cœpisset Veiento videri.

Quid privata domus, quid fecerit Hippia, curas?
Respice rivales divorum : Claudius audi
Quæ tulerit. Dormire virum quum senserat uxor,
Ausa Palatino tegetem præferre cubili,
Sumere nocturnos meretrix augusta cucullos,
Linquebat, comite ancilla non amplius una ;
Et, nigrum flavo crinem abscondente galero,
Intravit calidum veteri centone lupanar,
Et cellam vacuam atque suam : tunc nuda papillis

de se déshonorer. Qu'un époux l'ordonne, il est dur de s'embarquer; la sentine infecte, le grand air étourdit: mais celle qui suit son amant a le cœur affermi. L'une vomit sur le tyran; l'autre mangeant avec les matelots, parcourt le pont, et se plaît à manier les cordages. Sont-ce les grâces ou la jeunesse qui séduisirent et enflammèrent Hippia? Quel charme secret lui déroba la honte de s'entendre nommer la femme d'un histrion? ce misérable commençait à vieillir; privé d'un bras, il avait droit d'obtenir son congé. Sa figure était d'ailleurs couverte de difformités : il portait au front une excroissance énorme, que le poids de son casque faisait descendre jusqu'au milieu du nez; et ses yeux éraillés distillaient sans cesse une humeur corrosive. Mais il était gladiateur; ce titre les rend aussi beaux qu'Hyacinthe. Tel fut celui qu'Hippia préféra à ses enfans, à sa patrie, à son époux et à ses sœurs. C'est le fer qu'elles aiment. Sergius, au rang des émérites. devenait pour cette femme une autre Véienton [25].

Mais pourquoi s'occuper des excès d'Hippia, des désordres d'une maison privée? Vois quels furent les rivaux d'un mortel égal aux dieux [26] : écoute ce que Claude eut à souffrir. Dès que son épouse le croyait endormi, préférant un grabat au lit impérial, cette auguste courtisane sortait du palais, suivie d'une seule confidente [27], se glissait, à la faveur des ténèbres et d'un déguisement, dans une loge fétide et misérable, qui lui était réservée. C'est là que, sous le nom de Lycisca [28], Messaline, toute nue, la gorge retenue par

Prostitit auratis, titulum mentita Lyciscæ,
Ostenditque tuum, generose Britannice, ventrem.
Excepit blanda intrantes, atque æra poposcit,
Et resupina jacens multorum absorbuit ictus.
Mox, lenone suas jam dimittente puellas,
Tristis abit : sed, quod potuit, tamen ultima cellam
Clausit, adhuc ardens rigidæ tentigine vulvæ,
Et lassata viris, sed non satiata recessit.
Obscurisque genis turpis, fumoque lucernæ
Fœda, lupanaris tulit ad pulvinar odorem.

HIPPOMANES carmenque loquar, coctumque venenum,
Privignoque datum? Faciunt graviora coactæ
Imperio sexus, minimumque libidine peccant.
Optima sed quare Cesennia, teste marito?
Bis quingenta dedit; tanti vocat ille pudicam :
Nec pharetris Veneris macer est, aut lampade fervet,
Inde faces ardent; veniunt a dote sagittæ.
Libertas emitur : coram licet innuat, atque
Rescribat; vidua est, locuples quæ nupsit avaro.

CUR desiderio Bibulæ Sertorius ardet?
Si verum excutias, facies, non uxor amatur.

un réseau d'or [29], dévouait à la brutalité publique les flancs qui te portèrent, généreux Britannicus. Cependant elle flatte quiconque se présente, et demande le salaire accoutumé : puis, couchée sur le dos [30], elle s'abandonne sans mesure à tous les assauts qu'on lui livre. Le chef du lieu congédie ses courtisanes : elle se retire à regret; mais du moins, prolongeant ses jouissances autant qu'elle le peut, elle ferme sa loge la dernière : le désir lui fait encore sentir ses aiguillons; plus fatiguée qu'assouvie [31], elle sort, les yeux éteints [32], enfumée par la lampe, et rapporte l'odeur de cet antre sur l'oreiller de l'empereur [33].

PARLERAI-JE de l'hyppomanès [34], des enchantemens, et des poisons offerts par une marâtre aux fils d'un autre lit? L'ascendant impérieux d'un sexe fragile les entraîne à de si grands crimes, que leurs infâmes débauches ne paraissent plus que des erreurs. — Mais pourquoi l'époux de Césennie ne cesse-t-il d'attester ses vertus? — Il en reçut un million de sesterces : c'est à ce prix qu'il la déclare honnête. Les feux qui le dévorent, les traits qui le blessent, ne viennent ni de Vénus, ni de Cupidon; ils partent de la dot. A ce prix, son épouse est libre; elle peut, même en sa présence, accorder un rendez-vous, et répondre à un billet galant. Épouser un avare quand on est riche, c'est acquérir tous les droits du veuvage.

POURQUOI Sertorius est-il si vivement épris de Bibula? —Prenez-y garde, ce n'est pas une épouse, c'est un visage

Tres rugæ subeant, et se cutis arida laxet,
Fiant obscuri dentes, oculique minores :
Collige sarcinulas, dicet libertus, et exi;
Jam gravis es nobis, ut sæpe emungeris! exi
Ocius, et propera; sicco venit altera naso.
Interea calet, et regnat, poscitque maritum
Pastores et ovem Canusinam, ulmosque Falernas.
Quantulum in hoc? Pueros omnes, ergastula tota,
Quodque domi non est, et habet vicinus, ematur.
Mense quidem brumæ, quo jam mercator Iason
Clausus, et armatis obstat casa candida nautis,
Grandia tolluntur crystallina, maxima rursus
Murrhina, deinde adamas notissimus, et Berenices
In digito factus pretiosior : hunc dedit olim
Barbarus incestæ, dedit hunc Agrippa sorori,
Observant ubi festa mero pede sabbata reges,
Et vetus indulget senibus clementia porcis.

NULLANE de tantis gregibus tibi digna videtur?
Sit formosa, decens, dives, fecunda, vetustos
Porticibus disponat avos, sit castior omni
Crinibus effusis bellum dirimente Sabina
(Rara avis in terris, nigroque simillima cycno),
Quis ferat uxorem, cui constant omnia? Malo,
Malo Venusinam, quam te, Cornelia mater

qu'il aime. Que la peau se fane, qu'il survienne deux ou trois rides, que l'émail des dents se ternisse, et que les yeux perdent un peu de leur grandeur : « Faites votre paquet, « dit un affranchi, partez; votre aspect nous dégoûte, « vous vous mouchez si souvent! partez, vous dis-je, et « sans délai; nous attendons un nez moins humide que le « vôtre [35]. » Mais belle et jeune, elle règne : il faut que son mari lui donne des pasteurs, des troupeaux dans la Pouille, et des vignes à Falerne. Bagatelle! la fantasque voudra des légions d'esclaves. Est-il quelque chose chez le voisin qui ne soit pas chez elle? qu'on l'achète. Même au mois de décembre, et lorsque le marchand Jason n'ose sortir du port [36], lorsque la neige retient ses matelots enfermés dans leurs cabanes, il faut aller aux régions lointaines lui chercher de grands vases de cristal, puis des vases murrhins [37], et les plus amples; elle veut encore ce diamant célèbre, devenu plus précieux au doigt de Bérénice : cette incestueuse princesse le reçut de son frère Agrippa [28], dans cette contrée où les rois célèbrent le sabbat les pieds nus, et où une antique superstition laisse vieillir les pourceaux [39].

Quoi! dans le nombre je n'en trouverai aucune digne de mon choix? — Je veux que le hasard t'offre une femme belle et décente, riche et féconde; qui te montre les bustes de cent aïeux arrangés sous son portique; une femme plus chaste [40] que ces Sabines qui terminèrent une guerre odieuse (cet oiseau n'est pas moins rare sur la terre qu'un cygne à noir plumage). Cette femme accomplie, qui la pourrait souffrir? J'aimerais, oui j'aimerais

Gracchorum, si cum magnis virtutibus affers
Grande supercilium, et numeras in dote triumphos.
Tolle tuum, precor, Annibalem, victumque Syphacem
In castris, et cum tota Carthagine migra.
Parce, precor, Pæan, et tu, dea, pone sagittas;
Nil pueri faciunt; ipsam configite matrem,
Amphion clamat; sed Pæan contrahit arcum.
Extulit ergo greges natorum, ipsumque parentem,
Dum sibi nobilior Latonæ gente videtur,
Atque eadem scrofa Niobe fecundior alba.
Quæ tanti gravitas? quæ forma, ut se tibi semper
Imputet? Hujus enim rari summique voluptas
Nulla boni, quoties animo corrupta superbo
Plus aloes quam mellis habet. Quis deditus autem
Usque adeo est, ut non illam, quam laudibus effert,
Horreat, inque diem septenis oderit horis?

QUÆDAM parva quidem, sed non toleranda maritis.
Nam quid rancidius, quam quod se non putat ulla
Formosam, nisi quæ de Tusca Græcula facta est,
De Sulmonensi mera Cecropis? Omnia græce,
Quum sit turpe magis nostris nescire latine.
Hoc sermone pavent; hoc iram, gaudia, curas,
Hoc cuncta effundunt animi secreta. Quid ultra?

mieux pour épouse une rustique Vénusienne, que vous-même, Cornélie, mère des Gracques, si vous m'apportez l'orgueil avec vos sublimes vertus, et si vous gonflez votre dot des triomphes de vos ancêtres. Loin d'ici, loin, de grâce [41], votre Annibal, votre Syphax forcé dans son camp : délogez au plus tôt de chez moi avec l'importune gloire de vos vainqueurs de Carthage. « Apollon, et vous, « Diane, épargnez mes enfans, s'écriait Amphion : ils « ne sont point coupables ; ne punissez que leur mère. » Le dieu bande son arc ; et cette mère insensée, cette Niobé qui, dans sa fécondité égale à celle des truies [42], croyait pouvoir s'élever au dessus de Latone et de sa postérité, voit, par sa faute, tomber sous les traits d'Apollon, et ses nombreux enfans, et leur père [43]. Qu'importent la vertu et les attraits d'une épouse, s'il faut toujours se les entendre reprocher? Le charme de ces rares et précieuses qualités est détruit, dès qu'empoisonnées par l'arrogance, elles apportent plus d'amertume que de douceur. Quel homme assez dévoué pour ne pas avoir en horreur l'orgueilleuse qu'il comble de louanges, et pour ne pas la détester sept heures au moins de la journée?

Il est d'autres défauts moins graves, il est vrai, mais également insupportables pour les maris. Est-il rien de plus fastidieux qu'une femme qui se croit dépourvue d'agrémens si elle n'a l'air grec, quoique née dans la Toscane, et le ton d'Athènes, alors qu'elle est de Sulmone [44]? Nos Romaines emploient le grec à tout propos, comme s'il n'était pas plus important pour elles de savoir leur propre langue! Crainte, colère, joie, chagrin, et jus-

Concumbunt græce. Dones tamen ista puellis :
Tune etiam, quam sextus et octogesimus annus
Pulsat, adhuc græce? non est hic sermo pudicus
In vetula, quoties lascivum intervenit illud,
ΖΩΗ ΚΑΙ ΨΥΧΗ : modo sub lodice relictis
Uteris in turba. Quod enim non excitat inguen
Vox blanda et nequam? digitos habet. Ut tamen omnes
Subsidant pennæ, dicas hæc mollius Æmo
Quanquam et Carpophoro, facies tua computat annos.

Si tibi legitimis pactam junctamque tabellis
Non es amaturus, ducendi nulla videtur
Caussa; nec est quare coenam et mustacea perdas,
Labente officio, crudis donanda; nec illud
Quod prima pro nocte datur, quum lance beata
Dacicus et scripto radiat Germanicus auro.
Si tibi simplicitas uxoria, deditus uni
Est animus, submitte caput, cervice parata
Ferre jugum; nullam invenies quæ parcat amanti.
Ardeat ipsa licet, tormentis gaudet amantis,
Et spoliis. Igitur longe minus utilis illi
Uxor, quisquis erit bonus optandusque maritus.
Nil unquam invita donabis conjuge; vendes,
Hac obstante, nihil : nihil, hæc si nolet, emetur.

qu'à leurs passions les plus secrètes, elles expriment tout dans ce langage favori. Qu'ajouterai-je? c'est en grec qu'elles font l'amour. Passons ce travers aux jeunes filles ; mais cette autre, surchargée de plus de seize lustres, doit-elle encore nous bégayer du grec? Ce langage n'est-il pas révoltant dans la bouche d'une vieille, qui ose proférer en public ces tendres paroles récemment étouffées sous le drap de son lit : MA VIE, MA CHÈRE AME! Qui serait à l'épreuve d'une voix caressante et lascive? Elle agit avec autant de puissance que le toucher. Mais veux-tu voir s'évanouir cette ardeur? prononce toi-même cet amoureux refrein, prononce-le plus tendrement qu'Æmus ou Carpophorus; tes années écrites sur ton front en détruiront le magique effet [45].

S'IL est vrai que l'amour ne puisse survivre à ton hymen, pourquoi te marier? pourquoi t'épuiser en festins, en présens inutiles? pourquoi ces massepains distribués à la fin du repas à des convives rassasiés [46]? ou ces brillantes pièces d'or à la marque du prince, offertes dans un riche bassin à la nouvelle épouse, pour les faveurs de la première nuit? Si, au contraire, trop débonnaire mari, tu concentres toutes tes affections sur ton épouse, prépare-toi donc à supporter son joug; car tu n'en trouveras aucune qui épargne ta tendresse. Brûlât-elle du même feu, tu n'en seras ni moins ruiné, ni moins tourmenté. Plus on est facile et complaisant, moins on doit compter sur leurs égards. Tu ne pourras disposer de rien sans l'aveu de ta femme, rien acheter ni rien vendre sans qu'elle y consente. Tes affections mêmes,

Hæc dabit affectus : ille excludetur amicus
Jam senior, cujus barbam tua janua vidit.
Testandi quum sit lenonibus atque lanistis
Libertas, et juris idem contingat arenæ,
Non unus tibi rivalis dictabitur heres.
Pone crucem servo. Meruit quo crimine servus
Supplicium? quis testis adest? quis detulit? audi;
Nulla unquam de morte hominis cunctatio longa est.
O demens! ita servus homo est? nil fecerit, esto :
Hoc volo, sic jubeo; sit pro ratione voluntas.

IMPERAT ergo viro : sed mox hæc regna relinquit,
Permutatque domos, et flammea conterit; inde
Advolat, et spreti repetit vestigia lecti.
Ornatas paulo ante fores, pendentia linquit
Vela domus, et adhuc virides in limine ramos.
Sic crescit numerus, sic fiunt octo mariti
Quinque per autumnos; titulo res digna sepulcri.

DESPERANDA tibi salva concordia socru :
Illa docet spoliis nudi gaudere mariti;
Illa docet, missis a corruptore tabellis,
Nil rude nec simplex rescribere : decipit illa
Custodes, aut ære domat; tunc corpore sano
Advocat Archigenen, onerosaque pallia jactat.
Abditus interea latet et secretus adulter,
Impatiensque moræ pavet, et præputia ducit.

elle te les prescrira. Cet ami déjà vieux, et dont ta maison vit la première barbe [47], sera exclus. Les gladiateurs, les hommes les plus vils sont libres de tester à leur gré : à toi, on t'imposera pour héritiers tes nombreux rivaux. — Que l'on traîne cet esclave au supplice. — Au supplice! l'a-t-il mérité? Quel est le dénonciateur? où sont les témoins? Un moment : quand il s'agit de condamner un homme, on ne saurait trop différer. — Extravagant que vous êtes! un esclave est-il un homme? Innocent ou coupable, il périra : je le veux, je l'ordonne; ma volonté suffit.

Tel serait son empire : mais l'abdiquant bientôt, tu la verrais fouler aux pieds son voile nuptial, et passer dans les bras d'un nouvel époux. Il est vrai qu'elle ne tarderait pas à rentrer dans ton lit qu'elle vient de mépriser, abandonnant cette maison ornée depuis un moment de tentures flottantes, et ces feuillages encore verts qui en décorent la porte. C'est ainsi qu'en moins de cinq automnes on compte huit maris [48]. Beau sujet d'épitaphe!

Renonce à la concorde tant que vivra la mère de ta femme; elle saura l'instruire à te ruiner sans remords, à répondre avec art aux billets de ses amans; et s'il s'agit de tromper les Argus ou de les corrompre, ce sera son affaire. Alors elle fait appeler Archigènes [49] pour visiter sa fille, qu'elle retient sans maladie dans un lit dont elle affecte de soulever les couvertures trop pesantes, tandis qu'un amant, introduit en secret, caché dans un réduit, retient son haleine, et, plein d'impatience, s'excite lui-

Scilicet exspectas, ut tradat mater honestos,
Atque alios mores quam quos habet? Utile porro
Filiolam turpi vetulæ producere turpem.

Nulla fere caussa est, in qua non femina litem
Moverit. Accusat Manilia, si rea non est.
Componunt ipsæ per se formantque libellos,
Principium atque locos Celso dictare paratæ.

Endromidas Tyrias et femineum ceroma
Quis nescit? vel quis non vidit vulnera pali,
Quem cavat assiduis sudibus, scutoque lacessit,
Atque omnes implet numeros? dignissima prorsus
Florali matrona tuba; nisi si quid in illo
Pectore plus agitat, veræque paratur arenæ.
Quem præstare potest mulier galeata pudorem,
Quæ fugit a sexu, vires amat? Hæc tamen ipsa
Vir nollet fieri : nam quantula nostra voluptas!
Quale decus rerum, si conjugis auctio fiat,
Balteus et manicæ, et cristæ, crurisque sinistri
Dimidium tegmen! vel si diversa movebit
Prælia, tu felix, ocreas vendente puella!
Hæ sunt quæ tenui sudant in cyclade, quarum
Delicias et panniculus bombycinus urit.
Aspice quo gemitu monstratos perferat ictus,
Et quanto galeæ curvetur pondere, quanta

même au plaisir qui l'attend. Te serais-tu flatté qu'une semblable mère pût inspirer la vertu, et donner à ses enfans d'autres mœurs que les siennes ? Ces vieilles infâmes ont trop d'intérêt à prostituer leurs filles.

Il se juge peu de procès qui n'aient été suscités par des femmes [50]. Manilie ajourne, quand elle n'est pas ajournée. Elles dirigent elles-mêmes la procédure, composent les requêtes, et sont toujours prêtes à dicter un exorde et des moyens, fût-ce à l'orateur Celsus [51].

Qui ne sait qu'elles ont la manie de porter le manteau tyrien [52], et de se frotter d'huile ainsi que les athlètes ? Qui ne les a vues, le bouclier au poing, saper un pieu avec toute la précision de l'art gladiatoire ? matrones vraiment dignes de figurer aux jeux Floraux [53], si même elles ne méditent de livrer, sur la véritable arène, des combats plus réels. Quelle peut être sous un casque la pudeur d'une femme, qui déroge à son sexe pour usurper le nôtre ? Ne croyez pas cependant qu'elle voulût devenir homme ; elle entend trop bien ses plaisirs. Quel honneur pour toi, si l'on faisait la vente des effets de ton épouse, qu'on vînt à crier son baudrier, ses gantelets et le reste de son armure ! ou, si elle se livrait à quelqu'autre genre d'escrime [54], qu'on adjugeât ses bottines ! Voilà celles que le vêtement le plus léger met en sueur, dont le corps délicat se consume sous un tissu de soie ! Vois néanmoins avec quels élans elles assènent les coups [55] qu'on leur apprend à diriger ; vois le casque pesant qui courbe leurs têtes, considère leurs attitudes vi-

Poplitibus sedeat, quam denso fascia libro;
Et ride, positis scaphium quum sumitur armis.
Dicite, vos, neptes Lepidi, cæcive Metelli,
Gurgitis aut Fabii, quæ ludia sumpserit unquam
Hos habitus? quando ad palum gemat uxor Asyli?

Semper habet lites alternaque jurgia lectus,
In quo nupta jacet; minimum dormitur in illo.
Tunc gravis illa viro, tunc orba tigride pejor,
Quum simulat gemitus occulti conscia facti,
Aut odit pueros, aut ficta pellice plorat
Uberibus semper lacrimis, semperque paratis
In statione sua, atque exspectantibus illam,
Quo jubeat manare modo. Tu credis amorem,
Tu tibi tunc curruca places; fletumque labellis
Exsorbes; quæ scripta et quas lecture tabellas,
Si tibi zelotypæ retegantur scrinia mœchæ!
Sed jacet in servi complexibus aut equitis. Dic,
Dic aliquem, sodes, hic, Quintiliane, colorem.
Hæremus : dic ipsa. Olim convenerat, inquit,
Ut faceres tu quod velles; nec non ego possem
Indulgere mihi : clames licet, et mare cœlo
Confundas, homo sum. Nihil est audacius illis
Deprensis : iram atque animos a crimine sumunt.

Unde hæc monstra tamen, vel quo de fonte, requiris?
Præstabat castas humilis fortuna Latinas

goureuses, sous l'épaisse cuirasse qui les couvre [56], et ris, lorsque certain besoin les force de détacher leurs armes. Dites-moi, descendantes des Fabius, des Metellus et des Lépides, quand la femme d'un gladiateur s'est-elle ainsi travestie? quand celle d'Asylus s'est-elle fatiguée à l'attaque d'un poteau?

La couche nuptiale est un théâtre éternel de discordes renaissantes; le sommeil en est banni. Et quand tourmente-t-elle surtout son mari, plus furieuse qu'une tigresse privée de ses petits? c'est lorsqu'elle a quelque perfidie à dissimuler : alors elle lui reproche, en gémissant, ou d'infâmes favoris [57], ou du moins une maîtresse imaginaire; alors elle verse un torrent de larmes toujours prêtes, et qui n'attendent que son ordre pour couler à son gré [58]. Sot époux! te figurant que l'amour les arrache, tu t'applaudis, et tes lèvres les sèchent aussitôt. Quelles lettres tu lirais, et quels billets, si l'on t'ouvrait les tablettes de cette jalouse adultère! Mais la voici dans les bras d'un esclave ou d'un chevalier. Comment t'y prendrais-tu, Quintilien, pour colorer ce fait? — Ici mon art est en défaut, qu'elle réponde elle-même. — « N'étions-nous pas convenus, dit-elle, que nous pour-« rions satisfaire, lui ses goûts, et moi tous mes pen-« chans? Qu'il éclate, qu'il tonne, je suis femme. » Rien n'égale l'audace d'une femme surprise : elle est d'autant plus furieuse qu'elle est criminelle.

D'où viennent cependant ces monstrueux désordres, de quelle source? — Une humble fortune conservait au-

Quondam, nec vitiis contingi parva sinebant
Tecta labor, somnique breves, et vellere Tusco
Vexatæ duræque manus, ac proximus urbi
Annibal, et stantes Collina in turre mariti.
Nunc patimur longæ pacis mala : sævior armis
Luxuria incubuit, victumque ulciscitur orbem.
Nullum crimen abest facinusque libidinis, ex quo
Paupertas romana perit. Hinc fluxit ad istos
Et Sybaris colles; hinc et Rhodos, et Miletos,
Atque coronatum et petulans madidumque Tarentum.

PRIMA peregrinos obscena pecunia mores
Intulit, et turpi fregerunt sæcula luxu
Divitiæ molles. Quid enim Venus ebria curat?
Inguinis et capitis quæ sint discrimina, nescit;
Grandia quæ mediis jam noctibus ostrea mordet,
Quum perfusa mero spumant unguenta Falerno,
Quum bibitur concha, quum jam vertigine tectum
Ambulat, et geminis exsurgit mensa lucernis :
I nunc, et dubita qua sorbeat aera sanna
Maura, Pudicitiæ veterem quum præterit aram,
Tullia quid dicat notæ collactea Mauræ.
Noctibus hic ponunt lecticas, micturiunt hic,
Effigiemque deæ longis siphonibus implent;

trefois l'innocence des femmes Latines : de longs travaux, un sommeil court, les mains endurcies à préparer la laine, Annibal aux portes de Rome [59], et les maris en sentinelle sur la porte Colline, garantissaient leurs cabanes des atteintes du vice. Nous subissons à présent les maux inséparables d'une trop longue paix : plus cruel que le glaive, le luxe nous accable, et venge l'univers asservi. Tous les crimes, tous les forfaits qu'enfante la débauche, règnent ici depuis que Rome vit périr sa noble pauvreté. L'opulence infecta nos collines de la mollesse de Sybaris, de Rhodes, de Milet, et de la licence effrénée de cette Tarente [60], dont les citoyens, couronnés de pampres, se plongent dans de continuelles délices.

Ainsi, l'argent, l'infâme argent, premier mobile de nos déréglemens, introduisit parmi nous des mœurs étrangères, et les richesses corruptrices pervertirent, par un luxe honteux, les antiques vertus de Rome. Quelle peut être en effet la retenue d'une femme ivre de vin et d'amour? Confondant tout, elle se prête à tout [61], lorsqu'au milieu des nuits elle engloutit des huîtres monstrueuses, et boit à pleines coupes le Falerne écumant de parfums; lorsqu'à ses regards incertains déjà le plancher tourne, que la table se soulève et que la lumière se double. Après cela, doute encore du rire moqueur de Maura [62], quand elle vient à passer auprès du vieil autel de la Pudeur; doute des propos qu'elle échange avec sa Tullia, son ancienne amie, nourrie jadis du même lait! C'est là qu'elles font, pendant la nuit, arrêter leurs litières, et qu'après

Inque vices equitant, ac, luna teste, moventur.
Inde domos abeunt; tu calcas, luce reversa,
Conjugis urinam, magnos visurus amicos.

Nota bonæ secreta deæ, quum tibia lumbos
Incitat, et cornu pariter vinoque feruntur
Attonitæ, crinemque rotant, ululantque Priapi
Mænades. O quantus tunc illis mentibus ardor
Concubitus! quæ vox saliente libidine! quantus
Ille meri veteris per crura madentia torrens!
Lenonum ancillas posita Laufella corona
Provocat, et tollit pendentis præmia coxæ.
Ipsa Medullinæ frictum crissantis adorat.
Palmam inter dominas virtus natalibus æquat.
Nil ibi per ludum simulabitur; omnia fient
Ad verum, quibus incendi jam frigidus ævo
Laomedontiades et Nestoris hernia possit.
Tunc prurigo moræ impatiens, tunc femina simplex,
Et toto pariter repetitus clamor ab antro:
Jam fas est, admitte viros. Dormitat adulter?
Illa jubet sumpto juvenem properare cucullo.
Si nihil est, servis incurritur: abstuleris spem
Servorum, veniet conductus aquarius: hic si
Quæritur, et desunt homines, mora nulla per ipsam,
Quo minus imposito clunem submittat asello.

avoir à l'envi bravé la statue de la déesse par les insultes les plus bizarres [63], elles se livrent, aux rayons de la lune, des assauts réciproques dont frémit la nature. Chacune ensuite regagne sa maison; et toi, que l'aurore naissante envoie chez les grands, tu glisses en chemin sur les marbres salis par ton épouse.

On sait à présent ce qui se passe aux mystères de la bonne déesse [64], quand la trompette agite ces autres Ménades, et que, la musique et le vin excitant leurs transports, elles font voler en tourbillons leurs cheveux épars, et invoquent Priape [65] à grands cris. Quelle ardeur! quels élans! quels torrens de vin ruissèlent sur leurs jambes! Laufella, pour obtenir la couronne offerte à la lubricité [66], provoque de viles courtisanes, et remporte le prix. A son tour elle rend hommage aux fureurs de Médulline. Celle qui triomphe dans ce conflit est regardée comme la plus noble. Là, rien n'est feint : les attitudes y sont d'une telle vérité, qu'elles enflammeraient le vieux Priam et l'infirme Nestor. Déjà les désirs exaltés veulent être assouvis; déjà chaque femme reconnaît qu'elle ne tient dans ses bras qu'une femme impuissante, et l'antre retentit de ces cris unanimes : Introduisez les hommes, la déesse le permet. Mon amant dormirait-il [67]? qu'on l'éveille. Point d'amant? je me livre aux esclaves. Point d'esclaves? qu'on appelle un manœuvre : à son défaut, et si les hommes manquent, l'approche d'un âne ne l'effraierait pas.

ATQUE utinam ritus veteres et publica saltem
His intacta malis agerentur sacra! sed omnes
Noverunt Mauri atque Indi, quæ psaltria penem
Majorem quam sunt duo Cæsaris Anticatones,
Illuc, testiculi sibi conscius unde fugit mus,
Intulerit, ubi velari pictura jubetur,
Quæcunque alterius sexus imitata figuram est.
Et quis tunc hominum contemptor numinis? aut quis
Simpuvium ridere Numæ, nigrumque catinum,
Et Vaticano fragiles de monte patellas
Ausus erat? sed nunc ad quas non Clodius aras?
Audio quid veteres olim moneatis amici :
Pone seram; cohibe. Sed quis custodiet ipsos
Custodes? cauta est, et ab illis incipit uxor.

JAMQUE eadem summis pariter minimisque libido;
Nec melior, silicem pedibus quæ conterit atrum,
Quam quæ longorum vehitur cervice Syrorum.
Ut spectet ludos, conducit Ogulnia vestem;
Conducit comites, sellam, cervical, amicas,
Nutricem, et flavam, cui det mandata, puellam.
Hæc tamen argenti superest quodcunque paterni,
Levibus athletis ac vasa novissima donat.
Multis res angusta domi; sed nulla pudorem
Paupertatis habet, nec se metitur ad illum
Quem dedit hæc posuitque modum. Tamen utile quid sit,
Prospiciunt aliquando viri; frigusque, famemque,

SATIRE VI.

PLUT aux dieux que du moins le culte public et nos rites anciens fussent à couvert de ces profanations! Mais les Maures, mais les Indiens savent tous le nom de celui qui, sous l'habit d'une chanteuse [68], introduisit le signe triomphant de sa virilité (signe énorme, et qui l'emportait sur le rouleau des deux Anti-Catons de César [69]) dans le lieu même d'où le rat mâle n'oserait approcher, et où l'on a grand soin de voiler les tableaux qui représentent notre sexe. Quel mortel eût osé jadis se jouer ainsi de la divinité, ou mépriser les vases d'argile et le bassin noir dont se servait Numa, sacrifiant aux dieux? Mais aujourd'hui, quel autel n'a pas son Clodius? Je vous entends, mes vieux amis : — N'est-il plus ni verroux, ni gardiens? — Oui, mais qui gardera les gardiens? Une femme est adroite, et commence par les corrompre.

NOBLES ou plébéiennes, toutes sont également dépravées. Celle qui foule le pavé n'est pas plus modeste que la matrone portée par des esclaves Syriens. Pour assister aux jeux, Ogulnie loue des habits, des coussins, une litière, un cortége, sans compter la nourrice et la jeune confidente. Cependant elle prodigue à des athlètes imberbes les débris de son patrimoine, et jusqu'au dernier argent de la maison paternelle. Beaucoup vivent dans l'indigence; mais aucune n'a la pudeur qu'inspire la pauvreté; aucune ne sait respecter les limites qu'elle s'est elle-même prescrites. Du moins les hommes songent quelquefois à l'utile : quelques-uns sentent enfin qu'il faut, à l'exemple de la fourmi, garantir ses vieux jours du froid

Formica tandem quidam expavere magistra.
Prodiga non sentit pereuntem femina censum;
At velut exhausta recidivus pullulet arca
Nummus, et e pleno tollatur semper acervo,
Non unquam reputat quanti sibi gaudia constent.

Sunt quas eunuchi imbelles, ac mollia semper
Oscula delectent, et desperatio barbæ,
Et quod abortivo non est opus. Illa voluptas
Summa tamen, quod jam calida matura juventa
Inguina traduntur medicis, jam pectine nigro.
Ergo exspectatos, ac jussos crescere primum
Testiculos, postquam cœperunt esse bilibres,
Tonsoris damno tantum, rapit Heliodorus.
Conspicuus longe, cunctisque notabilis intrat
Balnea, nec dubie custodem vitis et horti
Provocat, a domina factus spado. Dormiat ille
Cum domina : sed tu jam durum, Postume, jamque
Tondendum eunucho Bromium committere noli.

Si gaudet cantu, nullius fibula durat
Vocem vendentis prætoribus; organa semper
In manibus; densi radiant testudine tota
Sardonyches; crispo pulsantur pectine chordæ,
Quo tener Hedymeles operam dedit : hunc tenet, hoc se
Solatur, gratoque indulget basia plectro.
Quædam de numero Lamiarum ac nominis alti,

et de la faim. Une femme prodigue se ruine à son insu : le plaisir presse; elle jouit sans compter, comme si les espèces renaissaient dans son coffre [70], et qu'il fût inépuisable.

Il en est qui trouvent les baisers de l'eunuque efféminé [71] d'autant plus délicieux, qu'elles n'appréhendent point une barbe importune, et n'ont pas besoin de se faire avorter. Mais afin que la volupté n'y perde rien, elles ne les livrent au fer qu'après que leurs organes, bien développés, se sont ombragés des signes de la puberté [72] : alors Héliodorus les opère, au seul préjudice du barbier. L'esclave ainsi traité par sa maîtresse est sûr, dès qu'il entre dans nos bains, de s'attirer tous les regards; et même il pourrait hardiment défier le dieu des jardins. Laisse-le dormir auprès de ton épouse : mais garde-toi bien de lui confier ton Bromius, malgré sa barbe naissante et tout robuste qu'il est déjà [73].

Si ton épouse est musicienne, elle aura pour amans, en dépit de la boucle [74], tous les chantres gagés par le préteur. Leurs instrumens, sans cesse entre ses mains, brilleront du feu de ses pierreries, et elle ne touchera les cordes qu'avec l'archet du jeune Hédymélès [75]. Cet archet la console de son absence; elle le tient, le couvre de baisers enflammés. Une femme illustre, et de la maison des Lamia, sacrifiait à Vesta et à Janus, pour savoir si

Cum farre et vino Janum Vestamque rogabat,
An Capitolinam deberet Pollio quercum
Sperare, et fidibus promittere. Quid faceret plus
Ægrotante viro? medicis quid tristibus erga
Filiolum? Stetit ante aram, nec turpe putavit
Pro cithara velare caput; dictataque verba
Pertulit, ut mos est, et aperta palluit agna.
Dic mihi nunc, quæso, dic, antiquissime divum,
Respondes his, Jane pater? Magna otia cœli;
Non est, ut video, non est quod agatur apud vos.
Hæc de comœdis te consulit, illa tragœdum
Commendare volet : varicosus fiet aruspex.

SED cantet potius quam totam pervolet urbem
Audax, et cœtus possit quam ferre virorum;
Cumque paludatis ducibus, præsente marito,
Ipsa loqui recta facie, strictisque mamillis.
Hæc eadem novit quid toto fiat in orbe,
Quid Seres, quid Thraces agant; secreta novercæ
Et pueri; quis amet, quis diripiatur adulter.
Dicet quis viduam prægnantem fecerit, et quo
Mense, quibus verbis concumbat quæque, modis quot.
Instantem regi Armenio Parthoque cometen
Prima videt : famam rumoresque illa recentes
Excipit ad portas; quosdam facit. Isse Niphaten
In populos, magnoque illic cuncta arva teneri

Pollion, le joueur de lyre, pouvait se flatter de remporter la couronne de chêne aux jeux Capitolins [76]. Qu'eût-elle fait de plus pour un époux malade? pour un fils condamné par la tristesse des médecins? Debout en face de l'autel, elle ne rougit point de se voiler la tête : elle répète la formule dictée par l'aruspice, elle pâlit à l'ouverture de la victime; et tout cela pour un joueur de cithare! Dis-moi, je t'en conjure, dis-moi, le plus ancien des dieux, ô Janus [77], daignes-tu leur répondre? Dans ce cas, l'Olympe est bien oisif, et vous autres dieux, vous êtes bien désœuvrés là-haut. L'une te consulte en faveur d'un comédien; l'autre te recommande un acteur de tragédie : le prêtre risque d'y gagner des varices [78].

Mais qu'elle soit plutôt possédée de la manie de la musique, que de parcourir la ville, de se mêler parmi les hommes, et, même en ta présence, d'apostropher nos guerriers [79], la tête haute et la gorge saillante. Cette même femme sait ce qui se passe dans tout l'univers, aux Indes et chez les Thraces : elle est instruite du commerce secret d'une belle-mère avec son beau-fils, des intrigues amoureuses, et des amans que l'on s'arrache [80]. Elle dira de qui cette veuve est enceinte, et depuis quel mois; quel est le langage, quelles sont les attitudes usitées par chacune dans l'amoureux mystère. La première, elle aperçoit la comète sinistre qui menace les rois des Parthes et d'Arménie [81] : assidue aux portes de la ville, elle y recueille les nouvelles douteuses des pays étrangers, elle en forge elle-même [82]. C'est le Niphatès [83] qui

Diluvio, nutare urbes, subsidere terras,
Quocunque in trivio, cuicunque est obvia, narrat.

Nec tamen id vitium magis intolerabile, quam quæ
Vicinos humiles rapere, et concidere loris
Exorata solet. Nam si latratibus alti
Rumpuntur somni : Fustes huc ocius, inquit,
Afferte, atque illis dominum jubet ante feriri,
Deinde canem. Gravis occursu, teterrima vultu,
Balnea nocte subit; conchas et castra moveri
Nocte jubet; magno gaudet sudare tumultu,
Quum lassata gravi ceciderunt brachia massa,
Callidus et cristæ digitos impressit aliptes,
Ac summum dominæ femur exclamare coegit :
Convivæ miseri interea somnoque fameque
Urgentur. Tandem illa venit rubicundula, totum
OEnophorum sitiens, plena quod tenditur urna
Admotum pedibus, de quo sextarius alter
Ducitur ante cibum, rabidam facturus orexim,
Dum redit, et loto terram ferit intestino.
Marmoribus rivi properant, aut lata Falernum
Pelvis olet : nam sic, tanquam alta in dolia longus
Deciderit serpens, bibit et vomit. Ergo maritus
Nauseat, atque oculis bilem substringit opertis.

Illa tamen gravior, quæ, quum discumbere cœpit,

vient de submerger des peuples; ce sont des villes qui chancèlent, des montagnes qui s'affaissent : voilà ce qu'elle débite dans les carrefours à tous ceux qu'elle rencontre.

Mais est-elle moins insupportable, cette autre qui fait saisir et fustiger un pauvre voisin sans appui, dont les cris implorent vainement sa pitié? Si quelques aboiemens l'ont tirée d'un sommeil profond, « Des bâtons, s'écrie-t-elle; frappez le maître, le chien ensuite. » Sa rencontre inspire la crainte, son visage est terrible. C'est la nuit qu'elle se rend aux bains [84]. A voir l'attirail qui la suit, on dirait un décampement nocturne. Il faut suer, plus grand fracas encore. Lorsqu'elle a fatigué ses bras à balancer une masse pesante, l'adroit eunuque, frottant ses membres humides, sait lui faire éprouver un doux frémissement [85]. Cependant ses malheureux convives périssent chez elle de sommeil et de besoin. Elle reparaît enfin, le visage enflammé; sa soif est telle, qu'elle viderait d'un seul trait l'amphore que l'on met à ses pieds [86] : elle en boit avant le repas deux setiers, qui, rejetés bientôt, nettoient l'estomac et y provoquent une faim dévorante. Le vin ruisselle sur le marbre, ou bien est reçu dans un large bassin, d'où s'exhale l'odeur du Falerne [87]; car, tel qu'un long serpent tombé dans un tonneau, elle boit et vomit. Aussi l'époux, le cœur affadi, ferme les yeux et retient à peine sa bile prête à s'échapper.

Plus intolérable encore, cette autre n'est pas plus tôt

Laudat Virgilium, periturae ignoscit Elissae :
Committit vates et comparat; inde Maronem,
Atque alia parte in trutina suspendit Homerum.
Cedunt grammatici, vincuntur rhetores, omnis
Turba tacet; nec caussidicus nec praeco loquatur,
Altera nec mulier : verborum tanta cadit vis!
Tot pariter pelves, tot tintinnabula dicas
Pulsari. Jam nemo tubas, nemo aera fatiget :
Una laboranti poterit succurrere lunae.

IMPONIT finem sapiens et rebus honestis :
Nam quae docta nimis cupit et facunda videri,
Crure tenus medio tunicas succingere debet,
Caedere Silvano porcum, quadrante lavari.
Non habeat matrona, tibi quae juncta recumbit,
Dicendi genus; aut curtum sermone rotato
Torqueat enthymema, nec historias sciat omnes;
Sed quaedam ex libris et non intelligat. Odi
Hanc ego, quae repetit volvitque Palaemonis artem,
Servata semper lege et ratione loquendi,
Ignotosque mihi tenet antiquaria versus;
Nec curanda viris opicae castigat amicae
Verba. Soloecismum liceat fecisse marito.

à table, qu'elle exalte Virgile, et justifie le désespoir de Didon. Faisant le parallèle des poètes [88], elle met dans la balance d'un côté l'Énéide, de l'autre l'Iliade. Le grammairien rend les armes, le rhéteur s'avoue vaincu, chacun se tait : c'est en vain que l'avocat, le crieur, et même une autre femme, voudraient se faire entendre, tant est grand le cliquetis de ses paroles ! on dirait un carillon de clochettes et de cymbales. Qu'on ne fatigue plus l'airain sonore; elle suffira désormais pour secourir la lune éclipsée [89].

Dans les goûts les plus honnêtes, il est encore un terme où l'on doit s'arrêter [90]. Femmes, qui ambitionnez sans mesure les honneurs de l'éloquence et du savoir, imitez donc les hommes en toutes choses : portez une tunique retroussée; allez immoler un porc à Silvain, et vous baigner pour un quart d'as [91]. Pour toi, prie les dieux que la matrone qui partage ton lit n'affecte point, en parlant, l'élégance du style; qu'elle ne cherche point sans cesse, dans son langage travaillé, à décocher le savant enthymème [92]; qu'elle ne soit pas si profondément versée dans l'histoire, et qu'elle ne comprenne pas tout ce qu'elle lit [93]. Je hais cette précieuse qui sait son Palémon [94] par cœur et qui craindrait de violer les lois de la grammaire, ou qui, dans son zèle pour la vieille littérature, me récite de méchans vers depuis long-temps oubliés : elle ne pardonne pas à une amie de campagne des fautes que l'on excuserait dans un homme. Pour moi, je veux qu'un mari puisse faire impunément un solécisme [95].

SATIRA VI.

Nil non permittit mulier sibi, turpe putat nil,
Quum virides gemmas collo circumdedit, et quum
Auribus extensis magnos commisit elenchos.
Intolerabilius nihil est quam femina dives.
Interea fœda aspectu, ridendaque multo
Pane tumet facies, aut pinguia Poppæana
Spirat, et hinc miseri viscantur labra mariti.
Ad mœchum veniet lota cute. Quando videri
Vult formosa domi? Mœchis foliata parantur :
His emitur quidquid graciles huc mittitis Indi.
Tandem aperit vultum, et tectoria prima reponit :
Incipit agnosci, atque illo lacte fovetur,
Propter quod secum comites educet asellas,
Exsul hyperboreum si dimittatur ad axem.
Sed quæ mutatis inducitur atque fovetur
Tot medicaminibus, coctæque siliginis offas
Accipit et madidæ, facies dicetur, an ulcus?

Est pretium curæ penitus cognoscere, toto
Quid faciant agitentque die. Si nocte maritus
Aversus jacuit, periit libraria; ponunt
Cosmetæ tunicas; tarde venisse Liburnum
Dicitur, et pœnas alieni pendere somni
Cogitur. Hic frangit ferulas; rubet ille flagellis,
Hic scutica. Sunt quæ tortoribus annua præstent.
Verberat, atque obiter faciem linit; audit amicas,
Aut latum pictæ vestis considerat aurum,

SATIRE VI.

Elles se croient tout permis et ne connaissent plus rien de honteux, dès qu'elles ont chargé leur cou d'émeraudes, et que d'énormes pendans ont allongé leurs oreilles. Il n'est rien de plus insupportable qu'une femme riche. Qui ne rirait en voyant son visage hideusement empâté, exhalant l'odeur des essences employées autrefois par Poppée [96], et graissé de pommades où vont se coller les lèvres du mari [97]? Mais a-t-elle un rendez-vous [98], elle se lavera le visage. Au logis elle est toujours assez belle! c'est pour son amant qu'elle réserve le nard odoriférant; c'est pour lui qu'elle achètera tous les parfums de l'Inde. Enfin, elle se découvre la figure : elle lève le premier appareil : on commence à la reconnaître; elle s'étuve ensuite avec un lait pour lequel elle traînerait à sa suite un troupeau d'ânesses, si on l'exilait sous le pôle du nord. Je demanderais volontiers, en voyant une face couverte de tant de préparations et enduite d'un cataplasme si épais : Est-ce un visage? est-ce un ulcère?

Voyons, la chose en vaut la peine, ce qui les occupe dans le cours de la journée. Si l'époux a dormi toute la nuit tournant le dos à son épouse, malheur à l'intendante ou à la coiffeuse; il lui faudra dépouiller sa tunique. Le Liburnien est accusé de s'être trop fait attendre, et il est châtié du sommeil de son maître. Déjà les bâtons volent en éclats; le sang coule dans la maison sous les fouets et les lanières. Quelques-unes gagent des bourreaux à l'année. On frappe, elle se peint le visage, donne audience à ses amies, ou considère l'or et le dessin d'une

Et cædit : longi relegit transversa diurni,
Et cædit, donec lassis cædentibus, Exi,
Intonet horrendum, jam cognitione peracta.

PRÆFECTURA domus Sicula non mitior aula!
Nam si constituit, solitoque decentius optat
Ornari, et properat, jamque exspectatur in hortis,
Aut apud Isiacæ potius sacraria lenæ;
Disponit crinem, laceratis ipsa capillis,
Nuda humeros Psecas infelix, nudisque mamillis.
Altior hic quare cincinnus? Taurea punit
Continuo flexi crimen facinusque capilli.
Quid Psecas admisit? quænam et hic culpa puellæ,
Si tibi displicuit nasus tuus? Altera lævum
Extendit pectitque comas, et volvit in orbem.
Est in consilio matrona, admotaque lanis
Emerita quæ cessat acu : sententia prima
Hujus erit; post hanc, ætate atque arte minores
Censebunt, tanquam famæ discrimen agatur
Aut animæ : tanta est quærendi cura decoris!
Tot premit ordinibus, tot adhuc compagibus altum
Ædificat caput ; Andromachen a fronte videbis;
Post minor est, credas aliam. Cedo, si breve parvi
Sortita est lateris spatium, breviorque videtur
Virgine Pygmæa, nullis adjuta cothurnis,
Et levis erecta consurgit ad oscula planta?

robe nouvelle 99. On continue de frapper; elle parcourt les articles d'un long journal : on frapperait toujours, mais les forces manquent aux exécuteurs, il faut se contenter de cette justice 100 : Sors, malheureux, sors d'ici, s'écrie-t-elle d'une voix de tonnerre.

Séjour non moins cruel que le palais des tyrans de Sicile 101 ! En effet, lui tarde-t-il de se montrer plus parée que de coutume; est-elle attendue dans nos jardins, ou plutôt dans le temple de la complaisante Isis 102; une malheureuse Psecas 103, les cheveux épars, le sein découvert, se hâte de la friser. — Pourquoi cette boucle inégale? aussitôt un nerf de bœuf punit une si coupable impéritie. Qu'a fait la pauvre fille? est-ce sa faute si ton nez te déplaît? Une autre vient peigner le côté gauche, et rouler les cheveux en anneaux élégans. Bientôt est appelée au conseil une vieille émerite, qui passa du peigne à la quenouille. Quand elle a donné son avis, les subalternes opinent à leur tour, chacune selon son âge et ses talens; on dirait qu'il s'agit de la vie ou de l'honneur : tant les femmes sont tourmentées du désir de paraître belles! L'édifice de sa chevelure a tant d'étages et de compartimens 104, qu'en face on dirait Andromaque; par derrière elle décroît, ce n'est plus la même femme. Que sera-ce, si la nature ne lui donna qu'une petite taille 105; si, sans cothurnes, elle ne paraît pas plus haute qu'un pygmée; si, pour recevoir un baiser, elle est contrainte de se dresser sur la pointe des pieds?

NULLA viri cura interea, nec mentio fiet
Damnorum; vivit tanquam vicina marito,
Hoc solo propior, quod amicos conjugis odit
Et servos, gravis est rationibus. Ecce furentis
Bellonæ matrisque deum chorus intrat, et ingens
Semivir, obsceno facies reverenda minori,
Mollia qui rupta secuit genitalia testa
Jam pridem, cui rauca cohors, cui tympana cedunt
Plebeia, et Phrygia vestitur bucca tiara :
Grande sonat, metuique jubet septembris et austri
Adventum, nisi se centum lustraverit ovis,
Et xerampelinas veteres donaverit ipsi,
Ut quidquid subiti et magni discriminis instat,
In tunicas eat, et totum semel expiet annum.
Hibernum fracta glacie descendet in amnem,
Ter matutino Tiberi mergetur, et ipsis
Vorticibus timidum caput abluet : inde Superbi
Totum Regis agrum nuda ac tremebunda cruentis
Erepet genibus. Si candida jusserit Io,
Ibit ad Ægypti finem, calidaque petitas
A Meroe portabit aquas, ut spargat in ædem
Isidis, antiquo quæ proxima surgit ovili;
Credit enim ipsius dominæ se voce moneri.
En animam et mentem, cum qua di nocte loquantur!
Ergo hic præcipuum summumque meretur honorem,
Qui grege linigero circumdatus et grege calvo,

Cependant, ne songeant ni à son ménage ni à son époux, elle vit avec lui sur le pied de voisine : toute son intimité se réduit à tourmenter les amis et les esclaves de son mari, à le ruiner par ses folles dépenses. Vois-tu fondre chez elle la foule des prêtres de Cybèle et de Bellone [106]? vois-tu cet eunuque à la taille gigantesque, que révèrent ses obscènes acolytes? Depuis long-temps il s'est privé des signes de la virilité : mais la cohorte enrouée des prêtres subalternes et leurs tambours plébéiens lui cèdent l'honneur du pas et de la tiare Phrygienne. D'une voix emphatique : « Redoutez, s'écrie-t-il, les approches de septembre et le vent du midi, si vous n'expiez vos fautes par une offrande de cent œufs, si vous ne me donnez vos robes couleur feuille-morte, afin de détourner sur elles les malignes influences qui vous menacent dans le cours de l'année. » Au plus fort de l'hiver elle ira, dès le point du jour, briser la glace du Tibre, et se plonger superstitieusement dans les eaux du fleuve : nue et tremblante, elle se traînera sur ses genoux ensanglantés autour du champ de Tarquin-le-Superbe [107]. Si le prêtre lui dit, « Partez, la blanche Io l'ordonne », elle ira jusqu'aux confins de l'Égypte puiser dans l'île de Méroé [108] les eaux chaudes dont elle arrosera le sanctuaire d'Isis, voisin de l'antique demeure du pâtre Romulus [109]. Elle croit, n'en doutez pas, avoir entendu la voix de la déesse [110]. Voilà les êtres privilégiés avec qui les dieux s'entretiennent pendant la nuit! C'est par de tels prestiges que s'établit l'influence et le pouvoir de ce pontife menteur, toujours escorté de son troupeau de prêtres à la tête rasée et au vêtement de lin;

Plangentis populi currit derisor Anubis.
Ille petit veniam, quoties non abstinet uxor
Concubitu, sacris observandisque diebus,
Magnaque debetur violato poena cadurco,
Et movisse caput visa est argentea serpens.
Illius lacrimæ meditataque murmura præstant
Ut veniam culpæ non abnuat, ansere magno
Scilicet et tenui popano corruptus Osiris.

Quum dedit ille locum, cophino fœnoque relicto,
Arcanam Judæa tremens mendicat in aurem,
Interpres legum Solymarum, et magna sacerdos
Arboris, ac summi fida internuntia cœli.
Implet et illa manum, sed parcius. Ære minuto
Qualiacunque voles Judæi somnia vendunt.
Spondet amatorem tenerum; vel divitis orbi
Testamentum ingens, calidæ pulmone columbæ
Tractato, Armenius vel Commagenus aruspex :
Pectora pullorum rimatur, et exta catelli,
Interdum et pueri : faciet quod deferat ipse.

Chaldæis sed major erit fiducia : quidquid
Dixerit astrologus, credent a fonte relatum
Ammonis, quoniam Delphis oracula cessant,
Et genus humanum damnat caligo futuri.

SATIRE VI.

de ce vagabond, de ce nouvel Anubis, se moquant des lamentations d'un peuple crédule [111]. Il intercède encore pour celles qui ne surent pas résister aux désirs de leurs époux, pendant les jours de continence et de fêtes solennelles [112]. En violant cette loi, elles ont mérité, à l'entendre, un châtiment rigoureux : on a vu le serpent d'argent remuer la tête. Mais le ministre, grâce à ses larmes feintes et à ses formules étudiées, apaise enfin la colère d'Osiris [113], si toutefois on a eu soin de gagner ce dieu facile par l'offrande d'une oie grasse et d'un gâteau.

A cet imposteur succède une Juive, qui vient de quitter sa corbeille et son foin [114]. Tremblante, elle s'approche et mendie à l'oreille; c'est néanmoins l'interprète des lois de Solyme, la grande prêtresse de la forêt d'Aricie [115]; en un mot, la fidèle messagère des célestes décrets. On la paie, mais peu généreusement; car les Juifs vendent leurs visions à bon marché. Un aruspice de Commagène ou d'Arménie, après avoir consulté le poumon d'une colombe palpitante, promet un jeune amant, ou l'immense héritage d'un vieillard sans enfans. Il interroge les entrailles d'un poulet [116], d'un chien, quelquefois d'un enfant; et il accuse ensuite de ce crime la superstitieuse qui l'a consulté [117].

Les Chaldéens leur inspirent encore plus de confiance : tout ce qu'ils prédisent leur semble émané du temple de Jupiter Ammon, puisque Delphes ne rend plus d'oracles [118], et que l'ignorance de l'avenir est le châtiment de l'hu-

Præcipuus tamen est horum, qui sæpius exsul,
Cujus amicitia conducendaque tabellā
Magnus civis obit, et formidatus Othoni.
Inde fides arti, sonuit si dextera ferro
Lævaque, si longo castrorum in carcere mansit.
Nemo mathematicus genium indemnatus habebit;
Sed qui pæne perit, cui vix in Cyclada mitti
Contigit, et parva tandem caruisse Seripho.
Consulit ictericæ lento de funere matris,
Ante tamen de te, Tanaquil tua; quando sororem
Efferat et patruos? an sit victurus adulter
Post ipsam? quid enim majus dare numina possunt?

Hæc tamen ignorat quid sidus triste minetur
Saturni; quo læta Venus se proferat astro,
Qui mensis damno, quæ dentur tempora lucro.
Illius occursus etiam vitare memento,
In cujus manibus, ceu pinguia succina, tritas
Cernis ephemeridas; quæ nullum consulit, et jam
Consulitur; quæ, castra viro patriamve petente,
Non ibit pariter, numeris revocata Thrasylli.
Ad primum lapidem vectari quum placet, hora
Sumitur ex libro: si prurit frictus ocelli
Angulus, inspecta genesi, collyria poscit.
Ægra licet jaceat, capiendo nulla videtur
Aptior hora cibo, nisi quam dederit Petosiris.

maine perversité. Au reste, le plus fameux parmi tous ces imposteurs [119], c'est le plus souvent exilé, c'est celui qui, par ses manœuvres et ses prédictions vénales, désigna à la vengeance d'Othon un citoyen illustre. A-t-il été chargé de fers, et long-temps resserré dans les prisons d'un camp, la crédulité n'a plus de bornes. S'il n'a jamais été condamné, c'est un homme ordinaire. Mais s'il a vu la mort de près, s'il a obtenu comme une faveur d'être seulement relégué aux Cyclades, s'il est à peine échappé des rochers de l'étroite Sériphe [120], on se l'arrache. Alors ton épouse, nouvelle Tanaquil [121], consulte ce grand homme sur la jaunisse de sa mère et son trépas trop lent, après l'avoir toutefois interrogé sur toi-même. Verra-t-elle bientôt les funérailles de ses oncles et de ses sœurs? son amant lui survivra-t-il? quelle faveur plus signalée peut-elle en effet espérer de la bonté des dieux?

Cette femme ignore du moins ce que l'astre de Saturne présage de sinistre, dans quelle conjonction Vénus est favorable, quels sont les mois heureux ou malheureux [122]. Souviens-toi d'éviter jusqu'à la rencontre de celle à qui tu verras des éphémérides plus luisantes que l'ambre [123], celle qui ne consulte plus et que l'on consulte déjà, qui refuserait d'accompagner son époux dans les camps ou à la ville [124], dès que les nombres de Thrasylle [125] s'y opposent. Veut-elle seulement se faire porter à un mille, il faut que son livre fixe l'instant du départ. Sent-elle quelque démangeaison à l'œil qu'elle a frotté, point de remède avant d'avoir parcouru son grimoire. Malade au lit, elle ne prendra de nourriture qu'aux heures marquées dans son Petosiris [126].

Si mediocris erit, spatium lustrabit utrinque
Metarum, et sortes ducet, frontemque manumque
Præbebit vati crebrum poppysma roganti.
Divitibus responsa dabit Phryx augur et Indus
Conductus; dabit astrorum mundique peritus,
Atque aliquis senior, qui publica fulgura condit.
Plebeium in circo positum est et in aggere fatum.
Quæ nullis longum ostendit cervicibus aurum,
Consulit ante phalas delphinorumque columnas,
An saga vendenti nubat, caupone relicto.

Hæ tamen et partus subeunt discrimen, et omnes
Nutricis tolerant, fortuna urgente, labores :
Sed jacet aurato vix nulla puerpera lecto;
Tantum artes hujus, tantum medicamina possunt,
Quæ steriles facit, atque homines in ventre necandos
Conducit! Gaude, infelix, atque ipse bibendum
Porrige quidquid erit : nam si distendere vellet
Et vexare uterum pueris salientibus, esses
Æthiopis fortasse pater; mox decolor heres
Impleret tabulas, nunquam tibi mane videndus.

Transeo suppositos, et gaudia votaque sæpe
Ad spurcos decepta lacus, atque inde petitos

Les femmes d'un état médiocre consultent l'avenir en parcourant le cirque : elles offrent leurs mains et leur visage à ces devins subalternes, dont la voix flatteuse invite les passans [127]. Les femmes riches interrogent l'augure qu'elles appellent à grands frais du fond de l'Inde et de la Phrygie, ou bien ces vieillards habiles, chargés de purifier les lieux publics que la foudre a frappés [128]. C'est au milieu du cirque, sur les remparts de Tarquin, que les devins populaires rendent leurs oracles ; c'est là, auprès des tours de bois [129] et des colonnes terminées en dauphin, que la plébéienne, qui n'a jamais étalé l'or sur son cou [130], vient apprendre d'eux si elle ne doit pas quitter le cabaretier pour épouser le fripier.

Celles-là du moins se résignent aux risques de l'enfantement et aux pénibles fonctions de nourrices ; la pauvreté les y contraint. Mais nos matrones, sur leur couche dorée, ne connaissent guère ces ennuis de la maternité ; tant sont puissans l'art et les breuvages de ces mercenaires qui savent rendre stérile un sein fécond, ou détruire l'humanité dans son germe ! N'importe, félicite-toi, malheureux : quelle que soit la potion, présente-la toi-même ; car si ton épouse consentait à charger ses flancs élargis du fruit tressaillant de sa fécondité, tu serais peut-être le père d'un Éthiopien : malgré sa couleur, il n'en faudrait pas moins l'inscrire sur ton testament, lui dont tous les matins tu aurais fui la rencontre.

Passons sous silence les enfans supposés, recueillis sur les bords de l'infâme Vélabre [131], pour tromper les

Pontifices Salios, Scaurorum nomina falso
Corpore laturos. Stat Fortuna improba noctu,
Arridens nudis infantibus; hos fovet ulnis
Involvitque sinu : domibus tunc porrigit altis,
Secretumque sibi mimum parat : hos amat, his se
Ingerit, utque suos ridens producit alumnos.

Hic magicos affert cantus, hic Thessala vendit
Philtra, quibus valeant mentem vexare mariti,
Et solea pulsare nates. Quod desipis, inde est;
Inde animi caligo, et magna oblivio rerum
Quas modo gessisti. Tamen hoc tolerabile, si non
Et furere incipias, ut avunculus ille Neronis,
Cui totam tremuli frontem Cæsonia pulli
Infudit. Quæ non faciet quod principis uxor?
Ardebant cuncta, et fracta compage ruebant,
Non aliter, quam si fecisset Juno maritum
Insanum. Minus ergo nocens erit Agrippinæ
Boletus, siquidem unius præcordia pressit
Ille senis, tremulumque caput descendere jussit
In cœlum, et longam manantia labra salivam.
Hæc poscit ferrum atque ignes, hæc potio torquet,
Hæc lacerat mistos equitum cum sanguine Patres.
Tanti partus equæ! tanti una venefica constat!

Oderunt natos de pellice : nemo repugnet,

vœux et la joie d'un mari : un jour cependant ils seront admis au rang des prêtres Saliens [132], et porteront le nom usurpé des Scaurus. La maligne Fortune veille pendant la nuit sur ces enfans délaissés : elle leur sourit, les réchauffe dans son sein [133], et introduit au palais des grands ces acteurs mystérieux réservés pour son théâtre : elle leur prodigue son amour et ses caresses; elle les adopte, et les porte en riant au faîte des honneurs.

Une femme veut-elle troubler la tête de son époux et l'accabler impunément du dernier outrage, elle achète à l'un des formules magiques, à l'autre des philtres de Thessalie. De là, le désordre de ton esprit, ces nuages qui l'obscurcissent, et ce profond oubli de tes actions les plus récentes. Passe encore, si ton délire n'égale pas la fureur de cet oncle de Néron [134], à qui Cesonia fit avaler l'hippomanès dissous d'un jeune poulain. Quelle femme craindrait d'imiter l'épouse de César? L'empire, en proie à un vaste incendie, semblait près de s'écrouler, comme si Junon eût bouleversé la tête de son sublime époux. Le champignon d'Agrippine fut moins fatal [135], puisqu'il ne fit que précipiter dans le ciel un vieillard imbécille, dont la tête tremblait, et dont les lèvres distillaient une salive continuelle. Mais cet épouvantable breuvage appelle le fer, le feu, les supplices : chevaliers, sénateurs, il livre tout aux bourreaux. Que de maux produits par l'hippomanès et par une seule empoisonneuse!

Elles détestent les enfans d'une concubine; qui ose-

Nemo vetet; jam jam privignum occidere fas est.
Vos ego, pupilli, moneo, quibus amplior est res,
Custodite animas, et nulli credite mensae;
Livida materno fervent adipata veneno.
Mordeat ante aliquis quidquid porrexerit illa
Quae peperit; timidus praegustet pocula pappas.

Fingimus haec, altum satira sumente cothurnum
Scilicet, et, finem egressi legemque priorum,
Grande Sophocleo carmen bacchamur hiatu,
Mentibus ignotum Rutulis coeloque Latino.
Nos utinam vani! sed clamat Pontia : Feci,
Confiteor, puerisque meis aconita paravi,
Quae deprensa patent : facinus tamen ipsa peregi.
Tune duos una, saevissima vipera, coena?
Tune duos? Septem, si septem forte fuissent.
Credamus tragicis, quidquid de Colchide torva
Dicitur, et Procne. Nil contra conor, et illae
Grandia monstra suis audebant temporibus; sed
Non propter nummos. Minor admiratio summis
Debetur monstris, quoties facit ira nocentem
Hunc sexum : rabie jecur incendente feruntur
Praecipites; ut saxa jugis abrupta, quibus mons
Subtrahitur, clivoque latus pendente recedit.
Illam ego non tulerim, quae computat, et scelus ingens
Sana facit. Spectant subeuntem fata mariti

rait les en blâmer? on leur pardonne presque de tuer les enfans d'une autre épouse. Riches pupilles, veillez sur vos jours : défiez-vous des tables où l'on vous fait asseoir; les mets les plus succulens y sont empoisonnés par une main parricide. Ne goûtez pas les premiers à ce qui vous est présenté par une mère, et que votre gouverneur fasse en tremblant l'essai de votre coupe.

J'INVENTE peut-être ces atrocités, et, chaussant le cothurne, oubliant les lois de la satire, je viens peindre avec de tragiques couleurs d'horribles fictions, inconnues aux montagnes des Rutules et au ciel du Latium. — Plût aux dieux! mais écoutez Pontia : Je l'ai fait, je l'avoue; moi-même je préparai le poison; on me surprit, et j'achevai. — Tes deux enfans, détestable vipère, tes deux enfans à la fois! — Sept, si j'eusse été la mère de sept. — Croyons désormais tout ce que les tragiques nous ont transmis des Médée et des Procné; je n'oppose plus rien : et encore leurs crimes, tout exécrables qu'ils sont, ne furent pas commis pour un vil intérêt. Les grands forfaits des femmes doivent moins nous révolter, quand elles y sont poussées par la colère. Une femme en fureur, c'est un rocher qui tout à coup, perdant son point d'appui, fond et se précipite du haut de la montagne, au sommet de laquelle il était suspendu. Celle-là m'inspire bien plus d'horreur, qui calcule le produit d'un grand crime, et l'exécute de sang-froid. Elles contemplent le dévouement d'Alceste mourant pour son époux : qu'il s'offre une pareille alternative, elles sacrifieront un mari pour sauver un chien. Tu rencontreras à chaque

Alcestim; et, similis si permutatio detur,
Morte viri cupiant animam servare catellæ.
Occurrent multæ tibi Belides atque Eriphylæ :
Mane Clytæmnestram nullus non vicus habebit.
Hoc tantum refert, quod Tyndaris illa bipennem
Insulsam et fatuam dextra lævaque tenebat;
At nunc res agitur tenui pulmone rubetæ :
Sed tamen et ferro, si præ gustabit Atrides
Pontica ter victi cautus medicamina regis.

pas des Danaïdes et des Ériphyles. Demain, au lever de l'aurore, chaque quartier aura sa Clytemnestre. Toute la différence, c'est que la fille de Tyndare, furieuse, éperdue, agitait des deux mains la hache meurtrière : nos citoyennes avec le poumon d'une grenouille terminent sourdement l'affaire. Ce n'est pas que le poignard ne vînt à l'aide du poison, si leurs prudens Agamemnons s'étaient prémunis d'antidote, à l'exemple de ce roi de Pont vaincu dans trois batailles [136].

NOTES

SUR LA SATIRE VI.

1. ARGUMENT. Sous prétexte de dégoûter du mariage un certain Postumus, Juvénal lui peint les vices des femmes. Il leur reproche, entre autres choses, d'être impudiques, fantasques, prodigues, orgueilleuses; de bégayer le grec à tout propos; d'être impérieuses; d'avoir la manie de plaider et de s'exercer à la lutte; d'être jalouses, quoique infidèles, intempérantes, et de s'abandonner aux excès les plus odieux. Ensuite il fait les portraits de la musicienne, de la nouvelliste, de la cruelle, de la savante, de la coquette, de la superstitieuse, de l'empoisonneuse, etc.

2. *Je veux croire que sous le règne de Saturne la Pudeur habita sur la terre,* etc., v. 1. Les Romains firent de cette vertu une déesse qui avait à Rome des temples et des autels. On distingua la Pudeur ou la Pudicité en patricienne, c'est-à-dire relative à l'ordre sénatorial, et en plébéienne, réservée pour le peuple. Perrault a critiqué Boileau, parce qu'il n'avait pas rendu, disait-il, d'une manière assez affirmative *Credo Pudicitiam,* etc. *Credo,* dans les bons auteurs, signifie une chose incertaine que l'on craint ou que l'on désire :

Credo equidem (nec vana fides) genus esse deorum.
VIRGIL., *Æneid.,* lib. IV.

3. *Bien différentes de vous, Cynthie, et de celle,* etc., v. 7. Cynthie, maîtresse de Properce, qui vivait sous Auguste. Ce poète lui reproche souvent le trop de soin qu'elle prenait à se parer. Lesbie était maîtresse de Catulle, qui vivait dans le même temps.

Son amant célébra dans une pièce la mort d'un moineau qu'elle avait tendrement aimé.

4. *Avant que le Grec osât se parjurer*, v. 16. Le texte porte : « Avant que le Grec jurât sur la tête d'un autre. » En Grèce, le préjugé le plus favorable pour les parties, ainsi que pour les témoins, c'était lorsqu'ils offraient, pour garantir ce qu'ils affirmaient, de prêter serment sur la tête de leurs enfans ou des auteurs de leurs jours. DEMOST., *de Cor.*

5. *Il était inutile d'enclore son jardin*, v. 18. BOILEAU, sat. 2, v. 143 :

>Tout vivait en commun sous ce couple adoré :
>Aucun n'avait d'enclos ni de champ séparé..... J. P.

6. *Astrée, suivie de la Pudeur, se rapprocha insensiblement de l'Olympe*, etc., v. 19. BOILEAU, sat. 10, v. 26 :

>Que, dès le temps de Rhée,
>La chasteté déjà, la rougeur sur le front,
>Avait chez les humains reçu plus d'un affront ;
>Qu'on vit avec le fer naître les injustices,
>L'impiété, l'orgueil et tous les autres vices ;
>Mais que la bonne foi dans l'amour conjugal
>N'alla point jusqu'au temps du troisième métal.... J. P.

7. *Le génie tutélaire de la couche nuptiale*, etc., v. 21. Voyez la sat. 4, note sur le v. 66.

8. *Ton contrat est tout prêt*, etc., v. 25. Les Latins disaient *pactum conventum*, *pactum conventumque*, ou bien *pactum et conventum*, pour exprimer un contrat écrit et signé par les contractans ; ce qui était opposé à *stipulatio, quæ verbis tantum fiebat*. Les fiançailles, *sponsalia*, étaient une stipulation, un contrat qui *verbis solemnibus inibatur*. Il n'est donc question, dans ce vers, que de deux choses, le contrat de mariage, *pactum dotale*, et les fiançailles. Ceux qui l'ont autrement entendu se sont trompés. *Voyez* SAUMAISE, *De modo usurarum*, page 514.

9. *Ne vaut-il pas mieux avoir la nuit à tes côtés cet enfant soumis*, etc., v. 34. Je dois avertir que ce conseil ironique n'est

qu'un sarcasme violent contre Postumus. On ne saurait soupçonner Juvénal d'avoir conseillé ni même toléré cette infamie.

L'auteur de tant de recherches curieuses et non moins philosophiques, le savant de Paw, s'explique ainsi sur la cause et les progrès de ce vice inconcevable, dont Juvénal a déjà trop parlé, et dont l'exemple des Grecs infecta les Romains. — « Chez les
« Athéniens, la beauté individuelle fut plutôt le partage des jeunes
« hommes que des jeunes femmes ; d'où il résulta, dans le cours
« des passions humaines, un écart qui a beaucoup étonné la pos-
« térité, mais dont on a jusqu'à présent ignoré la véritable
« cause, etc. — Eschine assure que le plus beau des Grecs n'éga-
« lait pas le plus beau des Athéniens. » *Recherches philosophiques sur les Grecs*. Berlin, 1788, page 5.

10. *Mais Ursidius veut obéir à la loi Julia*, v. 38. J'ai dit, satire 2, note 12, page 55, qu'on avait compris sous le titre commun de loi Julia, plusieurs lois portées tant par Jules-César que par Auguste. Ce dernier avait promulgué celle dont il s'agit ici contre les célibataires, afin de repeupler la ville, dévastée par les guerres civiles. J'ai eu soin de marquer le dialogue ; car Ursidius n'est pas le même personnage que Postumus, comme quelques-uns l'ont cru.

11. *Aux surmulets*, v. 40. *Mullorum jubis* est pour *jubatis mullis*. Dusaulx a supprimé ces détails et s'est contenté de l'expression de *bons morceaux*. Il n'est pas dans la manière de Juvénal de généraliser ainsi. Je m'étonne que Dusaulx qui, un peu plus haut, a cru devoir traduire *glandem ructante*, ait retranché ici *turture magno* et *mullorumque jubis*.   J. P.

12. *Tel que Latinus*, v. 44. Ce Latinus était un mime qui, dans quelque farce, représentait les terreurs d'un adultère surpris par le mari.

13. *De toucher les bandelettes de Cérès*, etc., v. 50. On célébrait dans Athènes plusieurs fêtes en l'honneur de cette déesse ; voici les principales : *Eleusina, Thesmophoria, Demetria, Haloa, Epiclidia, Proerosia, Chloia*, etc. Les Éleusines et les Thesmo-

phories passèrent des Grecs aux Romains : ceux-ci les célébraient pendant huit jours.

14. *Et dont un père ne redoutât les embrassemens*, v. 51. Les dames romaines, dit Plutarque (*Vie de Romulus*), baisent encore aujourd'hui leurs parens et leurs maris, parce que les Troyennes qui abordèrent en Italie, après avoir brûlé leurs vaisseaux, avaient baisé de même et caressé leurs maris pour les apaiser. Il est singulier d'assigner une époque fixe à un usage fondé sur la nature, et commun à toutes les nations. On lit dans Pline (liv. XIV) que les anciens Romains avaient introduit la coutume de se baiser tous les jours entre parens, afin de savoir si leurs femmes ne sentaient point le vin ; mais il s'agit, dans Juvénal, des ardeurs incestueuses.

15. *Qu'elle vive seulement dans Fidène ou dans Gabie, comme elle a vécu dans les champs*, v. 56. On n'a pas, je crois, entendu Juvénal, quand on a traduit *Qu'elle vive dans Fidène*, etc. Il ne faut pas oublier que, du temps de l'auteur, *Fidène* et *Gabie* étaient des villes presque désertes, et qu'il ne peut les citer ici que pour en tirer une induction contre la vertu des femmes dans une ville telle que Rome, puisque, même à Fidène et à Gabie, il regarde déjà comme impossible qu'elles conservent la vertu et l'innocence de la campagne.
J. P.

16. *Dès que le lascif Bathylle*, etc., v. 63. Bathylle, fameux pantomime, natif d'Alexandrie, vint à Rome pendant le règne d'Auguste, et fut affranchi de Mécène (*Athen*, lib. I). Pilade et lui créèrent un nouveau genre de danse, qu'ils portèrent au plus haut degré de perfection. Il n'était question que des spectacles de Pilade et Bathylle. On appelait pantomimes, chez les Romains, des acteurs qui, par des mouvemens, des signes, des gestes, et sans s'aider de discours, exprimaient des passions, des caractères et des événemens.

Observons cependant qu'avant ces deux pantomimes, il en existait d'autres dès le temps de la république ; mais alors on ne les employait que dans les pièces de théâtre, soit tragiques, soit comiques ou satiriques. Un acteur dansait ou déclamait, et un autre gesticulait. Ce furent Pilade et Bathylle qui introduisirent la danse des pantomimes, qui n'avait jamais paru seule ; voilà seulement ce qu'a voulu dire Zosime, liv. 1, page 7, édition de 1612.

17. *Thymèle est immobile d'attention, l'innocente Thymèle prend leçon*, v. 66. J'ai adopté la ponctuation nouvelle de l'édition de M. Lemaire : elle m'a paru expliquer ce passage, que les commentateurs et les traducteurs ont interprété d'une manière peu satisfaisante : ils veulent que *subitum et miserabile* se rapporte à *attendit;* selon eux, ce sont des noms relatifs aux gestes et aux attitudes des pantomimes. Mais il reste toujours la difficulté de voir tout cela sous les expressions *attendit subitum et miserabile, longum.* Dusaulx traduit : *Thymèle exprime-t-elle la volupté, les femmes rustiques étudient ses mouvemens.* C'est étrangement faire violence au texte. Avec notre ponctuation, tout devient de la plus grande clarté.   J. P.

18. *Pendant le long intervalle*, etc., v. 69. L'intervalle était de cinq mois. Les jeux Mégalésiens, qui se célébraient pendant six jours, furent institués l'an de Rome 550, en l'honneur de Cybèle, et à l'occasion de la statue de cette déesse, que l'on avait transportée de Pessinunte à Rome. Pendant ces fêtes, on représentait les comédies les plus estimées. Toutes celles de Térence furent jouées aux jeux Mégalésiens, excepté les Adelphes, qui le furent aux jeux funèbres de Paul-Émile, et le Phormion, qui le fut aux jeux Romains.

19. *Et la ceinture d'Accius*, v. 70. Les acteurs qui se produisaient nus sur la scène avaient une espèce de tablier ou de ceinture que Juvénal appelle *subligar*, et Cicéron *subligaculum.* Cette pièce de l'ajustement des histrions servait à couvrir et à contenir les parties de la génération. Cicéron remarque, dans ses Offices, que personne n'aurait osé paraître autrefois sur la scène *sine subligaculo.*

20. *L'exode d'une atellane*, v. 71. Les atellanes, à Rome, étaient des tragédies mêlées de sérieux et de plaisant : l'exode y était ce qu'est maintenant chez nous la petite pièce. L'acteur qui

avait représenté dans l'atellane, continuait de jouer dans l'exode, sous le même masque et avec les mêmes habits : il ne faisait, pour ainsi dire, que prolonger son rôle en le dénaturant. Le rôle du comédien dont il s'agit ici était celui d'Autonoé. (*Mémoires de l'Académie des Inscriptions*, tome I, page 214.)

21. *Quoique ce ne soit qu'à grands frais que les femmes peuvent briser la boucle d'un comédien*, v. 73. Il s'agit ici d'une opération pratiquée par les anciens pour conserver aux jeunes gens la santé, aux gladiateurs la force, aux acteurs la voix ; elle s'appelait infibulation ; son objet était d'empêcher ceux que l'on bouclait (car l'infibulation n'était rien autre chose) d'avoir commerce avec les femmes.

22. *Un histrion*, v. 82. Saumaise (*Hist. August.*, page 328) prétend qu'il faut lire *ludum* ; pour moi, je crois que l'on ne risque rien de lire *ludium* : *versus est hypermeter ; dactylus in fine pro spondæo, cujus rei non adeo rara apud Græcos et Latinos poetas exempla.* Les gladiateurs s'appelaient *ludii*, et l'endroit où ils s'exerçaient *ludus*.

23. *La monstrueuse turpitude de nos mœurs révolta les habitans même de Canope*, v. 84. Canope, ville d'Égypte, éloignée de cent vingt stades d'Alexandrie, vers une des embouchures du Nil, qui en a tiré son nom, et est appelée Canopique. Les stades dont il s'agit ici sont de dix par mille, suivant le calcul ordinaire de Strabon (liv. XVII). Les habitans de cette ville étaient fort décriés pour leurs débauches. On a présumé que c'était la patrie de Claudien ; mais Suidas dit qu'il était d'Alexandrie. Il y a maintenant un château au même endroit où était Canope : on l'appelle Abukir, et, suivant la prononciation européenne, Bekier.

Quant à la fameuse ville de Lagus (vers 83), il s'agit d'Alexandrie. Lagus, simple soldat de l'armée d'Alexandre, fut père de Ptolémée, qui régna dans cette ville. Juvénal l'appelle fameuse à cause de son luxe et de ses voluptés.

24. *Elle abandonne les jeux, elle renonce à Pâris*, v. 87. L'histoire parle de deux Pâris. Le premier, célèbre pantomime et dé-

lateur d'Agrippine, était affranchi de Domitia, tante de Néron. Ce prince, voulant qu'il lui apprît à danser, le fit mourir parce qu'il n'y réussit pas (SUET., *in Neron.*, §. 54). Le second, originaire d'Égypte, éprouva le même sort de la part de Domitien. *Voyez* DION CASS. Vraisemblablement il s'agit ici du dernier, parce qu'il était plus voisin du temps où Juvénal composa ses satires.

25. *Un autre Véienton*, v. 113. Véienton, mari d'Hippia.

26. *Vois quels furent les rivaux d'un mortel égal aux dieux*, v. 115. On sait quelle fut la puissance des empereurs, et l'idée qu'on s'en formait. Virgile a dit :

> Divisum imperium cum Jove Cæsar habet.

Ainsi, par *rivales divorum*, Juvénal entend les amans de Messaline, et par conséquent les rivaux de Claude.

27. *Sortait du palais, suivie d'une seule confidente*, v. 119. Cette confidente, selon Pline (liv. VII), était l'une des plus fameuses prostituées que l'on connût à Rome ; il ajoute qu'elle l'emportait souvent sur sa maîtresse : *eamque die ac nocte superavit quinto et vicesimo concubitu*.

28. *Sous le nom de Lycisca*, etc., v. 123. Les mauvais lieux de Rome étaient distribués en petites cellules, sur les portes desquelles on lisait les noms de chacune des courtisanes qui les habitaient.

29. *Messaline toute nue, la gorge retenue par un réseau d'or*, etc., v. 122. Gonçales (*ad Petron.*, pag. 94) nous apprend que *nudæ prostabant olim in cellis meretrices*. Catulle (liv. XIII, 65) parle d'une femme dont la gorge n'était point retenue par le réseau dont il s'agit :

> Non tereti strophio luctantes vincta papillas.

Au reste, le *papillis auratis* de Juvénal signifie *aurea fascia cohibitis*.

SUR LA SATIRE VI.

30. *Puis, couchée sur le dos*, etc., v. 126. Je me flatte d'avoir remis dans sa véritable place ce vers, évidemment transposé par les copistes; c'est une faute qu'ils ont souvent faite. J'en remarquerai encore une de la même nature dans cette satire.

31. *Plus fatiguée qu'assouvie*, v. 130. J'écris *sed non*; *necdum* a été mis au lieu de *nondum*, qui se lit dans les anciennes éditions, où l'on observe que les manuscrits ont *sed non*, qui est la véritable leçon.

32. *Les yeux éteints*, etc., 131. J'ai mis dans la première édition « les joues livides », comme tous les interprètes l'avaient dit en expliquant *obscurisque genis*. Je crois qu'il s'agit des yeux, où la fatigue se manifeste beaucoup plus que sur les joues. Pline (lib. XI, cap. 37) appelle les poils des paupières, *palpebræ*, et les paupières, *genæ* : je sais que ce dernier terme signifie souvent les joues, parce que celles-ci commencent immédiatement après les paupières; mais je suis persuadé que Juvénal, dans cette circonstance, entendait les yeux, comme nous disons « des yeux gros, « des yeux battus. »

33. *Et rapporte l'odeur de cet antre sur l'oreiller de l'empereur*, v. 132. Juvénal, quel que soit ce tableau, n'a point exagéré les désordres de Messaline, et Tacite n'en dit pas moins : *Jam Messalina, felicitate adulteriorum in fastidium versa, ad incognitas libidines profluebat.*

Cet admirable épisode a été imité par Thomas dans des vers qui méritent d'être cités :

> Quand de Claude assoupi la nuit ferme les yeux,
> D'un obscur vêtement sa femme enveloppée,
> Seule avec une esclave, et dans l'ombre échappée,
> Préfère à ce palais, tout plein de ses aïeux,
> Des plus viles Phrynés le repaire odieux.
> Pour y mieux avilir le sang qu'elle profane,
> Elle emprunte à dessein un nom de courtisane :
> Son nom est Lycisca. Ces exécrables murs,
> La lampe suspendue à leurs dômes obscurs,
> Des plus affreux plaisirs la trace encor récente,
> Rien ne peut réprimer l'ardeur qui la tourmente :

Un lit dur et grossier charme plus ses regards
Que l'oreiller de pourpre où dorment les Césars.
Tous ceux que dans cet antre appelle la nuit sombre,
Son regard les invite, et n'en craint pas le nombre.
Son sein nu, haletant, qu'attache un réseau d'or,
Les défie, et triomphe, et les défie encor.
C'est là que dévouée à d'infâmes caresses,
Des muletiers de Rome épuisant les tendresses,
Noble Britannicus, sur un lit effronté,
Elle étale à leurs yeux les flancs qui t'ont porté!
L'aurore enfin paraît, et sa main adultère
Des faveurs de la nuit réclame le salaire.
Elle quitte à regret ces immondes parvis :
Ses sens sont fatigués, mais non pas assouvis.
Elle rentre au palais, hideuse, échevelée :
Elle rentre; et l'odeur autour d'elle exhalée
Va sous le dais sacré du lit des empereurs
Révéler de sa nuit les lubriques fureurs..... J. P.

34. *Parlerai-je de l'hippomanès*, etc., v. 133. Ce mot signifie principalement deux choses dans les écrits des anciens : 1°. une certaine liqueur qui coule des parties naturelles d'une jument en chaleur ; 2°. une excroissance de chair que les poulains nouveaux-nés ont quelquefois sur le front. Les anciens prétendaient que ces deux sortes d'hippomanès avaient une vertu singulière dans les philtres et autres compositions destinées à des maléfices ; que la cavale n'a pas plus tôt mis bas son poulain, qu'elle lui mange cette excroissance charnue, sans quoi elle ne voudrait pas le nourrir.

Théocrite, dans une Idylle, appelle hippomanès une plante qui n'a probablement jamais existé que dans son imagination. *Voyez* Saumaise, sur Pline (page 659, édition de Hollande). M. de Buffon est entré dans un fort grand détail sur tout ce qui concerne l'hippomanès, tome IV, page 214 et suivantes de l'édition in-4°.

35. *Nous attendons un nez moins humide que le vôtre*, v. 148. Il y a dans le texte, *sicco venit altera naso*. Le traducteur faisait entendre toute autre chose en disant : *Nous attendons un nez plus friand que le vôtre*. J. P.

36. *Lorsque le marchand Jason n'ose sortir du port*, etc., v. 153.

Mercator, comme on le voit dans ces vers d'Horace, est ici un homme qui fait le commerce maritime :

> Luctantem Icariis fluctibus Africum
> Mercator metuens. . . . .
> —Impiger extremos currit mercator ad Indos.

Juvénal, qui se sert volontiers de noms feints, emploie celui de Jason pour faire allusion à ce chef des Argonautes qui, l'un des premiers, osa naviguer jusque dans le Pont-Euxin. L'hiver, *mare est clausum;* le marinier, *clausus*, etc. C'en est bien assez pour faire entendre ce passage, qui n'avait pas encore été bien expliqué, du moins par les traducteurs.

37. *Des vases murrhins*, v. 156. Tout ce que l'on sait aujourd'hui sur ces sortes de vases, c'est qu'ils étaient fort rares, et d'un prix si exorbitant, que Néron en acheta un trois cents talens, ce qui fait environ un million et demi de nos livres. Je vais prouver que l'on a, jusqu'à présent, mieux dit ce qu'ils n'étaient pas, que ce qu'ils étaient en effet.

Le passage de Pline sur les vases murrhins, *Oriens murrhina mittit*, etc. (lib. XXXVII, cap. 2), a exercé plusieurs savans en différens pays. Michel Mercatus et le cardinal Baronius ont prétendu que les vases murrhins étaient faits avec de la myrrhe. N. Guibert les a réfutés dans une dissertation imprimée à Francfort en 1597. Athénée (*Deipnosop.*, liv. XI, 2) avait dit que, dans la composition de certains vases, on employait de l'argile pétrie avec des aromates. Il n'en fallut pas davantage à Paulmier de Grentemesnil (*Exercit. in Auct. Græc.*, page 517) pour imaginer que ceux dont il s'agit étaient d'argile pétrie avec de la myrrhe : ce qui leur avait fait donner le nom de vases murrhins. Pline ne parle point d'argile, mais d'une pierre qui se trouve dans les entrailles de la terre. Pierre Bellon (*Observat.*, lib. 2, cap. 7) prétendait que ces vases étaient d'une espèce de coquillages ; ce qui ne répugne pas moins au témoignage de Pline. Cardan, Mercurialis, Scaliger, Kempfer, Mariette et l'éditeur de la nouvelle traduction de Sénèque, ont avancé que les murrhins étaient de porcelaine. M. l'abbé Leblond a combattu cette assertion dans un Mémoire lu en 1779 à l'Académie des Belles-

Lettres. Ce vers de Properce, *Murreaque in Parthis pocula cocta focis?* (lib. IV, eleg. 5, v. 26) semble favoriser l'opinion des savans que je viens de citer. Cependant si l'on considère, 1°. que les murrhins étant rares, précieux, et d'un très-grand prix, l'art dut chercher à les imiter; 2°. que, selon Pline (lib. XXXVI, cap. 26), on en fit avec du verre, et qui n'étaient pas si chers; on sentira que c'est à ces murrhins factices que le vers de Properce fait allusion.

On trouve dans les Mémoires de l'Académie de Cortone une dissertation dans laquelle M. Janhon de Saint-Laurent essaie de prouver que ces vases étaient d'agate-onyx ou sardonyx : c'est aussi le sentiment de M. l'abbé Leblond. M. Larcher, après avoir pesé cette opinion, après l'avoir confrontée aux chapitres de Pline (2 et 6 du XXXVII° livre), en conclut, dans un excellent Mémoire lu en 1779 à l'Académie des Belles-Lettres, que, pour savoir à quoi s'en tenir à cet égard, il faut faire de nouvelles recherches, et surtout ne point perdre de vue la description que Pline le naturaliste nous a laissée des vases murrhins.

38. *Cette incestueuse princesse le reçut de son frère Agrippa*, etc., v. 157. Bérénice, fille d'Agrippa l'ancien, appartint successivement à trois maris : elle fut soupçonnée d'avoir entretenu un commerce incestueux avec son frère Agrippa, dernier roi de la Judée. *Voyez* JOSEPH, *Antiquit. Jud.*, lib. XVII, cap. 5, §. 4. — lib. XIX, cap. 5, §. 1. — lib. XX, cap. 7, §. 3. — Quand Juvénal dit que le diamant dont il s'agit était devenu plus précieux au doigt de Bérénice, c'est moins parce que cette princesse l'avait porté, que parce qu'elle le tenait d'Agrippa.

39. *Où une antique superstition laisse vieillir les pourceaux*, v. 160. On sait que les lois de Moïse défendaient aux Israélites de se nourrir de la chair de porc.

40. *Une femme plus chaste*, etc., v. 163. Toutes les éditions portent *intactior;* le seul Markland, qui n'a travaillé qu'indirectement sur Juvénal, au texte duquel il a rendu de si grands services, a découvert la cause de cette leçon absurde; et le vieux scoliaste a justifié sa conjecture. Au lieu d'*intactior*, il a donc mis

sit castior. On peut dire d'une vierge qu'elle est intacte ; mais on ne le saurait dire d'une mère : or, les Sabines, lorsqu'elles apaisèrent le combat dont il s'agit, étaient déjà mères. Je sais que Properce (lib. II, eleg. 6) a dit :

> Tu rapere intactas docuisti impune Sabinas.

Mais Properce parlait des filles, et non des mères.

41. *Loin d'ici, loin, de grace*, etc., v. 170. Voici comment Boileau a imité cet endroit :

> Si quelqu'objet pareil chez moi, deçà les monts,
> Pour m'épouser entrait avec tous ses grands noms,
> Le sourcil rehaussé d'orgueilleuses chimères,
> Je lui dirais bientôt : Je connais tous vos pères...
> . . . .
> Ainsi donc, au plus tôt délogeant de ces lieux,
> Allez, princesse, allez avec tous vos aïeux,
> Sur les pompeux débris des lances espagnoles,
> Coucher, si vous voulez, aux champs de Cérisoles ;
> Ma maison ni mon lit ne sont point faits pour vous..... J. P.
>
> Satire 10, vers 471.

42. *Cette Niobé qui, dans sa fécondité, égale à celle des truies*, etc., v. 177. Juvénal fait allusion à ces vers de Virgile :

> Triginta capitum fetus enixa jacebit,
> Alba, solo recubans, albi circum ubera nati.
>
> *Æneid.*, lib. III, v. 391.

Niobé n'était pas moins fière de sa naissance que de sa fécondité.

> . . . . Mihi Tantalus auctor,
> Cui licuit soli superorum tangere mensas.
> Pleiadum soror est genitrix mea, maximus Atlas
> Est avus, æthereum qui fert cervicibus axem :
> Jupiter alter avus ; socero quoque glorior illo.
>
> Ovid., *Metam.*, lib. VI.

43. *Voit, par sa faute, tomber sous les traits d'Apollon et ses nombreux enfans et leur père*, v. 175. J'ai admis dans le texte un changement conseillé par Ruperti et justifié par plusieurs manu-

scrits. Dusaulx a lu *ipsamque parentem*, et rapportant *extulit* à *Pæan*, il traduit : *Il moissonne et ses nombreux enfans et cette mère infortunée, cette Niobé*, etc. Mais combien la phrase sera plus vive, plus naturellement construite, et mieux liée avec les autres phrases, si l'on rapporte *extulit* à *Niobe*, et si l'on écrit *ipsumque parentem* au lieu de *ipsamque parentem*! M. Achaintre repousse cette leçon, parce que, selon lui, on n'a jamais dit qu'Amphion eût été percé des traits d'Apollon. Nous le renvoyons à Apollodore et à Hygin, qu'il eût été naturel de consulter avant de prononcer sur cette tradition mythologique. Il trouvera dans le premier, liv. III, chap. 5, §. 6 : Ἐτοξεύθη δὲ ὑπ' αὐτῶν καὶ Ζῆθος καὶ Ἀμφίων, *Zéthus et Amphion furent tués par eux (Apollon et Diane) à coups de flèches*. Et que M. Achaintre ne dise pas qu'il s'agit ici d'un autre Amphion : il peut lire, même paragraphe : Γαμεῖ δὲ Ζῆθος μὲν Θήβην, ἀφ' ἧς ἡ πόλις Θῆβαι· Ἀμφίων δὲ Νιόβην τὴν Ταντάλου, ἣ γεννᾷ παῖδας μὲν ἑπτὰ, etc. *Zéthus épouse Thèbe, qui donna son nom à la ville : Amphion épouse Niobé, fille de Tantale, dont il eut sept fils*, etc. Hygin, fable 9, après avoir raconté la métamorphose de Niobé, ajoute : *Amphion autem, quum templum Apollinis expugnare vellet, ab Apolline sagittis est interfectus.* J. P.

44. *Alors qu'elle est de Sulmone*, v. 187. Sulmone, qui subsiste encore à présent sous le nom de *Sulmona*, est une des plus anciennes villes d'Italie : c'est la patrie d'Ovide, comme il nous l'apprend lui-même (*Trist.*, lib. IV, eleg. 9).

Sulmo mihi patria, et gelidis uberrimus undis.

45. *Elle agit avec autant de puissance que le toucher. Mais veux-tu voir s'évanouir cette ardeur? prononce toi-même cet amoureux refrein*, etc., v. 197. Dusaulx a ainsi ponctué : *Digitos habet, ut tamen omnes subsidant pennæ. Dicas hæc mollius*, etc. J'ai préféré la ponctuation de Grangæus, de Lubin et de Ruperti, qui m'a paru, contre l'avis de Dusaulx, bien plus favorable à l'intelligence de ce passage. *Ut tamen subsidant pennæ* signifie, *Mais pour que ses ailes tombent*; métaphore très-hardie, dit M. Achaintre, empruntée aux oiseaux dont les ailes s'abaissent lorsqu'ils sont malades, ou qu'un coup subit ralentit leur ardeur. J. P.

46. *Pourquoi ces massepains distribués à la fin du repas à des convives rassasiés?* v. 202. *Mustaceum* était une espèce de gâteau restaurant, *donanda crudis*, que l'on présentait à ceux qui avaient des crudités. *Voyez* Caton et Palladius, *de Re rustica*. Le jour des noces, le mari donnait à son épouse des pièces d'or et d'argent dans un bassin. Celles dont parle Juvénal portaient l'empreinte de Domitien qui, ayant vaincu les Daces et les Germains, avait pris les surnoms de Dacique et de Germanique, comme on le voit chez les historiens, chez les poètes.

Quæ datur ex Dacis, laurea tota tua est.
MARTIAL., lib. II, epig. 2.

47. *Et dont ta maison vit la première barbe*, etc., v. 215. Le texte dit seulement : « dont ta maison vit la barbe, » ce qui signifie qu'il l'avait fréquentée dès sa jeunesse ; car les Romains ne portaient la barbe que jusqu'à l'âge de vingt-un ans ; après ils se faisaient raser.

48. *C'est ainsi qu'en moins de cinq automnes, on compte huit maris*, v. 229. Le premier exemple du divorce, qui n'était permis qu'aux maris, selon les anciennes lois romaines, fut donné l'an de Rome 520, par Spurius Carvilius Ruga, personnage consulaire, et pour cause de stérilité. Bientôt on n'eut plus besoin que des moindres prétextes. La forme des mariages s'altéra tellement, que la dissolution en fut opérée par une simple formule ; *res tuas tibi habeto*, ou *res tuas tibi agito*. Du temps de Plaute, environ cinquante ans après le divorce de Carvilius, on ne croyait pas qu'il fût possible aux femmes de rompre les liens du mariage (*Mercator*, act. IV, sc. 6). Mais, à cet égard, elles portèrent la licence encore plus loin que les hommes. Sénèque (*de Benef.*, lib. III, cap. 16) se plaint de ce qu'au lieu de dater des consulats, elles dataient des différens maris dont elles avaient changé.

49 *Archigénès*, v. 235. Archigénès vivait sous Trajan ; il pratiqua la médecine à Rome, et mourut âgé de soixante-trois ans, après avoir beaucoup écrit sur la physique et sur la médecine. Suidas, qui nous apprend ce détail, ajoute qu'Archigénès était

d'Apamée en Syrie, et que son père s'appelait Philippe. Britannicus explique autrement ce passage : il veut que ce soit la belle-mère qui se mette au lit, afin de fournir à sa fille un prétexte d'aller chez elle. Mais le sens que j'ai suivi est plus conforme aux préceptes qu'Ovide donne dans son *Art d'aimer*. L'obscénité du vers 238 offre encore un sens douteux : je rougirais de le discuter.

50. *Il se juge peu de procès qui n'aient été suscités par des femmes*, v. 242. Les premiers Romains étaient tellement accoutumés à la modestie des femmes, qu'une citoyenne ayant plaidé sa cause devant les juges, le sénat envoya consulter l'oracle d'Apollon pour savoir ce qu'une telle indécence présageait à la ville (PLUTARQUE, *Vie de Numa*). Insensiblement elles devinrent plaideuses. Amasia Sentia, accusée d'un crime capital, plaida sa cause devant le préteur. Afrania, femme d'un sénateur, rebuta tellement tous les tribunaux, et se rendit si odieuse, que son nom servit à désigner les méchantes femmes. Plusieurs néanmoins se distinguèrent au barreau, dans les affaires qui concernaient leur sexe, entre autres Hortensia, fille de l'orateur Hortensius.

51. *Toujours prêtes à dicter un exorde et des moyens, fût-ce à l'orateur Celsus*, v. 235. BOILEAU, sat. 10, v. 728 :

> Avec elle, il n'est point de droit qui s'éclaircisse,
> Point de procès si vieux qui ne se rajeunisse;
> Et, sur l'art de former un nouvel embarras,
> Devant elle Rolet mettrait pavillon bas.....   J. P.

52. *Qui ne sait pas qu'elles ont la manie de porter le manteau tyrien*, etc., v. 246. Juvénal nomme ce manteau tyrien, parce qu'il était teint en pourpre. Les Romains appelaient *endromis* une espèce de redingote de laine, dont l'étoffe se fabriquait dans les Gaules; et tous les athlètes s'en servaient après leurs exercices pour se garantir du froid.

53. *Matrones vraiment dignes de figurer aux jeux Floraux*, etc., v. 249. Le culte de Flore, ou de la déesse des fleurs, avait déjà lieu à Rome du temps de Tatius, suivant Varron (*de Ling. lat.* lib. IV). Le même auteur dit (lib. VI) que Numa institua des prê-

tres que l'on appelait *Flamines Florales.* Quant aux jeux, ils sont de l'an de Rome 516, suivant Pline (lib. XVIII, cap. 29). Ils n'avaient lieu d'abord que lorsque les livres sibyllins les ordonnaient. Mais l'an 580 on commença à les célébrer tous les ans, comme le dit Ovide (*Fast.*, lib. V, 327). Ces jeux devinrent si licencieux, que les courtisanes s'y rendaient toutes nues au son de la trompette : c'est ce qui a persuadé à Lactance (*de Falsis Relig.*, lib. I, §. 20) que ce culte avait été originairement établi en l'honneur d'une courtisane, qui avait légué au peuple romain le produit de ses débauches.

54. *Ou, si elle se livrait à quelque autre genre d'escrime*, v. 257. Chaque espèce de gladiateurs ayant une armure particulière, la manière dont on s'escrimait devait être différente.

55. *Vois néanmoins avec quels élans elles assènent les coups*, etc., v. 262. Au lieu de *quo fremitu*, Markland écrit *quo gemitu.* J'adopte d'autant plus volontiers cette leçon, que Juvénal dira plus bas *quando ad palum gemat uxor Asyli.* Les copistes ont souvent confondu *fremitus* et *gemitus*, qui cependant ne sont point synonymes. Le premier convient à la colère, et le second, dans cet endroit, exprime l'espèce de cri plaintif que poussent ordinairement ceux qui portent un coup avec violence.

56. *Sous l'épaisse cuirasse qui les couvre*, v. 263. Dusaulx a dit, *malgré les plis d'une robe retroussée.* J'ai adopté le sens de MM. Fr. Boissonade et Achaintre, qui diffère peu de celui de Ferrarius. Ils entendent par *fascia* l'épais tissu qui défendait la poitrine de ces femmes-gladiateurs : *libro*, comme dans beaucoup de passages latins, est synonyme de *cortice. Liber*, dit Forcellini dans son Lexicon, *est pars interior corticis quæ ligno adhæret, medium illud inter lignum et corticem, quod in plures philyras dividi potest. Voyez* VIRGILE, *Georg.* II, 77, et *Æn.* XI, 554.   J. P.

57. *D'infâmes favoris*, v. 272. En traduisant *d'infâmes amours*, on ne fait pas la différence des deux idées *odit pueros, ficta pellice plorat.* J. P.

Aut odit pueros, etc. Les uns croient qu'il s'agit ici de ses esclaves, les autres de ses propres enfans : pour moi, je suis persuadé qu'ils se trompent. Juvénal parle ici de l'infamie si commune de son temps, et à laquelle il ne cesse de revenir.

58. *Alors elle verse un torrent de larmes toujours prêtes, et qui n'attendent que son ordre*, etc., v. 273. BOILEAU, sat. 10, v. 204 :

> Mais non, fais mine un peu d'en être mécontent,
> Pour la voir aussitôt, de douleur oppressée,
> Déplorer sa vertu si mal récompensée.
> . . . .
> Que répondre ? Je vois qu'à de si justes cris,
> Toi-même convaincu, déjà tu t'attendris.....   J. P.

59. *Annibal aux portes de Rome*, etc., v. 290. Les Romains, depuis la terreur qu'Annibal leur avait inspirée, disaient, toutes les fois que le péril était imminent : *Annibal ad portas*. On retrouve cette façon de parler dans Tite-Live, Florus, Valère-Maxime, Plutarque, etc.

60. *Et de la licence effrénée de cette Tarente*, v. 297. Juvénal n'a point de mots inutiles ni d'épithètes vagues. L'insolence dont il taxe les Tarentins se rapporte à l'insulte qu'ils firent aux ambassadeurs de Rome, lorsque ceux-ci vinrent réclamer les effets qu'on leur avait enlevés en pleine paix : *Hanc quoque legationem fœde per obscenam turpemque dictu contumeliam violant*, etc. *Florus*, lib. 1, cap. 18.

61. *Confondant tout, elle se prête à tout*, v. 301. C'est là la pensée de Juvénal ; car il dit qu'elles ne mettent plus de différence entre la tête et le reste du corps. *Inguinis et capitis*, etc., sont des mots de la plus grande obscénité ; c'est ce que les Latins exprimaient encore par *ore morigari, illudere capiti*. Le premier se disait de la femme ; le second de l'homme, de même que *fellare* et *irrumare*. Catulle, qui a aussi trop parlé de ces sortes d'infamies, emploie souvent les mots précédens.

62. *Après cela, doute encore du rire moqueur de Maura*, etc., v. 306. J'ai adopté, sur ce passage, les corrections et les expli-

cations de M. Achaintre, parce qu'il m'a paru que la leçon ordinaire était peu satisfaisante. Toutes les éditions avant celle de M. Achaintre portent : *I nunc, et dubita, qua sorbeat aera sanna Tullia, quid dicat notæ collactea Mauræ, Maura Pudicitiæ veterem quum præterit aram.* Pourquoi la répétition de *Mauræ, Maura*? Pourquoi n'est-ce pas à Tullia que se rapporte la circonstance *Pudicitiæ veterem quum præterit aram,* puisque *Tullia* est le sujet de la phrase principale? M. Achaintre, en transposant les vers, comme nous l'avons fait, d'après plusieurs manuscrits, écarte toute difficulté. Voici au reste la traduction de Dusaulx, qui avait adopté la leçon commune : *Eh bien ! doute encore des obscénités de Tullia, des propos qu'elle tient à cette Maura trop fameuse, et sa plus ancienne amie, quand Maura vient à passer auprès du vieil autel de la Pudeur?* On voit que j'ai interprété différemment *notæ*, qui se rapporte, je crois, à la liaison de Maura avec Tullia. J'ai pensé aussi qu'il s'agissait, dans le *qua sorbeat aera sanna*, de l'espèce de sifflement moqueur que Maura fait entendre en passant devant le temple de la Pudeur. J. P.

Un grand nombre de manuscrits porte *collactea*, que je préfère à *collacia*, parce que les railleries et les propos partent de la même personne.

(*Collacia* est en effet la leçon de beaucoup de manuscrits : mais le mot n'est pas latin. J. P.)

63. *Et qu'après avoir à l'envi bravé la statue de la déesse par les insultes les plus bizarres*, etc., v. 310. Ce vers est mis au rang des plus obscurs : mais il me semble que

> Effigiemque deæ longis siphonibus implent,

ne peut signifier rien autre chose, sinon que ces furieuses arrosaient la statue de la déesse par de longs jets d'urine, imitant la courbure des Syphons. Quant à la manière dont elles s'y prenaient pour produire cet effet, je renvoie aux commentateurs.

64. *Aux mystères de la bonne déesse*, etc., v. 314. Voyez satire 2, note 26, page 57.

65. *Et invoquent Priape*, v. 316. Quand *ululare* est employé

en parlant d'un sacrifice ou d'une cérémonie religieuse, il ne faut jamais le traduire par hurler : c'est alors le terme consacré aux prières des femmes ; car il ne convient pas à celles des hommes. *Ululare, ululatus, sunt voces ad sacra pertinentes, et proprie de feminis adhibentur; idque tam in lætis et prosperis rebus, quam in adversis.* On lit dans toutes les éditions : *Quæ vox saltante libidine!* Markland (*sur Stace*, p. 227) met *saliente*, qui est le mot propre.

66. *Pour obtenir la couronne offerte à la lubricité*, v. 320. *Posita corona* ne signifie ni *la couronne en main*, comme l'a traduit Dusaulx, ni *quittant sa couronne*, comme l'ont compris plusieurs commentateurs : j'entends *la couronne étant proposée, le défi étant porté*. C'est un sens très-ordinaire de *positus*. PLAUT. *Capt.*, act. 2, scen. 3, v. 73 : « Cogitato... meam esse vitam hic pro te *positam* pignori. » VIRG., *Eglogue* 3, v. 36 :

. . . . Pocula ponam
Fagina, cælatum divini opus Alcimedontis..... J. P.

67. *Mon amant dormirait-il ?* v. 329. Je m'en tiens à l'ancienne leçon : *dormitat adulter?* est plus vif que *jam dormit*, etc.

68. *Mais les Maures, mais les Indiens savent tous le nom de celui qui, sous l'habit d'une chanteuse*, etc., v. 336. Ce fut Publius Clodius : on le trouva déguisé en habit de femme dans la maison de Pompeia, épouse de César ; ce qui fit si grand bruit, que le sénat ordonna d'en informer : *Ut senatus quæstionem de pollutis sacris decreverit.* SUET., *Julius Cæsar*, §. 6.

69. *Le rouleau des deux Anti-Catons de César*, etc., v. 338. On a déjà vu (satire 1, note 5, page 19) que les Romains écrivaient sur des membranes ou sur des écorces d'arbres qu'ils roulaient ensuite. Les deux Anti-Catons dont parle ici Juvénal ne formaient qu'un seul et même ouvrage, écrit par César contre l'homme le plus vertueux de son siècle. Cicéron a blâmé ce libelle, qui n'est point parvenu jusqu'à nous : *Usus est nimis impudenter Cæsar contra Catonem meum.* Cependant on lit dans ses épîtres à Atticus (lib. XIII, epist. 50) qu'il a lu l'Anti-Caton, et qu'il l'a fort approuvé : *Legisse libros contra Catonem, et vehe-*

menter probasse. Le mot *libros* prouve que l'ouvrage était divisé en plusieurs livres, et c'est pourquoi Juvénal a dit satiriquement *duo Anticatones*, afin d'en marquer la longueur.

70. *Comme si les espèces renaissaient dans son coffre*, etc., v. 363. Toutes choses égales, il est important de rappeler les anciennes leçons, surtout lorsqu'elles sont plus conformes que les modernes au génie de la langue latine. Au lieu de *recidivus* on a mis ici *redivivus;* mais on lit trois ou quatre fois dans Virgile *Pergama recidiva :* dans Silius Italicus *gens recidiva Phrygum;* et ailleurs, *bella recidiva*, etc., etc., etc.

71. *Les baisers de l'eunuque efféminé*, etc., v. 366. L'épithète d'*imbelles* ne signifie pas, comme le prétend l'ancien scoliaste, *inutiles ad concubitum :* la suite prouve le contraire, et ces vers de Claudien *ad Eutrop. Eunuch.* font connaître que, propres aux travaux des femmes, ils ne le sont pas à ceux de Mars:

>. . . . . Quid te, turpissime, bellis
> Inseris? aut sævis pertentas Pallada campis?
> Tu potis alterius studiis hærere Minervæ,
> Tu telas, non tela pati, tu stamina nosce.

72. *Se sont ombragés des signes de la puberté*, v. 370. J'ai changé la traduction de Dusaulx, qui ne déguise pas assez la nudité de l'expression latine. Sans méconnaître l'intention honorable de Juvénal, qui ne prodigue les images obscènes que pour flétrir plus énergiquement de monstrueux excès, je crois que la langue française se prête bien moins que la langue latine à l'expression naïve de certaines idées, et qu'on y est plus exposé à trouver le mauvais goût en cherchant l'énergie? J. P.

73. *Garde-toi bien de lui confier ton Bromius*, etc., v. 377. C'est-à-dire, prends garde que les prêtres de Cybèle ne lui fassent l'opération, de crainte qu'après cela ton épouse ne s'en empare. Scaliger a prouvé que *eunucho committere* ou *tradere* signifiait la même chose que *castrare*. Si l'on est curieux d'une interprétation moins sûre, mais plus obscène, on peut consulter le commentaire de Lubin.

(L'interprétation la plus obscène est malheureusement ici la plus sûre, quoi qu'en dise Dusaulx.... J. P.)

74. *Elle aura pour amans, en dépit de la boucle*, etc., v. 379. *Voyez* la note 21 de cette même satire, au sujet de *Nullius fibula durat*, etc., où j'ai expliqué ce que c'était que l'infibulation.

75. *Elle ne touchera les cordes qu'avec l'archet*, etc., v. 382. Britannicus écrit : *Crispo numerantur pectine chordæ*, et voici comment il explique *numerantur* : — *Id est, percutiuntur; nam numerari videntur quum feriuntur plectro*. Voilà comme on explique tout. Markland n'est pas si fin ; il veut que l'on mette ici *pulsantur*, etc. J'ai suivi sa leçon.

76. *Jeux Capitolins*, v. 387. Camille les institua en mémoire de la levée du siége du Capitole par les Gaulois. Domitien en institua de nouveaux, nommés *agones capitolini*, dans lesquels non-seulement les lutteurs, les gladiateurs, les conducteurs de chars et les autres athlètes s'exerçaient, mais encore les poètes, les orateurs, les historiens, les musiciens et les acteurs de théâtre, qui se disputaient des prix proposés à leurs différens talens. Ces nouveaux jeux Capitolins se célébraient de cinq ans en cinq ans : l'empereur lui-même y distribuait les couronnes. Ils devinrent si fameux, qu'au calcul des années par lustres, on substitua celui de compter par jeux Capitolins, comme les Grecs avaient compté par olympiades. Il paraît que cet usage ne fut pas de longue durée.

77. *Le plus ancien des dieux, ô Janus!* v. 394. Plutarque (*Vie de Numa*) dit que ce prince ôta la première place au mois de mars, qui était consacré au dieu de la guerre, et qu'il la donna à Janus, c'est-à-dire à Janvier, pour faire entendre que les vertus civiles sont infiniment préférables aux vertus guerrières. Ce Janus, ajoute-t-il, soit que ce fût un dieu ou un roi, était grand politique, et né pour la société : il changea la manière de vivre rude et sauvage des premiers hommes en une vie douce et polie. On le peint avec deux visages opposés, pour marquer cette heureuse révolution. Il a dans Rome un temple à deux portes, que l'on appelle les portes de la guerre. On a coutume d'ouvrir ces portes en temps de guerre, de les fermer en temps de paix.

78. *Le prêtre risque d'y gagner des varices*, v. 397. On donne

le nom de varice, en chirurgie, aux veines dilatées qui forment des tuberculés inégaux, noueux et noirâtres ; elles viennent le plus souvent aux jambes. Il paraît que cette maladie doit avoir lieu lorsqu'on reste trop long-temps debout et dans l'inaction. Or, Juvénal donne à entendre que le prêtre ou l'aruspice remplissait ainsi son ministère.

79. *D'apostropher nos guerriers*, etc., v. 400. Juvénal donne à ces guerriers l'épithète de *paludatis*. Le *paludamentum* était l'habit que prenaient en partant de Rome ceux à qui le peuple avait donné les principaux grades militaires. A leur retour, ils quittaient le *paludamentum*, et reprenaient la toge. Suétone dit, en parlant de César : *Paludamentum mordicus trahens, ne spolio potiretur hostis.*

80. *Des amans que l'on s'arrache*, v. 404. Il convient de rappeler ici la leçon des anciens manuscrits, qui portent *diripiatur* au lieu de *decipiatur ;* mais il ne faut pas, comme l'ancien scoliaste, entendre ce premier terme des châtimens que l'on faisait subir aux adultères. *Diripi*, dans cette circonstance, signifie être à la merci des femmes galantes, et c'est à peu près dans ce sens que l'emploie Martial, lib. VII, epigram. 75 :

> Quod te diripiunt potentiores
> Per convivia, porticus, theatra.

Sénèque a dit aussi, 1°. *Diripitur ille toto foro patronus*, de Brevit. vitæ, lib. III, cap. 7 ; 2°. *Ac tota civitate direptus est*, de Ira, 23.

81. *La première elle aperçoit la comète sinistre qui menace les rois des Parthes et d'Arménie*, v. 407. Pourquoi Dusaulx avait-il employé le passé, *elle aperçut ?* L'idée est générale, quoiqu'elle soit présentée sous la forme d'une allusion particulière. J'ai remplacé aussi, par la version littérale, le tour peu correct du traducteur, *la comète de sinistre présage aux rois des Parthes.* J. P.

82. *Elle en forge elle-même*, v. 409. En mettant un point après *quosdam facit*, j'ajoute un trait de plus, et le reste va beaucoup

mieux. D'ailleurs, Juvénal a visiblement imité un passage du *Trinummus* de Plaute, où cette circonstance n'est point oubliée :

Quæ neque futura, neque facta sunt, tamen sciunt.

83. *C'est le Niphatès*, etc., v. 409. Niphatès, fleuve d'Arménie, du même nom que le mont Niphatès.

84. *Qu'elle se rend aux bains*, etc., v. 419. Les bains des femmes étaient séparés de ceux des hommes. Dans l'origine, le mélange des deux sexes y était sévèrement défendu : mais les temples et les bains eurent le même sort; ils furent également souillés par la débauche. Juvénal dit (sat. IX, v. 24) qu'aucun temple n'était à couvert de la prostitution : *Quo non prostat femina templo ?*

85. *L'adroit eunuque... sait lui faire éprouver*, etc., v. 422. Par le mot *exclamare*, l'auteur, selon H. Valois, désigne le bruit que fait la main du baigneur en passant sur les endroits du corps qui forment une petite cavité ; mais *cristæ*, qu'il est impossible de rendre en français, se refuse à cette explication. J'ai essayé de me rapprocher du texte, dont le traducteur s'était trop écarté.
J. P.

86. *L'amphore que l'on met à ses pieds*, etc., v. 426. Juvénal dit hyperboliquement que cette cruche ou broc, appelé œnophore, contenait une urne dont la capacité pouvait recevoir, selon Grangæus, dix-huit pintes, mesure de Paris. Quant au setier, il contenait douze cyathes ; et celui-ci était un petit gobelet avec lequel on mesurait le vin ou l'eau que l'on versait dans des tasses appelées *pocula*.

87. *Ou bien est reçu dans un large bassin d'où s'exhale l'odeur du Falerne*, etc., v. 430. Grangæus et Britannicus écrivent *aurata Falerno pelvis olet*. J'ai préféré *aut lata* à *aurata*. Quand cette femme ne vomissait pas par terre, elle vomissait dans un bassin. La disjonctive *aut* est ici nécessaire.

88. *Faisant le parallèle des poètes*, etc., v. 436. BOILEAU, sat. 10 :

Dans la balance met Aristote et Cotin,
Et, d'une main encor plus fine et plus habile,
Pèse sans passion Chapelain et Virgile.... J. P.

89. *Elle suffira désormais pour secourir la lune éclipsée,* v. 443. Les anciens croyaient que les magiciennes, et surtout celles de Thessalie, avaient le pouvoir, par leurs enchantemens, d'attirer la lune sur la terre; c'est pourquoi l'on faisait un grand bruit avec des chaudrons et d'autres instrumens pour la faire remonter à sa place. Les Romains entre autres suivaient cet usage, et allumaient des torches et des flambeaux qu'ils élevaient vers le ciel pour rappeler la lumière de l'astre éclipsé.

90. *Il est encore un terme où l'on doit s'arrêter,* v. 444. Ce vers,

Imponit finem sapiens et rebus honestis,

est en général très-mal expliqué : on n'a pas senti qu'il avait le même sens que ces mots d'Horace : *Est modus in rebus,* etc. Je demande à ceux qui l'expliquent ainsi : « Elle définit l'honnête, elle en marque le but, » je leur demande à quoi se rapporte *nam* qui suit immédiatement. Au reste, c'est ici que commence le portrait de la savante : le précédent est celui de la bavarde.

91. *Portez une tunique retroussée; allez immoler un porc à Silvain, et vous baigner pour un quart d'as,* v. 446. Les hommes portaient la tunique; mais les femmes *utebantur stola talari.* Silvain était le génie des hommes, comme Junon celui des femmes. Celles-ci ne fréquentaient pas les bains publics. Le prix qu'il fallait payer pour entrer aux bains était très-modique, ne montant qu'à la quatrième partie d'un as, nommé *quadrans;* ce qui valait à peu près un liard de notre monnoie. Il paraît qu'il y avait des bains réservés pour les riches, et où ils payaient selon leurs moyens. *Voyez* la note de Ferrarius, dans l'édition d'Henninius, page 919.

92. *A décocher le savant enthymème,* etc., v. 449. L'enthymème est un syllogisme parfait dans l'esprit, mais imparfait dans l'expression, parce qu'on y supprime quelqu'une des propositions, comme trop claire et trop connue, et comme étant facilement

suppléée par l'intelligence de ceux à qui l'on parle. Ce vers de la Médée d'Ovide contient un enthymème très-élégant :

<blockquote>Servare potui, perdere an possim rogas?</blockquote>

« J'ai pu le conserver, vous demandez si je peux le perdre ? »

93. *Qu'elle ne comprenne pas tout ce qu'elle lit*, v. 451. MOLIÈRE, *Femmes savantes*, act. 2, scèn. 7 :

<blockquote>Nos pères sur ce point étaient gens très-sensés,
Qui disaient qu'une femme en sait toujours assez,
Quand la capacité de son esprit se hausse
A connaître un pourpoint d'avec un haut de chausse.... J. P.</blockquote>

94. *Palémon*, v. 452. Grammairien célèbre du temps de Tibère.   J. P.

95. *Qu'un mari puisse faire impunément un solécisme*, v. 456. Chrysale, dans *les Femmes savantes* :

<blockquote>Le moindre solécisme en parlant vous irrite ;
Mais vous en faites, vous, d'étranges en conduite.... J. P.</blockquote>

96. *Des essences employées autrefois par Poppée*, v. 462. L'auteur donne à ces essences le nom de celle qui, sans doute, en inventa l'usage.   J. P.

Poppée, seconde femme de Néron ; elle entra dans le lit de ce prince en qualité de légitime épouse, après avoir été sa concubine : elle le gouverna quelque temps par ses artifices et sa beauté ; mais étant grosse, elle reçut de ce monstre un coup de pied dont elle mourut l'an 65 de Jésus-Christ.

97. *Graissé de pommades où vont se coller les lèvres du mari*, v. 463. BOILEAU, sat. 10, v. 196 :

<blockquote>Si tu veux posséder ta Lucrèce à ton tour,
Attends, discret mari, que la belle en cornette,
Le soir ait étalé son teint sur la toilette,
Et dans quatre mouchoirs de sa beauté salis
Envoie au blanchisseur ses roses et ses lis.... J. P.</blockquote>

98. *Mais a-t-elle un rendez-vous*, etc., v. 464. Ces vers ont

été déplacés par Dusaulx. J'ai rétabli l'ordre adopté généralement, puisque ni la liaison des idées ni les manuscrits n'autorisent cette transposition. Juvénal peint la coquette chez elle, le visage empâté et couvert de pommades : elle se lavera, dit-il, pour aller voir son amant. Puis il revient à la peinture commencée; *elle se découvre enfin le visage*, etc. BOILEAU, sat. 10 :

> Ce n'est que pour toi seul qu'elle est fière et chagrine,
> Aux autres, elle est douce, agréable et badine;
> C'est pour eux qu'elle étale et l'or et le brocard,
> Que chez toi se prodigue et le rouge et le fard.... J. P.

99. *Considère l'or et le dessin d'une robe nouvelle*, v. 482. Il s'agit ici, ou des robes phrygiennes travaillées (selon Pline, liv. VIII, chap. 48) par des ouvriers appelés *Phrygiones*, ou des robes attaliques, fabriquées originairement chez Attalus, qui régnait en Asie, et dans lesquelles il entrait aussi de l'or. Ce faste dans les habits ne se montra d'abord que sur les robes des triomphateurs; mais on sait quels furent les progrès du luxe sous les empereurs romains. On voit dans Claudien, et surtout dans Corippus (liv. I, note 15) de quelle magnificence étaient les robes triomphales à fond d'or, sur lesquelles on représentait des personnages faits à l'aiguille :

> Illic Barbaricas flexa cervice phalanges,
> Occisos reges, subjectasque ordine gentes,
> Pictor acu tenui multa formaverat arte.

100. *Il faut se contenter de cette justice*, v. 485. M. Achaintre pense que *cognitione peracta* se rattache pour le sens à *longi relegit transversa diurni*, et propose de traduire : *Encore n'est-ce qu'après avoir achevé sa lecture*. Je vois quelque difficulté à lier cette version avec *donec lassis cædentibus*. Peut-être n'a-t-on pas assez senti ce qu'il y a de piquant dans ce dernier trait du tableau, *cognitione peracta*. *Cognitio* signifie, non pas le supplice qui suit le jugement, mais l'instruction même du jugement. Une femme en colère accuse ses esclaves de négligence : au lieu d'écouter leur justification, elle les fait fustiger, et, quand le bras des bourreaux est fatigué, elle les renvoie; c'est ainsi qu'elle *instruit l'affaire*, et les convainc de leurs torts. J. P.

101. *Séjour non moins cruel que le palais des tyrans de Sicile!* v. 486. Phalaris et Denys le Tyran. BOILEAU, sat. 10, v. 683 :

> Et font de leur maison, digne de Phalaris,
> Un séjour de douleurs, de larmes et de cris.... J. P.

102. *Dans le temple de la complaisante Isis*, v. 489. Isis, nom propre d'une divinité des Égyptiens, et dont le culte a été adopté par presque tous les peuples de l'antiquité payenne. Ses fêtes s'introduisirent dans Rome avec celles des autres divinités étrangères. Il s'y glissa tant d'abus, que la république fut obligée de les défendre, et d'abattre les temples d'Isis sous le consulat de Pison et de Gabinius. Mais Auguste les fit rétablir, et les mystères de la déesse devinrent de nouveau ceux de la galanterie, de l'amour et de la débauche.

103. *Une malheureuse Psécas*, etc., v. 491. Nom donné aux jeunes esclaves chargées de verser les essences sur la coiffure, du mot grec ψεκάζειν, arroser. J. P.

104. *L'édifice de sa chevelure a tant d'étages et de compartimens*, v. 502. BOILEAU, sat. 10 :

> Et qu'une main savante, avec tant d'artifice,
> Bâtit de ses cheveux l'élégant édifice..... J. P.

Les pierres gravées et les médailles nous offrent les variations de la coiffure des femmes tant chez les Grecs que chez les Romains. On voit par les portraits du siècle de Louis XIV, que la manière dont elles arrangeaient leurs cheveux avait de grands rapports avec l'édifice exhaussé dont parle Juvénal.

Les femmes d'Athènes, dit Lucien, faisaient au contraire descendre leurs boucles de cheveux jusqu'au point le plus élevé de leurs sourcils, de sorte que la moindre partie du front restait à découvert. C'est ce qui s'est renouvelé chez nous à différentes époques, surtout en dernier lieu, et particulièrement en 1792. Au reste, les causes et les vicissitudes de la mode, quel qu'en soit l'objet, sont incalculables.

105. *Que sera-ce, si la nature*, etc., v. 504 et suiv. Dusaulx, en traduisant : *Passons-lui ces sortes d'artifices si*, etc., n'a pas saisi le sens. *Cedo* ne signifie pas la même chose que *concedo* : il exprime ordinairement l'interrogation, et correspond ici à *quid deinde? age vero.* TÉRENCE, *Andr.*, act. 2, sc. 3, v. 9: « Cedo igi- « tur, quid faciam, Dave? » J. P.

106. *Vois-tu fondre chez elle la foule des prêtres de Cybèle et de Bellone?* etc., v. 511. Ces prêtres étaient appelés Galles. *Voyez* satire 2, note 31.

107. *Autour du champ de Tarquin-le-Superbe*, v. 524. Après l'expulsion des rois, il fut consacré par Brutus au dieu de la guerre dont il prit le nom. J. P.

108. *Elle ira, jusqu'aux confins de l'Égypte, puiser dans l'île de Méroé*, etc., v. 527. Cette île était l'un des foyers de la plus ardente superstition. Les prêtres y régnaient en souverains. Lorsqu'il leur en prenait fantaisie, ils envoyaient dire au roi de se tuer, que les dieux l'avaient ordonné par leurs oracles, et qu'un mortel ne devait point mépriser les ordres des immortels, etc. Un prince courageux et philosophe, Ergamenès, roi d'Éthiopie, osa le premier secouer le joug de ces imposteurs. Il entra avec ses soldats dans le lieu saint où était la chapelle d'or des Éthiopiens, et, ayant fait égorger tous les prêtres qui voulaient sa mort, il abolit leur race impie, et gouverna selon sa volonté. (DIODOR. SICUL., lib. III, §. 6.)

109. *L'antique demeure du pâtre Romulus*, v. 529. On a entendu ce passage de plusieurs manières : les uns ont pensé qu'*ovile* signifiait la partie du Champ-de-Mars où les comices se rassemblaient; d'autres ont cru qu'il s'agit du lieu où les Tarquins avaient placé leurs bergeries. Un ancien scoliaste interprète ainsi cet endroit : *In Martio campo templum Isidis vetustum, proximum ovili, hoc est, ei loco, ubi Romulus et pastores adsueverant pecora pascere; aut regiam dicit Romuli, aut palatium.* J'ai adopté ce dernier sens avec Dusaulx. J. P.

110. *Elle croit, n'en doutez pas, avoir entendu la voix de la déesse*, v. 530. BOILEAU, sat. 10, v. 610 :

> Alors, croyant d'un ange entendre la réponse,
> La dévote s'incline, et calmant son esprit,
> A cet ordre d'en haut sans réplique souscrit..... J. P.

111. *De ce vagabond, de ce nouvel Anubis, se moquant des lamentations d'un peuple crédule*, v. 534. Juvénal dit métaphoriquement *currit derisor Anubis*; car il ne s'agit point dans ce vers du véritable Anubis, mais de celui qui était prêtre d'Isis : *Anubis erat perpetuus Isidis et Osiridis custos.* Quant à l'autre, il naquit du commerce qu'eut Osiris avec sa sœur Nephtès. L'enfant, ayant été exposé, fut nourri et élevé par Isis. *Voyez* le Traité de Plutarque, *de Iside et Osiride.*

Ce qui se pratique chez les Égyptiens, dit Athénagore, n'est-il pas ridicule? Les jours de grandes fêtes ils se frappent la poitrine dans les temples, comme si c'était pour déplorer la mort de ceux à qui ils sacrifient comme dieux (*Leg. pro christian.*, §. 12). Observez que c'est un chrétien qui a trouvé cette cérémonie ridicule. *Voyez* la note 138 sur le second livre d'Hérodote.

112. *Il intercède encore pour celles qui ne surent pas résister aux désirs de leurs époux, pendant les jours de continence et de fêtes solennelles*, v. 535. Les Égyptiens se purifiaient quand ils observaient la chasteté : ils la gardaient un certain temps lorsqu'ils devaient faire quelque acte de religion, les uns quarante-deux jours, d'autres plus, d'autres moins, mais jamais moins de sept jours. Pendant ce temps ils s'abstenaient de la chair des animaux, des légumes, des herbages, et surtout du commerce des femmes. A l'égard du commerce des garçons, ils ne s'y adonnaient point le reste du temps, etc. (PORPHYR., *de Abstinent. ab esu animal.*, lib. IV).

A ces traits, ajoute M. Larcher, et à bien d'autres qu'il serait facile de rassembler, qui pourrait s'empêcher de reconnaître que le système religieux et civil des Juifs n'a été calqué que sur celui des Égyptiens? *Voyez* la note 120 sur le second livre d'Hérodote.

113. *Apaise enfin la colère d'Osiris*, v. 539. On verra par la citation suivante que ces prêtres Égyptiens, qui venaient à Rome

pour y séduire des femmelettes, avaient à cet égard été à bonne école dans leur propre pays. — En Égypte, les prêtres forment le premier corps de l'état, et ne sont pas obligés de contribuer à ses besoins, quoique la troisième partie des biens-fonds soit assignée à leur entretien. Ils savent se concilier la confiance du peuple et celle du souverain dont ils composent le conseil, et qui doit être tiré de leur corps, ou s'y faire agréger dès qu'il monte sur le trône. Interprètes des volontés des dieux, arbitres de celles des hommes, dépositaires des sciences, et surtout des secrets de la médecine, ils jouissent d'un pouvoir sans bornes, puisqu'ils gouvernent à leur gré les préjugés et les faiblesses des hommes. (*Voyage du jeune Anacharsis*, édition in-4°. de 1788, tome I, page 512.)

114. *Une Juive qui vient de quitter sa corbeille et son foin*, v. 542. Juvénal rappelle ici ce qu'il a dit (sat. 2) de la profonde misère à laquelle les Romains avaient réduit les Juifs. Ils contraignaient ces malheureux, dont quelques corbeilles remplies de foin formaient tout l'attirail, à payer jusqu'à l'ombre que leur fournissait chaque arbre de la forêt d'Aricie, etc.

115. *La grande prêtresse de la forêt d'Aricie*, v. 544. Les mots du texte *magna sacerdos arboris* n'offrent pas un sens clair. On n'a, pour expliquer ce passage, que des conjectures. Cependant les commentateurs s'accordent assez généralement à penser que les Juives se réunissaient dans la vallée d'Aricie, consacrée par Numa au culte d'Égérie, pour y recueillir, à l'ombre des arbres, des inspirations prophétiques, dont elles trafiquaient ensuite, comme les Bohémiennes (*voyez* sat. III, v. 12 et suiv.). Voilà sans doute pourquoi Juvénal donne à cette Juive le nom de *sacerdos*. J. P.

116. *Il interroge*, etc., v. 551. J'ai rétabli dans le texte *rimatur et exta*, qui vaut mieux pour le sens, et qui est d'ailleurs la leçon des manuscrits et des anciennes éditions. Celle de Dusaulx portait *rimabitur exta*. J. P.

117. *Et il accuse ensuite de ce crime*, etc., v. 552. Selon l'ancien scoliaste, Juvénal fait ici allusion au philosophe Egnatius, qui,

après avoir entraîné la fille de Bareas Soranus dans des opérations magiques, la dénonça lui-même à Néron. Elle périt avec son père. (*Voyez* TACIT., *Ann.* XVI, 30.) J. P.

118. *Delphes ne rend plus d'oracles*, etc., v. 555. La philosophie grecque et romaine triompha insensiblement des plus grossières superstitions, et dès lors les différens oracles perdirent leur ancien crédit. Quelques-uns en attribuèrent le silence à l'avénement de Jésus-Christ. M. de Paw prétend que celui de Delphes n'eut jamais d'autre fondement que l'hydromancie, ou la divination par le bruit des fontaines qui s'élevaient en bouillonnant parmi les rochers de la Phocide. Au reste, il observe qu'on ne trouvait que dans le nord de la Grèce ces temples fatidiques, consacrés à Jupiter et à Apollon, et qu'ils étaient remarquables par leur situation sur les principales hauteurs de cette partie du monde. (*Recherches philosophiques sur les Grecs*, tom. II, pages 193 et 197.)

119. *Le plus fameux parmi tous ces imposteurs*, etc., v. 557. L'astrologue dont il s'agit ici s'appelait Ptolémée. Othon, exilé par Néron, désespérait de sa fortune. Ptolémée lui présagea qu'il survivrait au tyran, et parviendrait à l'empire; ce qui arriva après qu'Othon eut fait tuer Galba. (TACIT., liv. I, *Hist.*, §. 41.)

120. *Des rochers de l'étroite Sériphe*, etc., v. 564. Sériphe, île de l'Archipel, et l'une des Cyclades.

121. *Alors ton épouse, nouvelle Tanaquil*, etc., v. 566. Tanaquil, femme de Tarquin l'ancien, cinquième roi de Rome: ses mœurs étaient irréprochables; mais Juvénal la soupçonne d'avoir donné dans l'astrologie, parce qu'elle présagea que son mari régnerait.

122. *Quels sont les mois heureux ou malheureux*, v. 571. Plutarque (*Vie de Camille*), sans décider s'il y a des jours essentiellement heureux ou malheureux, incline cependant vers l'opinion d'Hésiode. Cet ancien poète a traité cette question dans une pièce de vers que l'on trouvera à la fin de ses œuvres, et il est pour l'affirmative. Chrysippe l'a combattu; mais tous les Chrysippes du

monde n'empêcheront pas que les générations futures, qui craindront et désireront comme nous, ne soient sujettes à cette antique superstition.

123. *Des éphémérides plus luisantes que l'ambre*, v. 573. Les éphémérides sont des tables calculées par les astronomes, qui marquent l'état du ciel pour chaque jour. Juvénal dit « plus luisantes que l'ambre, » parce qu'un livre souvent feuilleté jaunit sous les doigts.

124. *Dans les camps ou à la ville*, v. 575. J'ai adopté, comme nécessaire pour la clarté de la phrase, la correction de H. Valois, *patriamve*, au lieu de la leçon commune *patriamque*.   J. P.

125. *Les nombres de Thrasylle*, etc., v. 576. Thrasylle, célèbre astrologue, fort aimé de Tibère, qui le connut dans l'île de Rhodes.

126. *Elle ne prendra de nourriture qu'aux heures marquées dans son Petosiris*, v. 581. Petosiris, autre astrologue fameux dont Pline fait mention, liv. VII.

127. *Dont la voix flatteuse invite les passans*, v. 584. Dusaulx a traduit : *Elles offrent leurs mains et leur visage au devin qui les tient en suspens pour les palper plus à son aise.* Ce sens, et les autres interprétations analogues, ne peuvent être admis. Les devins dont il s'agit, pauvres et intéressés, cherchaient probablement d'autres récompenses que les caresses des femmes du peuple. *Poppysma*, selon un ancien scoliaste, exprime le bruit que l'on fait avec les lèvres pour appeler quelqu'un. Ruperti, adoptant cette explication, sous-entend la préposition *per* devant *crebrum poppysma*. Ainsi, comme les bateleurs sur nos places publiques, ces devins ambulans appellent (*rogant*) les passans par (*per*) ce bruit significatif.   J. P.

128. *Ces vieillards habiles, chargés de purifier les lieux publics que la foudre a frappés*, v. 587. Les aruspices purifiaient tout lieu, sans exception, sur lequel la foudre était tombée, et le consacraient par le sacrifice d'une brebis. *Voyez* sat. II, note 42.

129. *Auprès des tours de bois*, v. 590. En latin *phalæ*. C'étaient des morceaux de bois mobiles, destinés à marquer le nombre de tours qu'avaient décrits les chars dans le cirque. J. P.

130. *Qui n'a jamais étalé l'or sur son cou*, v. 589. *Longum aurum*, que j'appelle réseau, comme celui qui soutenait la gorge de Messaline, *nuda papillis auratis*, etc., était un ornement particulier, surtout aux courtisanes. *Voyez* la note de Ferrarius.

D'après la correction de Saumaise et de Jouvency, nous avons, comme Ruperti, substitué *nullis* à *nudis*. La suite des idées nous semble exiger ce changement. Il ne peut pas être question ici des courtisanes qui *étalaient l'or sur leur cou nu;* car est-il probable que des femmes de cette espèce consultent les devins sur leur mariage avec un cabaretier ou un fripier? D'ailleurs il s'agit évidemment d'une femme du peuple, et les courtisanes même de cette classe *n'étalaient pas l'or sur leur cou*. J. P.

131. *Recueillis sur les bords de l'infâme Vélabre*, etc., v. 603. Il y avait à Rome, dans le quartier de Vélabre, une espèce de lac du même nom, qui servait d'égout aux immondices, et près duquel les femmes galantes exposaient secrètement leurs enfans nouveau-nés. Ce quartier était situé sur un terrain fort bas, au pied du mont Aventin : il était inondé toutes les fois que le Tibre se débordait. On l'appelait *Velabrum* pour *Vehiculabrum*, lieu où l'on passe en voiture ou en bateau. D'autres veulent, dit Plutarque (*Vie de Romulus*), que ce soit parce que ceux qui donnaient des jeux au peuple avaient soin de faire tendre des toiles le long du chemin qui mène de la place au cirque, en commençant par le Vélabre ; car les Romains appelaient ces toiles des voiles. La première de ces étymologies est la véritable, et on le prouve par un passage de Varron. D'ailleurs, le nom de Vélabre existait long-temps avant qu'on se fût avisé de tendre des toiles, puisque Quintus Catulus fut le premier qui les mit en usage lorsqu'il dédia le Capitole. (PLINE, lib. XIX, cap. I.)

132. *Ils seront admis au rang des prêtres Saliens*, v. 604. Cette sorte de prêtres fut instituée par Numa, la huitième année du

règne de ce prince, et à l'occasion d'une maladie contagieuse qui avait ravagé Rome et dépeuplé l'Italie (PLUTARQUE, *Vie de Numa*). Numa n'en institua d'abord que douze, qu'il choisit dans les familles les plus distinguées. Ensuite on en ajouta d'autres. Ce sacerdoce fut établi à l'imitation des Curètes, ou prêtres de Jupiter. La promenade religieuse des Saliens se faisait au mois de mars, et durait quatorze jours, c'est-à-dire autant qu'il y avait de quartiers à Rome; car ils n'en visitaient qu'un par jour. Dans chaque quartier, ils avaient un hospice où le public les traitait avec tant de magnificence, que les repas des Saliens étaient passés en proverbe. Pour entrer dans leur collége, il fallut toujours être réputé de famille patricienne: on y était reçu fort jeune, puisque Marc-Aurèle y fut admis à l'âge de huit ans.

133. *Les réchauffe dans son sein*, v. 606. Toutes les éditions portent *hos fovet omnes*. Markland, avec sa sagacité ordinaire, a senti combien *omnes* était ridicule, et a mis *ulnis*, après avoir démontré d'où provenait l'erreur. *Voyez* les notes sur Stace, page 312.

134. *Passe encore si ton délire n'égale pas la fureur de cet oncle de Néron*, etc., v. 615. Caligula, quatrième empereur romain, dont la sœur, Agrippine, fut mère de Néron. Les Romains attribuaient les fureurs de Caligula au breuvage composé de l'*hippomanès* dissous que lui avait donné l'empoisonneuse Cesonia. J. P.

135. *Le champignon d'Agrippine fut moins fatal*, etc., v. 620. La flatterie accorda les honneurs de l'apothéose à l'empereur Claude; mais les vers de Juvénal, et l'expression satirique *descendere in cœlum* dont il se sert, témoignent assez quel respect on avait pour cette honteuse divinité. J. P.

Voyez sat. 5, note 27, page 175. Juvénal ajoute que ce champignon ne fit qu'avancer la mort ou plutôt l'apothéose, etc. Gallion, frère de Sénèque, apprenant l'apothéose de Claude, dit qu'il avait été tiré au ciel avec un croc pareil à ceux dont on usait pour traîner les criminels qui devaient être précipités dans le Tibre. (DION, page 688.)

136. *A l'exemple de ce roi de Pont vaincu dans trois batailles*, v. 661. Mithridate fut vaincu la première fois par Sylla, la seconde par Lucullus, et la troisième par le grand Pompée. On lit dans le vers précédent, tantôt *prægustabit*, tantôt *prægustavit* : Markland a prouvé qu'il fallait *prægustarit*. *Epist. ad Franc. Hare.*, page 139.

(J'ai adopté *prægustabit*, avec Ruperti.)   J. P.

FIN DU PREMIER VOLUME.

TABLE

DES MATIÈRES

CONTENUES DANS LE PREMIER VOLUME.

	Pages
Introduction.	1
Notice sur la vie et les ouvrages de Dusaulx.	7
Dédicace du traducteur.	j
Préface du traducteur.	iij
Discours sur les satiriques latins.	xv
Notes sur le Discours.	cxxix
Satire Ire.	2
Notes sur la Satire Ire.	18
Satire II.	36
Notes sur la Satire II.	52
Satire III.	68
Notes sur la Satire III.	96
Satire IV.	118
Notes sur la Satire IV.	132
Satire V.	144
Notes sur la Satire V.	160
Satire VI.	170
Notes sur la Satire VI.	226

www.ingramcontent.com/pod-product-compliance
Lightning Source LLC
Chambersburg PA
CBHW070219240426
43671CB00007B/706